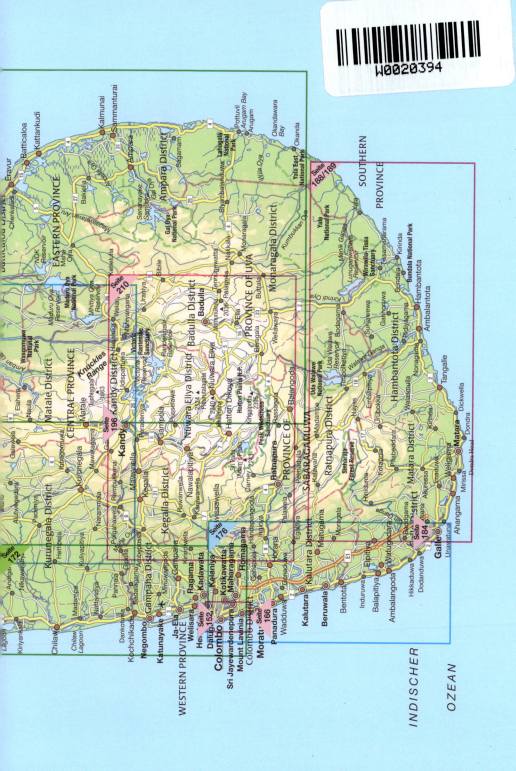

POLYGLOTT Apa Guide

Sri Lanka

Unser Sri-Lanka-Autor

Franz-Josef Krücker schreibt seit mehr als 20 Jahren über Zeitgeschichte, Kultur und Reisen in Asien. Von 1983 bis 1989 war er Redakteur und Chef vom Dienst der Fachzeitschrift »Das neue China«. Danach lebte und arbeitete er in Hongkong und Manila, bereiste große Teile Südost- und Südasiens. Für das Indian Institute of Education begutachtete er ein Alphabetisierungsprojekt. Heute betätigt er sich als Verleger des Wissenschaftsverlags www.edition-global.de und als Lektor, Autor, Übersetzer und Fotograf.

Zeichenerklärung

S M U	S-Bahn, Metro, U-Bahn
✉	Post
🚌	Busbahnhof
✈	Flughafen
🚆	Auto-Bahnverladung
⛴	Schiffsverbindung
⛴	Autofähre
⛪ †	Kirche
†	Kloster
✡	Synagoge
☪	Moschee
† † †	Friedhof
Y Y Y	Moslemischer Friedhof
	Jüdischer Friedhof
⚘	Aussichtspunkt
∴	Antike Ruinenstätte
🏰	Burg, Schloss
	Burgruine, Schlossruine
※	Windmühle
1	Denkmal
∏	Turm
⚑	Leuchtturm
	Nationalpark
★ ❶ Ⓐ	Sehenswürdigkeit

Polyglott APA Guide Sri Lanka
Ausgabe 2013/2014

Autoren: Dr. Vessantha Abeysekera, Pikka Brassey, Tania Brassey, Rowlinson Carter, Samantha Elepatha, Ralph Fouldes, Elke Homburg, Stephen Khan, Claudia Klages, Feizel Mansoor, Tom Parker, Martin Perich, Kochika Sangrasaga, Dr. Ranil Senanyanke, Dr. H. Tamitegama, Gavin Thomas, Jeanne Thwaites

Deutsche Bearbeitung: Franz-Josef Krücker
Redaktion: Anissa Nasser
Karten und Pläne: Berndtson & Berndtson
Kartenaktualisierung: APA Cartography Department, Sybille Rachfall, Geretsried
Bildredaktion: Hilary Genin, Tom Smyth, Dr. Ulrich Reißer, München
Typographie: Ute Weber, Geretsried
Satz: Schulz Bild & Text, Mainz
Titeldesign-Konzept: Studio Schübel Werbeagentur GmbH, München
Umschlag: Carmen Marchwinski, München
Druck: CTPS, Hongkong

Alle Informationen stammen aus zuverlässigen Quellen und wurden sorgfältig geprüft. Für ihre Vollständigkeit und Richtigkeit können wir jedoch keine Haftung übernehmen.
Ergänzende Anregungen, für die wir dankbar sind, bitten wir zu richten an:
GVG TRAVEL MEDIA GmbH, Redaktion Polyglott, Harvestehuder Weg 41, D-20149 Hamburg, redaktion@polyglott.de

GVG TRAVEL MEDIA GmbH
Ein Unternehmen der
GANSKE-VERLAGSGRUPPE
Harvestehuder Weg 41
D-20149 Hamburg

Polyglott im Internet:
www.polyglott.de

© Englische Ausgabe APA Publications GmbH & Co. Verlag KG Singapore Branch, Singapur
© Deutsche Ausgabe GVG TRAVEL MEDIA GmbH, Hamburg
Printed in China
ISBN 978-3-86459-001-6

REISEMAGAZIN
Inspiration Sri Lanka 6
Für Sie ausgewählt 8

HINTERGRUND
Viele Namen, eine Insel 25
Perle im Ozean, Träne im Meer 27

Geschichte
Geschichte im Überblick 32
Zivilisation mit großer Vergangenheit 35
Spielball der Kolonialmächte 43
◆ Thema: Robert Knox 48
Die Unabhängigkeit 57
◆ Thema: Tsunami 64

Die Menschen
Insel mit vielen Gesichtern 69
Sri Lanka heute 82

Religion und Kultur
Religion 87
Im Bild Tempel und Opfer 98
Bunte Feste 100
Tanz und Musik 104
Kunst und Architektur 109
◆ Thema: Buddhistische Mudras 112
Im Bild Die Kunst der Wandmalerei 118
Nicht nur Reis und Curry 123
Kunsthandwerk 129

Natur
Sri Lankas Tierwelt 135

KARTEN
Sri Lanka
Übersicht   Klappe vorne
Colombo
Übersicht   Klappe hinten

Sri Lanka 150
Colombo 152
Küste von Colombo 166
Nordwestküste 172
Südwestküste 176
Galle 184
Südküste 188
Kandy 196
Hochland 210
Kulturelles Dreieck 228
Anuradhapura 238
Polonnaruwa 252
Sigiriya 262
Ostküste 274

UNTERWEGS

Sri Lanka erkunden

Kreuz und quer durch Sri Lanka	149

Colombo — 155
Fort – Lighthouse Clock Tower – Janadhipathi Mandiraya – Grand Oriental Hotel – Pettah – Dutch Period Museum – Moschee Jami-ul-Alfar – Wolvendaal Kerk – Kathiresan Kovil – St. Anthony – St. Lucia – Galle Face Green – Galle Face Hotel – Slave Island – Seema Malaka – Gangaramaya – Viharamahadevi Park – Moschee Devatagaha – National Museum – Cinnamon Gardens – Galle Road – Kollupitiya – Bambalapitiya – Dehiwala Zoo – Mount Lavinia – Kelanyia – Kotte

Die Westküste — 171
Negombo – Muthurajawela – Waikkal – Marawila – Chilaw – Uddapuwa – Kalutara – Beruwala – Aluthgama – Bentota – Lunuganga – Induruwa – Kosgoda – Balapitiya – Ambalangoda – Hikkaduwa – Dodanduwa

Die Südküste — 183
Galle – Unawatuna – Koggala – Weligama – Mirissa – Matara – Dondra – Wewurukannala Vihara – Hoo-amanyia Blowhole – Tangalle – Mulgirigalla – Hambantota – Bundala-Nationalpark – Tissamaharama – Yala-Nationalpark – Kataragama

Kandy und Umgebung — 195
Cadjugama – Dedigama – Kandy – Botanischer Garten Peradeniya – Elefantenwaisenhaus Pinnawela – Millennium Elephant Foundation – Gadaladeniya Vihara – Lankatilake Vihara – Kataragama Devale – Degaldoruwa Vihara – Hunnasgiriya – Mahiyangana
◆ Thema: Die Zahnreliquie — 200
Im Bild Elefanten – sanfte Giganten — 206

Inhalt ♦ 5

Das Hochland _____ 209
Pusselawa – Ramboda Falls – Hanguranketa – Nuwara Eliya –
Botanischer Garten Hakgala – Adam's Peak – Kitulgala – Horton Plains
National Park – Haputale – Bandarawela – Ella – Buduruwagala – Ratnapura – Sinharaja – Uda Walawe National Park
♦ Thema: Tee – Arbeit und Genuss _____ 216

Das Kulturelle Dreieck _____ 227
Habarana – Aluvihara – Ridigama – Arankele – Yapahuwa – Kurunegala
– Nalanda Gedige – Höhlentempel von Dambulla – Buddha von Aukana
– Buddha von Sasseruwa – Ritigala
Anuradhapura _____ 237
Mihintale _____ 246
Polonnaruwa _____ 251
Sigiriya _____ 261
Im Bild Ayurveda _____ 268

Die Ostküste _____ 273
Trincomalee – Uppuveli – Nilaveli – Batticaloa – Arugam Bay – Okanda
– Lahugala Ntional Park – Magul Maha Vihara – Maligawila

Jaffna und der Norden _____ 281
Vavuniya – Insel Mannar – Madhu – Jaffna – Jaffna-Halbinsel – Kayts –
Karaitivu – Punkudutivu – Nainativu – Delft

REISESERVICE
Übersicht Reiseservice _____ 289
Mini-Dolmetscher _____ 314

Register _____ 315
Bildnachweis _____ 320

6 ◆ Reisemagazin

Inspiration Sri Lanka

Ob buddhistische Tempel und Paläste in Kandy, alte Zeugnisse von Kunst und Architektur oder die einfacheren Gelüste nach frischem Tee, duftendem Reis und scharfen Curry – Sri Lanka bietet dies alles.

Oben: Beeindruckende Mauern, Schanzen und Bastionen direkt an den krachenden Wellen des Indischen Ozeans schützt das **Galle Fort**, ein koloniales Überbleibsel mit charaktervollen holländischen Häusern und Villen. Siehe Seite 183

Unten: Kandy, die kulturelle Hauptstadt des Landes, besticht mit einer traditionellen, aber lebhaften Kunstszene und einer fantastischen Ansammlung von buddhistischen Tempeln und Palästen. Siehe Seite 197

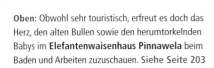

Oben: Obwohl sehr touristisch, erfreut es doch das Herz, den alten Bullen sowie den herumtorkelnden Babys im **Elefantenwaisenhaus Pinnawela** beim Baden und Arbeiten zuzuschauen. Siehe Seite 203

Inspiration ◆ 7

Oben: In **Polonnaruwa** befindet sich mit dem kunstvoll dekorierten Rundtempel Vatadage nahe der Altstadt sowie den imposanten, aus den Felsen herausgearbeiteten Buddhastatuen des Gal Vihara ein Höhepunkt der historischen buddhistischen Kunst und Architektur. Siehe Seite 251

Links: Auf einem senkrecht aufragenden Felsen erhebt sich majestätisch die ehemalige Festung **Sigiriya**, von der aus der Blick nach anspruchsvollem Aufstieg über die weite grüne Ebene schweift. Berühmt sind die Felsenmalereien der sinnlichen »Wolkenmädchen«. Siehe Seite 261

Ganz oben: Im **Nationalpark Yala** lässt sich die einheimische Tierwelt am besten beobachten, seien es scheue Leoparden, majestätische Elefanten, bunte Vögel oder freche Affen. Und das alles in einer herrlichen Landschaft aus Dschungel und Lagunen. Siehe Seiten 135 und 191

Oben: Walbeobachtung: Im Süden der Insel, besonders in Mirissa, lassen sich hervorragend Blauwale und Pottwale zusammen beobachten, dazu zahllose Delfine. Siehe Seiten 139 und 188

Oben: Ob mit Fleisch, Fisch oder Gemüse, ein authentisches **Curry mit Reis** regt Geruchs- und Geschmackssinn gleichermaßen an. Siehe Seiten 123 und 299

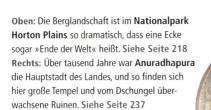

Oben: Die Berglandschaft ist im **Nationalpark Horton Plains** so dramatisch, dass eine Ecke sogar »Ende der Welt« heißt. Siehe Seite 218
Rechts: Über tausend Jahre war **Anuradhapura** die Hauptstadt des Landes, und so finden sich hier große Tempel und vom Dschungel überwachsene Ruinen. Siehe Seite 237

Für Sie ausgewählt

Tempel, Tierreservate, Landschaften und kulturelle Höhepunkte – hier finden Sie einen Überblick über die wichtigsten Stationen, die Sie in Ihre Reise einbauen können.

Seltene Tiere

◆ **Nationalpark Yala** Am bekanntesten ist seine recht große Population an Leoparden, aber man sieht hier auch viele andere Tiere. Siehe Seite 191
◆ **Nationalpark Minneriya** Von Juni bis September treffen sich Hunderte von Elefanten. Siehe Seiten 138 und 259
◆ **Vogelbeobachtung im Nationalpark Bundala** In der Lagunenlandschaft lebt eine große Vielfalt von Wasservögeln, u. a. zahllose rosa Flamingos. Siehe Seite 191
◆ **Nationalpark Uda Walawe** Dieser Nationalpark bietet die beste Gelegenheit, Elefanten in ihrer freier Wildbahn zu sehen. Siehe Seite 222
◆ **Sinharaja** In dem üppigen und unberührten tropischen Regenwald sind einige der seltensten Vögel des Landes zu Hause. Siehe Seite 221

Schöne buddhistische Tempel

◆ **Zahntempel, Kandy** Der Legende nach wird an diesem wichtigen Pilgerziel ein Zahn des historischen Buddha aufbewahrt. Für viele Gläubige ist er die heiligste Reliquie der Welt. Siehe Seite 197
◆ **Vier Devales, Kandy** Diese selten besuchten Schreine sind herausragende Beispiele buddhistischer Kunst und Architektur. Siehe Seite 199
◆ **Höhlentempel von Dambulla** Die beeindruckende, aus dem 1. Jh. v. Chr. stammende Anlage besteht aus einer ganzen Reihe von mit religiösen Szenen ausgemalten Höhlen und vielen buddhistischen Statuen, darunter auch der Buddha von Aukana. Siehe Seite 230
◆ **Mulgirigalla** Im hügeligen Süden gelegen, thront der »Felsengipfel« mit atmosphärischen Höhlentempeln über der wunderbaren Landschaft. Siehe Seite 190
◆ **Kelaniya** Am Rande von Colombo erwartet den Besucher ein lebhafter moderner Tempel in einem Kolonialgebäude. Siehe Seite 167

Oben: Dambulla **Links:** Leopard im Yala-Nationalpark

Für Sie ausgewählt ◆ 9

Kultur erleben

◆ **Esala Perahera, Kandy** Zum Tempelfest reisen von überall her prächtig verkleidete Trommler, Tänzer und Elefanten an. Siehe Seiten 102 und 198
◆ **Tänze in Kandy** Begleitet von eifrigen Trommlern zeigen spektakulär angezogene Tänzer eine akrobatische Choreografie. Siehe Seite 105
◆ **Kataragama** Buddhisten, Hindus, Christen und Muslime besuchen die Schreine, bei denen ein extravagantes Sommerfestival stattfindet. Siehe Seiten 102, und 191
◆ **Kricket** Die Einheimischen amüsieren sich bei dieser tagelang dauernden Hinterlassenschaft der britischen Kolonialherrschaft. Siehe Seite 305
◆ **Nallur-Festival, Jaffna** Das größte und spektakulärste Hindufestival mit vielen Menschen, bunten Farben und religiösem Eifer. Siehe Seite 284

Oben: Festlich geschmückte Elefanten beim Esala Perahera
Unten: Kardamom-Samen **Unten links:** Adam's Peak

Herrliche Aussichten

◆ **Nationalpark Horton Plains und »Ende der Welt«** Vorzügliche Gebirgslandschaft mit Nebelwald und atemberaubenden Klippen, die auf einer Wanderung zum Aussichtspunkt »Ende der Welt« erkundet werden kann. Siehe Seite 218
◆ **Lipton's Seat** Der bekannte Teeunternehmer Thomas Lipton genoss hier, außerhalb von Haputale, nicht nur seinen Tee. Siehe Seite 219
◆ **Ella** Von diesem idyllischen Dorf in einer fantastischen Hügellandschaft hat man einen herausragenden Blick durch die Schlucht Ella Gap. Siehe Seite 220
◆ **Knuckles Range** Diese bizarre und selten besuchte Bergkette östlich von Kandy gehört zu den wildesten Landschaften der Insel. Siehe Seite 204
◆ **Adam's Peak** Hoch ragt Adam's Peak über die Hügel auf – ein beliebtes Ziel für Pilger aller Religionen, denn hier soll der Fußabdruck Shivas, Buddhas oder des hl. Thomas bzw. Adams zu sehen sein. Siehe Seite 217

Geschmackvolles Essen

◆ **Meeresfrüchte** Hummer, Krebse, Garnelen – alles kommt in großer Auswahl frisch auf den Tisch. Dazu trinken die Einheimischen gern Arrak. Siehe Seite 126
◆ **Hopper** In Straßencafés gibt es diese kleinen, wie eine Schale geformten Pfannkuchen, die ohne alles, mit Curry oder Ei verspeist werden. Siehe Seite 126
◆ **Kottu Rotty** Teigiges Brot *(kottu)* wird mit Fleisch oder Gemüse gemischt und auf heißen Platten zubereitet – ein geschmackvoller Imbiss. Siehe Seite 125
◆ **Lamprais** Die Holländer haben dieses Gericht erfunden: Eine Portion Reis wird mit Ei und Fleisch in einem Platanenblatt gegart. Siehe Seite 125

Endlose Strände

◆ **Unawatuna** Ein kleiner Strand in Form eines Hufeisens lädt bei einem netten Dorf zum Baden ein. Siehe Seite 186
◆ **Bentota und Induruwa** Dieser Strand, der zu den schönsten der Westküste gehört, verläuft von der Lagune Bentotas nach Süden und wird von vielen Hotels gesäumt. Siehe Seiten 177 und 179
◆ **Arugam Bay** Der abgelegene Strand im Osten weist einen stillen Charme auf und dazu noch einige Sehenswürdigkeiten in der Nähe. Siehe Seite 276
◆ **Mirissa** Einer der heimeligsten Strände Sri Lankas in einer schönen Bucht an der Südküste. Palmen säumen den feinen Sand und spenden Schatten. In der Nähe kann man Wale beobachten. Siehe Seite 188
◆ **Uppuveli** Die Nähe zur ehemaligen Kampfzone hat zur Folge, dass der Sandstrand bis heute weitgehend unberührt ist. Wer dies schätzt, sollte sich schnell dort einmieten, bevor auch hier Hotels hochgezogen werden. Siehe Seite 275

Das koloniale Erbe

◆ **Villen in Galle** Ziehen Sie für ein paar Tage in eine der renovierten holländischen Villen im historischen Galle ein, und erleben Sie kolonialen Charme hautnah. Siehe Seiten 183 und 295
◆ **Hill Club, Nuwara Eliya** Dieser britische Country Club scheint sich seit viktorianischer Zeit, als Pflanzer ihn erbauten, kaum verändert zu haben und ist eine Institution. Gönnen Sie sich einen Tee vor dem Kamin oder einen Drink an der Bar. Siehe Seiten 13, 213 und 297
◆ **Katholische Kirchen, Negombo** Reich und bunt verzierte Kirchen blieben in Negombo und Umgebung erhalten. Sie erinnern an die zum Teil recht brutale christliche Massenmissionierung während der portugiesischen Kolonialzeit. Siehe Seite 171
◆ **Teefabrik Dambatenne, Haputale** In dieser ehemaligen britischen Teefabrik von Thomas Lipton werden viele der originalen Maschinen heute noch benutzt. Siehe Seite 219
◆ **Altstadt Jaffnas** Trotz des Bürgerkriegs blieb das Herz der Altstadt von Jaffna in bemerkenswerter Weise erhalten. An schattigen Straßen stehen Kirchen, Schulen und koloniale Villen sowie die eindrucksvollste holländische Festung des Landes. Siehe Seite 283

Oben: Der Traumstrand von Bentota **Links:** Kathedrale St. Marien in Negombo

Für Sie ausgewählt ◆ 11

Ayurveda-Resorts, Spas, Öko-Lodges

◆ **Ayurveda-Pavilions, Negombo** Mitten im lebhaften Negombo liegt diese idyllische Insel der Ruhe. Die Villen umgeben gepflegte Gärten, und es gibt eine große Auswahl an Behandlungen. Siehe Seite 295
◆ **Amangalla Spa, Galle** Eines der schönsten Spas im hervorragenden Hotel Amangalla. Siehe Seite 295
◆ **Barberyn Reef, Beruwala** Ein einfaches, unprätentiöses, aber lange bewährtes Resort mit einem Ableger in Weligama. Siehe Seite 294
◆ **Kumbuk River bei Kataragama** Mit Preisen ausgezeichnetes Ökoresort, in dem man in einem strohgedeckten Gebäude in Form eines enormen Elefanten schläft. Siehe Seite 307
◆ **The Mud House, Anamaduwa** Traditionelle Dorfarchitektur mit modernen Einbauten, umgeben von Teichen. Siehe Seite 297

Oben: Von Löwen bewachte Steintreppe in Yapahuwa
Unten: Meditation in den Ayurveda-Pavillons

Abseits ausgetretener Pfade

◆ **Yapahuwa** Eine der vielen verlassenen Hauptstädte Sri Lankas, deren Ruinen, zu denen auch eine schöne Treppe gehört, mit Schnitzereien und Statuen geschmückt sind. Siehe Seite 229
◆ **Mulgirigalla** Eine Reihe ausgeprägt verzierter Höhlentempel in dramatischer Hügellandschaft hoch über der Küste bei Tangalle. Siehe Seite 190
◆ **Arankele** Atmosphärisches Waldkloster mit historischen Ruinen im tropischen Dschungel. Siehe Seite 229
◆ **Maligawila** Außerhalb des Dorfes stehen zwei Buddhastatuen würdevoll im Dschungel. Siehe Seite 277
◆ **Batticaloa** Die geschäftige Stadt ist die zweitgrößte der Ostküste. Sie war im Krieg isoliert und wird immer noch von wenigen Reisenden besucht. Siehe Seite 275
◆ **Halbinsel Jaffna** In dieser faszinierenden, vom Bürgerkrieg geprägten Gegend liegen Hindutempel, herrliche Strände und windgepeitschte Inseln. Siehe Seite 285

REISETIPPS ZUM GELDSPAREN

◆ In Sri Lanka gibt es jede Menge Reiseveranstalter; meist lässt sich so die Kombination aus Flug, Hotel und Rundreise günstiger buchen, als wenn man alles einzeln kauft.
◆ Die meisten Reisenden mieten ein Auto mit Fahrer, das Sicherheit und Bewegungsfreiheit bietet. Auch mit öffentlichen Verkehrsmitteln kann man fast alle Orte erreichen, und das zu sehr günstigen Preisen. Allerdings sind die Busse oft wenig bequem und überfüllt, so dass man möglichst wenig Gepäck dabeihaben sollte, eher einen Rucksack als einen Koffer.
◆ Gegen die für Ausländer erhöhten Eintrittspreise bei den wichtigen Sehenswürdigkeiten kann man wenig unternehmen. Man kann allerdings in den Nationalparks den Jeep mit anderen Besuchern teilen (fragen Sie Ihren Führer oder am Parkeingang).
◆ Verhandeln Sie unbedingt im Vorhinein den Preis mit Tuktuk-Fahrern und fragen Sie im Hotel nach, welcher Preis für die gewünschte Fahrt ungefähr angemessen ist. Aggressive Tuktuk-Fahrer, falsche Künstler und Schlepper (s. S. 311), die einen in Läden führen wollen, sollte man unbedingt meiden.

Hotels

Preiskategorien (Doppelzimmer pro Nacht ohne Frühstück)

● = unter 30 US$
●● = 30–60 US$
●●● = 60–120 US$
●●●● = 120–200 US$
●●●●● = über 200 US$

◆ **Club Villa**
138/15, Galle Rd., **Bentota**, Tel. 034/227 5312, Fax 428 7129, www.club-villa.com. Der Strand von Bentota liegt nur 100 m entfernt jenseits der Bahnlinie. Inmitten eines üppigen Tropengartens mit Swimmingpool befindet sich ein Hotel für Individualisten. Die Villa wurde von Geoffrey Bawa nach dem Vorbild holländischer Landhäuser geplant. Die nur 17 Zimmer sind auf drei Gebäude verteilt – und keines gleicht dem anderen. Man spaziert zwischen edlen Antiquitäten und fantasievollem Dekor einher und genießt den Komfort (s. S. 294). ●●●–●●●●

◆ **Kandalama**
Dambulla, Tel. 066/5555 000, Fax 5555 050, www.aitkenspencehotels.com. Geoffrey Bawa, der bekannteste Architekt Sri Lankas, übertraf sich selbst und schuf ein Gesamtkunstwerk aus Glas und Stahlbeton, das längst vom Buschwerk überwuchert wird und sich perfekt in die Natur einfügt. Das Luxusresort wurde mit Preisen für umweltgerechten Tourismus überhäuft, denn Aufbereitung des Wassers, Mülltrennung und andere Maßnahmen sind vorbildlich für ein asiatisches Hotel. Auch auf Sozialverträglichkeit wurde Wert gelegt: Im Zimmerservice und in der Küche arbeiten die Bewohner der umliegenden Dörfer. Die neuen Arbeitsplätze bannten die Landflucht in der strukturarmen Region. Fantastische Ausblicke über den Stausee bis zum Felsen von Sigiriya genießt man von vielen Zimmern. Gute Küche und perfekter Service (s. S. 297). ●●●

◆ **The Tea Factory**
Kandapola, mitten in den Teebergen, ca. 12 km von Nuwara Eliya entfernt, Tel. 066/5555 000, Fax 5555 050, www.aitkenspencehotels.com. Eine Teefabrik aus den 1930er-Jahren wurde stilvoll restauriert und in ein Hotel umgewandelt, ohne den Fabrik-Charakter zu zerstören. Wo sich jetzt die Rezeption befindet, wurden früher Teeblätter getrocknet. Aus dem einstigen Abfüllraum entstand eine moderne Bar und aus dem Probierraum ein stilvolles Restaurant. Überall erinnern geschickt integrierte Maschinen und Einrichtungsteile an den ursprünglichen Zweck der Anlage, ohne dass der Gast auch nur den geringsten Komfort entbehren muss (s. S. 296). ●●●

◆ **St. Andrews**
10, St. Andrew's Drive, **Nuwara Eliya,** Tel. 052/222 3031, Fax 222 3153, www.jetwinghotels.com. Das ehemalige britische Herrenhaus im Tudor-Stil mit 50 Zimmern ist eine noble Adresse und stammt aus der Zeit, als die Kolonialbeamten die kühle Sommerfrische in den Bergen aufsuchten. Die überschaubare Größe verhindert Massenabfertigung, die Hotelleitung kultiviert den »British way of life«. Bei den Zimmern hat man die Wahl zwischen den romantischen, aber einfachen Kolonialzimmern oder den komfortableren Zimmern im modernen Anbau. Am offenen Kamin schmeckt eine Tasse starken Ceylon-Tees, die Billardkugel rollt beim Drink vor dem Abendessen, und der schöne Golfplatz ist nicht weit (s. S. 297). ●●●

◆ **Saman Villas**
Aturuwella, 5 km südlich von Bentota, Tel. 034/227 5435, Fax 227 5433, resv@samanvilla.com, www.samanvilla.com. Die Lage auf einer felsigen Landspitze zwischen zwei Sandstränden ist so spektakulär wie die des Swimmingpools hoch über dem Meer. Die Zweizimmer-Chalets haben alle Seeblick und ein herrliches Open-Air-Badezimmer. Die geschmackvoll eingerichteten Zimmer überzeugen ebenso wie der persönliche Service und die ambitionierte Küche. Ein Hotel zum Wohlfühlen in bester Strandlage. Kein Wunder, dass das Kleinod mit nur 27 Zimmern und höchstem Komfort viele Stammgäste hat (s. S. 294). ●●●●

◆ **Villa Rosa**
71/18, Dodanwella Passage, Asgiriya, **Kandy,** Tel./Fax 081/221 5556, www.villarosa-kandy.com. Am westlichen Stadtrand von Kandy liegt diese großzügige Villa mit sechs Zimmern am Berghang. Beim Tee auf der Veranda am Ende des großen Gartens können Sie Ihren Blick über das weite Tal schweifen lassen, durch das sich der Mahaweli schlängelt. Das Team um den regen deutschen Eigentümer bietet Wellness und gute Küche sowie Touren zu bekannten Sehenswürdigkeiten und verborgenen Tempeln oder zum nächsten Kricketspiel. ●●●–●●●●

◆ **Bandarawela Hotel**
14, Welimada Rd., **Bandarawela,** Tel. 057/2222 501, Fax 2222 834, www.aitkenspencehotels.com/bandarawelahotel.

Für Sie ausgewählt ◆ 13

Das Bandarawela Hotel liegt in rund 1300 m Höhe, dort, wo die Luft so gut sein soll wie nirgendwo anders auf der Insel. Das erste Berghotel Sri Lankas, 1893 erbaut, versprüht nostalgischen Charme. Man schläft in riesigen Messingbetten unter Moskitonetzen und räkelt sich auf plüschigen Sofas wie einst die britischen Kolonialherren, die vor der Hitze der Küstenregionen ins kühle Bergland flohen. Schöne Ausblicke, gepflegtes Ambiente und moderner Komfort machen es zu einem beliebten Aufenthaltsort für einheimische Familien und ausländische Reisende gleichermaßen. (s. S. 296) ●●●

Jeden Abend gibt es ein großes Curry-Buffet mit mind. 15 Speisen zur Auswahl, vielfach lokale Gemüse, die man noch nie gegessen hat. (Wer nicht in der Pension übernachtet, sollte bis 16 Uhr reservieren, s. S. 302.) ●●

◆ **Hill Club**
Nuwara Eliya, Tel. 052/ 222 2653, Fax 222 2654. Der Club mit vornehm-britischer Atmosphäre im kühlen Hochland entführt in alte Zeiten und ist nach wie vor eine Institution. Noch immer müssen Nichtmitglieder gegen einen geringen Obolus eine Mitgliedschaft auf Zeit beantragen. Noch immer verlangt der Rezeptionist von den Herren nach 19 Uhr Jackett und Krawatte und hält mit einer Prise britischen Understatements Leihkleidung bereit. Das Erlebnis lohnt den Aufwand: Nun darf man starken Tee vor dem prasselnden Kamin im plüschigen Salon schlürfen, sich einen Drink an der Bar unter Jagdtrophäen genehmigen oder sich ein gepflegtes Steak bei Kerzenlicht von einem Kellner mit weißen Handschuhen im Restaurant servieren lassen. Die Karte umfasst kontinentale Küche, aber auch Rice & Curry (s. S. 297). ●●●●

◆ **Veranda**
Im Galle Face Hotel, 2, Galle Rd., **Colombo 3,** Tel. 011/254 1010, Fax 011/254 1072, www.gallefacehotel.com. Das Restaurant des 1864 erbauten Galle Face Hotels ist eine Oase im staubigen Colombo. In britischer Zeit wurde es gern als schönste Terrasse östlich von Suez bezeichnet. Hier erleben Sie koloniales Ambiente mit frischer Meeresbrise, dazu gediegene kontinentale Küche. Auch ein Platz für unvergessliche Sundowner-Cocktails. Im **Seaspray,** dem zweiten Restaurant des Hauses, serviert man gutes Seafood bei Kerzenlicht (nur abends geöffnet). ●●●

◆ **Le Palace**
79, Gregory's Rd., **Colombo 7,** Tel. 011/269 5920. Für stilvolles Ambiente und gute Küche gleichermaßen steht dieses Restaurant im vornehmen Stadtteil Cinnamon Gardens. Die schöne Kolonialvilla mit ihren breiten Veranden zieht ein sehr spezielles Publikum an: Die High Society Colombos trifft sich hier zum gemütlichen Plausch und zu harten Geschäftsverhandlungen und lässt es sich schmecken. Le Palace ist Kult. Kein Wunder bei Küchenchef Jean Paul Piaillier. Mittags und abends speist man fein à la carte: Gerichte wie ge-

Restaurants

Preiskategorien
(für eine Person und ein Zwei-Gänge-Menü)
● = unter 750 Rs.
●● = 750–1500 Rs.
●●● = 1500–2000 Rs.
●●●● = über 2500 Rs.

◆ **Sharon Inn**
59, Saranankara Rd., **Kandy,** Tel. 081/222 2416.

14 ♦ Reisemagazin

grillte Scampi oder Truthahn in Cranberrysoße stehen auf der Speisekarte, die einer kulinarischen Weltkarte gleicht. Berühmt sind auch die Tortenkunstwerke des französischen Konditors. ●●●

◆ **Chutneys**
Cinnamon Grand Hotel, Galle Rd., **Colombo 3,** Tel. 011/249 7372, www.cinnamonhotels.com/grandchutneys.htm.
In diesem schicken, modernen Restaurant kommt wohlgewürzte südindische Küche auf den Tisch. Serviert werden Spezialitäten aus den indischen Bundesstaaten Andhra Pradesh, Karnataka, Kerala und Tamil Nadu. Auf der zwanzigseitigen Speisekarte hat man die Qual der Wahl: Neben Dosai-Thali-Gerichten gibt es eine große Auswahl an vegetarischen Speisen (s. S. 300). ●●●

◆ **Refresh**
384, Galle Rd., **Hikkaduwa**, Tel. 091/227 7810.
Freundliche Kellner servieren mit strahlendem Lächeln Krabben à la Hikkaduwa und andere Fischspezialitäten. Das Ceylon Tourist Board verlieh dem Strandrestaurant für seine hervorragende Küche die Höchstbewertung. Das Preis-Leistungs-Verhältnis stimmt, Meeresbrise und das Rauschen der Wellen gibt es gratis dazu. (s. S. 301) ●●

◆ **Rampart**
37, Rampart St., **Galle,** Tel. 091/438 0103.
Direkt in der Altstadt von Galle in einem alten Kolonialhaus liegt das Restaurant mit einer wunderbaren Veranda, die auch an heißen Tagen viel Schatten bietet. Der Blick führt über den Stadtwall aufs Meer hinaus, und das Essen ist gut und würzig.

Besonders der »devilled squid« ist ein Gedicht – himmlisch gut und teuflisch scharf! ●—●●

◆ **Barefoot Café & Gallery**
706, Galle Rd., **Colombo 3,** Tel. 011/258 9305, http://barefootceylon.com/cafe.
Barbara Sansonis Team serviert mediterran angehauchte Küche unter Frangipani-Bäumen. Bei Limettensaft, Möhrentorte oder Auberginen-Tarte vergisst man die Hektik der Großstadt für eine Weile. Eher ein Lunch-Café als ein Abend-Restaurant. Angegliedert sind Galerie und Boutique (s. S. 300). ●●

◆ **Malayan Café**
36-38, Grand Bazaar, **Jaffna.**
Das alte Jaffna wurde im holzgetäfelten Speiseraum konserviert, dazu gibt es in Bananenblättern gegarte südindische Thalis (s. S. 302). ●

Shopping

◆ **Laksala**
60 York St., **Colombo 1;** Galle Rd., **Galle,** www.laksala.lk.
Von schönem Ambiente kann im staatlichen Geschäft für Kunsthandwerk nicht die Rede sein. Dafür sind die Preise günstig (Fixpreise!). Ob Batikstoffe, Holzschnitzereien oder Flechtarbeiten – bei Laksala ist die Auswahl groß, die Qualität aber nicht besonders. Kleine Filialen in Bentota und Tangalle.

◆ **Paradise Road**
213, Dharmapala Mawatha, **Colombo 7,** Tel. 011/268 6043, www.paradiseroad.lk.
Die Shopping Mall nördlich des Viharamahadevi-Parks in Cinnamon Gardens ist eine Schatztruhe für exklusive Souvenirs: antike und moderne Möbel, Wohnaccessoires wie Lampen, handgewebte Stoffe, Batikdecken oder Objekte aus Holz und Stein. Beliebt sind u. a. handbemaltes Porzellan, Kerzen, Schreibwaren, T-Shirts, Spielzeug, Marmeladen, Pickles und Öle.

◆ **Glenloch Tea Factory**
Katikutula, an der Straße von Kandy nach Nuwara Eliya, Tel. 052/ 225 9646, www.glentea.com.
Nach wie vor ist Tee der wichtigste Exportartikel des Landes. Nirgendwo bekommt man ihn besser und frischer als direkt auf den Teeplantagen im Hochland. Inmitten grüner Hügel liegt das funktionale Gebäude der Glenloch Tea Factory. Bei der (kostenlosen) Verkostung kann man sich vom Aroma der besten Hochlandqualitäten überzeugen. Preise und Qualität sind in Ordnung (Zoll s. S. 313).

Für Sie ausgewählt ◆ 15

◆ **Straßenmärkte in der Pettah von Colombo**
Es duftet fremd und verführerisch. Bunt, multikulturell und multireligiös geht es im Pettah-Viertel von Colombo zu. Konfektionsgeschäfte bieten Batiksarongs und Seidensaris an, in der Sea Street blinkt es aus den Goldgeschäften, die sich auf 500 m aneinander reihen. In der Gabo Lane beschnuppern Interessenten die Auslagen der Ayurveda-Händler. Am besten vormittags oder am späten Nachmittag.

◆ **Ariyapala & Sons**
426, Patabendimulla, **Ambalangoda,** Tel. 091/ 225 8948, http://masks ariyapalasl.com/mask_ museum.htm; Filiale an der Straße nach Kandy, 10 km südl. von Dambulla. Eine gute Adresse für Sri Lankas Masken ist seit Generationen die Werkstatt der Meisterschnitzer Ariyapala in Ambalangoda. Sie arbeiten längst hauptsächlich für Touristen, seit die Tradition des Maskentanzes mehr und mehr verschwindet. Im Laden findet man eine beachtliche Auswahl.

◆ **Regent Spice Garden**
6, Kirigalpotha, Palapathwela, **Matale,** Tel. 066/ 222 2052, www.regent spice.com.
Im Bergland gibt es zahlreiche Mustergärten großer Gewürzplantagen. Im Rahmen einer Führung erfährt man hier, wie der Pfeffer wächst, und wofür das eine oder andere Kraut zu gebrauchen ist. Ingwer, Gelbwurz, Muskat und Zimt machen sich wunderbar im Curry, aber »Regent« verkauft auch ayurvedische Mittel auf Kräuterbasis.

◆ **SCIA Handicraft Centre**
Kandewatta Rd., **Galle,** Tel. 091/223 4304.
In Sri Lanka beherrschen noch viele Frauen die Kunst des Spitzenklöppelns. Hier können Sie den Klöpplerinnen über die Schulter schauen. Die Spitzen werden erstaunlich preiswert angeboten. Zum Handwerkszentrum gehören auch Werkstätten für Lederwaren, Edelsteine und Batik.

Aktiv

◆ **Trekking**
Hemtours, Hemas House, 75, Braybrooke Place, Colombo 2, Tel. 011/ 231 3131, Fax 230 0003, inquiries@lk.diethelm travel.com, www.hemtours.com.
Die vielfältige Landschaft ermöglicht ein Wanderprogramm der Kontraste zwischen dem Bergnebelwald der Horton Plains und dem Regenwald des Sinharaja Forest. Spezialanbieter beraten bei der Auswahl der Touren, organisieren den Transport zum Ausgangspunkt der Wanderung und stellen einen zuverlässigen Guide. Neben Hemtours bietet z. B. auch Eco Adventure Travels (s. Kanu-Touren) Trekking-Programme an.

◆ **Golfen**
Golfer finden in Sri Lanka mit seiner über 100-jährigen Golftradition drei schöne 18-Loch-Plätze: Der Golfplatz von **Nuwara Eliya** (Tel. 052/ 222 2835, Fax 223 4360) liegt stattliche 2000 m hoch, hat viele hohe Bäume und dichtes Gebüsch. Er gilt als Herausforderung, selbst für erfahrene Spieler.
Das **Victoria Golf & Country Resort** (Rajawella, Tel. 081/237 6376, www.golfsrilanka.com, etwa 30 bis 40 Fahrminuten von Kandy) ist der jüngste Platz und besticht durch landschaftliche Schönheit (s. S. 205).
Im **Royal Colombo Golf Club** (Borella, Model Farm Rd., Colombo 8, Tel. 011/ 269 5431, www.rcgcsl. com) werden seit 1879 die Bälle geschlagen.

◆ **Vogelbeobachtung Jetwing Eco Holidays,** Jetwing House, 46/26, Navam Mawatha, Colombo 2, Tel. 011/234 5700, www.jetwingeco.com.
Sri Lanka ist ein Vogelparadies mit 426 Arten. Im Winter finden Zugvögel aus Europa und anderen Kaltgebieten hier Unterschlupf. Ideal sind die Möglichkeiten zur Vogelbeobachtung in den Vogelschutzgebieten des Bundala National Park und des Sinharaja Forest. Bootstouren auf den Speicherseen werden u. a. vom Hotel Kandalama angeboten. Zwischen blühendem Lotos sind wahre Vogelparadiese entstanden. Jetwing Eco Holidays bietet Touren für Hobby-Ornithologen an.

◆ **Elefantensafari Kandalama Hotel,** Dambulla, Tel. 066/5555 000, Fax 5555 050, www. aitkenspencehotels.com. Auf dem Rücken zahmer Arbeitselefanten kann man z. B. vom Kandalama Hotel aus für ein paar Stunden auf den friedfertigen Dickhäutern rund um den Kandalama Wewa schaukeln – ein intensives Naturerlebnis. Die Touren in Begleitung eines Elefantenführers dauern zwei bis drei Stunden und sind auch für unsportliche Naturen geeignet.

16 ◆ Reisemagazin

◆ **Mountainbiking**
Lanka Sportreizen, 29 B, Yayasinghe Mawatha, Kalubowila, Dehiwela, Tel. 011/282 4500, www.lsr-srilanka.com.
Das wilde Bergland mit Schluchten und Wasserfällen und die Kulturlandschaften der Teeberge schaffen ideale Voraussetzung für Mountainbiker. Die wachsende Gemeinde der Biker nimmt Sri Lanka jedoch erst seit Kurzem wahr, wohl weil die passende Ausrüstung kaum vorhanden ist. Passionierte Biker bringen ihr eigenes Rad mit, denn die Leihfahrräder genügen europäischen Ansprüchen meist nicht und sind generell älteren Datums.

◆ **Besteigung des Adam's Peak**
Von Wandern oder gar Trekken kann man nicht sprechen, wenn in den Nächten zwischen Dezember und April Hunderte von Menschen den 2243 m hohen Adam's Peak (s. S. 217) besteigen. Er ist der heilige Berg der Insel, und die Bergsteiger sind Pilger.

Um den Gipfel über die 4500 Stufen pünktlich zum Sonnenaufgang zu erreichen, beginnt man den Aufstieg zwischen Mitternacht und 2 Uhr morgens. Pullover und Windjacke schützen gegen den eisigen Wind. Ausgangspunkt für die Wanderung ist Dalhousie bei Hatton. Die meisten Reiseagenturen organisieren die Besteigung und die Begleitung durch einen Führer. Wer auf eigene Faust unterwegs ist, übernachtet in Dalhousie in einem der Gasthäuser, z. B. dem Green House (Tel. 052/ 227 7204), dessen Betreiber die Gäste mit den nötigen Informationen versorgen.

◆ **Wellenreiten**
Siam View Hotel, Arugam Bay, Tel. 077/320 0201, www.arugam.info.
Mit 330 Sonnentagen im Jahr und bis zu 5 m hohen Wellen zählt Arugam Bay zu den besten Surferzielen der Welt. Zwischen April und Anfang November herrschen hier Wassertemperaturen von 24 bis 28 °C. Eine Reihe von Hotels, darunter das Siam View Hotel, vermieten Surfbretter.
Guten Wellengang gibt es auch vor der Südküste. Beliebte bei Surfern sind Mirissa und Ahangama (Info: Ahangama Easy Beach, Tel. 091/228 2028, www.easybeach.info).

◆ **Rafting**
Rafter's Retreat, Hilland Group, Kitulgala, Tel. 036/ 228 7598, www.rafters retreat.com.
Kitulgala ist ein Dorf am Ufer des Kelani Ganga, bekannt als Schauplatz des Films »Die Brücke am Kwai«. Ganz in der Nähe liegt mit dem »Rafter's Retreat« eine ganz aus Waldholz gezimmerte Unterkunft. Sie ist Ausgangspunkt für Rafting-Trips. Auch Anfänger finden hier ideale Bedingungen vor, denn die 6 Flusskilometer lange Fahrt durch Schluchten und Stromschnellen wird in rund 2 Std. bewältigt und ist familienfreundlich.
Wer auf den Geschmack gekommen ist, für den bietet **Jetwing Eco Holidays** (s. S. 15) eine 14-tägige Tour mit vielfältigen Rafting-Strecken an.

Wellness

Preiskategorien (Übernachtung im DZ pro Person inkl. Vollpension und Basis-Anwendungen)
● = bis 50 Euro
●● = 50–80 Euro
●●● = 80–100 Euro
●●●● = 100–120 Euro

◆ **Sri Lanka Ayurveda Garden**
95 B, Sea Beach Rd., **Ambalangoda,** Tel./Fax 091/225 9888, Buchung in Deutschland: Tel. 0 61 62/ 7 22 27, www.ayurvedagarden.de.
Der Garten ist ein wesentlicher Ort der Heilung und Erhaltung, davon sind die beiden Ayurveda-Ärzte überzeugt. Darum ist der Strandgarten mit den schattigen Liegeplätzen die Seele des kleinen Ayurveda-Zentrums. Liebevoll gepflegte Kräuter und Blumen schenken Kraft und erfreuen das Auge. In der Kolonialvilla mit nur acht Gästezimmern findet sich eine »Ayurveda-Familie« auf Zeit zusammen, die von einem erfahrenen Team aus Ärzten und Therapeuten betreut wird. ●●●

◆ **Lotus Villa**
162/19, Wathuregama, Ahungalla, Tel. 091/ 226 4082, www.lotusvilla.com.
Das kleine Ayurveda-Hotel unter österreichischer Lei-

Für Sie ausgewählt ◆ 17

tung ist ein Klassiker. Das erfahrene Team umsorgt die Gäste in traumhafter Umgebung. Im Garten am Meer mit Meditationsbrunnen und ayurvedischer Sauna tankt man beim Rauschen der Brandung Energie. Jedes Essen ist für das Lotus-Team ein kleines Fest. Wer Geschmack an der genauso leckeren wie gesunden Küche gefunden hat, nimmt am Kochkurs teil. Auch an das Freizeit-Programm wird gedacht: Gemeinsam unternimmt man Ausflüge in die Umgebung, erlebt Musiker und Tänzer oder schmökert in der deutschsprachigen Bibliothek. ●●–●●●

◆ **Siddhalepa Ayurveda Health Resort**
Samanthara Rd., Pothupitiya, **Wadduwa** bei Panadura, Tel. 038/ 229 6967, Fax 229 6971, www.ayurvedaresort.com.
Wer ayurvedisch kuren, aber auf Komfort nicht verzichten möchte, ist im luxuriösen Siddhalepa Ayurveda Health Resort an einem Sandstrand richtig. Ein konventionelles Strandhotel ist das Siddhalepa nicht, aber im Gegensatz zu strengen Kurkliniken ist hier eine Kur im Kreis der Familie möglich. Der Architekt besann sich auf das reiche kulturelle Erbe des Landes und schuf mit ökologischen Materialien exklusive, großzügige und lichte Bauten. Hölzer und Tonerden, die gemäß der ayurvedischen Heilkunde ganz bestimmte Wirkungen auf Körper, Geist und Seele haben, setzte er bewusst sein. So ist das Chalet Gal Lena beispielsweise die Nachbildung einer Felsenhöhle und symbolisiert die Wohnweise der Yogis und Rishis. ●●●●

◆ **Nilambe Meditation Centre**
Galaha bei Kandy, Tel. 077/780 4555, upulnilambe@yahoo.com.
Wenn Sie Neugier auf die buddhistische Lebensweise verspüren, ist ein Aufenthalt in einem Kloster sicher eine interessante Erfahrung. Viele Klöster rund um Kandy haben sich für Gäste geöffnet. Erwartet werden etwas Durchhaltevermögen (einige Tage sollte man schon bleiben), ernsthaftes Interesse am Buddhismus und eine Spende für den Unterricht. Unterkunft und Verpflegung sind günstig. Man erreicht das Meditationszentrum mit dem Bus von Kandy in Richtung Galaha, steigt an der Kreuzung mit dem Wegweiser »Nilambe Bungalow« aus und folgt der Hauptstraße auf den Berg (ca. 45 Min. zu Fuß). Weitere Adressen von Meditationszentren unter www.retreat-infos.de. In vielen Meditationszentren dürfen nur Männer übernachten. ●

◆ **Vattersgarden**
Kottegoda, Tel. 041/ 225 9060, in Deutschland: Tel. 0 21 63/57 93 99, www.vattersgarden.de.
Das rund 12 km östlich von Matara und 800 m von der Hauptstraße auf einer Anhöhe direkt am Meer gelegene Ayurveda-Resort wird von der deutschen Familie Vatter geführt. Die elf Zimmer und Pavillons sind in einem tropischen Garten verteilt und schlicht eingerichtet. Im mit Naturmaterialien gebauten Behandlungszentrum stehen für die Konsultationen zwei Ärzte bereit, für deutsche Übersetzung wird gesorgt. Der Mindestaufenthalt beträgt zwei Wochen. Die Küche folgt den Regeln des Ayurveda. Neben den Anwendungen sind auch Yoga und Meditation im Angebot. ●●●●

◆ **Greystones-Villa Diyatalawa,** Ayurvedic Health Care Resorts (Sri Lanka), Repräsentanz: Christophstr. 5, 70178 Stuttgart, Tel. 07 11/ 2 34 81 44, Fax 2 34 81 45, www.greystones-villa.de.
Ca. 10 km westlich von Bandarawela liegt die kleine Greystones-Villa. Das warm-trockene Heilklima in 1400 m Höhe ziehen viele Kurgäste dem schwül-warmen Küstenklima vor und genießen die stilvolle Anlage, deren Herzstück der Garten ist. Greystones-Villa gehörte zu den ersten Ayurveda-Zentren, die 1990 die Zulassung für ayurvedische Panchakarma-Kuren für Europäer erhielten. Eine deutsche Yogalehrerin leitet auch Spezialprogramme für Frauen, z. B. bei Beschwerden in den Wechseljahren. Dazu gibt es Tipps zur Körper- und Schönheitspflege und Spaß beim gemeinsamen Kochen. ●●●

Viele Namen, eine Insel

Schon der Klang der vielen Namen verzauberte, sei es das Taprobana der Römer und Griechen, das Serendib der Araber, das Ceylon der britischen Kolonialherren oder das heutige Sri Lanka.

Im Laufe ihrer langen Geschichte hat die kleine Insel am Rand des indischen Subkontinents viele Namen getragen. Der legendäre Prinz Vijaya aus der alten Chronik Mahavamsa landete bei der Gründung des Reiches in einer Gegend namens Tambapanni, was »kupferfarben« bedeutet, denn so schimmerte die Bucht, in der sein Schiff ankam, und verwendete den Namen für die gesamte Insel. In der »Naturalis historia« des römischen Gelehrten Gaius Plinius Secundus (23–79 n. Chr.) wird die Insel ebenfalls als Kupferfarbene geführt, allerdings unter der lateinischen Bezeichnung Taprobana. Dieser Name taucht im 2. Jh. auf der berühmten Weltkarte des griechischen Geografen Claudius Ptolemäus auf und findet sich später in dem Gedicht *Paradise Regained* von John Milton und dem *Don Quixote* von Miguel de Cervantes.

Arabische Händler kannten die Insel gut und nutzten die Monsunwinde, um zwischen Arabien, Ostafrika und Indien zu segeln. Sie nannten das Eiland Serendib – eine Abwandlung des Sanskrit-Wortes Sinhala Dvipa, »Insel der Löwenhaften«. Mitte des 14. Jhs. bezeichnete der arabische Seefahrer Ibn Battuta in seinen Aufzeichnungen *Rihla* (»Reise«) den Adam's Peak als »Berg von Serendib«.

Als der portugiesische Kapitän Duarte Barbosa 1518 einen Bericht über die von ihm besuchten asiatischen Länder schrieb, hatte sich in seiner Muttersprache der Name Ceilão durchgesetzt. Er geht auf das chinesische Xi lan zurück, das europäische Reisende wie Marco Polo zu Seylan abwandelten. Die Holländer machten daraus den Namen Zeilan, die Briten Ceylon.

Ungeachtet aller fremden Bezeichnungen nannten die Singhalesen ihre Heimat längst Lanka, die Tamilen Llankai. 1972 wurde der heute offizielle Name Sri Lanka eingeführt (das Präfix Sri bedeutet »erhaben«), der 1978 um die Bezeichnung Prajathanthrika Samajavadi Janarajaya (Demokratische Sozialistische Republik) erweitert wurde, die allerdings im Alltag kein Mensch verwendet. ■

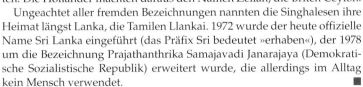

Vorhergehende Seiten: Tempel auf der Insel Seenigama in der Nähe von Hikkaduwa – Im Fort von Galle – Pinnawela Elefantenwaisenhaus **Links:** Buddhastatue im thailändischen Stil am Tempel Seema Malaka (Colombo) **Oben links:** Kunstvolles Wandgemälde in Anuradhapura **Oben rechts:** Am Strand von Bentota

Hintergrund ♦ 27

Perle im Ozean, Träne im Meer

Eine kleine Insel mit großen Landschaften: endlose tropische Strände mit Schatten spendenden Palmen, blaue Lagunen, trockene Savannen, steile Berge und manchmal senkrecht abfallende Felsen.

Die markante Form der Insel ruft vielfältige Assoziationen wach. Als Perle im Ozean wird sie gerne besungen, als eine »von Indiens Wange fallende Träne« sah sie ein Poet. Da klingen geologische Erklärungen ziemlich fantasielos. Vor 20 Millionen Jahren ragte an dieser Stelle noch nichts aus dem Meer. Das bezeugen in Kalkstein eingeschlossene Fossilien prähistorischer Lebewesen, die auf der Halbinsel Jaffna gefunden wurden. Noch früher, vor vielleicht 45 Millionen Jahren, war Sri Lanka Teil der riesigen Indischen Platte, die wiederum vor mehr als 150 Millionen Jahren zum Superkontinent Gondwanaland gehörte.

Die Sandbänke, Riffe und kleinen Inseln, welche die 32 km lange Adam's Bridge zwischen Talaimannar und dem südindischen Rameshwaram formen, sind die letzten Reste einer Landverbindung, die erst seit der letzten Eiszeit unter Wasser liegt.

Berge und Klimazonen

Die höchste Erhebung ist der Pidurutalagala (2524 m). Bis zur ersten genauen Vermessung galt der wie ein Kegel steil aufragende Adam's Peak mit 2243 m als höchster Berg. Die Berglandschaft beeinflusst das Klima, welches durch die beiden Monsune bestimmt wird: den Südwest-Monsun zwischen Mai und Oktober und den Nordost-Monsun zwischen Oktober und Februar. Durch die Erhebungen bekommen Süden und Südwesten 5000 mm jährlichen Niederschlag ab. So wird dieses Gebiet zur »niederen Feuchtzone« gezählt. Im Hochland herrscht ein Binnenklima mit regelmäßigen Regenfällen,

etwa in Nuwara Eliya monatlich 80 bis 250 mm. Die Ostseite des Hochlandes wiederum liegt im Regenschatten der Berge und wird daher kaum vom Monsunregen berührt.

Drei Viertel der Landesfläche werden der »niederen Trockenzone« zugerechnet, denn hier fallen höchstens 2000 mm Niederschlag im Jahr. Das betrifft das Kulturelle Dreieck und den gesamten Inselnorden, aber auch die östlichen und südöstlichen Niederungen von Trincomalee über Ampara bis Hambantota. Regen fällt dort während des Nordost-Monsuns, allerdings eher unzuverlässig. Lange Trockenzeiten und Überschwemmungen sind hier nicht selten. Die Gebiete östlich von Hambantota an der Südwestküste, aber auch die Region um Mannar im

Links: Die Küste bei Galle im Süden **Rechts:** Der Berg Adam's Peak überragt das Hügelland

Nordwesten liegen im Regenschatten beider Monsune und erhalten selten mehr als 600 mm im Jahr.

Die großen Höhenunterschiede bewirken zudem beträchtliche Temperaturschwankungen. Im 1900 m hoch gelegenen Nuwara Eliya herrscht mit durchschnittlich 16 °C eine angenehme Frühlingstemperatur; klaren, sonnigen Tagen folgen kühle Nächte. Mitunter erlebt das Hochland sogar einen leichten Nachtfrost, den die Einheimischen fürchten, weil er den Teepflanzen schadet.

Im auf 500 m gelegenen Kandy herrscht ganzjährig mediterraner Sommer. Das gute Wetter zählt sicherlich zu den Attraktionen dieser verlockenden Stadt. An der schwülheißen Küste schließlich verschaffen bei 27 °C Durchschnittstemperatur nur die frischen Meeresbrisen etwas Abkühlung.

Wälder und Strände

Waren zu Beginn des 20. Jhs. noch zwei Drittel der Landesfläche bewaldet, so sind es heute nicht einmal mehr 20 Prozent. Verantwortlich dafür ist vor allem die Abholzung während der Kolonialzeit zur Anlage von Plantagen. Dies führte gerade im Bergland zu gravierenden ökologischen Veränderungen. Letzte Reste von Primärwald gibt es nur noch in Ritigala, Sinharaja und Udawattakele bei Kandy.

Während im Süden vorwiegend tropische Regenwälder zu finden sind, dominieren im trockeneren Norden Monsunregenwälder. Im Bergland gibt es ab 1500 m auch Nebelwälder. Entsprechend vielfältig ist die Flora. Eine Reihe von Edelhölzern und Gewürzbäumen haben den Ruf der Insel als Tropenparadies begründet, allen voran Ceylon-Zimt und Kardamom. Zum Nationalbaum wurde das Ceylonesische Eisenholz erkoren. Es wird wie das harte Asiatische Ebenholz als Baumaterial verwendet. Religiöse Bedeutung hat hingegen neben dem indischen Banyan der Bodhi-Baum, weil in seinem Schatten Buddha die Erleuchtung erlangte. Für das Ayurveda wiederum sind Niem- und Plossobaum nur zwei von vielen Baumarten mit medizinischem Nutzen.

Fast die gesamte 1340 km lange Küste gleitet sanft in den Indischen Ozean, und weite Strecken bestehen tatsächlich aus goldenem Sand, hinter dem Kokospalmen Schatten spenden. An vielen Orten gibt es mäandernde Lagunen, während die Küste nördlich von Negombo bis nach Puttalam von einem alten Kanal geteilt wird, den die Holländer zum Transport von Gewürzen angelegt haben.

Sri Lankas Flüsse

Beim Blick auf die Landkarte kann man sehen, dass die meisten der insgesamt 103 Flüsse im Hochland entspringen und sich in alle Himmelsrichtungen durch die Ebenen schlängeln, um dann ins Meer zu münden. Auf ihrem Weg bilden sich oft spektakuläre Wasserfälle – der höchste von ihnen stürzt bei Bambarakanda 241 m in die Tiefe und ist damit fünfmal höher als die Niagarafälle.

SEGEN SPENDENDE WINDE

Die Monsunwinde, die im Englischen auch »Trade Winds«, also »Handelswinde« genannt werden, ermöglichten den großen Seglern einen regen Handelsverkehr mit Sri Lanka. Für die Heimreise mussten die Seefahrer auf die halbjährlich die Richtung wechselnden Winde warten. Dieses klimatische Phänomen ist auch der Ursprung des Wortes »Monsun«. Es leitet sich von »mausim«, der arabischen Bezeichnung für »Saison« oder »wiederkehrende Festzeiten« ab. In seiner Reisebeschreibung *Itinerario* von 1596 benutzte der holländische Seefahrer Jan Huyghen van Linschoten die Begriffe »monssoyn« und »monssoen«.

Die großen Ströme werden »Ganga« genannt, kleinere, saisonale Flüsse heißen auf Singhalesisch »Oya« und in Tamil »Aru«. Die mitgeführten Erdpartikel lagern sich in den Mündungsbereichen als fruchtbarer Schwemmsand ab und können auch Namensgeber sein. So heißt Sri Lankas längster Fluss Mahaweli Ganga, »Großer sandiger Fluss«, oder der Kalu Ganga aufgrund seiner Farbe »Schwarzer Fluss«.

Wegen seiner Bedeutung für die Wasser- und Energieversorgung ist der Mahaweli der mit Abstand wichtigste Strom. Von seinem Quellgebiet östlich des Adam's Peak windet er sich an Kandy und Polonnaruwa vorbei, um sich nach 335 km in die Koddiyar Bay südlich von Trincomalee zu ergießen. Bei Matale entspringt der mit 164 km zweitlängste Strom der Insel, der Malwatu Oya (Tamil: Aruvi Aru). Nachdem er die Reservoirs von Anuradhapura gespeist hat, mündet er südlich von Mannar ins Meer. Unter den Briten spielte der 129 km lange Kalu Ganga für die Verschiffung von Kaffee und Tee eine bedeutende Rolle. Von den Bergen östlich von Ratnapura fließt er gen Westen und erreicht bei Kalutara das Meer. In Meeresnähe bilden die meisten Flüsse eine eindrucksvolle Lagunenlandschaft mit einer ganz eigenen Pflanzen- und Tierwelt.

Lebenswichtige Wasserreservoirs

Die Veddha griffen kaum in ihre Umwelt ein. Dieses Volk der Jäger und Sammler lebte von dem, was es in den Wäldern fand und ernten bzw. erlegen konnte. Erst viel später begannen indische Siedler das Land umzugestalten. Um ihren zunehmenden Bedarf an Reis zu decken, legten die Neuankömmlinge ambitionierte Bewässerungssysteme an, die den Anbau erst ermöglichten. Wie im alten Ägypten und in Me-

sopotamien war eine funktionierende Wasserversorgung die Voraussetzung für ein erfolgreiches Staatengebilde. Die ersten Anlagen entstanden im 4. Jh. v. Chr. rund um Anuradhapura. Aus ihnen erwuchs ein ausgedehntes Netz von großen Wasserspeichern und Kanälen, die sich vorwiegend von den Flüssen Mahaweli, Malwatu und Kala Oya speisten und das ganze Jahr hindurch Nassreisanbau möglich machten.

Von den geschätzt über 100 000 Reservoirs werden nach offiziellen Angaben rund 18 000 weiterhin genutzt, darunter riesige Stauseen wie der Parakrama Samudra bei Polonnaruwa oder der Padaviya Wewa in der Nähe von Vavuniya, aber auch einfache Dorfteiche.

Ganz links: Die beeindruckenden Duhinda-Fälle bei Badulla
Links: Üppiges Grün am Kandy-Fluss **Rechts:** Fischer kehren mit ihrem Fang zurück ans Ufer des Mahakanadarawa-Reservoirs nahe Anuradhapura

Geschichte im Überblick

Vor- und Frühgeschichte

Um 10 000 v. Chr.
Auf Sri Lanka entsteht die erste Steinzeitkultur.

543 v. Chr.
Tod Buddhas in Indien. Mit diesem Ereignis beginnen die Aufzeichnungen der *Mahavamsa* (»Große Geschichtschronik«). Ankunft der Singhalesen unter Prinz Vijaya.

Frühe Anuradhapura-Periode, 161 v. Chr.–459

Ca. 250–161 v. Chr.
Herrschaft des Devanampiya Tissa und Übernahme des Buddhismus. Der indische Prinz Mahinda verbreitet die Lehre Buddhas auf Sri Lanka. Eintreffen des Schösslings des Bodhi-Baumes, unter dem Buddha zur Erleuchtung fand. Ab 204 herrscht der Tamilen-General Elara über die Insel.

161–137 v. Chr.
Nach dem Sieg über Elara übernimmt Dutugemunu die Herrschaft. Zum ersten Mal ist Lanka unter einem einzigen singhalesischen Herrscher vereinigt.

35–32 v. Chr.
Übersetzung der buddhistischen Schriften ins Pali.

276–303
Herrschaft Mahasenas. Bau der Jetavanarama, der größten Dagoba der Welt.

303–331
Herrschaft Sirimeghavanas. Eintreffen der Zahnreliquie. Blütezeit Anuradhapuras.

432–459
Tamilische Invasion und Herrschaft.

Späte Anuradhapura-Periode, 459–1073

459–495
Herrschaft Dhatusenas. Ende der Tamilenherrschaft. Ermordung Dhatusenas durch seinen Sohn Kassapa (477). Danach Herrschaft Kassapas und Bau von Sigiriya.

495–512
Herrschaft Mogallanas I. Anuradhapura wird Hauptstadt.

618–684
Interne Kämpfe und tamilische Invasionen, Dominanz der Pallava.

618–718
Ab 684 übernimmt Manavamma in Allianz mit den Pallava die Herrschaft über die Insel.

835–853
Regierung Senas I. und Einfluss der indischen Pandya.

Ca. 947
Feldzug der indischen Chola. Es folgen die Plünderung Anuradhapuras und die Flucht des Königs nach Rohana.

993–1017
Eroberung und Plünderung Anuradhapuras durch die Chola und Gefangennahme Mahindas. Ein Chola-Vizekönig regiert in Polonnaruwa. Die Bewässerungssysteme verfallen.

Polonnaruwa-Periode, 1073–1215

1055–1110
Herrschaft Vijayabahus. Befreiung des Königreichs von den Chola.

1073
Verlegung der Hauptstadt nach Polonnaruwa. Erneuerung des Bewässerungssystems.

1153–1186
Herrschaft Parakramabahus I. (des Großen). Polonnaruwa wird unbestrittene Hauptstadt; eine Phase des politischen, religiösen und materiellen Wiederaufbaus beginnt.

1187–1196
Herrschaft des Nissanka Malla. Weitere großartige Gebäude entstehen.

Kurzlebige Hauptstädte, 1214–1597

1215–1236
Tyrannei des Kalinga-Herrschers Magha; Zerstörung Polonnaruwas.

1505
Ankunft der Portugiesen, die eine Festung in Colombo errichten und bald die Küsten kontrollieren. Sie dringen weiter ins Inland vor.

1550–1597
Die Portugiesen setzen Dom João Dharmapala als Marionettenherrscher ein.

Geschichte ◆ 33

Kandy-Periode, 1597–1815

1597
Kandy wird Hauptstadt.

1619
Die Portugiesen erobern Jaffna.

1656
Ankunft der Holländer und Vertreibung der Portugiesen.

1796
Die Holländer weichen den Briten.

Britische Kolonialherrschaft, 1802–1948

1802
Ceylon wird britische Kronkolonie.

1815
Absetzung des letzten Königs von Kandy, Sri Wikrama Rajasinha, und Verbannung nach Madras.

Vorhergehende Seiten: Esala-Perahera-Prozession zur Ankunft der Zahnreliquie **Ganz links:** Eine Ansicht der Dagoba Thuparama in Anuradhapura aus dem Jahr 1864 **Oben:** Briefmarke aus der Zeit des Königs George VI. (1936–1952) **Unten rechts:** Soldat der sri-lankischen Armee

1867
Kommerzieller Teeanbau und Bau der ersten Eisenbahn zwischen Colombo und Kandy.

1919
Gründung des Ceylon National Congress.

1931
Allgemeines Wahlrecht.

Unabhängigkeit 1948 bis heute

4. Februar 1948
Unabhängigkeitserklärung, D. S. Senanayake wird Premierminister.

1956–1960
S. W. R. D. Bandaranaike (Sri Lanka Freedom Party) gewinnt die Wahlen; 1959 wird er ermordet. 1960 wird S. Bandaranaike, seine Witwe, erste Premierministerin der Welt.

1971
Bewaffneter Aufstand der maoistischen Volksbefreiungsfront JVP im Süden mit Tausenden Toten.

1972
Ceylon wird zur Republik Sri Lanka.

1983
»Schwarzer Juli«: Ein Blutbad zwischen Singhalesen und Tamilen zerteilt das Land. 100 000 in Colombo und Umgebung lebende Tamilen flüchten. Sri Lanka erlebt den totalen Zusammenbruch. Bürgerkrieg zwischen der Armee und den »Befreiungstigern« (LTTE) im Norden und Osten.

1987
Ankunft einer indischen Friedenstruppe, die 1990 erfolglos wieder abzieht.

1987–1988
Zweiter JVP-Aufstand im Süden, Tausende Tote.

1989
Ranasinghe Premadasa wird Staatspräsident; 1993 ermordet.

1994
C. Bandaranaike Kumaratunga wird Präsidentin.

2002
Norwegen vermittelt und erreicht ein Waffenstillstandsabkommen zwischen Regierung und LTTE.

2004
Kumaratungas Partei gewinnt die Parlamentswahlen. Am 26.12. fordert eine Flutwelle über 35 000 Tote.

2005–2006
Der ethnische Konflikt verschärft sich. Mahinda Rajapaksa gewinnt knapp die von den LTTE boykottierten Präsidentschaftswahlen.

2007–2009
Die Armee verdrängt die LTTE aus dem Osten, dann aus dem Norden, und tötet den Anführer der LTTE, Velupillai Prabhakaran.

2010
Rajapaksa wird gegen General Fonseka wiedergewählt.

2012
Wirtschaftlicher Aufschwung, doch unter dem Vorzeichen der Korruption der Präsidentenfamilie.

2013
Im März prüft der UN-Menschenrechtsrat, ob die Regierung in Colombo die Auflagen der Sri-Lanka-Resolution erfüllt.

Hintergrund ◆ 35

Zivilisation mit großer Vergangenheit

Fast alle Gesellschaften führen ihre Ursprünge auf Mythen zurück. Jene Sri Lankas sind verbunden mit dem Hindugott Shiva, Besuchen Buddhas und dem Epos Ramayana. Sogar Adam, der erste Mensch, soll seinen Fuß hier aufgesetzt haben.

Der Mythenschatz Sri Lankas ist reich, archäologische Beweise für die Vorgeschichte sind hingegen spärlich. Die ersten Menschen, die die Insel besiedelten, waren die Veddha (s. S. 70), die vor dem Jahr 16 000 v. Chr. aus Indien einwanderten – manche glauben eher an die Zeit vor 125 000 Jahren. Sie veränderten das Land kaum, denn sie lebten vom Jagen und Sammeln, während Belege für Haustierhaltung und Eisenwerkzeuge erst ab dem Jahr 800 v. Chr. vorhanden sind. Da sehr ähnliche schwarz-rote Töpferwaren in Sri Lanka und Indien gefunden wurden und auch die Bestattungen Ähnlichkeiten aufweisen, kann man folgern, dass Kontakte lange vor der Ankunft der Singhalesen existierten, auch wenn unbekannt ist, wie eng diese waren.

Chroniken der Könige

Sri Lankas große Chronik, das *Mahavamsa* (siehe rechts), übertreibt vielleicht ein wenig, wenn es von drei Besuchen des historischen Buddha berichtet, wenn vielleicht doch nur Yaksas und Nagas durchs Unterholz zischten, die nicht als angemessene Buddhaschüler angesehen wurden. Doch die Chronik erzählt als Gründungsmythos v. a. die Geschichte des Prinzen Vijaya.

Vijaya war der Prinzensohn des Geschwisterpaares Sinhabahu und Sinhasivali. Jene wiederum waren die Kinder eines Löwen *(sinha)* und einer von ihm entführten Königstochter aus Bengalen. Möglicherweise weil Löwenblut in ihm floss, fiel Vijaya durch seine Aufmüpfigkeit auf. Daher musste er auf Geheiß seiner Eltern

Links: Eine der riesigen Buddhastatuen von Gal Vihara in Polonnaruwa **Rechts:** Der 2243 m hohe Adam's Peak zieht Pilger aller Religionen an

DAS MAHAVAMSA

Im 6. Jh. begannen buddhistische Mönche mit der Niederschrift des *Mahavamsa* (»Große Chronik«) auf Palmblätter. Das ein Jahrhundert nach dem *Dipavamsa* (»Inselchronik«) verfasste Geschichtswerk entstand, als die singhalesische Hauptstadt Anuradhapura von südindischen Armeen besetzt war. Wie das Alte Testament ist auch diese Chronik mit der Thematik eines auserwählten Volkes und des wahren Glaubens verwoben – den buddhistischen Singhalesen. Heute stellen sie ca. 70 % der Bevölkerung und rechtfertigen ihre Herrschaft vorwiegend mit der Gründungslegende um Vijaya, wie sie am Anfang des *Mahavamsa* geschildert wird.

das Königreich in Nordindien verlassen. Zusammen mit 700 Untertanen bestieg er ein Schiff und landete auf Lanka Deepa, der »Insel der Schönheit«. Dies geschah an jenem Tag, als Buddha auf dem Sterbebett lag. Bevor er ins Parinirvana einging, prophezeite er: »Vijaya, der Sohn des Königs Sinhabahu, ist mit 700 Getreuen auf Lanka gelandet. Auf Lanka wird meine Religion erblühen.« Doch erst nach 200 Jahren sollte sich diese Prophezeiung erfüllen.

Erste Besiedlung

So legendär die Geschichte ist, sie hat einen wahren Kern. Etwa ab dem 5. Jh. v. Chr. – also um die Zeit des historischen Buddha – wanderten verstärkt die Vorfahren der Singhalesen aus Nordindien ein. Sie besiedelten vor allem die fruchtbaren Flussniederungen der weiten Ebene, kultivierten Nassreis und legten ein ausgefeiltes Bewässerungssystem an. Im niederschlagsarmen Kernland – dem heutigen Kulturellen Dreieck – mussten sie zur Speicherung des Regenwassers große Reservoirs graben, um die Reisfelder das ganze Jahr über bestellen zu können. Diese Großprojekte finanzierten sie durch die Besteuerung landwirtschaftlicher Überschüsse. Die Ureinwohner der Insel, von ihnen Veddha (»Jäger«) genannt, wurden in die Bergregionen verdrängt oder assimiliert. Zwischen der Insel und dem indischen Subkontinent entwickelte sich ein reger Handel, insbesondere mit Edelsteinen, Hölzern und Gewürzen. Dies wiederum führte zur verstärkten Migration südindischer Draviden, der Vorfahren der Tamilen. Sie ließen sich zumeist im Norden der Insel nieder.

Anfänge des Buddhismus

Als der große indische König Ashoka (reg. ca. 268–232 v. Chr.) sich verstärkt der Förderung des Buddhismus verschrieb, berief er um 235 v. Chr. in seiner Hauptstadt Pataliputra das Dritte Buddhistische Konzil ein. Dort wurden nicht nur Lehrstreitigkeiten diskutiert, sondern

auch Missionare ausgewählt, damit diese die Lehre Buddhas auf der ganzen Welt verbreiteten. Ohne Gewaltanwendung gelangte der Buddhismus in den folgenden 300 Jahren bis nach China im Osten, Ägypten und Griechenland im Westen. Für die Missionierung Lankas hatte Ashoka seinen eigenen Sohn Mahinda berufen, der in den Mönchsorden eingetreten war.

Mahinda ließ sich nach seiner Ankunft unweit der Königsstadt Anuradhapura auf dem Berg Mihintale nieder. Als der herrschende König Tissa bei einer Jagd nach Mihintale kam, trat ihm Mahinda entgegen. Der Mönch prüfte das Wissen des Königs mit Fragen über den Mangobaum – dieser Test ist wörtlich überliefert. Nachdem ihn die Antworten des Königs zufrieden gestellt hatten, begann er, ihm die Lehre Buddhas darzulegen. Nach seiner Bekehrung erhielt Tissa den Beinamen Devanampiya (»Liebling der Götter«). Wenig später brachte Mahindas Schwester Sanghamitta, eine Nonne, Reliquien auf die Insel: Buddhas Bettelschale, sein Schlüsselbein und einen Ableger des heiligen Bodhi-Baumes, unter dem Buddha die Erleuchtung fand. Letzterer wurde neben dem Königspalast eingepflanzt. Zur Aufbewahrung von Bettelschale und Schlüsselbein wurde ein Stupa errichtet. 23 Jahrhunderte später steht dieser Baum (oder jedenfalls ein Ableger davon) noch, wenn auch gestützt.

Die Schriften, die Mahinda mitgebracht hatte, wurden ins Pali übersetzt, bis heute die wichtigste Sprache des Buddhismus. Und Anuradhapura erblühte und entwickelte sich mit seinen großartigen Bauwerken und Klöstern zu einem der wichtigsten Zentren des Buddhismus. Sri Lanka stand am Anfang einer tausendjährigen Hochkultur.

Tamilische Bedrohung

Nur wenige Tamilen lebten zu dieser Zeit im Norden der Insel. Doch einige Jahre nach Devanampiya Tissas Tod um 210 v. Chr. putschten sich zwei tamilische Offiziere aus der Armee an die Macht, um sie bis zu ihrer Ermordung 22 Jahre später nicht mehr aus den Händen zu geben. Ihnen folgte der tamilische General Elara, dessen Herrschaft 44 Jahre dauerte. Angesichts der Schwierigkeit, die von Dschungel und Bergen bedeckte Insel direkt zu regieren, hielt Elara an einer dezentralen Verwaltungsstruktur fest. Er unterteilte das Land in übersichtliche Gebiete, die er von loyalen Fürsten regieren ließ. Die von manchen Chronisten vermerkte »perfekte Unparteilichkeit« legt die Vermutung nahe, dass einige dieser Könige, vielleicht sogar die Mehrheit, Singhalesen waren.

Der Aufstieg des Prinzen Dutthagamani

Mit Gewissheit war dies im südöstlichen Ruhuna der Fall, wo ein singhalesischer König mit der tamilischen Führung so zufrieden war, dass sein zwölfjähriger Sohn und designierter Nachfolger Dutthagamani (auch Dutugemunu, reg. 161–137 v. Chr.) bei Tisch schwören sollte, niemals auch nur einen Finger gegen General Elara zu erheben. Prinz Dutthagamani weigerte sich, und nachdem er Herrscher von Ruhuna geworden war, begann er mit einem Feldzug gegen seinen tamilischen Rivalen. Angeblich hatte er eine buddhistische Reliquie in seinen Speer eingearbeitet.

Die Vorbereitungen dauerten elf Jahre, dann brach der Prinz mit seinem gewaltigen Elefanten Kandula und seinem Heer auf, um die Kollaborateure des tamilischen Generals einen nach dem anderen anzugreifen. Einmal wurde der Elefant beim Angriff auf eine Festung mit

geschmolzenem Blei übergossen und musste sich in einem Teich abkühlen, um dann, von Büffelhäuten geschützt, schließlich doch noch das Festungstor zu zertrümmern. In einem dramatischen Finale sollen sich der General und der Prinz auf Elefanten Auge in Auge im Kampf gegenüber gestanden haben. Der junge Prinz gewann, gewährte seinem Gegner jedoch ein ehrenvolles Begräbnis. Er versah das Grabmal mit der Vorschrift, dass jeder, der die letzte Ruhestätte des Generals passiere, aus Respekt aus seinem Fahrzeug aus- bzw. von seinem Reittier absteigen müsse. Noch im 19. Jh. soll diese Vorschrift befolgt worden sein, doch heute weiß man angeblich nicht einmal mehr, wo sich das Grab des tamilischen Generals befindet.

Links: Ein Foto von Veddha aus dem 19. Jh. belegt, dass die Urbevölkerung ihren Lebensstil über Jahrhunderte hinweg bewahrte **Rechts:** Buddhafigur aus dem 6. Jh.

Das goldene Zeitalter von Anuradhapura

Nach elf Jahren Kampf konnte sich Dutthagamani um 161 v. Chr. zum König eines geeinten Lanka krönen lassen. In seiner Königsstadt Anuradhapura ließ er zahlreiche Parks, Tempel und Paläste errichten. Das größte Bauwerk war ein Palast mit Kupferdach nahe dem heiligen Bodhi-Baum, der jedoch – wie die Chroniken betonen – nicht für den Herrscher bestimmt war, sondern allein für Mönche. Die Fertigstellung seines ehrgeizigsten Projekts, des großen Ruwanweli Seya, erlebte der Herrscher allerdings nicht mehr.

Mitleid wurde hingegen für einen humorvollen König namens Subha bekundet, der sich gerne einen Spaß daraus machte, mit einem Diener, der ihm wie aus dem Gesicht geschnitten war, den Platz zu tauschen. Er spielte dieses Spiel allerdings einmal zu viel: Trotz seiner Proteste erhielt er die Krone nicht mehr zurück, doch der Usurpator wurde nach vier Jahren ebenfalls ermordet.

Sigiriya

König Dhatusena hatte 478 gerade erst die Fertigstellung von Anuradhapuras größtem Wasserreservoir – dem bei Aukana gelegenen Kala

Dutthagamani hatte zwar die Reichseinigung erreicht, aber für seine Nachfolge nicht gesorgt. Von Anuradhapuras frühen Königen herrschten 15 weniger als ein Jahr lang, 22 wurden von ihren Nachfolgern und sechs von anderen Gegnern ermordet, vier begingen Selbstmord, 13 fielen in der Schlacht und elf wurden gestürzt, ohne dass man je wieder von ihnen hörte.

Königin Anula vergiftete ihren Ehemann, um selbst den Thron zu besteigen. Nachdem sie ihrer fünf aufeinander folgenden Liebhaber überdrüssig war und keiner mehr Thron und Bett mit ihr teilen wollte, begann sie zu trinken. Nach vier Monaten Alleinherrschaft wurde sie von ihrem Stiefsohn ermordet. Chronisten enthielten sich einer Wertung.

Wewa – gefeiert, als ihn sein ältester Sohn Kassapa ermordete. Dessen Halbbruder Mogallana floh daraufhin ins südindische Pandya-Reich, um dort eine Armee anzuwerben, mit deren Hilfe er den Thron zurückzuerobern hoffte. Er brauchte dazu 18 Jahre. Zwischenzeitlich errichtete Kassapa auf einem 200 m hohen Felsen, der sich nahe des Ortes Sigiriya über die Wälder erhob, eine uneinnehmbare Festung. Da Mogallana auf sich warten ließ, versah er die Bergfeste mit allen Annehmlichkeiten, zu denen ein Park, Lustpavillons und eine Galerie mit den Porträts 500 barbusiger Schönheiten – den sogenannten Wolkenmädchen – gehörten. Sie wirkten so bezaubernd, dass Generationen von Dichtern Verse auf ihre Schönheit verfassten.

Zivilisation mit großer Vergangenheit ♦ 39

Als Mogallana eintraf, begab sich Kassapa laut Chronik auf seinem Elefanten hinab in die Ebene, um sich seinem Bruder entgegenzustellen. Gerade wollte Kassapa die unter dem Befehl Mogallanas stehende Armee angreifen, als sein Elefant einem Sumpfgebiet auswich und nervös umkehrte. Seine nachfolgenden Truppen interpretierten dies als Signal zum Rückzug und flohen.

Als Kassapa sich den feindlichen Truppen allein gegenüber sah, zückte er einen Dolch, schnitt sich selbst die Kehle durch, steckte die Klinge zurück in die Scheide, stürzte vom Elefantenrücken und starb. Mogallana ließ tausend Höflinge seines Bruders niedermetzeln und verlegte die Hauptstadt wieder nach Anuradhapura.

Die Invasion der Chola

Mogallanas Sieg, der nur mithilfe der Pandya zustande kam, hatte die gefährliche Folge, dass die tamilischen Königreiche in Indien – Pandya, Pallava und Chola – fortan Einfluss auf die Einsetzung des Königs von Anuradhapura nehmen konnten. Dies geschah de facto, als singhalesische Herrscher den großen Fehler begingen, sich in Streitigkeiten auf dem indischen Festland einzumischen und Partei für die Pandya und gegen den in Tanjore residierenden Chola-König Rajaraja ergriffen.

Lanka hatte Rajarajas übermächtiger Streitmacht nichts entgegenzusetzen. Diese plünderte 993 die Hauptstadt und nahm zeitweilig weite Teile der Insel ein. Eine längere Besatzungszeit begann unter Rajarajas Sohn Rajendra I. im Jahr 1017, die den Untergang Anuradhapuras einleitete. Nur Ruhuna im Südosten der Insel blieb unabhängig. Anuradhapuras letzter König Mahinda V. (reg. 982–1017) wurde nach Indien verbannt. Die über ein Millennium lang strahlende Metropole lag in Trümmern und geriet in Vergessenheit. Der Engländer Robert Knox (s. S. 48) besuchte die überwucherte Ruinenstätte 700 Jahre später und schrieb: »Überall am Fluss stößt man auf eine Unmenge behauener Steinsäulen, und andere Anhäufungen behauener Steine könnten meiner Auffassung nach einmal Bauwerke gewesen sein …«

Links: Das Kloster Abhayagiri mit der Dagoba Lankarama, einem der größten Stupas in Anuradhapura **Rechts:** Eines der Wolkenmädchen von Sigiriya in unrestauriertem Zustand – Göttin oder Kurtisane?

Polonnaruwa war nicht nur sicherer und strategisch günstiger gelegen, sondern besaß auch einen anderen Vorteil gegenüber der alten Hauptstadt Anuradhapura: Es gab hier weniger Mücken.

Polonnaruwa

An Anuradhapuras Stelle trat ein alter Militärposten an der einzigen Furt, die sich zur Überquerung des Flusses Mahaweli durch Truppenverbände eignete: Polonnaruwa. Es war der beste Platz, um mögliche Angriffe aus dem Sü-

den zurückzuschlagen. Trotz militärischer Überlegenheit blieb die Herrschaft der Chola jedoch notorisch schwach. Ein halbes Jahrhundert nach der Invasion hatte das Chola-Reich mit eigenen Thronstreitigkeiten zu kämpfen. Auf Lanka war es in einen zermürbenden Guerillakrieg gegen Vijayabahu, einen jungen Verwandten des verbannten Königs, verwickelt. 1070 gaben die Chola die Insel auf.

Der Tradition folgend, ließ sich der siegreiche Vijayabahu in den Trümmern von Anuradhapura krönen, wofür er einen neuen Palast errichten ließ. Doch wie die vertriebenen Chola wählte auch er aus strategischen Gründen Polonnaruwa zur Hauptstadt. Die Chroniken beschreiben ihn als »tapferen Mann mit edler Gesinnung«.

Vijayabahu, der »sich in vielen anderen Dingen ebenso hervortat wie mit seiner Güte«, bescherte seinem Land bis zu seinem Tod im Jahr 1110 eine vier Dekaden währende Friedensperiode.

Der große König
Ihre größten Lobeshymnen sparten sich die Chronisten jedoch für Parakramabahu I. (reg. 1153–1186) auf, der sich wieder mit dem buddhistischen Mönchsorden versöhnte. Der Legende nach soll er bei einer Prozession in einen Sturm geraten sein, doch kein Regentropfen traf ihn, was die Mönche als »Macht des Buddha« interpretierten.

Seinen immensen Ruhm begründete der König durch den gewaltigen Ausbau der Bewässerungssysteme. Alles, was in den Jahrhunderten zuvor erreicht wurde, wollte er in den Schatten stellen. »Nicht ein Tropfen Wasser darf in den Ozean fließen, ohne zuvor dem Menschen genutzt zu haben«, war seine Devise. Laut Chronik ließ er 3910 Kanäle, 163 große und 2376 kleinere Reservoirs restaurieren oder neu errichten. Sein Meisterwerk, der 2100 Hektar große Parakrama Samudra, ähnelt eher einem Binnensee als einem Wasserreservoir.

Im Zuge einer Verwaltungsreform teilte er das Land in 48 Provinzen ein. Auch außenpolitisch tat sich Parakramabahu hervor. Zwar war er nicht der erste singhalesische König, der

Aus reiner Eitelkeit ließ Nissanka Malla einen 25 Tonnen schweren Felsbrocken aus 100 km Entfernung von Elefanten heranschleppen, nur damit Schreiber darauf seine Großtaten für alle Ewigkeit eingravieren konnten.

Truppen gen Indien sandte, doch kein Herrscher vor ihm hatte eine Seestreitmacht aufgestellt. Seine Flotte griff im Zuge einer Strafexpedition sogar das birmanische Reich von Pagan an.

Der Niedergang Polonnaruwas
Parakramabahus Neffe und Nachfolger, Vijayabahu II., ermordete einen Hirten, der ihm seine schöne Tochter verwehrte. Kurz darauf wurde er selbst von jemandem umgebracht, der ihre Hand eher zu verdienen glaubte. Sein Nachfolger überlebte allerdings auch nur ganze fünf Tage. Erst mit der Krönung des großspurigen Nissanka Malla, Parakramabahus indischem Schwager, trat endlich Ruhe ein. Und was tat Nissanka Malla nicht alles, um seinen Namen der Nachwelt zu erhalten: Künstler mussten Bauwerke mit Inschriften versehen, welche die Leistungen anderer Herrscher als die seinen rühmten. Dennoch ist auch Nissanka Mallas architektonisches Erbe eindrucksvoll.

Belastete Parakramabahus immenses Bauprogramm nur den Staatshaushalt, erschöpfte ihn Nissanka Mallas Eitelkeit vollends. Nachdem er ohne designierten Nachfolger verstorben war, brach das übliche Chaos aus. Ein weiteres Mal nutzte der Herrscher eines südindischen Reiches seine Chance. Die Chronisten waren entsetzt: Magha war schlimmer als eine entsetzliche Dürre. Er befahl seiner von Hünen durchsetzten Armee, das Königreich Lanka zu plündern und sich wie tosendes Feuer im Wald zu benehmen. Die Plünderer schrien: »Lo! Wir sind die Giganten aus Kerala!« Ihre grausamen Ausschweifungen sind dokumentiert: Abschneiden von Gliedmaßen, Folter bis zur Herausgabe von Wertgegenständen, Prügel für ins Gebet vertiefte Gläubige, Züchtigung der Kinder, Zerstörung von Tempeln und Bibliotheken, Sklavenarbeit und vieles mehr. »Wie Maras Hünen zerstörten auch die tamilischen Horden das Königreich und seine Religion, raubten alle seine Schätze, ohne auch nur eine Perle oder ein Juwel zurückzulassen.«

Als Magha 1255 starb, erhob niemand Anspruch auf den Thron. Dschungel wucherte über die verlassene Stadt, und das Bewässerungssystem verfiel. Obwohl Polonnaruwas Blüte keine zwei Jahrhunderte dauerte, kann sich die Stadt an der Größe und Bedeutung durchaus mit Anuradhapura messen.

Zerrissene Insel

In der Folgezeit verlegten die Herrscher mehrfach ihre Residenz, um vor neuerlichen Einfällen südindischer Truppen sicher zu sein. Nach einem Zwischenspiel in Dambadeniya war Ende des 13. Jhs. für fast zwei Dekaden die Felsenfestung Yapahuwa Königssitz. Dann regierten die Könige von Kurunegala aus. Schließlich erhob 1341 ein Herrscher Gampola bei Kandy zu seiner Residenz. Damit gewann erstmalig das Bergland an politischem Gewicht. Auch Kotte bei Colombo wurde zur Königsstadt ausgebaut. Aufgrund seiner Lage an der Westküste profitierten die dortigen Herrscher von dem zunehmenden regionalen Seehandel. Ihn dominierten vorwiegend arabische Händler, die bereits seit dem 10. Jh. in mehreren Küstenorten lebten – darunter Beruwala, Bentota und Kalanbu (das heutige Colombo). »Serendib«, wie arabische Schriften die Insel damals nannten, war vor allem aufgrund seiner Gewürze, Edelsteine und Elefanten berühmt.

Die tamilische Bevölkerung profitierte von den chronischen Machtkämpfen der Singhalesen und ihrer Unfähigkeit, ein geeintes Reich zu etablieren. Sie schuf bereits Mitte des 13. Jhs. ein eigenständiges Tamilen-Reich (»Tamil Eelam«). Mit dem Zerfall des einst großen Chola-Imperiums wanderten auch immer mehr südindische Tamilen ein. Jaffna avancierte zur Königsstadt. Kleinere Fürstentümer (»Vanniyar«) existierten zudem im heutigen Vanni zwischen Vavuniya und dem Elefantenpass. Kandy erschien erstmals Ende des 15. Jhs. als Zentrum des Königreichs Udarata auf der politischen Landkarte.

Auch von außen kamen neue Bedrohungen. Der chinesische Eunuch und Admiral Zheng He, der Einzige, der eine große Flotte befehligte, entführte einen singhalesischen König und dessen Premierminister nach China. Invasoren aus Malaya und Birma, angeblich sogar ein Sultan aus Ägypten, griffen die Insel an. Völlig zerrissen und zerstritten war sie, als Ende des 15. Jhs. in Asien ein neuer Machtfaktor ins Spiel kam: die Europäer. Sie sollten von da an das geopolitische Machtgefüge des asiatischen Kontinents beträchtlich verschieben. ∎

Links: Diese Buddhastatue aus Polonnaruwa strahlt trotz Verwitterung Ruhe und Gelassenheit aus **Rechts:** Polonnaruwas Größe ist in dieser Postkartenansicht aus dem 19. Jh. auf eine pittoreske Ruine reduziert

121 122 123 124 125 126 127 128 129 130 131 132

INDIA

Boreum pmo

Susuara

angana

Canathra

Talacori Galidi

Modutti

Anubingara

MARE INDIC

INDIA

Margana Iogana

Anurogyammuun regia

Nagadiba Maagram mum

Anarismudi pmo

Soani

Galibi montes

Ganges fl.

Oxia pmo

Procuri

Semni

Adisamu

TAPROBANA

que ante se Poduce Habet insulas

1578

Sinocanda

sandocandæ

solis por

Abaratha Tarachi

Malea mons

Bocana

Sin⁹ rasodis

Anubingara

Bumasari

Bocani

Baracus fl.

Elephantum

Nubartha

Pascena

Æqui

Axanus fl.

Vlispada Rhogadani

Nacaduna

Nanigiri Bachi oppidum

Hodoca

Anium prom

Dagana

Corcobara

calecium pmo

vone

Arana

Alaba

Caladadrua

Bassa

Balaca

121 122 123 124 125 126 127 128 129 130 131 132

Spielball der Kolonialmächte

Die Portugiesen kamen wegen der Gewürze, die Holländer und Briten legten endlose Teegärten und abenteuerliche Eisenbahnlinien an, doch mit Kandy als Zentrum blieb die singhalesische Kultur lange intakt.

Ab dem 16. Jahrhundert erreichten verschiedene Wellen von portugiesischen, holländischen und britischen Invasoren die Insel. Die Eroberer ließen sich zunächst nur an den Küsten und in den Tiefebenen nieder. Erst 1815 gelang es ihnen, das versteckt im Hochland gelegene Königreich Kandy zu unterwerfen.

Im Jahr 1497 hatte der portugiesische Seefahrer Vasco da Gama unter Beweis gestellt, dass der Weg rund um Afrika einfacher nach Asien führte als die Route, die Christopher Columbus gewählt hatte. Acht Jahre später zwang ein Sturm seinen Landsmann Dom Lourenço de Almeida, von seiner Jagd auf arabische Gewürzschiffe abzulassen und mit seiner aus neun Schiffen bestehenden Flotte in der Mündung des Kelani-Flusses zu ankern, eben jenes Flusses, in dem die Gewürzhändler ihr wertvollstes Gut, Zimt, verluden.

Die Ankunft de Almeidas blieb nicht unbemerkt. Ein Späher berichtete dem König von Kotte: »In unserem Hafen ist eine Menschenrasse angekommen, die sehr weiß und schön ist. Die Fremden tragen Stiefel und Eisenhüte und sind dauernd in Bewegung. Sie essen weiße Steine und trinken Blut. Sie haben Waffen, die wie Donner brüllen und Kugeln durch die Luft werfen, die Meilen entfernt Granit und sogar Eisen brechen.« Weißbrot und Rotwein waren zwar falsch interpretiert worden, doch in allem anderen bestätigten die Ankömmlinge die Furcht erregenden ersten Impressionen des einheimischen Spähers.

Links: Nachdruck der Karte von »Taprobana« des griechischen Geografen Ptolemäus **Rechts:** Eine bis dahin unbekannte Bedrohung am Horizont: portugiesische Kriegsschiffe

Die Portugiesen in Kotte

König Vijaya VI. hoffte, die Portugiesen als Alliierte gegen die angriffslustigen Tamilen zu gewinnen, und wünschte Almeida zu sehen. Noch heute ist »Portugiesen nach Kotte führen« ein geflügeltes Wort, das für »einen Umweg machen« steht, denn Almeida wurde nicht direkt nach Kotte gebracht, das nur 13 km entfernt lag – sonst hätte er bemerkt, dass Kotte nur ein sehr kleines Königreich war –, sein Umweg durch den Dschungel dauerte ganze drei Tage. Portugiesische Aufzeichnungen erläutern, dass die erschöpften Gesandten die Schliche aber durchschauten, weil sie zu jeder vollen Stunde die Kanone hörten, die auf einem ihrer Schiffe abgefeuert wurde.

44 ◆ Hintergrund

Der portugiesische Generalkapitän Dom Jeronimo de Azavedo ging als personifizierte Grausamkeit in die Geschichte ein. Angeblich ließ er mit solcher Regelmäßigkeit Menschen in Krokodilbecken werfen, dass die Tiere genau wussten, wann sie an die Oberfläche kommen mussten.

Der König bot als Gegenleistung für einen portugiesischen Schutz jährlich 110 000 kg Zimt. Dies war eine erstaunlich große Menge, doch die Portugiesen begriffen zu dieser Zeit nicht, welch großartiger Handel ihnen damit offen-

stand. Die Insel lag strategisch günstig, um die Handelsrouten zu überwachen, die immer fernere Ziele in der Welt erreichten und sich von Brasilien über Mosambik und Goa bis nach Macau erstreckten. Als sie sich dann 1521 eines Besseren besannen und in neue Verhandlungen eintreten wollten, hatte die einheimische Politik eine Kehrtwendung vollführt.

Gerangel um die Nachfolge

König Vijaya VI. und sein älterer Bruder waren mit derselben Königin verheiratet, sodass Unklarheit über die Vaterschaft von drei Söhnen bestand. Nach dem gewaltsamen Tod des Königs und größeren Zwistigkeiten riss der älteste der drei Brüder Kotte an sich. 1540 forderte er von Portugal dafür zu sorgen, dass sein Lieblingsenkel seine Nachfolge antrete. Der Junge wurde in christlicher Erziehung auf die Thronfolge vorbereitet und auf den Namen Dom João Dharmapala getauft. Die Portugiesen fanden sogar einen Weg, die Nachfolge zu beschleunigen: Als der Großvater des Jungen am offenen Fenster eines königlichen Pavillons Luft schöpfte, traf ihn ein Schuss mitten in die Stirn.

Dom Joãos Herrschaft wurde alsbald von Rajasinha, dem Sohn eines entfernten Vetters, bedroht, der Kotte eroberte. Portugiesische Truppen griffen ein, waren aber mit der geringen Ausbeute an Schätzen und Frauen unzufrieden. Chronisten zufolge raubten und mordeten auch singhalesische Soldaten, doch Frauen ließen sie in Ruhe. So wunderte man sich, dass »Heiden sich ehrbarer verhielten als Christen«.

In der Erkenntnis, dass sie Kotte nicht alleine halten konnten, setzten die Portugiesen Dom João Dharmapala als Marionettenherrscher ein. Ein Onkel verabreichte ihm zu gegebener Zeit eine Dosis Gift. Diese war jedoch nicht stark genug, so dass der arme Dom João bloß alle Zähne verlor und für den Rest seines langen, unglückseligen Lebens ein körperliches Wrack blieb.

Eine betrügerische Königin

Der bedauernswerte Dom João Dharmapala trat den Thron an Portugal ab, und der christlich getaufte Konappu Bandara erhielt den Auftrag, die Armee gegen Rajasinha und Kandy zu führen. Bandara vertrieb Rajasinha, nutzte aber seinen Sieg, um selbst als König Vimala Dharma Suriya I. den Thron zu besteigen.

Nur eine harte Hand konnte die Lage retten und niemand schien dafür geeigneter als der General und Konquistador Pedro Lopez de Souza. Man beauftragte ihn, die junge Dōna Caterina, die in Portugal im Exil lebte und ein Auge auf den Thron von Kandy geworfen hatte, ans Ziel ihrer Wünsche zu bringen. Ohne nennenswerten Widerstand nahm er Kandy ein und die Dame mit sich. Auf dem Rückweg nach Colombo aber geriet er in einen Hinterhalt von Vimala Dharma Suriya I. Während der General zahlreiche Niederlagen einsteckte, wurde Dōna Caterina vom Feind gefangen genommen. Doch damit nicht genug, denn die junge Dame heiratete König Vimala Dharma Suriya I. und wurde so Königin.

Inzwischen hatte sich Jaffna zu einem notorischen Piratenstützpunkt entwickelt, von wo aus die Seeräuber regelmäßig portugiesische Schiffe überfielen. 1560 begleitete der Vizekönig eine 1200 Mann starke Söldnertruppe aus dem portugiesisch besetzten Goa, um auch den Norden der Insel zu unterwerfen. Der dort residierende Tamilenprinz sah sich gezwungen, die Stadt zu verlassen, wobei er die Köpfe von zwölf Häuptlingen zurückließ, die sich mit den Portugiesen arrangieren wollten. Die Portugiesen machten dieses Mal Beute.

Zu ihren Gefangenen zählte auch die Frau des Prinzen, die später zum Christentum übertrat. Doch als der Prinz wieder in Amt und Würden gesetzt war, erwies er sich als hartnäckiger Intrigant – wie seine Nachfolger, von denen der letzte in Goa enthauptet wurde. Nach einem knappen Jahrhundert kontrollierte Portugal, mit Ausnahme von Kandy, die gesamte Insel.

Ankunft der Holländer

Weniger erfolgreich war Portugal auf dem Meer, über das es die Kontrolle verlor. Zwei britische Schiffe schlugen 1612 die portugiesische Übermacht zurück. Auch die Holländer hatten ein Auge auf die Insel geworfen. Zur Verwaltung ihrer Kolonien hatten sie 1602, zwei Jahre nach der britischen East India Company, die Vereenigde Oostindische Compagnie (VOC) als private Aktiengesellschaft gegründet. Sie war vor allem in der Inselandschaft des heutigen Indonesien tätig und hatte ihren Hauptsitz in Batavia (heute Jakarta). Von dort koordinierte sie die vorher verstreuten Handelsaktivitäten ihrer Mitglieder, die vor allem reiche Kaufleute daheim in den Niederlanden waren. Nach niederländischem Gesetz durfte die VOC eigene Truppen aufstellen, Festungen bauen und Verträge mit anderen Staaten eingehen. Durch rücksichtsloses und kriegerisches Vorgehen gewann sie schnell ungeheure ökonomische und militärische Macht, vor allem in Südostasien. Sie agierte wie ein eigener Staat neben dem niederländischen Königshaus.

Im Zuge dieser militärischen und wirtschaftlichen Ausdehnung traf der niederländische Admiral Joris van Spilbergen 1602 König Vimala Dharma Suriya I. in Batticaloa und bot ihm Hilfe gegen die Portugiesen an. Einige Monate später kam sein Landsmann Sebald de Weert mit einer kleinen Flotte an und besuchte mit einigen Offizieren den König, um ihn zur Inspektion seiner Schiffe einzuladen. Der König zeigte sich abgeneigt und gab vor, seine Königin nicht alleine lassen zu können. Der betrunkene Admiral spottete unvorsichtig, dass Dōna Caterina nach allem, was er gehört habe, sicher nicht lan-

Links: Der Marionettenkönig Dom João Dharmapala
Rechts: Die Karte aus dem 16. Jh. zeigt eine Schlacht zwischen Portugiesen und Sri Lankern

ge alleine sei, woraufhin der König zornig ausrief: »Fesselt den Hund!«. Einer seiner Männer aber fasste dies als Tötungsbefehl auf. Er packte den Admiral bei den Haaren und spaltete ihm mit dem Schwert den Kopf. Nach näherem Nachdenken befand der König dies als nicht einmal schlecht, und so ließ er den Offizieren die gleiche Behandlung angedeihen.

Vimala Dharma Suriya I. starb 1604. Um die Nachfolge bewarb sich sein Halbbruder Senerat. Dōna Caterina heiratete ihn, half ihm auf den Thron und ließ ihn Verhandlungen mit den Holländern aufnehmen, um ihre früheren Belagerer, die Portugiesen, loszuwerden.

Das blutige Finale

Der Versuch der Niederländer, die Portugiesen zu vertreiben, führte zu einer Allianz mit Dänemark. Die dänische Expedition brauchte zwei Jahre, um die Region zu erreichen, nur um dann festzustellen, dass die lokalen Ereignisse sie überholt und überflüssig gemacht hatten. Auf dem Weg Richtung Heimat machten die Soldaten an der Koromandelküste Indiens Halt, fanden es nett dort und errichteten eine Kolonie.

Die Dänen wurden in Sri Lanka nicht mehr gebraucht, weil die Niederländer in der Zwischenzeit genug Schiffe hatten, um Goa zu blockieren und so die Portugiesen von ihrem Nachschub abzuschneiden, während in Sri Lanka selbst der neue König Rajasinha II., der Sene-

rat nachgefolgt war, seine eigenen Kämpfe ausfocht. Er fügte dem portugiesischen Kommandeur Constantine de Sa eine entscheidende Niederlage zu, doch konnte er sich nicht freuen, als er den Kopf de Sas präsentiert bekam. Er beklagte: »Wie oft habe ich Dich gebeten, keinen Krieg gegen meine Leute zu führen, ihr Land nicht zu verwüsten und sie einfach in Frieden leben zu lassen, wo doch Ihr Portugiesen bereits den größten Teil von Ceylon beherrscht!«

Zwanzig grausame Jahre später schickten die Holländer Truppen und schwere Waffen zum entscheidenden Sturm auf Colombo. Ein portugiesischer Überlebender schrieb: »Um drei Uhr nachmittags am 12. Mai 1656 verließen wir die Stadt: 73 ausgemergelte Soldaten waren wir noch, und manche hatten gebrochene Arme oder ein Bein verloren. Wir alle sahen wie tot aus … Wir betraten ein Gebäude, wo wir General und Major der Holländer trafen, die uns freundlich begrüßten und einen Trinkspruch auf uns ausbrachten …« Die holländischen Offiziere wollten auch den Rest der tapferen Verteidiger empfangen, doch sie mussten hören, dass es keine weiteren Überlebenden gab. »Bei diesen Worten wechselten sie die Farbe, und Trauer trat an die Stelle der Heiterkeit, mit der sie uns empfangen hatten.«

Die portugiesische Garnison in Jaffna konnte sich noch bis 1658 halten. Rajasinha II. erhob gemäß seiner Vereinbarung mit den Holländern Anspruch auf Colombo. Doch bei seiner Ankunft fand er die Festungstore verschlossen. Wütend setzte er die Umgebung der Stadt in Brand und zog sich nach Kandy zurück.

Unter niederländischer Besatzung

Man sagt, dass die pragmatischen Niederländer nach der Eroberung Jaffnas 1658 portugiesische Grabsteine weiter verwendeten, die Gefangenen nach Batavia transportierten, aber ihre Frauen in Jaffna behielten, den Tag des »Sieges über Pfaffentum und Götzendienerei« zum Gedenktag erklärten und sich schon aufs Geldverdienen freuten. Der englische Geistliche Robert Fellowes notierte in seiner unter dem Pseudonym Philalethes veröffentlichten »History of Ceylon« von 1817, dass sich die Holländer nach der Vertreibung der Portugiesen »weder vor dem grimmigen Moloch religiöser Bigotterie noch vor dem Schrein des Aberglaubens verbeugten; Geld war ihr Götze, Gold war ihr Glaube und Mammon ihr Gott«.

Holländische Missionare versuchten, die Insel zum Calvinismus zu bekehren, und die Kolonialverwaltung half ihnen dabei, indem sie Stellen im Staatsdienst ausschließlich für Christen reservierte. Die Menschen wurden frei nach dem Motto »Arbeitet hart, um Gottes Ruhm zu verbreiten und die Macht der Kompanie sicherzustellen« unterrichtet. Auf dem Stundenplan standen Latein, Griechisch, Hebräisch, Theologie und die Kontrolle der Leidenschaften. Die Lehren fielen wohl auf fruchtbaren Boden, denn ein Schulinspektor stellte 1740 erstaunt fest, wie viele »kleine schwarze Burschen Latein schwatzen und griechische Satzgebilde konstruieren«.

Da die Holländer wegen der vertraglich festgesetzten Ernte- und Verkaufsmengen von Zimt immer wieder mit dem König von Kandy in Konflikt gerieten, riet Gouverneur van Goens seinem Sohn und Nachfolger eindringlich zum Frieden: »Es ist unschwer einzusehen, wie schändlich und entsetzlich der Krieg ist ... Unsere künftigen Bemühungen sollten daher unbedingt darauf zielen, die Kosten durch effektive Einrichtungen zu senken und die Profite durch eine gewissenhafte Wirtschaftsführung zu erhöhen.« Schließlich gelang es den Holländern jedoch, Zimt in der Nähe von Colombo zu kultivieren.

Der strenge Calvinismus aber war selbst den tolerantesten Inselbewohnern zu viel. Im Grunde war es den Holländern auch egal, sie interessierten sich mehr für den Export von Zimt, Elefanten, Perlen, Salz und Betelnuss. Der wilde Zimt wuchs im tropischen Regenwald, dem Lebensraum der Elefanten, weshalb es mühselig und gefährlich war, das süße Gewürz zu ernten. Mit speziellen Messern schnitt man zunächst Streifen der Rinde ab und rollte sie zu Röhren. Zimt war so wertvoll, dass die Schädigung der Pflanzen und der Verkauf auf dem Schwarzmarkt schwer bestraft wurden.

Links: Ein holländischer Stich zeigt den triumphalen Sieg über die Portugiesen **Rechts:** Colombos Hafen im 18. Jh.

DIE ZUNGE DER ÜBERREDUNG

Der in Sri Lanka geborene Autor Michael Ondaatje erzählt, dass die Überredungskunst seiner Landsleute mit der Zunge des Thalagoya, einer Mischung aus Iguana und Riesenechse, zusammenhängt, die auf der Insel häufig, sonst selten vorkommt. Nachdem man das Tier erschlagen hatte, schnitt man ihm die stachelige Zunge heraus und aß diese wie ein Sandwich zwischen zwei Bananenscheiben.

»Ich weiß nicht, welche Nebenwirkungen sonst noch üblich waren – außer vielleicht dem Tod«, sagt Ondaatje. Jedenfalls sollen Kinder, die die Zunge eines Thalagoya gegessen haben, brillante Redner werden.

ROBERT KNOX

Im Jahr 1660 befand sich ein 19 Jahre alter Londoner namens Robert Knox unter den britischen Seeleuten, die nahe der Mündung des Mahaweli an Land gingen und von Soldaten des Königs Rajasinha von Kandy gefangen genommen wurden. Knox zeigte sich überrascht, dass er und seine Kameraden nicht die einzigen »Gäste« des Königs waren, denn Rajasinha beherbergte noch andere Europäer, unter ihnen den Gesandten des französischen Königs Louis XIV., M. de la Narolle.

Über seine »19 Jahre, sechs Monate und ein paar Tage« dauernde Gefangenschaft führte Knox ein Tage-

buch, das als *Historical Relation of Ceylon* veröffentlicht wurde und das europäische Denken der Zeit widerspiegelte. Doch anders als die buddhistischen Geschichtsschreibungen berichtet es nicht nur über die Könige, sondern auch über das Leben der einfachen Leute. Und so diente es dem Schriftsteller Daniel Defoe auch als eine Quelle für seinen berühmten Roman *Robinson Crusoe*.

Knox durfte frei herumlaufen, mit den Leuten reden, ein Haus kaufen und sogar ein Unternehmen eröffnen. Er hätte auch heiraten können, was er jedoch unterließ, damit nichts ihn an Ceylon band, falls sich die Gelegenheit zur Flucht ergab. Doch er konnte sich nicht einfach davonmachen, denn der Dschungel war dicht und die schmalen Pfade, die niemand ohne Pass betreten durfte, wurden scharf bewacht.

Freie Liebe und Grausamkeit

Verwundert zeigte sich Knox über den freimütigen Umgang mit dem Sex. Verheiratete Frauen hatten ganz selbstverständlich Affären und ließen ihre Ehemänner mit den Kindern zurück. Probleme entstanden nur, wenn »sie sich mit Männern einließen, die geringerer Qualität waren als sie selbst«. Wenn wichtige Besucher eintrafen, schickten die Ehemänner gerne »ihre Frauen und Töchter, damit sie ihnen in der Kammer Gesellschaft leisteten«. Sowohl Frauen als auch Männer heirateten drei- oder viermal.

Vielen Europäern erschienen die Bewohner von Kandy als faul, doch sobald sie etwas besaßen, das über das rein Lebensnotwendige hinausging, wurde dies von jemandem aus den Horden der Zoll-, Abgaben- und Steuereintreiber konfisziert. Recht wurde von einem mit lokalen Häuptlingen und Beamten besetzten Gericht gesprochen. Gnadengesuche an den König waren risikoreich, denn dieser hätte sie als Zeitverschwendung auffassen und eine Strafe festsetzen können, zum Beispiel das Eintauchen der Hände in kochendes Öl. Nur der König konnte körperliche Züchtigungen anordnen, nicht jedoch für Frauen. Die Todesstrafe wurde durch Elefanten vollzogen, was offensichtlich eine abschreckende Wirkung besaß, denn Knox beobachtete nur wenige solcher Vorfälle. »Sie stoßen ihre Zähne durch den Körper und reißen ihn in Stücke, bis er Glied für Glied davonfliegt. Es gibt scharfe Eisenaufsätze, die den Elefanten bei diesen Gelegenheiten auf die Stoßzähne gesetzt werden.«

Knox gelingt die Flucht

Schließlich konnte Knox doch noch mit einem anderen Engländer in den von den Holländern kontrollierten Norden entkommen. Mit Bedauern ließ er Haus und Hof zurück, einen alten Mann, der für ihn gesorgt hatte, und eine junge Frau namens Lucea, die Tochter eines anderen Gefangenen. Im Jahr 1698 kehrte Knox als Schiffskapitän nach Asien zurück. In China traf er einen ehemaligen Mitgefangenen, der nach Rajasinhas Tod freigelassen worden war. Als er hörte, dass andere alte Freunde noch in Kandy lebten, schrieb er ihnen einen Brief, um ihnen mitzuteilen, dass das Leben in England hart und er immer noch unverheiratet war. Er legte dem Brief ein Bild von sich selbst bei und bat darum, dass es an Lucea weitergegeben werde: »Ihr wisst, dass ich das Mädchen geliebt habe, und seither kein Anlass gegeben war, sie zu hassen.« ∎

Links: Robert Knox – Frontispiz seines Tagebuchs

Spielball der Kolonialmächte ◆ 49

Handel mit Kandy

Die Holländer wussten geschickt den Stolz des Königs auszunutzen, indem ihn eine Heerschar Gesandter als »ewig loyale und unterwürfige Diener« umschmeichelte. Robert Knox (s. links), angewidert von ihren Aktivitäten am Hof, vermerkte, dass »es sicher nicht loyal ist, wenn sie Festungen errichten und die Insel eifersüchtig gegen die Ankunft anderer Nationen bewachen«. Doch der König ließ sich von den Schmeicheleien blenden.

Ein holländischer Gouverneur erstellte eine Liste geeigneter Geschenke für den König. Nichts zu Teures sollte darunter sein, nur »zwei

Holländisches Recht

Die Gouverneure in Colombo wandten römisch-holländisches Recht an. Da gewisse Streitpunkte aber weiterhin nach tamilischem oder islamischem Recht abgehandelt werden durften, beriefen sich die Gerechtigkeit liebenden Singhalesen auf ihre eigene komplexe Rechtsprechung, die für Außenstehende unverständlich war. Während die Kolonialherren es strikt ablehnten, solche rigiden Praktiken anzuwenden, waren die Singhalesen hingegen vom europäischen System sehr angetan – und wenden es bis heute mit Begeisterung an. Auf der Insel gibt es unzählige fähige Juristen.

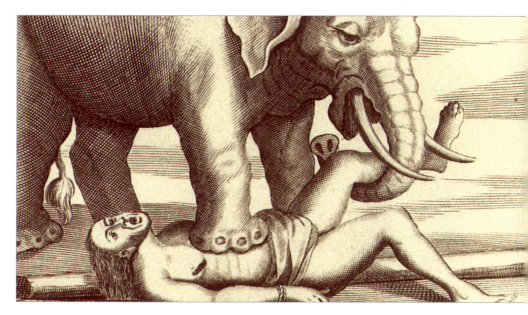

oder drei persische Pferde und andere persische Güter, ein wenig Tee, Porzellan oder indische Spezialitäten täten Genüge …«

Die Beziehungen verschlechterten sich rapide, als die Holländer Kandy 1766 plünderten und einen Sperrriegel zwischen Königreich und Meer errichteten, um Kandy vom kostbaren Salz der Küstenregionen abzuschneiden und Salz gegen Zimt zu tauschen. Doch dies blieb ein Wunschtraum. Ein Leutnant Schneider notierte: »Die Einwohner dieser Provinz kaufen kein Salz – sie gewinnen mehr als genug aus ihren eigenen Salzpfannen.«

Oben: Die Briten waren entsetzt über grausame Exekutionen durch Elefanten

Neue Herren

Die Britische Ostindienkompanie hatte schon lange ein Auge auf die Insel geworfen, denn sie hielt den Hafen von Trincomalee für einen ausgezeichneten Stützpunkt für ihre Unternehmungen in Indien. Als die holländische Flotte im amerikanischen Unabhängigkeitskrieg die britische Blockade amerikanischer Häfen unterlief, war ein Vorwand für die Besetzung Lankas gefunden.

Als auch die Franzosen Interesse an der Insel bekundeten, hielten die Briten 1794 nach Frankreichs Invasion in Holland die Zeit für reif, der niederländischen Konkurrenz mit dem Angebot einer schützenden britischen Präsenz auf Ceylon eine Sorge abzunehmen.

> Die Gesetze von Kandy sahen als Strafe für Zahlungssäumigkeit vor, Steine auf die Körper der Beklagten zu häufen oder Dornenzweige über ihre nackten Beine zu schlagen, bis die Schuld beglichen war.

Die Schlacht von Colombo

Die Briten landeten ohne nennenswerten Widerstand im Hafen von Trincomalee. 1200 ihrer Soldaten und zwei Bataillone von Sepoys (indische Soldaten) begaben sich auf einen langen Küstenmarsch, um die holländische Garnison

in Colombo anzugreifen, die wenige Jahre zuvor von Schweizer Söldnern unter Comte de Meuron verstärkt worden war. Flankenschutz erhielten die Briten auch durch eine Armee Kandys, die geradezu darauf brannte, an der Seite der neuen Verbündeten gegen den alten Erzfeind ins Feld zu ziehen.

Erst im 20. Jh. wurde die Wahrheit über die entscheidende Schlacht von Colombo enthüllt. Wenige Monate vor der Landung der Briten vertraute Comte de Meuron die schweizerische Truppe seinem Bruder Pierre an. Er selbst reiste nach Europa, wo er Hugh Cleghorn, einen Professor der schottischen St. Andrew's University, traf. Beide machten sich zu einer abenteuerlichen Reise nach Indien auf.

Cleghorn arbeitete für den britischen Geheimdienst. Der im Fort von Colombo sitzende Pierre erhielt eines Tages ein überraschendes Geschenk aus Indien: einen großen holländischen Käse, in dem eine geheime Nachricht verborgen war. Kurz darauf rückten die Briten mit ihren indischen Verbündeten an und stießen nur auf den Widerstand einiger Malaien. Sie fragten sich, was mit den Schweizern geschehen war, denn sie konnten nicht wissen, dass diese nicht mehr für die Holländer arbeiteten. Die im Käse verborgene Nachricht hatte Pierre darüber informiert, dass er und seine Männer vertraglich in die britische Armee eingegliedert seien und mit sofortiger Wirkung nach Kanada versetzt würden. Die Hilfe von Kandys Armee war damit überflüssig geworden. Ein versprochener Zugang zum Meer wurde Kandy bewilligt – doch nur zum Fischen und zur Salzgewinnung. Das Vertragsversprechen auf einen Hafen kam nicht zustande.

Britanniens Premierminister William Pitt beschrieb die Insel als »der Welt kostbarster Kolonialbesitz …, der unserem indischen Reich eine bislang nie erreichte Sicherheit beschert.« Die Insel wurde 1798 dem damals erst 32-jährigen Frederick North anvertraut; er war Sohn des gleichnamigen Premierministers des britischen Königs George III.

Die Eroberung Kandys

Kurz nach der Amtseinsetzung von Frederick North wurde Sri Wikrama Rajasinha zum König von Kandy gekrönt. North bezeugte seinen Respekt durch die Übersendung einer exquisiten Kutsche samt Pferden. Sie musste jedoch in Einzelteilen angeliefert werden, denn abgesehen von einer Hauptstraße, die breit genug für das Schauspiel von Elefantenkämpfen war, gab es im Königreich Kandy kein richtiges Wegenetz. Diesbezüglich hatte sich nichts bewegt, seit Rajasinha II. Brückenbau und Verbreiterung der Dschungelwege verboten hatte. Undurchdringlicher Dschungel war der Schutzwall des Königreichs gegen die Europäer.

Als der junge König unmissverständlich demonstrierte, dass Geschenke ihn nicht beeindruckten, sah sich North veranlasst, Gewalt anzuwenden. Dazu war ein Vorwand nötig. Es war nicht viel, jedoch genug, als 1803 von einem entfernten Posten die Nachricht eines Offiziers eintraf, dass Beamte aus Kandy muslimischen Händlern einige Betelnüsse abgenommen hät-

Spielball der Kolonialmächte ◆ 51

ten und sich weigerten, sie zu bezahlen oder zurückzugeben. In der Armeebasis Colombo schmetterten die Trompeten, und alsbald marschierte ein Bataillon los, wobei »den Soldaten die Lust und Freude ins Gesicht geschrieben stand«. Als Nachhut folgte ein langer Tross aus Elefanten, Maultieren und Lastenträgern. Nach sechs Kilometern hielt der ganze Zug wieder an, damit die Offiziere im Kokosnuss-Club am Fluss Kelani mit Freunden dinieren konnten.

Doch schon bald hatte die Kolonne mit den »Waffen« des Dschungels zu kämpfen. Blutegel saugten sich überall fest. Es gab weder Schutz gegen Moskitos noch gegen Dschungelfieber

Kochtopf sowie genügend Nahrungsmitteln, Reis, Fladen und Kokosnüssen, für die besagten 15 Tage. Sobald die Ablösung kam, kehrten sie in ihre Dörfer zurück.

In der Armee dienten auch Berufssoldaten aus Malabar, die Turbane, rote Jacken und blaue Hosen trugen. Von den Holländern übergelaufene Malaien fungierten als Leibwache des Königs; sie waren weder furchtsam noch Blutbanden verpflichtet und daher immun gegen Intrigen am Hof. Sie vertrauten auf ihren Kris, einen Dolch, den sie liebevoll *swami* (»kleiner Gott«) nannten. Kein malaiischer Leibwächter legte jemals Hand an einen König von Kandy.

oder Hitze und sintflutartige Regenfälle. Als die Vorräte zur Neige gingen, ließ Vitaminmangel die Gliedmaßen der Soldaten auf Elefantengröße anschwellen. Der Dschungel erwies sich erneut als Kandys natürlicher Verbündeter.

Die Armee Kandys bestand aus Rekruten aus den königlichen Gebieten. Niemals wurde mehr als ein Drittel der verfügbaren Männer mobilisiert, und diese niemals länger als 15 Tage. Sie versahen ihren Dienst mit alten Musketen und teilweise noch mit Pfeil und Bogen. Ansonsten bestand ihre Ausrüstung aus Palmblättern, die als Sonnen- und Regenschutz dienten, einem

Links: Das Wappen der East India Company
Rechts: »Tempel der Zahnreliquie«, Kandy

Ein wertloser Sieg

Als die britischen Truppen endlich den Dschungel überwunden hatten, fanden sie die Stadt niedergebrannt und verlassen vor, die Bevölkerung war in den Urwald geflohen. Portugiesen und Holländer hatten Kandy so häufig zerstört, dass seine Bewohner nicht mehr für die Ewigkeit bauten. Das einzige Bauwerk, das man vor dem Rückzug nicht angezündet hatte, war der Dalada Maligawa, der Tempel der Zahnreliquie. Die britischen Offiziere identifizierten aber die verkohlten Reste der Kutsche von North – zumindest hatte sich jemand die Mühe gemacht, sie zusammenzubauen. North setzte den unglückseligen, aber ehrenhaften Muttusamy als neuen Marionettenherrscher über Kandy ein und hinterließ ein Kommando zu dessen Unterstützung. Aber die meisten Männer dieses Kommandos waren bald krank. Einer von ihnen schrieb: »Nur Gott weiß, was aus uns wird. Wenn wir den Befehl erhalten, die Stätte zu räumen, wird kaum ein Europäer auch nur eine Meile zurücklegen können.« Die Armee selbst kehrte nach Colombo zurück.

Die siechen Soldaten wurden von den zurückkehrenden Bewohnern Kandys niedergemetzelt. Die Intervention des Königs, mit Sergeant Theon wenigstens einem Kranken das Leben zu schenken, ließ das Blutbad nicht weniger grässlich erscheinen. Theon heiratete bald

eine Einheimische, die ihm einen Sohn gebar. Muttusamy hingegen gab sich bis zu seiner Exekution heldenhaft, um das Leben seiner Wache zu retten. Doch auch diese wurde hingerichtet. Nur ein Unteroffizier überlebte angeblich auf wundersame Weise einen Schwertstreich, der seinen Kopf nicht vollständig abtrennte; irgendwie erreichte er Colombo, wo er – seinen Kopf mit den Händen stützend – von den Ereignissen berichtete.

Das Ende des Königreichs Kandy

Zum Schluss besiegelte nicht militärische Macht das Schicksal Kandys, sondern diplomatische Intrige. Die Hauptbeteiligten waren der letzte König von Kandy, Sri Wikrama Rajasinha, und der britische Diplomat Sir John D'Oyly. Vikrama, ein hinduistischer Tamile aus Südindien, wurde bei seinen Untertanen immer unbeliebter, weil er die buddhistischen Traditionen verschmähte und immer gigantischere Projekte begann. Jene zum Beispiel, die sich gegen die Anlage eines großen Sees in Kandy wandten, fanden sich gepfählt auf seinem Grund wieder.

D'Oyly hingegen beobachtete die Schwäche des politischen Systems und verbündete sich mit Mitgliedern des singhalesischen Adels, um Vikrama zu stürzen. So erklärte einer der Adligen, Ehelepola, 1814 mit vorsichtiger britischer Unterstützung dem König den Krieg. Vikrama schlug den Aufstand schnell und gnadenlos nieder und ließ alle Gegner hinrichten, darunter auch Ehelepolas Frau und Kinder, was die Bewohner von Kandy so aufbrachte, dass sie die Briten aufforderten, das Königreich zu stürzen und sie von diesem König zu befreien. Nach dem erfolgreichen Eingreifen der Briten wurde dieser nach Indien exiliert, wo er noch lange auf britische Kosten lebte.

Doch schon zwei Jahre später waren die Bewohner Kandys auch ihrer neuen Herren überdrüssig. 1817 breitete sich die Kandy-Rebellion schnell im Hochland aus und stand nahe davor, die Briten an die Küste zurückzudrängen, dann allerdings kamen mehrere Regimenter indischer Truppen zu Hilfe. Der mögliche Erfolg dieser Rebellion führte dazu, dass sich die Briten nun daranmachten, Kandy und das Hochland mit guten Straßen und einer Eisenbahnlinie an den Rest des Landes anzubinden. Die einst unzugängliche und dadurch uneinnehmbare Dschungelfestung konnte danach in vier Stunden von Colombo aus per Zug erreicht werden.

Die britische Herrschaft

Nach der Rebellion von Kandy wurde die britische Herrschaft über die Insel nie mehr ernsthaft in Frage gestellt. Als die Briten Straßen durch den Dschungel anlegten, begann sich ein unabhängiger Staat nach britischem Muster zu entwickeln. Ein Zeichen setzte die Veranstaltung des ersten Pferderennens 1821 in Kandy. Der letzte Thronaspirant machte 1848 auf sich aufmerksam, als sich das Gerücht verbreitete, Frauen würden nach Brustumfang besteuert. Insgesamt jedoch blieb Ceylon friedlich, bis nach Übertragung der Unabhängigkeit (1948) die ethnischen Konflikte ausbrachen.

Spielball der Kolonialmächte ◆ 53

Plantagen entstehen

Tiefgreifende Veränderungen ergaben sich im wirtschaftlichen Bereich. Nachdem neue Straßen das Bergland durchzogen, das sich ideal zum Kaffeeanbau eignete, raunte man sich in England zu, dass auf Ceylon Vermögen zu verdienen seien. Über den unvermeidlichen Ansturm schrieb Sir Emerson Tennent: »Die ersten beherzten Abenteurer bahnten sich den Weg durch pfadlose Wälder und lebten monatelang in Blockhütten.« Das Leben im Dschungel war aufregend und romantisch – und es bot Überlebensstarken glänzende Zukunftsaussichten.

Die Pflanzer deuteten die Abneigung einheimischer Bauern, auf ihren Plantagen mitzuarbeiten, als angeborene Faulheit, übersahen dabei aber, dass diese eigene Parzellen zu beackern hatten, was sie völlig auslastete. So folgten die Engländer dem Beispiel der alten singhalesischen Könige und holten sich Arbeiter aus Indien. Im damals von Hungersnöten geplagten Südindien galt Ceylon als Paradies. In Scharen überquerten Inder in Auslegerbooten und auf Flößen die Meerenge, um den langen Marsch zu den Plantagen anzutreten. Jeder Vierte kam dabei ums Leben. Viele starben am Straßenrand und mussten verbrannt werden. Da die Ernte außerdem eine saisonale Angelegenheit war, zogen die Inder mit dem, was sie ansparen konnten, nach Hause, um im folgenden Jahr die gleichen Strapazen erneut auf sich zu nehmen.

Die Kaffeepflanzer wurden von der steigenden Popularität des Tees und der damit verbundenen sinkenden Nachfrage nach Kaffee schwer getroffen, die »Kaffeepest« in den 1870er-Jahren versetzte ihnen den Rest. Ein Zeitgenosse schrieb: »Die neue Generation von Teepflanzern muss nur in die Pantoffeln und behaglichen Quartiere der armen Kaffeepflanzer schlüpfen.«

Für die indischen Arbeiter war die Veränderung problematischer. Da Tee im Gegensatz zu Kaffee ganzjährig gepflückt wird, war ihre permanente Anwesenheit gefragt. Innerhalb von nur 15 Jahren wanderten fast eine Million Männer, Frauen und Kinder ein. Sie lebten in einfachen Bretterbuden, in denen sich nicht selten zehn Personen wenige Quadratmeter zum Kochen, Essen und Schlafen teilten. Sie waren landlose Fremde und durch eine unüberwindbare Kluft von den Tamilen getrennt, die seit dem 3. Jh. v. Chr. in mehreren Wanderungswellen gekommen waren und überwiegend im Norden Ceylons siedelten. Die britische Regierung war alarmiert: »Die Sicherheit der Immigranten muss unter allen Umständen gewährleistet bleiben, aus Gründen der Menschlichkeit und der öffentlichen Ordnung.«

Die Plantagenwirtschaft bot nicht nur Singhalesen vielfältige Aufstiegsmöglichkeiten, sondern auch den ansässigen Tamilen und Burghern (Nachfahren von Holländern, die sich mit Sri Lankern vermischt hatten), die längst Teil des kosmopolitischen Milieus waren. Gan-

ze Familien investierten ihre Einkünfte aus dem Verkauf von Getränken in Tee- und Kautschukplantagen. So brüstete sich Ceylons reichster Kaffee- und Tee-Plantagenbesitzer, Jeronis de Soysa, seinen ganzen Besitz ohne jede europäische Hilfe erwirtschaftet zu haben.

Ihr Verwaltungs- und Ausbildungssystem bauten die britischen Kolonialherren auf den holländischen Fundamenten auf. Der Buddhismus wurde formal anerkannt, und die Engländer gaben die Zahnreliquie zurück, die ihnen zufällig in die Hände gefallen war. Singhalesen, Tamilen und Europäer besuchten in Colombo verschiedene Schulen, obwohl sie theoretisch die Fähigkeit entwickeln sollten, unter gleichberechtigten Bedingungen zu handeln und – noch

Links: Bildnis des letzten Königs von Kandy, Sri Wikrama Rajasinha, in vollem Ornat, Dambulla **Rechts:** Die Eisenbahn von Colombo nach Kandy beendete Kandys Isolation

wichtiger – »die Ordnung und gegenwärtige Regierung« zu achten. Schon bei Amtsantritt hatte Gouverneur North angeregt, die besten Absolventen auf englische Universitäten zu schicken. Und so schrieben sich bereits 1811 zwei Söhne des Mudaliyar de Saram an der Cambridge University ein. Auf diese Weise wurden sie zu Wegbereitern ganzer Studentengenerationen.

Politische Reformen
Mit Beginn des 20. Jhs. nahm die Zahl nationalistisch gesinnter Persönlichkeiten in gebildeten Kreisen zu, wie etwa Anagarika Dharmapala,

Eine effektive politische Repräsentanz ließ lange auf sich warten. 1919 wurde der aus Mitgliedern aller Volksgruppen bestehende Ceylonesische Nationalkongress gebildet; doch aufgrund einer Abspaltung der Tamilen, die ihre eigene Organisation gründeten, gewann er nie die Bedeutung des Nationalkongresses in Indien. Ceylon wurde aber zur ersten Kolonie Asiens mit allgemeinem Wahlrecht, als 1931 alle Männer und Frauen über 21 Jahre aufgerufen waren, einen Staatsrat zu wählen.

Die Stimmung in der Bevölkerung verschlechterte sich rapide, als die Weltwirtschaftskrise von 1929 zur Verarmung breiter Schichten

der zu einer Schlüsselfigur in der buddhistischen Erneuerungsbewegung wurde und erstmalig *swaraj*, die Unabhängigkeit, forderte. Die zeitweise sehr starke »Abstinenzbewegung« verschrieb sich der Erneuerung der kulturellen Identität und brandmarkte soziale Übel wie Alkohol. Zu ihren prominentesten Vertretern zählten Angehörige des einflussreichen Senanayake-Klans.

Die Frage, welches Ausmaß an politischer Mitbestimmung den Einheimischen zugebilligt werden solle, warf Meinungsverschiedenheiten zwischen den Vertretern in London, die zur Liberalität neigten, und den Beamten vor Ort auf, die den Einheimischen »gänzlichen Mangel an den erforderlichen Grundlagen« bescheinigten.

führte. Es folgten eine lang anhaltende Dürreperiode und Überschwemmungen. Einer 1934 ausgebrochenen Malaria-Epidemie fielen mindestens 125 000 Menschen zum Opfer. Mit dem Beginn des Zweiten Weltkriegs sollte sich die Lage der Menschen weiter verschlimmern.

Der Zweite Weltkrieg
Für die Menschen auf Ceylon begann der Krieg auf der anderen Seite der Welt als Streit über Dinge, die sie nicht interessierten. Anfang 1942 aber fielen Singapur, Birma und Niederländisch-Indien an Japan. Die Vermutung, dass nun Indien an der Reihe sei, brachte Ceylon in die Frontlinie. Außer Kalkutta hatte England keinen Hafen, der näher zu Ostafrika und

Australien lag als Colombo und Trincomalee. Ceylons Luftabwehr hatte der japanischen Luftflotte, die Pearl Harbor angegriffen hatte, wenig entgegenzusetzen. Zur Verstärkung der Luftwaffe mussten die Freunde des Pferderennens erleben, wie ihre geliebte Rennbahn in Colombo in ein Flugfeld verwandelt wurde.

Am 5. April, einem Sonntag, flogen die Japaner Bombenangriffe gegen Colombo. Doch ihre Maschinen wurden vom Major der Luftwaffe, L. J. Birchall von der Canadian Royal Air Force, der in einer Catalina patrouillierte, bemerkt, so dass er eine Warnung durchgeben konnte, bevor er abgeschossen und gefangen genommen wurde. Zwei Handelsschiffe im Hafen wurden getroffen, und eine weitere Bombe landete auf einer vorstädtischen Nervenklinik. In Trincomalee heulten die Sirenen vier Tage später. In küstennahen Gewässern wurden mehrere britische Kriegsschiffe, darunter der Flugzeugträger »Hermes«, versenkt. Das Ziel Japans war es, die britische Ostflotte völlig zu zerstören. Doch diese hatte Radar, und so gelang es den britischen Schiffen, auf die Malediven auszuweichen.

Ende des Jahres war Ceylon zum Sprungbrett für Offensiven gen Osten geworden. Lord Louis Mountbatten richtete seine südostasiatische Kommandozentrale bei Kandy ein, und Trincomalee wurde zur Basis der »Schule für offensive Operationen« des Britischen Komitees für Sonderkommandos, das Saboteure und Kollaborateure zum Aufbau des Widerstands hinter die japanischen Linien einschleuste.

Vorbereitungen zur Unabhängigkeit

Als das Kriegsende abzusehen war, schlugen die Tamilen einen »50:50-Plan« vor: Die Hälfte der Sitze eines künftigen Parlaments sollte den Singhalesen (etwa 70 % der Bevölkerung) vorbehalten sein, die andere allen auf der Insel lebenden Minoritäten – jedoch unter Ausschluss der eingewanderten Hochland-Tamilen, die das ihnen nach britischem Recht zugestandene Stimmrecht verlieren sollten. Im Juli 1945 erklärte London offiziell: »Die Regierung Seiner Majestät hegt Sympathie für den Wunsch des ceylonesischen Volkes, den Status eines Dominion zu tragen ...«

Links: Ein britischer Kolonialbeamter trifft sich mit Vertretern der einflussreichen Aristokratie von Kandy **Rechts:** Tamilische Teepflückerinnen in den Bergen von Nuwara Eliya

Spielball der Kolonialmächte ◆ 55

London machte kein Hehl aus seiner Präferenz für die United National Party (UNP). Als moderate Organisation unter der Führung von D. S. Senanayake hatte sie Anhänger unter sämtlichen Ethnien und Religionen. Zur Opposition gehörten sezessionistische Gruppierungen sowie verschiedene bolschewistisch-leninistische, trotzkistische und stalinistische Kommunisten. Und so verwundert es nicht, dass Senanayakes Partei bei den ersten Parlamentswahlen im Jahr 1947 einen Erdrutschsieg errang. Die Briten glaubten, dass damit der Boden für den nahtlosen Übergang zur Unabhängigkeit bereitet sei. ■

WAFFENBRÜDER

Die alliierten Truppen, die überall auf Sri Lanka ausschwärmten, waren voll des Lobes für die einheimische Gastfreundschaft. »Wir waren überall willkommen«, schrieb E. F. C. Ludowyk in seinem Werk *Story of Ceylon* (»Geschichte Ceylons«), »doch nicht als Verteidiger der Insel, sondern als interessante Fremde, mit denen man vieles gemeinsam hatte ... Zum ersten Mal lernten die Einheimischen Weiße als Lebewesen kennen, die genau wie sie selbst bis zur Hüfte nackt in der sengenden Tropenhitze standen und dieselben schweren Arbeiten leisteten: Straßenbau, Roden des Dschungels und den Transport schwerer Lasten.«

Die Unabhängigkeit

In den sechs Dekaden seiner Unabhängigkeit hat sich Sri Lanka um den Aufbau einer Zukunft bemüht, doch Machtstreben und die Geister der Vergangenheit führten immer wieder zu tiefen Konflikten.

Ceylon startete am 4. Februar 1948 unter guten Bedingungen in die Unabhängigkeit. Die kriegsbedingte Nachfrage nach Naturkautschuk hatte viel Geld in die Kassen gespült, und die Militärpräsenz auf der Insel hatte Arbeitsplätze und mannigfaltige Möglichkeiten für engagierte Unternehmer geschaffen.

Doch leider war der Aufschwung ein Trugbild. Die Wirtschaft konnte die schwindende internationale Nachfrage nach ihren Naturprodukten nicht verkraften. Zudem stieg die Bevölkerungszahl, die sich während der Kolonialzeit verringert hatte. Und der Charme des Premierministers D. S. Senanayake, der durch den Wiederaufbau der Bewässerungssysteme von Anuradhapura und Polonnaruwa Berühmtheit erlangt hatte, schwand dahin.

Die Wurzel der ethnischen Konflikte

Die Saat der ethnischen Konflikte des Landes war bereits gesät. Senanayake nahm Verhandlungen mit seinem indischen Amtskollegen Jawaharlal Nehru über ein Problem auf, das die Beziehungen zwischen den Nachbarn auf Jahre hinaus belasten sollte. Er machte geltend, dass die jungen tamilischen Plantagenarbeiter indische Staatsbürger seien. Da Indien wegen einer möglichen Rückkehr der indischen Auswanderer besorgt war, hatte es Voraussetzungen für die indische Staatsbürgerschaft formuliert, die die ceylonesischen Arbeiter nicht erfüllten.

Das multi-ethnische Gefüge von Senanayakes Partei UNP geriet in Gefahr, als S. W. R. D. Ban-

daranaike die Sri Lanka Freedom Party (SLFP) gründete. Von der neokolonialen UNP setzte sie sich durch traditionellere, aber immer noch multi-ethnische Ideen ab. Bandaranaike entstammte einer Adelsfamilie aus Kandy und hatte die Universität Oxford besucht. Er verstand sich als Verfechter einer singhalesisch-buddhistischen Gesellschaft. Nach seiner Rückkehr aus Oxford legte er die westliche Kleidung und das Christentum ab und erklärte sich als »singhalesisch durch und durch«. Mit seiner Partei sprach er jene aufstrebende Generation von Singhalesen an, die in singhalesischer Sprache ausgebildet war, die offizielle englische Amtssprache infrage stellte und wirtschaftlich von der Unabhängigkeit enttäuscht war.

Links: Mit Sirimavo Bandaranaike stand erstmals eine Frau an der Spitze des Staates **Rechts:** D. S. Senanayake, der erste Premierminister des unabhängigen Sri Lanka

Bandaranaike übernimmt die Macht

D.S. Senanayake starb 1952 nach einem Sturz vom Pferd. Als sein Sohn Dudley Senanayake, Vorsitzender der UNP, die Nachfolge antrat, standen die Familie Bandaranaike und die SLFP als Gegner bereits in den Startlöchern.

Angesichts hoher Inflationsrate und Arbeitslosigkeit wandte sich Senanayake an Organisationen wie die Weltbank und befolgte deren Rat, die Subventionen für Importreis zu kürzen. Die Preiserhöhungen führten zu einem Sturm der Entrüstung, der erst durch die Verhängung des Ausnahmezustands gebannt werden konnte. Enttäuscht trat Senanayake zurück.

ße Hemden als Ausdruck einer politischen Idee. Die städtischen Intellektuellen hatten so etwas höchstens bei indischen Politikern je gesehen und konnten sich eines leisen Kicherns nicht erwehren. Doch auch andere zukünftige Präsidenten hielten sich an diese Kleidungsidee.

Die Sprachen-Kampagne katapultierte Bandaranaike mit großer Mehrheit ins Amt. Als jedoch die Gesetzesvorlage 1956 im Parlament verhandelt wurde, gerieten erfreute Singhalesen und empörte Tamilen auf den Straßen aneinander. Aber weder die neue Amtssprache noch die Verstaatlichung von Schlüsselindustrien wie Transport- und Hafenwesen konnten die sich

Nach kurzem Interregnum kam Bandaranaike mit dem populistischen Programm, Singhalesisch zur Amtssprache zu erheben, an die Macht. Die formelle Einführung seines Kabinetts geriet zu einer Demonstration seiner Überzeugungen, die er aus Oxford mitgebracht hatte. Die Minister trugen lange weiße Stoffbahnen um die Hüften und lose, langärmelige wei-

Als der Premierminister der UNP, Dudley Senanayake, 1953 zurücktrat, übernahm sein Onkel, John Kotelawala, seinen Posten. Die UNP handelte sich damit den Spitznamen »Onkel-Neffen-Partei« ein.

verschlimmernde Wirtschaftskrise stoppen. Die Tamilen bekundeten ihr Misstrauen, indem sie scharenweise in die Gebiete ihrer Vorfahren im Norden zogen und Rufe nach einem unabhängigen Tamilenstaat laut werden ließen. Bandaranaike war sich der möglichen Verwicklungen bewusst, doch sein Dialog mit der tamilischen Führung hetzte bloß die Extremisten beider Lager auf. Eine Orgie des Plünderns, Schlagens und Mordens brach los.

Im Rahmen einer »ethnischen Säuberung« wurden Tamilen aus Colombo und anderen Gebieten, in denen sie unter Singhalesen lebten, vertrieben. Unterdessen flohen Singhalesen, um ihr Leben bangend, aus den Tamilengebieten im Norden und Osten. Bandaranaike, der den

Aderlass verhindern wollte, zeigte sich bereit, mit den Tamilen diverse Möglichkeiten auszuloten. Diese Verhandlungsbereitschaft kostete ihm das Leben: Er starb 1959 im Kugelhagel eines buddhistischen Mönchs.

Erste Frau im Staate

Nach einem Zwischenspiel unter Dudley Senanayake wurde auf einer Welle der Sympathie die Witwe des Ermordeten, Sirimavo Bandaranaike, 1960 zur weltweit ersten weiblichen Premierministerin gewählt. Ihr Augenmerk galt zunächst einer Gruppe, die sich kaum wehren konnte: 500 000 »indische« Plantagenarbeiter wurden nach Indien abgeschoben, 300 000 sollten bleiben dürfen. Während sie sich im Ausland beträchtlichen Respekt erwarb, führte ihre unkoordinierte Politik daheim zu einem Putschversuch von Armeeoffizieren und nur wenig später zu einem Debakel bei den Wahlen. Fünf Jahre regierte nun wieder Dudley Senanayake. Er wollte das Land sogar nach dem buddhistischen Kalender umorganisieren. 1970 errang Bandaranaike erneut die Macht.

In seinem Buch »Es liegt in der Familie« beschreibt Michael Ondaatje den Aufstand Tausender junger Menschen, die 1971 in Tennisschuhen und mit gestreiften Turnhosen auf die Straße zogen, um ob ihrer Chancenlosigkeit gegen die Regierung zu protestieren. Urheber dieser landesweiten Protestaktionen war die linke Janatha Vimukthi Peramuna (JVP). Eine Welle von Bombenanschlägen traf staatliche Institutionen, doch der Versuch, die Premierministerin zu entführen, konnte vereitelt werden. Anschließend machte die Armee kurzen Prozess mit den Rebellen, von denen die meisten Studenten waren. Mehr als 10 000 von ihnen wurden verhaftet, über 1000 umgebracht.

Vor dem Bürgerkrieg

Bandaranaike weitete ihr Verstaatlichungsprogramm auf alle privaten Landwirtschafts- und Teeplantagen aus, die beiden einzigen noch funktionierenden Wirtschaftsbereiche. Sie setzte 1972 durch, dass Ceylon in »Demokratische Sozialistische Republik Sri Lanka« umbenannt wurde, und räumte sich selbst zwei zusätzliche Jahre im Amt ein. Unter Führung unzufriedener

Links: Eröffnungssitzung von Sri Lankas erstem Parlament im Jahre 1948 **Rechts:** Die indische Premierministerin Indira Gandhi bei einem Treffen mit Dudley Senanayake

Mitglieder der Regierungskoalition brach die schlimmste Streikwelle seit 20 Jahren aus. Jaffna rief nach einem unabhängigen Staat namens Tamil Eelam. In den Wahlen 1977 wurde Bandaranaike von 86,7 % der Wählerschaft abgelehnt.

Ihr Nachfolger im Amt, Junius Richard (J. R.) Jayawardene, brachte zwei Neuerungen: Zum einen gehörte er nicht zu den Anhängern Senanayakes in der UNP, zum anderen richtete sich seine Wirtschaftspolitik nach dem Vorbild Singapurs aus und stand damit im Gegensatz zu Bandaranaikes sozialistischem Kurs. Als Flaggschiff seiner Politik sollte eine Freihandelszone nördlich von Colombo entstehen.

Tamil und Englisch wurden zu »Nationalsprachen« erhoben, standen aber weiter eine Stufe unter dem Singhalesischen.

Jayawardene änderte die Verfassung nach französischem Vorbild und verschaffte dem Präsidenten mehr politische Macht. Dies führte später zu katastrophalen Zuständen, da die Macht in einer Hand ausgenutzt wurde und Chaos ausbrach, wenn Präsident und Premierminister zu verschiedenen Parteien gehörten.

Entstehen der Tamil Tigers

Gerade als die Wirtschaft in Schwung kam und Auslandsinvestitionen und Tourismus an Bedeutung gewannen, wurde der wachsende Optimismus schwer erschüttert. Es gelang Jayawardene nicht, der Enttäuschung der Tamilen zu begegnen, die von staatlicher Seite benachteiligt und von singhalesischen Polizisten hart angegangen wurden. So entstand Ende der 1970er-Jahre eine neue Generation radikalerer Tamilen, die der Ansicht war, dass die Diskriminierung nur durch einen bewaffneten Kampf beendet werden könne. Zu diesen Gruppen gehörten auch die »Befreiungstiger von Tamil Eelam (LTTE)«, besser bekannt als »Tamil Tigers«, die von dem fanatischen Velupillai Prabhakaran angeführt wurden. In der Folgezeit griffen die LTTE Regierungsziele an und ermordeten auch tamilische politische Rivalen.

Beginn des Bürgerkriegs

Nach den Unruhen von 1983 gehörten Kämpfe zwischen den LTTE und der Armee zum Alltag. Massive Säuberungsaktionen der Armee sorgten dafür, dass die Zahl der tamilischen Flüchtlinge nach Indien auf 100 000 anschwoll. Um diesen Strom zu reduzieren, warf die indische Luftwaffe Lebensmittelpakete über den Städten des Nordens ab. Als die Marine über das Meer Hilfslieferungen brachte, kam es zu Kämpfen zwischen Schiffen Indiens und Sri Lankas.

Im Juli 1987 verkündeten der indische Premierminister Rajiv Gandhi und der Präsident Sri Lankas, J.R. Jayawardene, dass zur Überwa-

Im Jahr 1983 attackierten die Tiger eine Armeepatrouille und töteten zwölf Soldaten, was singhalesische Racheaktionen gegen tamilische Zivilisten auslöste, so dass diese Zeit später »Schwarzer Juli« genannt wurde. In Colombo liefen Banden mit Wahlregistern durch die Stadt und spürten tamilische Haushalte auf. Fast 2000 Tamilen sollen von ihnen getötet worden sein.

Damit war eine neue Eskalation erreicht. Viele Tamilen verließen ihre Häuser im Süden Sri Lankas und zogen in den Norden oder gleich ins Ausland. Die Singhalesen hingegen verließen den Norden. Zwischen der Armee und den Tamil Tigers war ein Krieg ausgebrochen, der über zwei Jahrzehnte anhalten und mehr als hunderttausend Menschenleben kosten sollte.

chung eines Waffenstillstands 45 000 indische Soldaten, die sogenannte Indian Peace Keeping Force (IPKF), nach Sri Lanka geschickt werden würden. Doch die Tiger erwiesen sich wieder als hartnäckige Kämpfer. Obwohl nie mehr als 10 000 Mann auf ihrer Seite bewaffnet waren, hielten sie die IPKF in Schach und zwangen die Regierung dazu, die Zahl der Soldaten auf mehr als 100 000 zu erhöhen. Die Tiger kämpften meist im Dschungel, doch sie schreckten auch nicht davor zurück, Armeestützpunkte direkt anzugreifen oder »Seetiger« gegen Marineboote loszuschicken.

Parallel zu den chaotischen Zuständen im Norden startete die JVP 1987/88 die zweite Rebellion im Süden, indem sie politische Gegner ermordete und Streiks initiierte, die das wirtschaftlich geschwächte Land in die Knie zwangen. Wie schon 1971 reagierte die Regierung darauf mit Massakern an allen bekannten oder auch nur verdächtigten Mitgliedern der JVP; rund 17 000 Menschen kamen ums Leben.

Selbstmordanschläge

Im Dezember 1988 trat Präsident Jayawardene zurück; aus den Wahlen ging der neue UNP-Führer Ranasinghe Premadasa als Sieger hervor. Hineingeboren in eine niedere Kaste und aufgewachsen in einfachsten Verhältnissen, hatte er über die Arbeiterbewegung den Aufstieg geschafft. Premadasa versprach, die Wirtschaft anzukurbeln und sowohl die Angriffe der Tamil Tigers im Norden als auch die wieder aufflammende Rebellion von JVP-Anhängern im Süden zurückzuschlagen. Die Wirtschaft kam in Schwung. Es schienen sich auch Fortschritte an den Fronten abzuzeichnen. So blieb der Einfluss der LTTE auf die Halbinsel Jaffna beschränkt. Die florierende Wirtschaft ermöglichte die Umsetzung großzügiger Hilfsprogramme.

Die indischen Soldaten zogen sich jedoch 1990 zurück, nachdem sie mehr als tausend Leben verloren hatten, woraufhin die LTTE sofort Jaffna wieder besetzten, aus dem die Inder sie mühsam vertrieben hatten. In der Folgezeit agierten die Tamil Tigers brutaler denn je. Sie überfielen zahlreiche Polizeistationen und führten eine neue Terrormethode ein: Selbstmordkommandos. Prominentestes Opfer wurde der indische Premierminister Rajiv Gandhi, der die indischen Friedenswächter geschickt hatte und 1991 von einem Selbstmordattentäter im indischen Bundesstaat Tamil Nadu getötet wurde.

Die autokratische Parteiführung Premadasas führte zudem zur innenpolitischen Krise. Als 1991 sein Widersacher Lalith Athulathmudali ein Amtsenthebungsverfahren wegen »Machtmissbrauchs, Inkompetenz und Korruption« beantragte, schloss Premadasa ihn kurzerhand aus der UNP aus. 1993 fielen beide innerhalb einer Woche politischen Attentaten zum Opfer: Athulathmudali wurde bei einer Rede vor einer Massenversammlung erschossen, der Präsident von einem 14-Jährigen in die Luft gesprengt, der sich eine Bombe umgebunden hatte.

Links: Premierministerin Sirimavo Bandaranaike (links) und Präsident J.R. Jayawardene (rechts) 1980 **Rechts:** Tamilisches Flüchtlingsmädchen

Der Regierungswechsel brachte ein neues Gesicht mit großem Namen auf die politische Bühne: Premierministerin wurde 1994 Chandrika Bandaranaike Kumaratunga, Tochter von S. W. R. D. Bandaranaike und dessen Witwe Sirimavo. Sie war mit 49 Jahren selbst schon Witwe. Ihr Mann, ein populärer Schauspieler, der sich der Politik zugewandt hatte, war 1988 im Norden von der JVP ermordet worden. Die Partei propagierte nach einem politischen Schwenk neue Programme für Marktwirtschaft und nationale Aussöhnung, v. a. mit den Tamilen.

Ihre wichtigste Aufgabe sah Chandrika Bandaranaike darin, Frieden zu schaffen und einen

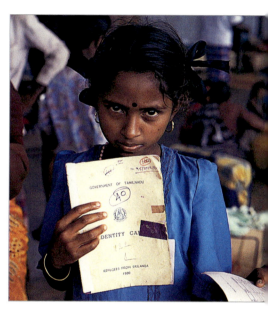

Plan zu erstellen, demzufolge den Tamilen im Norden und Osten faktische Selbstverwaltung zugebilligt werden sollte. Gleichzeitig setzte die Regierung eine große Militäraktion gegen die Tiger in Bewegung (Operation »Sprung nach vorn«) und eine Hilfskampagne zum Wiederaufbau der Infrastruktur, um einen Keil zwischen Bevölkerung und Kämpfer zu treiben. Im Parlament vertretene tamilische und muslimische Parteien begrüßten die Idee eines Staatenbundes, doch der reaktionäre buddhistische Klerus und singhalesische Nationalisten verdammten sie als »Ausverkauf«. Diese Differenzen veranlassten die Tamil Tigers, ihre Selbstmordkommandos mitten ins wirtschaftliche Herz von Colombo zu schicken. Im Januar 1996 riss ein mit Sprengstoff beladener Lkw vor der Zentralbank 91 Menschen in den Tod, im Oktober 1997 zerstörte eine Bombenexplosion mehrere Etagen des World Trade Centre. Bei einem Attentatsversuch im Dezember 1999 verlor Bandaranaike während einer Wahlkampfveranstaltung ein Auge.

Unsicherer Waffenstillstand

Einen weiteren Höhepunkt erreichte der LTTE-Terror im Juli 2001 mit dem Angriff auf den internationalen Flughafen in Colombo und der Zerstörung von acht Militär- und sechs Zivilmaschinen. Im gleichen Jahr wurden Parlamentswahlen angesetzt, die am 5. Dezember der United National Party (UNP) unter der Führung von Ranil Wickramasinghe, einem Neffen Jayawardenes, die Mehrheit brachten. Der neue Premier nahm die von Bandaranaike begonnenen Friedensverhandlungen mit den LTTE wieder auf und führte sie unter Vermittlung der norwegischen Regierung zu einem vorläufigen Erfolg. Am 22. Februar 2002 unterzeichneten er und Velupillai Prabhakaran ein Waffenstillstandsabkommen.

Die internationale Staatengemeinschaft begrüßte die Einigung und versprach dem Land Finanzhilfen beim Wiederaufbau des Nordens

DIE IPKF

Die Stationierung der Indian Peace Keeping Force (IPKF) war unter Singhalesen wie auch Tamilen höchst umstritten. Nationalistische Singhalesen sahen die Friedenstruppe als Invasionsmacht, während die LTTE sie als Konkurrenz zu ihrer wachsenden militärischen Macht im Norden betrachteten. Die IPKF hatte auch nur geringen Erfolg bei ihrer Aufgabe. Sie verstrickte sich schnell in Zusammenstöße mit den LTTE und begann eine massive Offensive, um die Tiger aus Jaffna zu vertreiben. Das gelang allerdings nur nach einem dreiwöchigen Blutbad, bei dem sie jene Menschen angriffen, die zu beschützen sie eigentlich gekommen waren.

und Ostens. Die Waffenruhe führte zu vermehrtem Optimismus unter den Investoren. Der Norden war für Touristen wieder bereisbar.

Doch die Hoffnungen auf wirklichen Frieden erwiesen sich als trügerisch. Da die Parteien sich auf keine politische Lösung einigen konnten, verließen die LTTE im April 2003 die Friedensgespräche. Zu Beginn des folgenden Jahres ordnete Präsidentin Kumaratunga aus Angst vor Machtverlust Neuwahlen an. Die Lage wurde noch komplizierter, als sich im Osten eine Fraktion der LTTE unter Führung von Oberst Karuna absplitterte und auf die Seite der srilankischen Armee schlug. Kumaratungas United People's Freedom Alliance (UPFA) ging bei den Parlamentswahlen vom 2. April 2004 als

Die Unabhängigkeit ♦ 63

knapper Sieger hervor. Unter Führung des neuen Premiers Mahinda Rajapaksa waren auch nationalistische Parteien wie die JVP beteiligt.

Der Tsunami und die Folgen

Am 26. Dezember 2004 (s. S. 64) richtete eine Flutwelle an über 85 % von Sri Lankas Küsten Schäden unvorstellbaren Ausmaßes an. Mehr als 35 000 Menschen verloren ihr Leben, über eine halbe Million wurde obdachlos. Es folgte eine beispiellose Hilfsaktion. Dabei keimte auch die Hoffnung auf, dass diese Katastrophe die verfeindeten ethnischen Parteien näher zusammenführen würde. Das Gegenteil war der Fall. Die LTTE warfen der Regierung vor, die Hilfe ungerecht zu verteilen. Nicht nur im Norden und Osten kam der Wiederaufbau schleppend voran, sondern auch in den anderen Küstenregionen. Ursache dafür waren die überforderten Behörden und die mangelnde Koordinationsbereitschaft zwischen den Hilfsorganisationen.

Als im November 2005 Präsidentschaftswahlen stattfanden, riefen die LTTE zum Boykott auf. Folge war, dass der populistische Premier Mahinda Rajapaksa mit knapper Mehrheit vor Ranil Wickramasinghe gewann.

Der Krieg geht weiter

Im Laufe des Jahres 2006 brach der Krieg zwischen den Tigern und der Armee erneut in voller Intensität aus. Die Armee war nun besser ausgerüstet, und es war das Ziel Rajapakses, die LTTE endgültig zu besiegen. Bis Juni 2007 war der Osten seit zwei Jahrzehnten erstmals wieder unter Kontrolle der Regierung. Von dort wandte sich die Armee 2008 nach Norden und nahm im Januar 2009 die heimliche Hauptstadt der LTTE, Kilinochchi, ein. Bis Mai kontrollierte die Armee das gesamte Tamilenterritorium. Der Widerstand brach zusammen, als der Führer der Tiger, Prabhakaran, getötet wurde. Geschätzt 80 000 bis 100 000 Menschen hatten in 25 Jahren Krieg ihr Leben verloren.

Endlich Frieden?

Auch wenn zunächst große Freude über das Ende des Krieges ausbrach, sind noch viele Fragen offen. Menschenrechtsgruppen erheben schwere Vorwürfe gegen beide Seiten, vor allem

wegen der zahllosen zivilen Opfer. Zum Ende der Auseinandersetzung habe die Armee großflächig Ziele bombadiert – was die Regierung jedoch zurückwies. Ein eingesetztes Komitee zur Aufklärung gilt als reine Ablenkung.

Mahinda Rajapaksa trat bei den Präsidentschaftswahlen gegen seinen vorherigen Verbündeten, General Sarath Fonseka, an und gewann. Danach begann er mit Aufräumarbeiten: Nach einem Militärprozess sitzt Fonseka im Gefängnis, zwei Brüder Rajapaksas arbeiten als Minister und kontrollieren die wichtigsten militärischen und staatlichen Angelegenheiten. Die Medienzensur wurde verschärft und die Verfas-

sung 2010 dahingehend geändert, dass der Präsident jetzt unbegrenzt im Amt bleiben kann, während er vorher nur zwei Amtszeiten hatte. Sri Lanka scheint sich nun in eine Art Quasidiktatur Rajapaksas zu verwandeln.

Erfolge wurden beim wirtschaftlichen Wiederaufbau erzielt. Ein neuer internationaler Flughafen und ein riesiger Tiefseehafen in Rajapaksas Heimatstadt Hambantota sind eröffnet; auch der Tourismus ist zurückgekehrt. Doch Probleme bleiben, besonders die im Krieg aufgetürmten Schulden. Die Regierung hat bisher auch noch nicht erklärt, wie sie den verarmten Tamilen helfen will. Dafür breitet sich die Korruption unaufhörlich aus – und Rajapaksas Familie steckt mittendrin. ■

Links: Auch weibliche Soldaten sind an Kontrollposten eingesetzt **Rechts:** Premierminister Ranil Wickramasinghe erhält Geschenke von treuen Parteimitgliedern

TSUNAMI

Für viele begann dieser Tag wie jeder andere in den Tropen. Die Sonne strahlte vom wolkenlosen Himmel, die Palmen wiegten sich sanft im Wind. Zuerst dachten die Dorfbewohner, das Meer hätte sich zurückgezogen. An der Ostküste schauten sie verwirrt auf die riesige Sandfläche vor ihnen, wo eigentlich das Wasser hätte sein sollen. Viele Fischer waren an diesem zweiten Weihnachtstag zu Hause geblieben, um ihren Frauen beim Aufräumen nach dem Fest zu helfen, und fragten sich, was das Meer, aus dem sie ihren Lebensunterhalt bestritten, denn vorhatte. Kinder tobten auf dem Sand

Vernichtete Existenzen

An 85 Prozent des 1330 km langen Küstenstreifens – vom Süden Colombos über Galle und die Ostküste bis zur Halbinsel Jaffna – zeigten sich die gleichen apokalyptischen Bilder: umgestürzte Autos, riesige Schuttberge und entstellte Leichen. Über 35 000 Menschen verloren ihr Leben, darunter auch viele Touristen. Allein die Distrikte Batticaloa und Ampara hatten über 10 000 Tote zu beklagen. Unzählige Häuser waren zerstört.

Die schrecklichen Bilder im Fernsehen erschütterten die Menschen weltweit und setzten eine beispiellose

herum, neben dem sie aufgewachsen waren. Dann, am 26. Dezember 2004, um acht Uhr dreißig am Morgen, brach die Hölle los.

Etwa zweieinhalb Stunden nach einem gewaltigen Seebeben vor der indonesischen Insel Sumatra erreichte die erste Flutwelle die Küste von Sri Lanka. Ihr folgten zwei weitere, noch gewaltigere Wellen. An der Ostküste türmten sich die Wassermassen bis zu zehn Meter hoch und drangen mehrere hundert Meter ins Landesinnere hinein. Häuser zerbarsten, Bäume knickten um, Fischerboote zerschellten wie Porzellan. Nördlich von Hikkaduwa wurde die Samudra Devi (»Meereskönigin«), der Morgenzug nach Matara, aus den Gleisen gerissen; 1800 Menschen fanden dabei den Tod. Auf dem Busbahnhof von Galle wurden Busse und Lastwagen wie Spielzeugautos herumgeschleudert.

Hilfsaktion in Gang. Allein die deutschen Bürger spendeten über 650 Millionen Euro. Schulkinder opferten ihr Taschengeld, Prominente wetteiferten medienwirksam um den höchsten Spendenbetrag. Nur wenige Stunden nach der Flutkatastrophe gelangten erste internationale Hilfsorganisationen ins Land und halfen, wo sie konnten. Innerhalb weniger Wochen waren über eintausend Organisationen aktiv.

Überforderte Helfer

Doch schon sehr bald zeigten sich angesichts dieser gewaltigen Naturkatastrophe erhebliche Probleme. Behörden und Hilfsorganisationen waren zumeist heillos überfordert. Was nicht verwunderte, waren doch vielerorts wichtige Dokumente ins Meer gespült worden oder die verantwortlichen Personen ums Leben gekommen. Hilfsladungen blieben beim Zoll hängen oder gerieten in falsche Hände. Bei den internationalen Organisationen war es nicht besser. Vielen fehlte der Wille, mit anderen Institutionen zu kooperieren. Ihnen schien ihr Prestige wichtiger zu sein als die betroffenen Menschen. So kam mancherorts die Hilfe doppelt an, andernorts wiederum gar nicht. Letzteres betraf v. a. die von Tamilen und Muslimen bewohnten Gebiete im Osten und jene von den LTTE kontrollierten Regionen im Norden – was den bereits vor dem Tsunami wieder aufflammenden ethnischen Konflikt weiter anschürte.

Galle, die historische Hafenstadt im Süden, war in den Medien am prominentesten herausgestellt worden; deshalb konzentrierten sich hier auch die Hilfsanstrengungen. Als größte Stadt der Insel, die direkt betroffen war, bekam sie am meisten medizinische Hilfe, Lebensmittel und Wasser.

weniger als 40 Prozent Schäden aufwiesen. Da ein Großteil der zerstörten Dörfer jedoch direkt am Meer lag, verzögerte sich der Wiederaufbau, denn für die alternativen Siedlungen musste zunächst geeignetes Neuland gefunden werden.

Die Folge davon war, dass über ein Jahr nach dem Tsunami noch immer eine Viertelmillion Menschen ohne geeignete Behausung waren. Dass die Hotels schneller wieder aufgebaut wurden und die besten Bauplätze eroberten, brachte der Regierung und der Tourismusindustrie viel Kritik ein, denn offensichtlich wurden Fünfsternehotels und Luxusvillen den einfachen Häusern der Fischer und Bauern vorgezogen.

Schleppender Wiederaufbau

Als fatal sollte sich die Anordnung der Regierung erweisen, an der West- und Südküste eine Pufferzone von 100 m, an der Ostküste gar von 200 m einzurichten und Bewohner dieser Zonen zu zwingen, ihre Häuser weiter im Landesinnern neu zu errichten. Von dieser Bestimmung ausgenommen waren Hotelanlagen, die

Links: Das Satellitenfoto zeigt die Küste bei Kalutara südlich von Colombo kurz nach dem Tsunami am 26. Dezember 2004
Rechts: Zerstörtes Haus in Galle

Allerdings brachten die wieder eintreffenden Touristen auch neues Geld ins Land, welches für den Aufbau verwendet werden konnte.

Nach fast zehn Jahren ist von den Verwüstungen kaum noch etwas zu sehen, die Strände und Küstenstreifen sehen besser aus als je zuvor. Viele der einfachen Menschen wurden umgesiedelt, leider oft in Betonkonstruktionen in »sicherem« Abstand zur attraktiven Küste. Doch die unsichtbaren Schäden sind noch nicht verschwunden. Die psychologischen Wunden werden wohl eine ganze Generation benötigen, um wirklich zu verheilen. Auch die Landverteilung hat viele neue Ungerechtigkeiten hervorgerufen, die Fischerdörfer vom Meer und die Bauern von ihren Feldern abgetrennt und so neues Leid geschaffen. Ein paar Gedenktafeln helfen da nicht weiter. ◾

Insel mit vielen Gesichtern

**Singhalesen, Tamilen, Muslime, Europäer und Veddha –
in Sri Lanka leben Menschen sehr unterschiedlicher Ethnien und
Kulturen zusammen. Nach vielen Auseinandersetzungen
müssen sie jetzt wieder zueinander finden.**

Das fruchtbare Tropenparadies im Indischen Ozean hat über die Jahrhunderte viele Ethnien angelockt. Drei Viertel der Gesamtbevölkerung von heute über 20 Millionen sind Singhalesen, jeder Achte ist Tamile, etwa eine Million sind Hochland-Tamilen, die Muslime zählen rund 1,6 Millionen, eine verschwindende Minderheit sind die Veddha.

Obwohl die ethnischen Unterschiede oft zu Zwistigkeiten führten, bereicherten sich die Völker gegenseitig auch mit ihren Kulturen und Fertigkeiten. Der unselige Bürgerkrieg ist verantwortlich für viele Verwerfungen, doch im Frieden müssen und können die gelegentlich sehr verschiedenen Gruppen zum früheren Maß an gegenseitiger Achtung zurückkehren.

Abseits der kriegerischen Brandherde tragen die Volksgruppen ihre Rivalitäten eher nach dem Prinzip »Wir waren vor euch da« aus und versuchen unter Verweis auf ihre Völker- und manchmal Familiengeschichte gegenseitig Landansprüche geltend zu machen. Behaupten die Singhalesen, die Ankunft ihrer aus Nordindien stammenden Ahnen aufgrund der legendären Beziehung zum historischen Buddha genau bestimmen zu können, so berufen sich die Tamilen auf eine noch frühere Besiedlung Sri Lankas durch ihre dravidischen Vorfahren. Sie seien aus der südindischen Heimat über eine damals noch bestehende Landbrücke gekommen, behaupten sie gerne. Die Muslime wiederum datieren ihrerseits das Kommen der ersten arabischen Seefahrer in eine weit zurückliegende Zeit. Doch letztlich tragen die Veddha, die Ureinwohner Sri Lankas, den unanfechtbaren Sieg in diesem für Außenstehende kuriosen Wettstreit davon. Genützt hat es ihnen aber nichts. Seit Ankunft der anderen Volksgruppen wurde ihr Lebensraum immer weiter zurückgedrängt und ihre Zahl dezimiert.

Chancenlos in diesem Wettstreit sind die Nachfahren der europäischen Kolonisten, Burgher genannt. Ihre Präsenz fällt im Vergleich zu ihren seit Jahrhunderten etablierten Nachbarn nämlich kaum ins Gewicht. Für ihre Mütter und Väter wurde Sri Lanka zur Heimat, und im Laufe der Generationen passten sie sich den Gepflogenheiten des Landes in Kleidung, Nahrung und Sprache an.

Vorhergehende Seiten: Teepflückerinnen bei Nuwara Eliya
Links: Bei den Jungs ist das von den Briten hinterlassene Kricket äußerst beliebt **Rechts:** Der 1999 verstorbene Anführer Tissahami setzte sich für die Rechte der Veddha ein

Die Veddha

Die frühesten Bewohner Sri Lankas waren die Veddha, die über eine einstige Landbrücke vor 16 000 Jahren von Indien einwanderten. Diese steinzeitlichen Jäger und Sammler sind ethnisch enger mit den afrikanischen Buschmännern und den australischen Aborigines verbunden als mit den arischen oder dravidischen Siedlern auf Sri Lanka. Und wie die Aborigines kämpfen sie um Anerkennung und Landrechte.

Bewohner des Waldes

Die buddhistische Chronik des 6. Jhs., *Mahavamsa*, beschreibt die Veddha als Yaksha und

Der Begriff *Veddha* stammt vom indischen Sanskrit-Wort »vyadha« und bedeutet »Jäger mit Pfeil und Bogen«. Sie selbst nennen sich lieber *Wanniya-laeto*, »Bewohner des Waldes«.

Volk der Veddha. Ungeachtet des Wahrheitsgehalts dieser überlieferten Geschichte haben die Veddha über Jahrhunderte hinweg eng mit den Singhalesen zusammengelebt und sich assimiliert. Auch die Sprachen beider Volksgruppen ähneln einander. Robert Knox (s. S. 48) schrieb im 17. Jh., die Veddha würden Singhalesisch

Naga, also Dämonen und Schlangengeister. Dies ist nicht unbedingt negativ zu verstehen, sondern in gewisser Weise als Huldigung ihrer kaum in die Umwelt eingreifenden Lebensweise. Ohne Spuren zu hinterlassen, bewegten sie sich durch dichtesten Dschungel – ganz zum Erstaunen der Singhalesen, denen die Wälder als undurchdringlich galten.

Wie die Singhalesen sehen auch die Veddha den Prinzen Vijaya als ihren mythischen Urvater an. Der Legende zufolge heiratete Vijaya eine Frau der Yaksha namens Kuveni und hatte mit ihr einen Sohn und eine Tochter. Beide ließen sich später im Distrikt Ratnapura in der Nähe des Adam's Peak nieder und legten mit ihren Nachkommen den Grundstein für das

sprechen. Die singhalesische Kultur setzte sich allerdings als dominant durch, während für die Veddha die Verbindung zum Verlust an Bedeutung und kultureller Identität führte.

Ihre Frauen und Männer sind gleichberechtigt, und der Besitz wird in matrilinearer Folge vererbt. Bei der Hochzeitszeremonie bindet die Braut ein mit eigener Hand geflochtenes Borkenseil um die Hüfte ihres künftigen Ehemannes. Wenn in alten Zeiten jemand in einer Höhlenwohnung starb, bedeckte man den Leichnam mit trockenen Blättern, bevor die gesamte Gemeinschaft auszog, um ein neues Quartier zu suchen. Um weiterhin versorgt zu werden, konnten Witwen den Bruder ihres verstorbenen Mannes heiraten.

Schwindender Lebensraum

Die seit Jahrhunderten andauernde Ausweitung tamilischer und singhalesischer Siedlungsgebiete führte zum Verlust des Stammlandes der Veddha und zwang sie, in den wenigen noch verbliebenen Dschungelgebieten zu leben. Schon Ende des 19. Jhs. waren es nicht mehr als 5000 Veddha, die vor allem im Norden und Osten siedelten. Als seit den 1960er-Jahren in diesen niederschlagsarmen Gebieten durch ein ausgedehntes Bewässerungsprogramm – allen voran das Mahaweli-Projekt – neues landwirtschaftliches Nutzland gewonnen werden konnte, führte dies zum weiteren Schwinden ihres natürlichen Siedlungsraumes. Zum offenen Konflikt kam es, nachdem die Regierung sie infolge der Etablierung des Nationalparks Maduru Oya im Jahr 1983 aus dem neuen Schutzgebiet vertrieb und ihnen ohne Rücksicht auf ihre traditionellen Lebensformen feste Siedlungen zuwies. Dies führte zum Verlust des Landes ihrer Vorfahren. Nach Protesten durften sie sich in einem Bezirk am Rand des Nationalparks niederlassen, der zum Veddha-Reservat deklariert wurde. Hier, im Umkreis von Mahiyangana östlich von Kandy, leben heute nur wenige hundert Angehörige. Zu den letzten ursprünglich erhaltenen Veddha-Siedlungen zählen Dambana und Nilgala. Nur noch dort können sie in beschränktem Maße ihren traditionellen Lebensstil als Jäger und Sammler praktizieren.

Die meisten, vor allem jüngere Veddha, interessieren sich kaum noch für die Verehrung ihrer Ahnen und alten Naturgottheiten. Auch der Sozialkodex ihrer Stammesgemeinschaft verliert immer mehr an Bedeutung. Viele Veddha pflegen einen modernen Lebensstil, manche wenden sich nach der Heirat mit singhalesischen Partnern dem Buddhismus zu. Sri Lankas älteste Kultur droht bald auszusterben und wird wohl nur als Touristenattraktion überleben.

Die Singhalesen

Ihre Herkunft leitet Sri Lankas dominierende Volksgruppe von einem Löwen und einer dickköpfigen Prinzessin ab. Um das fünfte vorchristliche Jahrhundert zogen ihre Ahnen vom Norden Indiens auf die Insel – und schauten niemals zurück. Obwohl das nordindische Erbe in manchen Teilen ihrer Sprache und Kultur noch zu finden ist, entwickelten sie im Laufe ihrer langen Anwesenheit auf der Insel eine unverwechselbare kulturelle Identität. Die Annahme des Buddhismus – er ist zentral für das Selbstverständnis der Singhalesen – setzte sie von Anbeginn ihrer Geschichte von den anderen Völkern des Subkontinents ab.

Doch die Jahrhunderte des Zusammenlebens und der Vermischung mit den Tamilen sind ebenso von großer Bedeutung – auch wenn man davon heute nicht gerne spricht. Ebenso hat der dauerhafte Kontakt mit muslimischen Händlern und portugiesischen, holländischen und

britischen Eindringlingen die singhalesische Gesellschaft und Haltung in vielen, oft wenig sichtbaren Ebenen nachhaltig beeinflusst.

Vijaya, der Löwenprinz

Die legendären Anfänge der Singhalesen sind in der Legende um den Prinzen Vijaya festgehalten. Sie findet sich in der Großen Chronik der Insel, dem *Mahavamsa,* wieder und spielt zunächst in Nordindien. Dort lebte Vijayas Großmutter, eine ruhelose und leidenschaftliche Prinzessin. »So schön war sie und so amourös, dass der König und die Königin sie aus Scham nicht mehr ertragen konnten«, wird erzählt. Daher verließ sie ihre Heimat und schloss sich einer Karawane an. Als die Königstochter einige

Links: Besucher bei den Felsenskulpturen des Gal Vihara in Polonnaruwa **Rechts:** Die Legende besagt, dass die Singhalesen von einem Löwen abstammen

Zeit mit der Karawane gereist war, wurde sie von einem Löwen verschleppt.

Das *Mahavamsa* berichtet: »Nachdem der Löwe seine Beute mitgenommen hatte und von dannen gezogen war, betrachtete er sie von fern, und Liebe zu ihr überkam ihn. Er näherte sich mit wedelndem Schwanz und angelegten Ohren. Sie sah ihn an. Ohne Furcht zu empfinden, liebkoste sie ihn. Von ihrer Berührung zu höchster Leidenschaft erregt, nahm der Löwe sie auf seinen Rücken und brachte sie schnellstmöglich in seine Höhle. Dort vereinigte er sich mit ihr. Einige Zeit später gebar die Prinzessin ihm einen Sohn und eine Tochter.«

war. Vijaya heiratete eines ihrer Mädchen mit dem schönen Namen Kuveni. Sie gebar ihm zwei Kinder, die als die Vorfahren der Veddha gelten. Doch schon bald verstieß er sie wieder und ließ in Südindien nach Bräuten für ihn und seine Getreuen Ausschau halten. Die Prinzessin, die er aus dem dortigen Pandya-Reich schließlich ehelichte, konnte ihm jedoch keinen Nachfolger gebären. Als er alt geworden war, ließ er seinen Bruder bitten, auf der Insel seine Nachfolge anzutreten. Doch dieser wollte seine Heimat nicht verlassen und entsandte an seiner statt den jüngsten Sohn, Panduvasudeva. Dieser führte die Vijaya-Dynastie weiter.

Der Sohn namens Sinhabahu wurde Herrscher von Sinhapura in Nordindien (heute Gujarat) und nahm seine Schwester zur Frau. Dieser Verbindung entsprangen 16 Söhne. Der Älteste von ihnen hieß Vijaya. Doch er und seine Freunde entpuppten sich als so aufmüpfig und streitsüchtig, dass sein Vater ihn und 700 Getreue ins Exil schickte. Er ließ die Ungehorsamen in Schiffe verladen und auf das Meer hinausfahren. Zunächst landeten sie auf einer Insel in der Nähe des heutigen Bombay. Weil sie dort jedoch auf große Feindseligkeit stießen, fuhren sie wieder ab und steuerten Sri Lanka an. Dort gingen sie in der Nähe von Puttalam an Land. Kaum angekommen, stellten sie fest, dass die Insel von Dämonen, den Yaksha, besiedelt

Was diese seltsame Geschichte besagen will, ist bis heute unklar. Vijaya selbst ist möglicherweise eine Allegorie, denn sein Name bedeutet »Sieg«. Die Verbindung mit dem Dämonenmädchen Kuveni könnte sich auf die Vermischung der ersten Singhalesen mit den einheimischen Veddha beziehen. Bei der Ankunft des Panduvasudeva könnte es sich um eine zweite Einwanderungswelle aus Orissa oder Bengalen handeln. Diese Theorien basieren natürlich auf der traditionellen Geschichte. Heutzutage diskutieren die Forscher weiterhin, wer nun wo und wann genau gelandet ist. Mit dem Konflikt zwischen Singhalesen und Tamilen hat diese Historikerdebatte einen zunehmend politischen Unterton bekommen.

Der Buddhismus

Dem *Mahavamsa* zufolge besuchte der historische Buddha zu seinen Lebzeiten dreimal die Insel. Und zu dem Zeitpunkt, als Vijaya Sri Lanka erreichte, lag der Erleuchtete angeblich auf dem Sterbebett. Er habe Vijaya samt Insel gesegnet und angekündigt, dass »auf Lanka meine Lehre erblühen wird«, so die im Geiste des orthodoxen Theravada-Buddhismus von Mönchen Jahrhunderte später verfasste Chronik. Glauben viele Singhalesen, dass Buddha just in dem Moment ins Parinirvana einging, als Vijaya sri-lankischen Boden betrat, so ist es historisch gesichert, dass die Religion des Erleuchteten zwischen Ethnie und Religion ist daher so deutlich – und immer noch für die meisten Inselbewohner von großer Bedeutung –, dass Singhalese und Buddhist sein identisch sind. Eine kleine Kolonie von singhalesischen Christen in der Umgebung von Negombo an der Westküste spielt kaum eine Rolle.

Nationalistische Singhalesen und der buddhistische Klerus verkünden, dass Sri Lanka das auserwählte Land des Buddhismus sei. Während des Bürgerkriegs gossen sie so Öl in den lodernden Kampf mit den Tamilen. Auch heute hat sich an der fundamentalistischen Einstellung einiger Rechter wenig geändert.

frühestens 247 v. Chr. nach Sri Lanka kam. In diesem Jahr traten der König von Anuradhapura, Devanampiya Tissa (reg. ca. 250–210 v. Chr.), und seine Untertanen auf Initiative des Missionars Mahinda zum Buddhismus über. Der Mönch war der Legende nach ein Sohn des großen indischen Königs Ashoka.

Die neue Religion gab den Singhalesen eine kulturelle Identität, die bis zum heutigen Tag lebendig ist. 93 Prozent der Singhalesen sind Buddhisten, während faktisch kein Angehöriger einer anderen Volksgruppe sich zur Religion des Erleuchteten bekennt. Die Verbindung

Links: Junge Mönche bei Sigiriya **Rechts:** Diese Vorschulkinder genießen den Unterricht sichtlich

Bewahrung nationaler Wurzeln

Ihre Religion verhalf den Singhalesen, Jahrhunderte indischer Einflüsse und europäischer Fremdherrschaft zu überstehen. Der Buddhismus vermittelte ihnen Selbstbewusstsein und kulturelle Integrität. Stolz verweisen sie auf eine 2300 Jahre währende ungebrochene Abfolge von 167 Königen, die in verschiedenen Landesteilen herrschten, bis 1815 mit dem Fall von Kandy das Ende kam. Durch die Jahrhunderte blieb das Verhältnis zwischen Herrschern, buddhistischen Mönchen und Dorfgemeinschaften ausgewogen. Die Mönche spendeten die spirituelle Grundlage, die ein von Gemeinschaftsgeist und Eintracht geprägtes Dorfleben aufrechterhielt.

Die äußeren Einflüsse haben die singhalesische Kultur ebenfalls nachhaltig bereichert. Von Beginn an haben sich die Singhalesen mit anderen Volksgruppen vermischt. Das wird schon bei der Legende des Vijaya deutlich, der zunächst eine Veddha ehelichte, um später eine Prinzessin aus dem südindischen Pandya-Reich zur Frau zu nehmen. Auch die zunehmende Zahl von Tamilen führte zu bikulturellen Verbindungen. Das setzte sich fort, als die Europäer ins Land kamen und sich ebenfalls mit Einheimischen vermischten.

Aber auch unter den Singhalesen entwickelten sich unterschiedliche Mentalitäten. Waren die in den Küstenbereichen siedelnden Bewohner in starkem Maß westlichen Einflüssen ausgesetzt, so lebten die Menschen im Hochland eher isoliert und legten mehr Wert auf Tradition und eigenständige Kultur.

Das Kastensystem

Das indische Kastensystem teilt die Gesellschaft pyramidenförmig in vier Hauptkasten ein: die Brahmanen (Priester) an der Spitze, die Krieger, die Händler und die breite Basis der Bauern, gefolgt von den »Unberührbaren«, den Kastenlosen, ganz unten.

Das sri-lankische Kastensystem ist durchlässiger als das indische und kennt weder Priester- noch Kriegerkaste. Es entwickelte sich im Rahmen des feudalen Systems, Rajakariya (»Dienst für den König«) genannt. Bestimmte Tätigkeiten im Reich wurden einer Kaste zugeteilt, weshalb fast alle Kasten traditionellen Berufsgruppen zugeordnet waren. Indem sich die Mitglieder der einzelnen Kasten nur innerhalb ihrer Grenzen bewegen durften, sollte die Stabilität der gesellschaftlichen Hierarchie gewährleistet werden. Dies wirkt bis heute nach. An der Spitze steht die Bauernkaste, der ungefähr die Hälfte der singhalesischen Bevölkerung angehört. Ihr folgen u. a. die Kasten der Fischer, der Zimtschäler und der Palmzapfer. An unterster Stelle stehen die Unberührbaren, Rodi, denen jedoch nur wenige Tausend angehören.

Die Kasten sind bis heute ein wichtiger Faktor in Politik und Gesellschaft. Mit einer Ausnahme gehörten alle Premierminister und Präsidenten der Bauernkaste an. Nicht anders sieht es in der politischen Elite aus, während die geringen Chancen, in dieses System einzubrechen, einer der Gründe für die JVP-Aufstände 1971 und 1989 waren.

> Das Kastensystem war in Sri Lanka immer weniger strikt als in Indien. Dennoch ist sein Einfluss, wenn auch verhalten, spürbar. Buddha selbst lehnte das Kastensystem ab.

Auch bei der Partnerwahl spielt die Kaste eine große Rolle, wie man an den Heiratsannoncen (siehe unten) feststellen kann. Obwohl der Buddhismus keine Kastenunterschiede kennt, nimmt der Siyam Nikaya, ein konservativer Mönchsorden, ausschließlich Angehörige der Bauernkaste auf. Manche Nachnamen weisen auf die Kaste hin, weshalb Angehörige niederer Kasten zuweilen ihren Namen ändern.

Planetarische und magische Einflüsse

Für Hochzeiten, Geburten und alle Ereignisse von sozialer Bedeutung holen Singhalesen den Rat eines Astrologen ein, der dazu das gesamte wie alle Auswirkungen auf die Familienmitglieder erfassen.

Vor allen wichtigen individuellen, familiären oder sozialen Unternehmungen werden die Glück verheißenden Stunden, Tage und Monate geprüft. Gebete zu Buddha können negativen Einflüssen vorbeugen, und tausendfach abzuleistende Sühneübungen sollen Gefahren begegnen oder Verdienste anhäufen.

Horoskope, die auf einer Mischung aus planetarischen Einflüssen, Religion, Legende und Volksglauben basieren, sind die Grundlage für Form und Ausführung der nötigen Sühnezeremonien (*bali* genannt, s. S. 106), die aus Schilde-

hinduistische Götterpantheon samt seiner untergeordneten Ebenen dämonischer Gestalten berücksichtigt. Astrologen schreiben die notwendigen Zeremonien vor und bestimmen die günstigsten Zeitpunkte nach Tag und Uhrzeit.

Für jedes singhalesische Kind wird ein genaues Geburtshoroskop erstellt. Ein Astrologe analysiert sorgfältig die Position der Planeten, um den Ablauf der frühen (gewöhnlich ersten fünf) Jahre des jungen Erdenbürgers zu erkennen. Später werden alle fünf Jahre detaillierte Horoskope erstellt, die gute und schlechte Tage, Finanzlage, Arbeits- und Heiratsaussichten so-

Links: Männer tragen buddhistische Fahnen bei einer Prozession in Kandy **Rechts:** Teepflückerinnen in Nuwara Eliya

HEIRATSANNONCE

»Buddhistische Eltern aus der Kaste der Bauern suchen berufsloses, hübsches und schlankes Mädchen mit gutem Leumund und besten Umgangsformen sowie dem verwurzelten Kastenhintergrund der Bauern, das bevorzugt aus einer buddhistischen Familie aus Kandy oder dessen Umland stammt, für ihren Sohn, der eine gehobene Geschäftsposition bekleidet sowie ein Haus und einen neuen Wagen besitzt. Mars im siebten Haus. Antworten nur in eigenhändiger Handschrift und unter Angabe sämtlicher Hintergründe und des Horoskops erbeten.«

Diese Heiratsanzeige verdeutlicht die Bedeutung der Kastenzugehörigkeit und der Astrologie.

rungen, Rezitationen, Glockenschlagen, Trommeln und Tanz bestehen, wobei Masken den übelwollenden Gott oder Dämon darstellen.

Die Tamilen

Die Tamilen, Sri Lankas zweitgrößte Volksgruppe, machen zwar nur 18 % der Gesamtbevölkerung aus, sind jedoch Teil einer eindrucksvollen Gemeinde von weltweit über 70 Millionen Menschen. Außerhalb ihres Stammlandes im südindischen Bundesstaat Tamil Nadu sind sie mittlerweile in der ganzen Welt beheimatet. So gibt es nicht nur in Südostasien große Gemeinden, sondern auch in Europa und Nordamerika.

gleichmachten und Polonnaruwa zur Inselmetropole machten. Unter ihnen kamen auch zahlreiche Händler, Handwerker und Künstler ins Land. Der Hinduismus fasste endgültig Fuß.

Die Nachkommen der ersten eingewanderten Tamilen, die als Sri-Lanka-Tamilen bezeichnet werden, machen heute rund 12,5 % der Bevölkerung aus. Sie leben vorwiegend im Norden und Osten der Insel, insbesondere in Colombo.

Die Hochland-Tamilen

Jeder dritte Tamile – etwa 5 % der Gesamtbevölkerung – stammt von jenen südindischen Einwanderern ab, die während der Kolonialzeit als

Wann die ersten Tamilen – oder besser ihre dravidischen Vorfahren – nach Sri Lanka eingewandert sind, ist Gegenstand vielfältiger, sehr ideologisch gefärbter Debatten. Gesichert ist, dass sie die Insel nicht später als im zweiten vorchristlichen Jahrhundert erreichten, möglicherweise auch schon viel früher und damit noch vor den Singhalesen – der Grund für die nationalistisch angehauchten Diskussionen.

Mit der ersten tamilischen Machtergreifung im 2. Jh. v. Chr. ist die Präsenz der südindischen Einwanderer erstmalig historisch belegt. Ihr sollten mehrere Invasionen folgen, allen voran im 10. und 11. Jh., als die beiden Chola-Könige Rajaraja und Rajendra nahezu die gesamte Insel unterwarfen, Anuradhapura dem Erdboden

Fremdarbeiter angeworben wurden. Angesichts des Arbeitermangels in den Plantagen rekrutierten die Briten im 19. Jh. Hunderttausende von Tamilen. Anfänglich in den Kaffeeplantagen eingesetzt, kehrten diese nach der Erntesaison in ihre Heimat zurück. Das änderte sich, als sie später in den Tee- und Kautschukplantagen ganzjährig benötigt wurden. Ihre Familien zogen nach und blieben. In den Plantagen entstanden eigenständige Tamilen-Siedlungen.

Heute sind die Tee pflückenden Frauen in ihren bunten Saris, geschmückt mit Ohren- und

Links: Eine tamilische Teepflückerin bei ihrer mühsamen Arbeit **Rechts:** Der Kampf für die Unabhängigkeit ist für diese tamilische Rebellin eine ernste Angelegenheit

Insel mit vielen Gesichtern ◆ 77

Nasenringen, Armbändern und Fußketten aus keinem Werbeprospekt wegzudenken. Doch die Idylle trügt: Die Hochland-Tamilen leben isoliert in ihren Gemeinden und haben mit ihren Brüdern und Schwestern im Norden wenig gemeinsam. Zudem sind sie sehr arm.

Auch ihrer Rechte wurden sie zunehmend beraubt. Schon kurz nach der Unabhängigkeit wollte die Regierung ihnen das Wahlrecht, das von den Briten eingeführt worden war, wieder nehmen. Selbst die Tamilen auf der Halbinsel Jaffna schauen auf sie herunter, was ihnen immerhin den Vorteil einbrachte, vom Bürgerkrieg weitgehend verschont geblieben zu sein.

Die städtischen Tamilen

Kaum eine Stadt, in der nicht eine große tamilische Gemeinde zu finden ist. Dies gilt besonders für Colombo mit seinem lebendigen Stadtteil Pettah, in dem traditionell viele Tamilen leben und der anders als die meisten anderen Orte des Landes von geschäftlichem Treiben und Dutzenden von Kirchen und hinduistischen Tempeln, kaum aber von buddhistischen Schreinen beherrscht wird. In diesem Bezirk von Colombo ist das tamilische Leben auf den Straßen offensichtlich. Nirgendwo wird man zum Beispiel so viele vegetarische Restaurants antreffen, die schmackhafte Dosas anbieten.

DISTANZ ZWISCHEN SÜDEN UND NORDEN

Die Differenzen zwischen Singhalesen und Tamilen, die die Insel in den letzten Jahrzehnten gespalten haben, scheinen in der frühen Periode der Inselgeschichte nicht so tiefgehend gewesen zu sein. Bis zum 4. Jahrhundert waren viele Tamilen sogar Buddhisten, die Ethnien lebten zusammen und heirateten untereinander. Die ethnische und sprachliche Trennung zwischen dem tamilischen Norden und dem singhalesischen Süden hat sich erst im 14. Jahrhundert herausgebildet, als das erste bedeutende tamilische Königreich in Jaffnapatnam, dem heutigen Jaffna, etabliert wurde. Es bestand bis 1619, als die Portugiesen es besiegten.

Der nördliche, nahe bei Indien gelegene Teil der Insel wurde überwiegend tamilisch und blieb es bis heute. Jaffna ist die inoffizielle Hauptstadt des tamilischen Sri Lanka und das Zentrum tamilischer Kultur, so wie Kandy dies für die Singhalesen ist. Dennoch leben immer noch eine ganze Reihe von Tamilen im Süden und in den Bergen, während umgekehrt praktisch alle Singhalesen von den Tamil Tigers (LTTE) aus dem Norden vertrieben wurden. Singhalesen führen dies als Beleg für die rassistische Einstellung der LTTE an. Andererseits sahen sich Tamilen in singhalesischen Gegenden während des Krieges auch zunehmender Unterdrückung ausgesetzt.

Doch einfach hatten es auch Colombos Tamilen keineswegs. Vor allem in den letzten Jahren des Krieges wurden sie ständig kontrolliert, schikaniert und sogar willkürlich verhaftet. Bei einem besonders brutalen Übergriff im Juni 2007 wurden Hunderte Tamilen aus Colombo verschleppt, nur weil sie arbeitslos waren. Der Regierung wurde »ethnische Säuberung« vorgeworfen. Noch heute leiden die Tamilen unter Diskriminierung und Einschüchterung.

Die »Befreiungstiger von Eelam«
Die bekanntesten Tamilen des Landes waren die Mitglieder der LTTE, die »Befreiungstiger von Eelam«, die von Velupillai Prabhakaran angeführt wurden. Sein Fanatismus soll in jugendlichen Jahren entstanden sein, als er beobachten musste, wie einer seiner Onkel von Soldaten mit heißem Öl übergossen wurde, woraufhin er Rache schwor. Die USA warfen ihm vor, die gefährlichste Guerillaorganisation der Welt geschaffen zu haben, deren relativ kleine, aber treue Gruppe von Kämpfern die wesentlich größere und besser ausgestattete Armee zwei Jahrzehnte lang bedrohte und vor sich hertrieb. Erst bei der massiven Offensive der Armee in den Jahren 2008/2009 mussten die LTTE aufgeben, und ihr Anführer wurde getötet.

Doch trotz ihrer militärischen Fähigkeiten und dem Kampfesmut der meisten Rekruten besaßen die LTTE immer eine dunkle Seite, die ihr gerechtes Anliegen unterminierte und jenen Recht gab, die sie als terroristische Organisation bezeichneten. Die LTTE richtete nämlich Massaker unter der Zivilbevölkerung an und erfand die Selbstmordattentate, die heute im Nahen Osten weit verbreitet sind. Sie rekrutierte mit Gewalt junge Männer, sogar Kinder, als Soldaten und erpresste im In- und Ausland Spenden von Tamilen. Und sie behandelte die Menschen schlecht, vertrieb alle Nicht-Tamilen aus den von ihr beherrschten Gebieten, tötete ihre Gegner und soll mehr tamilische Zivilisten umgebracht haben als die singhalesische Armee. Dass

sie bei der Offensive 2009 Zivilisten als menschliche Schutzschilde benutzte, trug auch nicht gerade zur Verbesserung ihres Rufes bei.

Religion und Kastenwesen
Ein Großteil der Tamilen bekennt sich zum Hinduismus (s. S. 94), der auf Ordnung (Kastensystem), Disziplin (Kindheit), Wohlverhalten (gutes Karma) und Achtung des Lebens (Vegetarismus) aufbaut. Im Vordergrund der Verehrung stehen Shiva und dessen Sohn Skanda. Doch einige Tamilen an der Westküste bekennen sich auch zum Christentum, meist zur katholischen Kirche.

Bestimmende Kraft im sozialen Gefüge ist das Kastensystem. Wie in Indien stehen die

Brahmanen an der Spitze, spielen aber im Vergleich zum Subkontinent zahlenmäßig kaum eine Rolle. Es gibt keine Kriegerkaste, weshalb die Vellala – die Kaste der Landbesitzer und Bauern als Äquivalent zu den singhalesischen Goyigama –, die überwiegend auf der Jaffna-Halbinsel leben, das gesellschaftliche Leben dominieren. Ihnen gehört mehr als die Hälfte der tamilischen Bevölkerung an. Nur wenig unterhalb sind die Karaiya (Fischer) und Chetti (Händler) angesiedelt. Viele Hochland-Tamilen gehören zur unteren Arbeiterkaste, den Palla. Ganz am Ende dieser Hierarchie folgen die Kastenlosen, die Paraiyar.

> Die Muslime machen heute nur gut 7 Prozent der Bevölkerung aus. 95 Prozent von ihnen gehen auf arabische Muslime zurück.

schen Kolonialzeit dann indische Muslime, die als Soldaten und Händler arbeiteten.

Muslimische Politiker spielten auch im Kampf um die Unabhängigkeit eine Rolle. S. W. R. D. Bandaranaike sagte: »Die ceylonesischen Mauren sind schon so lange in Ceylon wie wir Singhalesen. Ein Band der Freundschaft

Muslime

Muslime und der Islam sind bereits in der Frühzeit der Religion nach Sri Lanka gekommen. Die ersten arabischen Siedler sollen im 8. Jh. in Beruwala angelandet sein – heute erinnert die Kichimalai-Moschee an sie – und dann eine Kette von Siedlungen an der Küste gegründet haben. Vor allem im 18. und 19. Jh. stieg die Zahl der Muslime schnell an, denn in der niederländischen Kolonialzeit sind die sogenannten Malaien aus Java und Malaya umgesiedelt, zur briti-

Links: Sie sind die Leidtragenden des ethnischen Konflikts: tamilische Flüchtlinge, die Familienangehörige und ihr Zuhause verloren haben **Rechts:** Tamilischer Fischer beim Flicken seiner Netze im Hafen von Galle

existiert zwischen beiden Gemeinschaften.« Vor allem durch Heiraten mischten sich beide Gruppen, denn die meisten Muslime kamen ohne Frauen auf die Insel und ehelichten dann Singhalesinnen oder Tamilinnen.

Rund 95 Prozent der Muslime führen ihre Wurzeln auf den arabischen Raum zurück. Mehrheitlich leben sie weiterhin in der Nähe der Küste und bilden in einigen Orten im Osten sogar die Mehrheit der Bevölkerung. Im Binnenland gibt es größere Gemeinden in Kandy und Bandarawela. Bis heute werden sie als Geschäftsleute und Händler angesehen; vor allem im Handel mit Edelsteinen und Schmuck spielen sie eine entscheidende Rolle. Ärmere Muslime arbeiten auch als Bauern und Fischer, etwa an der Ostküste oder rund um Mannar und Puttalam im Westen. Sie sprechen in der Regel Tamil und verwenden Lehnwörter aus dem Arabischen. An der Westküste beherrschen die Händler oft beide Sprachen, einige der Nachfahren der Malaien zudem ihren eigenen Dialekt, Bahasa Melayu, der dem modernen Bahasa ähnelt, wie es heute in Malaysia und Indonesien gesprochen wird. Bei ihnen gibt es viele Lehnwörter aus dem Singhalesischen oder Tamil.

Muslime in der modernen Welt
Die Muslime neigen mehrheitlich den beiden großen politischen Parteien, der SLFP und der UNP, zu. Beide haben mehrfach muslimische Minister in ihre Kabinette berufen. Die erste rein muslimische Partei, der Sri Lanka Muslim Congress, wurde 1981 begründet.

Unter den kriegerischen Auseinandersetzungen litten die Muslime besonders. Die rund 75 000, die damals in Mannar und im Norden lebten, wurden 1991 von den LTTE vertrieben, während sich jene an der Ostküste oft zwischen Singhalesen und Tamilen wiederfanden und von beiden angefeindet wurden. Die LTTE betrachteten den Osten als Tamilenland, auch wenn dort viele Muslime lebten. Zum schwersten Zwischenfall kam es 1990, als 120 Muslime beim Gebet in einer Moschee nahe Batticaloa von LTTE-Kämpfern niedergemacht wurden.

Das Ende der Kämpfe im Osten und die Vertreibung der LTTE aus dieser Region hat das Leben der Muslime seit 2007 wieder verbessert, wenngleich auch noch zwei Jahrzehnte nach ihrer Vertreibung einige Muslime weiterhin in Flüchtlingslagern ausharren müssen.

Die Burgher

Diese vorwiegend Englisch sprechenden Inselbewohner sind die Nachfahren europäischer Siedler – zumeist Holländer und Portugiesen. Als die Briten 1797 den Holländern die Macht entrissen, blieben viele Angestellte der Vereenigden Oostindischen Compagnie (VOC) im

Land. Darunter waren auch Angehörige anderer europäischer Nationalitäten, wie Portugiesen, Deutsche, Dänen, Franzosen, Italiener und Briten. Sie bildeten ihre eigene christliche und englischsprachige Gruppe, die sich später sowohl von den Briten als neuen Herren als auch von den Einheimischen distanzierte.

Europäische Herkunft
Genau genommen sind mit dem niederländischen Begriff *Burgher* (»Bürger«) nur die direkten Nachkommen der väterlichen Linie jener einstigen VOC-Angestellten gemeint. Die konservativen Burgher sehen sich selbst weiterhin als »niederländische Burgher«. Sie feiern an Weihnachten ein großes Essen der Vereinigung

Insel mit vielen Gesichtern ◆ 81

der Niederländischen Burgher, bei dem sie aufstehen und die Hymne »Het Lieve Vaderland« absingen. Ironischerweise singen sie heute auf Englisch, weil außer dem Titel niemand mehr den holländischen Text kennt.

In der Praxis wird der Begriff jedoch auf alle Sri Lanker mit europäischen Wurzeln angewandt. Ihre Zahl stieg während der britischen Kolonialzeit schnell an, u. a. durch Portugiesen, die beim Bau der neuen Eisenbahnen arbeiteten und sich an der Küste zwischen Colombo und Negombo niederließen. Da immer viel mehr Männer als Frauen ankamen, heirateten die Immigranten singhalesische, tamilische und muslimische Frauen und schufen so einen prächtigen multiethnischen Cocktail. Einer der bekanntesten Burgher, der Architekt Geoffrey Bawa, hatte einen muslimischen Großvater, eine englische Großmutter französisch-hugenottischer Abstammung, einen holländischen Vater und eine Mutter holländisch-schottisch-singhalesischer Herkunft.

Von den meist recht arroganten, von Überlegenheitsgefühlen geprägten britischen Kolonialbeamten wurden die Burgher niemals wirklich anerkannt. Dennoch bekleideten sie einige hohe Posten in der Verwaltung des Staates wie auch der großen Plantagen. Obwohl ihre Zahl klein blieb, spielten sie eine große Rolle in der Geschichte des Landes. Nach der Unabhängigkeit, als Singhalesisch einzige Landessprache wurde, wanderten ca. 50 % der Burgher nach Kanada, Großbritannien oder Australien aus.

> Der Burgher Emil Daniels antwortete einem britischen Gouverneur auf die Frage nach seiner Nationalität: »Gott allein weiß es, Euer Hoheit.« Dabei bezog er sich auf die unterschiedlichsten Abstammungen der sri-lankischen Burgher.

Links: Muslimische Mädchen feiern in Colombo Id-ul Fitr, das Ende des Ramadan **Rechts:** Der Autor Michael Ondaatje

Kulturelle Bedeutung

Die in Sri Lanka verbliebenen Burgher spielen in Colombo aber immer noch eine große Rolle, vor allem im Kulturbetrieb. Hier sind zum Beispiel der Architekt Geoffrey Bawa, die Künstler George Keyt und Lionel Wendt, die Designer Barbara Sansoni und Ena de Silva oder der Schriftsteller Carl Muller zu nennen. Zu weltweitem Ruhm hat es der in Sri Lanka geborene, in Großbritannien aufgewachsene und dann nach Kanada emigrierte Schriftsteller Michael Ondaatje gebracht, dessen Familienerinnerung und Reisebuch »Es liegt in der Familie« (auf Deutsch 1992 erschienen) einen interessanten und humorvollen Blick auf die Burgher-Familien in der Mitte des 20. Jhs. wirft. ∎

Sri Lanka heute

Das heutige Sri Lanka ist ein Land der Widersprüche. Es hält an vielen Traditionen fest und will dennoch modern sein. Der Krieg hat tiefe Wunden geschlagen, und die Menschen sehnen sich nach Frieden.

In den modernen Restaurants des Geschäftsbezirks von Colombo diskutieren die englischsprachigen Geschäftsleute die Börsenkurse beim »Power Lunch«, während 100 km entfernt Bauern im Lendenschurz durch Nassreisfelder waten und Veddha wilden Honig sammeln. In Galle an der Südküste feiern vielleicht einige Europäer die Einweihung einer neuen Luxusvilla, die auf den Tsunami-Trümmern eines Dorfes entstanden ist, während im Norden, wo bis vor Kurzem noch stündlich mit todbringenden Angriffen zu rechnen war, der Wiederaufbau gerade erst begonnen hat. In jeder Hinsicht ist Sri Lanka also sehr widersprüchlich.

Alt und modern

Große Teile des Landes werden noch von der Landwirtschaft beherrscht, und die Bauern leben wie seit jeher, arbeiten auf dem Feld, gehen in den Tempel, essen Reis und Curry. Ehen werden arrangiert, Feiern finden an Tagen statt, die von Wahrsagern festgelegt werden – selbst die Termine von Wahlen und der Eröffnung des Parlaments richten sich nach den Sternen.

Insbesondere im Süden geht es noch traditionell zu. Es herrschen die althergebrachten singhalesischen Werte vor, verstärkt von der antitamilischen Einstellung der buddhistischen Mönche, die voll hinter dem aus Hambantota stammenden Präsidenten Mahinda Rajapaksa stehen, der seine Heimat wiederum mit Wohltaten bedenkt. Es erstaunt, wie einseitig und rückwärts gewandt sich der buddhistische Klerus, der eigentlich dem Frieden zugeneigt sein sollte, im Bürgerkrieg und danach verhalten hat.

In den schicken Cafés von Colombo sieht Sri Lanka hingegen ganz anders aus. Hier spricht

man am liebsten Englisch, trägt moderne Anzüge oder Outfits aus In-Boutiquen, und natürlich darf das Mobiltelefon als Statussymbol nicht fehlen. Hier ist Sri Lanka kosmopolitisch, liberal und international, meilenweit entfernt von schlammigen Reisfeldern und bunten Tempeln.

Schuften für den Weltmarkt

Tee und Tourismus stehen noch ganz oben im Wirtschaftsleben, doch zunehmend verlässt sich das Land auch auf seine oft alternativlos dastehenden billigen Arbeitskräfte. Wichtigstes Exportgut sind inzwischen Textilien, die in Hunderten von Fabriken für den Weltmarkt gefertigt werden. Dort sieht man vor allem junge Frauen unter 25 Jahren, die für minimale Löhne unter schlechten Arbeitsbedingungen lange Überstunden ableisten. Nur langsam verbessert sich die Lage, denn es hat sich gezeigt, dass solche Billigarbeit nur für sehr kurze Zeit ein Entwicklungsmodell darstellen kann.

Vielfach werden Menschen sogar »exportiert«. Tausende Arbeiter verlassen ihre Familien, um in den Golfstaaten oder anderswo Geld zu verdienen; sie bringen wertvolle Devisen ins Land, die auch zum Abbau der hohen Schulden des Landes beitragen. Die meisten Männer malochen als Bauarbeiter, viele Frauen als Hausangestellte, ausgenutzt und übervorteilt von ihren Arbeitgebern und den Vermittlungsagenturen.

mächtigen. Korruption macht sich überall breit und lähmt die Gesellschaft.

Der Gegenkandidat Rajapaksas bei der letzten Wahl, ein General, schmort im Gefängnis, und Journalisten, die nicht positiv über die Regierung berichten, werden bedroht. Auch die von internationalen Organisationen ans Licht gezogenen Menschenrechtsverletzungen in der Endphase des Krieges wurden von der Regierungskommission nicht zufriedenstellend aufgeklärt und werden es wahrscheinlich auch in der Zukunft nicht. Bis heute verschwinden mit großer Regelmäßigkeit tamilische Zivilisten im Norden und Osten spurlos.

Schlecht funktionierende Demokratie

Präsident Rajapaksa und seine Regierung mögen den militärischen Kampf gegen die tamilischen Befreiungstiger im Osten und Norden gewonnen haben, doch sie müssen noch unter Beweis stellen, dass sie dem ganzen Land anhaltenden Frieden und Wohlstand bringen können. Stattdessen werden gerade die stolzen demokratischen Traditionen aufs Spiel gesetzt, wenn sich der Präsident und seine Familie des Staates und lukrativer Teile der Wirtschaft be-

Links: Fast alle Teile der Kokospalme finden Verwendung: als Lebensmittel, Baumaterial, Brennstoff oder Arznei **Rechts:** Uferpromenade Galle Face in Colombo

Der Frieden, nach dem sich die Bewohner Sri Lankas so lange gesehnt haben, ist jetzt gekommen, doch er hat einen schalen Beigeschmack. Nach außen sehen die großen Infrastrukturprojekte und die boomende Tourismusindustrie vielversprechend aus, doch es fehlt eine tiefere und breitere Gesundung der Wirtschaft auch für die »kleinen Leute«.

Die politischen Fragen tamilischer Autonomie und Selbstbestimmung harren weiter einer Lösung, die eine immer autoritärer auftretende Regierung wohl nicht mehr aufnehmen will. Müssen Frieden und Stabilität wirklich mit einer Quasi-Diktatur erkauft werden? Die Schlacht mag gewonnen sein, aber die Zukunft noch lange nicht. ∎

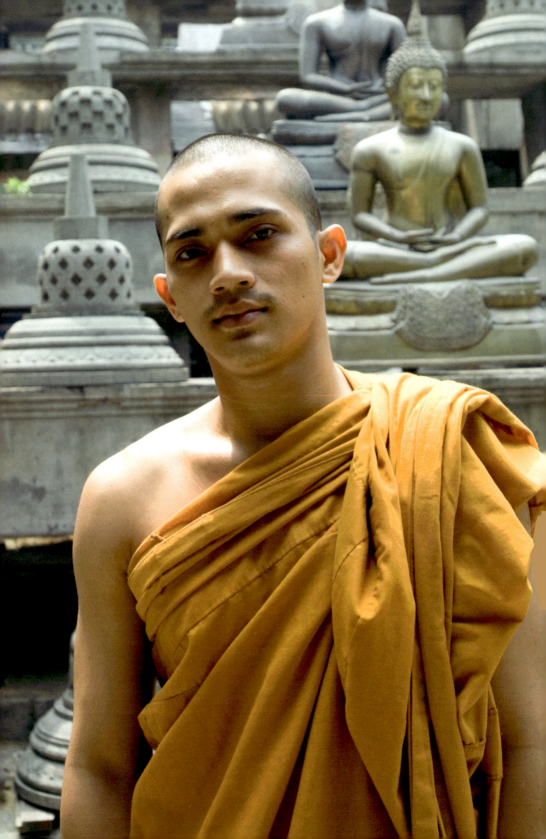

Religion

Seit vielen Jahrhunderten ist Sri Lanka das Kernland des Theravada-Buddhismus, doch auch die anderen großen Religionen, vor allem Hinduismus und Islam, sind mit einflussreichen Gemeinden vertreten.

Unabhängig von Volkszugehörigkeit und Religion spielt Glaube im Alltag der Sri Lanker eine zentrale Rolle. Im religiösen Leben der Insel dominiert fraglos der Buddhismus, zu dem sich etwa 70 % der Inselbewohner bekennen, nahezu ausschließlich Singhalesen. Der Hinduismus, dem etwa 16 % angehören, ist in erster Linie die Religion der Tamilen. An dritter Stelle steht der Islam, der für 10 % der Sri Lanker die bestimmende Religion ist. Muslimische Gemeinden sind vorwiegend im Küstenbereich zu finden. Über alle Volksgruppen hinweg konnte das Christentum in seiner 500 Jahre währenden Anwesenheit einige Anhänger gewinnen und hat heute einen Gesamtanteil von gut 3 %. Viele Christen leben an der Westküste nördlich von Colombo.

So präsentiert sich die Insel als ein Schmelztiegel der vier großen Weltreligionen. Durch die räumliche Nähe und das lange Neben- und Miteinander der Gläubigen haben sich die Religionen gegenseitig beeinflusst und durchdrungen. In den buddhistischen Klöstern finden sich auch Schreine zur Verehrung von Hindugottheiten. Hindus wiederum betrachten Buddha als eine Inkarnation Vishnus.

Auf den großen religiösen Festen und Pilgerfahrten sind immer auch Angehörige anderer Religionen dabei. In Kataragama finden sich Seite an Seite ein Hindutempel, ein buddhistischer Stupa und eine Moschee. Und auf den Adam's Peak mühen sich Hindus und Buddhisten ebenso hinauf wie Christen, sehen sie doch auf dem Gipfel einen Fußabdruck Shivas, Buddhas oder des hl. Thomas bzw. Adams.

Buddhismus

Die Religion des Erleuchteten durchdringt Leben und Glauben der Singhalesen. Mehr als in den meisten anderen buddhistischen Ländern gibt die Religion diesem Volk ein Gefühl der nationalen Identität. Viele Singhalesen betrachten ihre Insel als das »auserwählte Land« des Buddhismus. Eine Ansicht, die von nationalistischen, teilweise militanten Mönchen geschürt wird und sich vorwiegend auf eine Erzählung

Vorhergehende Seiten: 2012 protestierten sri-lankische Mönche in Colombo gegen eine Resolution des Menschenrechtsrats der Vereinten Nationen, nach der Sri Lanka aufgefordert wird, Kriegsverbrechen an Tamilen in der Endphase des Bürgerkriegs 2009 zu untersuchen **Links:** Mönch im Gangaramaya-Tempel in Colombo **Rechts:** Eine junge Pilgerin bringt Blumen als Opfergabe nach Anuradhapura

stützt, derzufolge Buddha höchstpersönlich auf seinem Sterbebett die Insel gesegnet habe. Da der Buddhismus aus seinem Ursprungsland weitgehend verschwunden ist, gilt Sri Lanka als Hort der »reinen« Lehre, des sog. Theravada-Buddhismus. Schließlich wurden die Lehren Buddhas erstmalig in Sri Lanka, nämlich in Aluvihara (s. S. 227), niedergeschrieben. Der Zahn von Kandy ist zudem die am intensivsten verehrte buddhistische Reliquie der Welt.

Das Leben des Buddha

Siddharta Gautama, der später zum Buddha, dem Erleuchteten, wurde, war der Sohn des Königs Shuddhodana von Kapilavashtu und dessen Frau Maya. Weil er in das nordindische Adelsgeschlecht der Shakya hineingeboren wurde, trägt er zudem die Titel Shakyamuni, »der Weise (aus dem Stamm) der Shakya«, und Shakyasimha, »Löwe der Shakya«. Schließlich hält er auch den Ehrentitel Tathagata, wörtlich »der So-Gegangene«, womit der vollendete Weg bis zur Erleuchtung gemeint ist.

Eine Woche nach seiner Geburt in Lumbini (heute Nepal) starb seine Mutter. Der Hofguru prophezeite, dass der Neugeborene in die Hauslosigkeit ziehen, in Askese leben und zu einem Erleuchteten werden würde. Der Knabe wuchs am Königshof auf und führte ein sorgenfreies Leben. Um seinen grüblerischen Sohn am Hof zu halten, schirmte ihn sein Vater von allen Unannehmlichkeiten ab. Als Ehefrau besorgte er Siddharta eine Kusine namens Yashodara. Sie gebar ihm den Sohn Rahula.

Der Legende nach verließ Gautama Frau und Kind, nachdem er mit Geburt, Alter und Tod konfrontiert worden war und somit erkannt hatte, dass Leben mit Leiden behaftet ist. Fortan wollte er den Weg eines Hauslosen gehen. Er zog als Wanderasket in der Region umher, besuchte spirituelle Lehrer (Gurus), um von ihrer Weisheit zu lernen und die Ursache allen Leidens zu erkennen. Doch keiner konnte ihm eine befriedigende Antwort geben. Er schloss sich

eine Zeit lang fünf Gleichgesinnten an und übte mit ihnen extreme Askese. Als er dem Tod nahe war, verwarf er diesen Weg, weil er ihn in seinem Suchen nicht weiterbrachte. Endlich, nach fast sieben Jahren harter Übung, erlangte der mittlerweile Fünfunddreißigjährige unter einem *Ficus religiosa* im heutigen Bodhgaya die Erleuchtung. Er war zum »Erwachten«, zum Buddha, geworden. Der Tradition nach in der Vollmondnacht im Mai – Vesak genannt – erkannte er die Ursachen allen Leidens und den Weg zu deren Überwindung. Seine neue Einsicht erläuterte er erstmals seinen einstigen fünf Mitstreitern im Gazellenhain Sarnath in der Nähe der heiligen Stadt Varanasi. Selbst die Gazellen sollen ihm gelauscht haben, wohl ahnend, dass seine Lehre auch für sie relevant war. Buddhas Erkenntnis der »vier edlen Wahrheiten« (siehe unten) bildet die Grundlage der buddhistischen Lehre.

Als sich Buddha immer mehr Schüler anschlossen, gründete er einen Mönchsorden, den »Bhikkhu Sangha«. Zunächst waren nur Männer zugelassen. Nach Drängen seiner engsten Schüler ließ er später auch einen Orden für Frauen, den »Bhikkhuni Sangha« zu. Buddhas Lehre verbreitete sich im ganzen nordindischen Raum entlang des Ganges und gewann auch unter Königen und Adeligen Anhänger. Viele von ihnen unterstützten seine Asketenbewegung – seinerzeit eine unter vielen – und luden den Erleuchteten regelmäßig in ihr Herrschaftsgebiet ein. Über 40 Jahre zog er von Ort zu Ort – außer während der dreimonatigen Regenperiode –, bis er im Alter von 80 Jahren in Kushinara starb. Quasi als spirituelles Testament verkündete er seinem langjährigen Schüler Ananda: »Darum seid euch selbst Leuchte, selbst Zuflucht, nehmt nur die Lehre als Zuflucht.«

Der Zeitpunkt von Buddhas Tod ist umstritten. Die buddhistische Zeitrechnung beginnt mit seinem Todesjahr 544/543 v. Chr. Manche Historiker setzen seinen Tod um 484/483 v. Chr. an. Neueren Forschungen zufolge kann er aber auch erst um 370 v. Chr. gestorben sein.

Die Lehre Buddhas

Kern der Lehre ist die Einsicht, dass alles dem ständigen Prozess des Werdens und Vergehens unterworfen und daher unbeständig ist. Nichts existiert isoliert, sondern alles entsteht in Abhängigkeit zueinander. Ein ewiges göttliches Sein und Selbst (Brahman-Atman-Prinzip), wie es der Hinduismus lehrt, gibt es demnach nicht. Buddha sieht darin nur den Versuch, sich und der Welt Dauerhaftigkeit zu verleihen. Aber dies ist eine Illusion, aus der heraus Leiden entsteht. Auch das Ich ist unbeständig. Daher wird nicht die menschliche Person wiedergeboren, sondern die im Laufe eines Lebens angesammelte karmische Energie. Sie entsteht, wenn Denken und Tun (Karma) von Gier, Hass und Verblendung motiviert sind. Erst wenn man vollkommen frei davon ist, kann der Wiedergeburtenkreislauf (Samsara) beendet werden. Dieser schwer definierbare Zustand der vollendeten Freiheit wird Nirwana genannt.

Der »Lehre vom Mittleren Weg« zufolge soll der Mensch Extreme vermeiden, also weder radikale Askese praktizieren noch einen ausschweifenden Lebenswandel führen. Es ist der Pfad der goldenen Mitte, der »sehend macht, Wissen erzeugt, zur Beruhigung der Leidenschaften, zu höherer Erkenntnis, Erleuchtung und Verlöschen führt«.

Bald nach Buddhas Tod hielten dessen Schüler zur Festlegung der verbindlichen Lehre unter Führung von Kashyapa in Rajagaha die Erste Buddhistische Synode ab. Die überregionale

Links: Der Zahntempel in Kandy **Rechts:** Mit buddhistischen Gebeten bedruckte Fahnen flattern über Kandy und sollen so ihren Segen mit dem Wind verbreiten

VIER EDLE WAHRHEITEN

In der Nacht seiner Erleuchtung kam Buddha zur Erkenntnis der »Vier edlen Wahrheiten«. Sie zeigen in vier Schritten den Weg vom Leiden zur absoluten Freiheit (Nirwana) auf. Buddha erläutert das Leiden, dessen Ursachen, das Ziel und den Weg dorthin:
1. Alles Dasein ist von Leiden bestimmt.
2. Ursache allen Leidens sind Begierde und Streben nach Besitz.
3. Zur Überwindung des Leidens müssen Gier und Hass vernichtet werden.
4. Dies geschieht durch den »Edlen Achtfachen Pfad« und das damit verbundene Verhalten, eine wissende Einsichtigkeit und Konzentration.

Sprache Zentralindiens war damals Pali, weshalb die Lehren Buddhas in dieser Sprache überliefert wurden. Aus diesem Grund nennt man die anerkannten Textsammlungen bis heute Pali-Kanon. Nach mehreren Jahrhunderten mündlicher Überlieferung schrieben Mönche im 1. Jh. v. Chr. im Höhlenkloster Aluvihara (s. S. 227) bei Kandy die Lehren erstmals auf Palmblättern nieder. Der Pali-Kanon unterteilt sich in drei Gruppen: die Ordensregeln, die Lehrreden Buddhas und die umfangreichen Lehrkommentare. Da die Textsammlungen in drei Körben aufbewahrt wurden, heißen sie auch Tipitaka (»Drei Körbe«).

Dominanz, die in der Polonnaruwa-Zeit den Einfluss des Hinduismus vergrößerte. Zeiten der Schwäche erlebte der Buddhismus, als die Macht der singhalesischen Könige im Norden abnahm und sie nicht mehr genügend Mittel besaßen, die gewaltigen Klöster zu unterhalten. Auch nachdem die Europäer im 16. Jh. auf Sri Lanka angekommen waren und versuchten, die Bevölkerung zu christianisieren, verlor der Buddhismus an Bedeutung, zumal der Thron in Kandy in tamilische Hände wechselte und damit unter hinduistischen Einfluss geriet.

Der Tiefpunkt war 1753 erreicht, als es keine Mönche mehr gab, die Novizen weihen konn-

Buddhismus in Sri Lanka
Der Buddhismus fasste Chronikberichten zufolge im Jahr 247 v. Chr. auf der Insel Fuß, als der Mönch Mahinda den König von Anuradhapura, Devanampiya Tissa, und dessen Untertanen von der Lehre des Erleuchteten überzeugte. Schon bald stieg der Buddhismus zur staatstragenden Religion auf, als deren Beschützer sich die Herrscher verstanden. Sie zeigten sich dem Volk als großherzige Förderer von Klöstern – und legitimierten dadurch ihre Macht. Das ausgefeilte Bewässerungssystem ermöglichte es, große Mönchsgemeinschaften zu versorgen.

Während sich der Buddhismus in Indien Zug um Zug auflöste, blieb er die bestimmende Religion in Sri Lanka – auch zu Zeiten tamilischer

ten. Also schickte der König von Kandy Boten nach Siam (heute Thailand), von wo hochrangige Mönche eintrafen, um Einheimische zu ordinieren. Daraus entstand der noch heute existierende »Siyam Nikaya«, ein äußerst konservativer Mönchsorden.

Die Tradition des Theravada
Der Buddhismus in Sri Lanka bewahrt bis heute den Glauben in seiner reinsten und ursprünglichsten Form. Theravada bedeutet »das Gesetz der Alten« und ist als dominierende Version des Buddhismus auch in Thailand, Birma, Kambodscha und Laos verbreitet, die auf Sri Lanka als Bewahrer des Glaubens blicken, weil hier die Lehren erstmals aufgeschrieben wurden und

keine Veränderung und Aufweichung erfahren haben wie in den Regionen des Mahayana-Buddhismus (China, Vietnam, Japan, Korea).

Die Theravada-Tradition betont, wie auch Buddha selbst, dass jeder Mensch für sein geistiges Wohlbefinden verantwortlich ist und das Nirwana nur durch persönliche Anstrengungen und Bemühungen erreichen kann. Der Mahayana-Buddhismus hingegen kennt die Wohltaten der Bodhisattvas, die darauf verzichten, ins Nirwana einzutreten, um den Gläubigen zu helfen. Daraus hat sich eine große Vielfalt an Gottheiten entwickelt, zu denen Mahayana-Buddhisten beten und denen sie Opfer darbringen können.

heiten ebenso wie menschliche Existenzen dem Prozess des Werdens und Vergehens unterworfen und daher unbeständig seien. Im Vordergrund der Verehrung stehen die vier Schutzgottheiten der Insel: Upulvan (Vishnu), Kataragama (Skanda), Natha (Maitreya-Buddha) und Pattini.

Vishnu, von den Singhalesen Upulvan genannt, ist Beschützer des Buddhismus, weshalb seine Statue sehr häufig in der Nähe des buddhistischen Hauptschreins zu finden ist. Ihm sind auch eigene Schreine oder gar Tempel, wie etwa der Vishnu Devale in Kandy, geweiht. Kataragama ist möglicherweise die schillerndste

Das buddhistische Pantheon

Der Volksbuddhismus hat sich im Laufe der Zeit allerdings mit hinduistischen Glaubensvorstellungen vermischt. Viele Hindu-Gottheiten wurden in das buddhistische Glaubenssystem Sri Lankas aufgenommen. Dies ist nicht so unlogisch, wie man denken könnte, denn der Religionsgründer selbst tolerierte die zahllosen Gottheiten des Subkontinents. Der Tradition nach hielt sich der Erleuchtete sogar eine Regenzeit-Periode lang im Götterhimmel auf, um dort zu predigen. Er lehrte aber, dass die Gott-

Links: Buddhistische Fahnen schmücken einen Bodhi-Baum in Kandy **Rechts:** In Dambulla liegt Sri Lankas eindrucksvollster buddhistischer Höhlentempel

Schutzgottheit der Insel, da sich in ihm lokale und hinduistische Traditionen vermischen. Glauben die Singhalesen, dass er in dem nach ihm benannten Ort mit einem Veddha-Mädchen namens Valli zusammengelebt hat, so verehren ihn die Hindus als Gott des Krieges, Skanda, und jüngeren Sohn von Shiva und Parvati. Seine traditionelle Farbe ist Rot. Sehr häufig wird er auf einem Pfau sitzend dargestellt. In seinen zwölf Händen hält er neben weiteren Waffen einen Dreizack *(vel)*.

Hinter Natha verbirgt sich der zukünftige Buddha Maitreya, der im Tushita-Himmel darauf wartet, im nächsten Zeitalter als Buddha wiedergeboren zu werden. Pattini ist die aus Südindien stammende Göttin der Tugendhaftigkeit und wird besonders von Frauen verehrt. Ein weiterer regional bedeutender Schutzgott ist Saman, der auf dem Adam's Peak residieren soll und die Pilger beschützt. Er wird zumeist mit einem weißen Elefanten dargestellt, mit dem markanten Berg im Hintergrund.

Mönche und Nonnen

Auch wenn die Zahl der Mönche heute weit geringer ist als in den Tagen Anuradhapuras, spielt die Mönchsgemeinde, der Sangha, im gesellschaftlichen Leben eine bedeutende Rolle. Die »Hauslosen« (Bhikkhu) oder »Älteren« (Thera), wie sie in Sri Lanka vor allem genannt werden, sind in der Gesellschaft angesehen und üben im sozialen und politischen Leben großen Einfluss aus. Nach Aufnahme in die Gemeinschaft empfängt das neue Mitglied zunächst die niedere Ordination, um als Novize (Samanera) das streng reglementierte Leben im Sangha kennen zu lernen. Nach Erreichen des 20. Lebensjahres empfängt der Novize die höhere Ordination und wird dadurch zum vollwertigen Mönch. Nun hat er alle 227 Regeln zu befolgen.

Im Gegensatz zu anderen Theravada-Ländern wie Birma, Thailand oder Kambodscha hat das Mönchtum auf Zeit keine Tradition. Wer in Sri Lanka ins Kloster geht, möchte dort sein ganzes Leben lang bleiben. Allerdings ist der Austritt jederzeit gestattet.

Als einzigem Land des Theravada-Buddhismus war in Sri Lanka der Nonnenorden (Bhikkhuni Sangha) fest etabliert. Gegründet haben soll ihn die Nonne Sanghamitta. Die Tochter des indischen Königs Ashoka war zusammen mit ihrem Bruder Mahinda im 3. Jh. v. Chr. auf die Insel gekommen. Der weibliche Ordenszweig existierte fast 1500 Jahre, bis er im 11./12. Jh. infolge der Chola-Invasion verschwand. Erst 1903 wurde er wiederbelebt, als die Singhalesin Catherine de Alwis Gunatilaka eine Nonnengemeinschaft gründete. Da sie jedoch von den Mönchen nicht als vollwertig anerkannt wurden, nannten sich die frommen

Frauen »Mütter der zehn Regeln«, Dasa Sil Mata. Nach langen, zähen Kämpfen erhielten 1996 die ersten elf Dasa Sil Mata die vollwertige Nonnenordination. Ihnen folgten mittlerweile Hunderte andere.

Das auserwählte Land

Als unglückliches Nebenprodukt des gegenwärtigen Buddhismus hat sich die seit der Unabhängigkeit zu beobachtende zunehmende Einmischung des Klerus in die Politik auf Seiten der Ultranationalisten erwiesen. Viele der konservativen Mönche betrachten Sri Lanka als »das auserwählte Land« des Buddhismus, und ihre Reden hören sich genauso fundamentalistisch an wie die anderer religiöser Fanatiker.

In Sri Lanka gibt es mittlerweile keine großen Klöster mehr. Die meisten Mönche leben in Dörfern und spielen eine wichtige Rolle innerhalb der Dorfgemeinschaft: Sie sind Lehrer, Berater, Astrologen und sogar Ärzte.

Premierminister S. W. R. D. Bandaranaike wurde 1959 von einem Mönch erschossen, weil er den Tamilen geringe Zugeständnisse gemacht hatte. Während des Bürgerkriegs gingen Mönche regelmäßig auf die Straßen, um gegen Friedensinitiativen zu demonstrieren und um

Riten und Gebräuche

Anders als im Islam oder Christentum gibt es keine organisierten Formen der Verehrung. Wann immer sie wollen, gehen die Gläubigen in den Tempel, um zu beten, zu meditieren oder Opfergaben zu bringen. Dazu legen sie Obst, Speisen oder Blumengirlanden auf den Altar und zünden Öllampen an. Am geschäftigsten ist es zu Poya, dem Vollmondtag (s. unten). Dann kleiden sich viele Gläubige in Weiß und halten sich häufig viele Stunden im Kloster auf. Nicht selten hält ein Mönch eine Predigt.

Zu besonderen Anlässen, sei es zur Hauseinweihung, zur Hochzeit oder Beerdigung, aber

den legendären König Dutugemunu zu loben. Dieser war mit 50 Mönchen in den Krieg gezogen, die seine blutige Spur, die er bei der Eroberung der Insel hinterließ, rechtfertigten.

Der Sangha hat mittlerweile sogar seine eigene politische Partei, die Jathika Hela Urumaya (JHU) oder »Partei des Erbes«. Im Jahr 2001 wurde der erste Mönch ins Parlament gewählt. Heute gehört die Partei zur Regierungskoalition von Präsident Rajapaksa und achtet darauf, dass er eine pro-buddhistische sowie anti-tamilische Politik betreibt.

Links: Die vielfachen Eigenschaften des Buddha werden manchmal farblich stark betont **Rechts:** Gläubige im Zahntempel in Kandy

POYA-TAGE

Buddha ermahnte seine Anhänger, sich an Vollmondtagen (Poya, s. S. 101) besonders intensiv der Meditation und anderen spirituellen Übungen hinzugeben. Daher kommt dem Vollmond unter Buddhisten besondere Bedeutung zu. Viele verbringen diese Tage im Tempel. Das wichtigste Vollmondfest ist Vesak, der Vollmond im April oder Mai. Während des Poson Poya im Juni und Esala Poya im Juli finden größere Feste statt. Alle zwölf Poya sind offizielle Feiertage, an denen Banken, Büros und viele Geschäfte geschlossen sind. Buddhisten unternehmen dann gerne Pilgerfahrten zu religiösen Stätten auf der Insel.

auch nach einem tragischen Unglück oder einer schweren Krankheit, laden Gläubige Mönche zu einer Zeremonie namens Pirith ein, um sich durch das Rezitieren von buddhistischen Texten unter den Schutz Buddhas zu stellen.

Buddhistische Mönche und Nonnen dürfen ihre Speisen nicht selbst zubereiten und nach Mittag nichts mehr zu sich nehmen. Doch Hunger leiden sie nicht – dank *dana*, der Praxis der Almosengabe: Gläubigen Buddhisten gilt es als religiöse Pflicht, die Mönche zu ernähren und dadurch Verdienste zu erwerben. Heute werden Mönche von gläubigen Familien zum Mittagessen eingeladen.

Hinduismus

Die vielschichtigen und teilweise widersprüchlichen Glaubensvorstellungen, die allgemein unter dem Namen »Hinduismus« zusammengefasst werden, sind in Sri Lanka neben dem Buddhismus schon lange verbreitet. In vielfacher Weise haben sich die beiden Religionen gegenseitig beeinflusst. In einigen Punkten ihrer Weltanschauung ähneln sie sich sogar. Dies verwundert nicht, denn der Buddhismus hat sich aus dem Hinduismus heraus entwickelt. So stimmen sie im Glauben an eine Wiedergeburt überein oder in der Vorstellung, dass unser gegenwärtiges Handeln und angesammeltes Kar-

RAMAYANA

Das berühmte Hindu-Epos »Ramayana« erzählt die Geschichte vom langen Kampf zwischen Prinz Rama, dem ältesten Sohn des Königs Dasharatha von Ayodhya, und Ravanna, dem Dämonenkönig der Insel Lanka, der Ramas Frau Sita entführte. Nach langen Kämpfen wird Sita von Rama, dessen Bruder Lakshmana und der von Hanuman angeführten Affenarmee befreit, wobei Rama sich als Inkarnation Vishnus zu erkennen gibt.

Viele Orte des Epos werden mit Sri Lanka in Verbindung gebracht, so konkurrieren Ella und Nuwara Eliya miteinander darum, der Ort der Gefangenhaltung Sitas zu sein, während Adam's Bridge, die Inselkette zwischen Lanka und Indien, von Hanuman erbaut worden sein soll, damit seine Armee auf die Insel gelangen konnte. Eine besonders abenteuerliche Geschichte rankt sich noch um einige Berge. Hanuman wurde von Rama in den Himalaya geschickt, um eine Heilpflanze zu holen, die den verletzten Lakshmana retten sollte. Bis er angekommen war, hatte Hanuman vergessen, welche Pflanze er holen sollte, deshalb brachte er gleich den ganzen Himalaya mit, von dem dann die Felsen Hakgala, Ritigala und Unawatuna abgebrochen sein sollen. Zum Glück war auch die Heilpflanze mit dabei, und Lakshmana wurde wieder gesund.

ma Auswirkungen auf unsere zukünftigen Wiedergeburten hat. Auch teilen sie die Hoffnung auf ein Ende des Wiedergeburtenkreislaufs. Wollen die Buddhisten das vollkommene Erlöschen (Nirwana) erreichen, so streben die Hindus nach absoluter Freiheit (Moksha).

Der Hinduismus auf Sri Lanka wird fast ausschließlich von Tamilen praktiziert. Es geht um die religiöse Hingabe (Bhakti) an die Gottheiten. In extremer Form zeigt sich diese innige Hingabe durch Selbstkasteiungen, wie sie bei den großen Festen in Kataragama oder Jaffna zu sehen sind. Die Gläubigen laufen über glühende Kohlen, stechen sich Spieße ins Fleisch oder hängen sich an Haken auf. Im Alltag zeigt sich der innige Glaube während der täglichen Opferzeiten, den Pujas. Dann versammeln die Gläubigen sich vor dem Heiligtum im Tempel.

Die meisten Hindus sind Anhänger Shivas, der zu den drei höchsten Göttern des Hinduismus gehört, oder seines Sohnes Skanda (Murugan). Dieser wird weitgehend gleichgesetzt mit dem buddhistischen Gott Kataragama und wird nun von Gläubigen beider Religionen unter beiden Namen verehrt, besonders in seinem Tempel in der Pilgerstadt Kataragama. Shivas anderer Sohn ist der elefantenköpfige Ganesh, der Gott der Klugheit. Einer Geschichte zufolge soll ihn Parvati aus Salben und Schlamm geformt haben. Als Ganesh eines Tages Shiva davon abhalten wollte, sie beim Bad zu stören, schlug er ihm wütend den Kopf ab. Nach heftigen Protesten seiner Frau ersetzte er den fehlenden Kopf mit dem eines Elefanten, der gerade des Weges kam. Beliebt ist zudem Pattini, die Göttin der weiblichen Hingabe.

Der andere bekannte Gott der hinduistischen Trinität ist Vishnu, der in Sri Lanka als Verteidiger des Buddhismus gilt und deshalb häufig in buddhistischen Tempeln anzutreffen ist. Die Hindus sehen natürlich Vishnu als die eigentliche Gottheit an, während Buddha angeblich eine seiner Inkarnationen sein soll.

Hindutempel

Wichtige Shiva-Tempel sind auf der ganzen Insel zu finden, etwa in Chilaw, Colombo, Trincomalee, Jaffna und anderswo. Die sri-lankischen Hindutempel, Kovil genannt, folgen der südindischen Architektur, erreichen jedoch, mit Ausnahme des Nallur Kandaswamy Kovil in Jaffna, kaum deren Größe. Am auffallendsten ist der hohe, reichlich dekorierte Torturm, der Gopuram. Seine vier Seiten laufen nach oben hin spitz zu und sind mit Götter- und Dämonenfiguren verziert. Er repräsentiert den Berg Meru, der als Heimstatt der Götter der Mittelpunkt des Kosmos ist. Somit dient der Kovil als Vermittlungsraum zwischen Götter- und Menschenwelt. Im Zentrum steht das Zentralheiligtum (Cella) mit dem Kultobjekt, im Falle von Shiva einem Lingam oder einer Statue. Die Cella darf nur von den Priestern betreten werden.

Um alle Konzentration auf das Kultobjekt zu lenken, ist ihr Inneres schlicht gestaltet. Ein zumeist östlich anschließender Zwischenraum (Antarala) dient der Vorbereitung der Zeremonien und eine Vorhalle (Mandapa) dem Aufenthalt der Gläubigen. Abhängig von der Tempelgröße gibt es seitlich des Mandapa eine Reihe von kleineren Schreinen zur Verehrung weniger bedeutender Hindu-Gottheiten. In einem Aufbau wird der Prozessionswagen abgestellt.

Falls Skanda verehrt wird, wird dieser mit seinem Speer *(vel)* in der Hand auf seinem Reittier, dem Pfau, dargestellt. Bei Prozessionen tragen Gläubige Kavadis in der Hand, halbmondförmige Gegenstände aus Holz und Metall, die mit Blumen und Pfauenfedern verziert sind.

Links: Über und über mit Skulpturen geschmückter Hindutempel in Matale **Rechts:** Auch eine einfache Kokosnuss ist eine würdige Opfergabe

Während der hinduistischen Feste werden die Tempel sehr bunt verziert. Zu Prozessionen werden geschmückte Wagen durch die Straßen gezogen, die von Gläubigen mit bloßen Oberkörpern gesäumt sind. Der berühmteste Umzug findet zum Vel-Fest (s. S. 102) in Colombo statt.

Christentum

Im Gegensatz zu Buddhismus, Hinduismus und Islam hat das Christentum in allen Volksgruppen Fuß gefasst, wenn auch nur in geringer Zahl. Dass der Apostel Thomas den Glauben nach Südasien gebracht und dann in Mylapore, heute ein Stadtteil von Chennai (Madras), den Märtyrertod erlitten hat, gehört allerdings ins Reich der Legenden. Nach diesen stammt auch der Fußabdruck auf dem Adam's Peak nicht vom Buddha, sondern vom Apostel.

Historisch gesichert kamen ab 1505 mit den portugiesischen Händlern auch katholische Missionare ins Land, um die Insel »spirituell zu erobern«. Dabei waren sie nicht zimperlich. Sie ließen Hindutempel zerstören und buddhistische Klöster niederreißen. Da die Portugiesen katholische Konvertiten gesellschaftlich bevorzugten, ließen sich viele Einheimische taufen. Besonders erfolgreich waren die Missionsorden bei den singhalesischen und tamilischen Fischern an der Westküste und auf der Jaffna-Halbinsel – Fischer als Angehörige der niederen Karava- bzw. Karaiya-Kaste wollten gern der Diskriminierung durch die Kastenhierarchie entkommen. Manche änderten ihre Namen, so dass portugiesische Nachnamen wie Pereira, Silva oder de Soysa bis heute vorkommen.

Als die calvinistischen Holländer 1658 die Kolonialherrschaft übernahmen, vertrieben sie die Missionare, bannten die katholische Kirche und etablierten die Holländische Reformierte Kirche. In der Bevölkerung konnte der Calvinismus jedoch kaum Fuß fassen. Unter den Briten wiederum begann die Anglikanische Kirche, ab 1796 im Fahrwasser der neuen Kolonialmacht zu dominieren.

Christen heute

In Anbetracht seiner kolonialen Vergangenheit wurde das Christentum nach der Unabhängigkeit von vielen Sri Lankern als Fremdkörper betrachtet. Um den Einfluss der Kirchen zu beschneiden, ließ Premier Bandaranaike 1960 die auch bei Nichtchristen beliebten Konfessionsschulen verstaatlichen. Dies zwang die Kirchen zu einer Neuorientierung. So bemühte sich die katholische Kirche im Anschluss an das Zweite Vatikanische Konzil (1962–1965) um den Dialog mit den anderen Religionen, v. a. dem Buddhismus. Zudem nahm ihr soziales Engagement zu. Eine ähnliche Entwicklung erlebte die Anglikanische Kirche. Erst 1970 löste sie sich von England und machte sich mit ihren zwei Diözesen

Religion ◆ 97

Die christlichen Kirchen errichteten zahlreiche Schulen. Auch heute noch tragen einige der besten Schulen Sri Lankas die Namen christlicher Heiliger. Ihre Schüler aber sind fast alle Buddhisten oder Hindus.

Colombo und Kurunegala als »Church of Ceylon« selbstständig. Wie in anderen Teilen Asiens nimmt auch in Sri Lanka die Zahl aggressiv missionierender christlicher Fundamentalisten zu. Mit ihrer kompromisslosen Haltung vergiften sie die interreligiöse Atmosphäre.

den Schutz des Königs von Kandy, der ihnen anbot, in im Landesinneren gelegene Städte wie Gampola, Mawanella, Welimada und Akuressa umzusiedeln.

Neben diese vor langer Zeit eingewanderte Gemeinschaft arabischer Muslime trat später eine Welle sog. malaiischer Siedler, die während der niederländischen Kolonialzeit aus Malaya und Java nach Sri Lanka kamen. Die meisten waren Soldaten, die auf Seiten der Holländer kämpften. Weitere Muslime erreichten die Insel während der britischen Kolonialisation, v. a. Soldaten und Händler aus Tamil Nadu und Kerala, die nach Geschäftsmöglichkeiten suchten

Islam

Der Islam kann auf Sri Lanka bereits auf eine lange Geschichte verweisen, denn gut 100 Jahre nach seiner Entstehung brachten ihn arabische Händler mit, die sich an den Küsten niederließen. Die Kichimalai-Moschee in Beruwala soll an dem Ort stehen, an dem die ersten Händler irgendwann im 8. Jh. landeten. Danach breitete sich eine Kette muslimischer Siedlungen an der Westküste von Jaffna bis Galle aus. Die Muslime verschafften sich ein weitgehendes Monopol auf den Handel in Sri Lanka, bis die Portugiesen die Küstenprovinzen eroberten und ihre Konkurrenten verfolgten. Die Muslime suchten

Links: Rosenkranzkirche, Colombo **Rechts:** Muslime in Galle

und dann blieben. Im 19. Jh. kamen Muslime aus der Provinz Sindh (heute Pakistan) sowie aus der heutigen Provinz Gujarat in Indien.

Inzwischen machen die Muslime rund 10 % der Bevölkerung aus, die v. a. an der Ost- und Westküste in Orten wie Galle, Aluthgama und Hambantota siedeln. Die meisten sind Sunniten, es gibt aber auch eine kleine Gruppe von Schiiten, die von den Siedlern aus Gujarat abstammen. Rund 5000 Moscheen stehen im Land. Auch die islamischen Feste werden eingehalten, etwa Id-ul Fitr (s. S. 103), Milad un-Nabi (Geburtstag des Propheten) oder Id-ul Adha (Opferfest). Sie finden aber nicht in so öffentlicher Opulenz statt wie die großen buddhistischen und hinduistischen Feste. ■

98 ◆ Im Bild

Tempel und Opfer

Darstellungen von Dämonen und kleine Schreine am Straßenrand verdeutlichen die Bedeutung übernatürlicher Phänomene im Alltagsleben Sri Lankas.

Religiöse Zeichen sind allgegenwärtig. Zahlreiche buddhistische und hinduistische Tempel, Moscheen und Kirchen erheben sich aus der grünen Landschaft, doch auch am Straßenrand sieht der Besucher häufig kleinere religiöse Objekte: eher hüttenartige buddhistische Schreine mit wenigen kleinen Statuen, die von Dorfbewohnern gespendet wurden; einfache Figuren, Fahnen und Opfergaben unter einem Bodhi-Baum; Sammelboxen an belebten Wegen oder bei Bushaltestellen, damit Reisende sich durch ein paar Scheine eine gute Fahrt erkaufen können.

Die Christen an der Westküste und die Hindus in Jaffna wollen da nicht zurückstehen. In fast jeder Straße von Negombo ist ein kleiner Schrein mit einem katholischen Heiligen zu finden, meist geschützt von einem Glaskasten und von Girlanden umschlungen. Im Norden hingegen werden solche Schreine von Statuen Shivas oder Ganeshs bewohnt.

In vielen Gegenden sind noch ältere Sitten zu beobachten. So finden sich im Süden zahlreiche Häuser, an deren Fassaden bunt bemalte Masken befestigt wurden, die meist den glubschäugigen Gurulu Raksha zeigen, einen angsterregenden mythischen Vogel, der das Haus vor bösen Geistern und gefährlichen Schlangen beschützen soll. ■

Oben: Weiß gekleidete Pilgerinnen auf dem Weg nach Anuradhapura. **Unten:** Opfergaben liegen zu Füßen des Buddhas von Aukana ausgebreitet. **Rechts:** Die bunte Puppenfamilie am Straßenrand soll böse Geister vertreiben, insbesondere jene, die als wilde Elefanten erscheinen.

Oben: Kerzen symbolisieren die Vertreibung von Dunkelheit und Unwissenheit durch das Geschenk des Lichts. **Links:** Viele der katholischen Heiligen werden auch von Nicht-Christen verehrt.

Tempel und Opfer ♦ 99

Spenden für die Mönche

Buddhistische Mönche und Nonnen dürfen ihr Essen nicht selbst zubereiten und nach der Mittagsandacht keine festen Speisen mehr zu sich nehmen. Dieses tägliche Fasten soll ihre körperliche und geistige Disziplin schärfen. Damit sie nicht Hunger leiden müssen, versorgen die Gläubigen sie mit Nahrung. Und so streben die Mönche und Nonnen am frühen Morgen mit ihren Bettelschalen hinaus und sammeln gekochte Lebensmittel ein. Für die Spender ist dies auch ein Verdienst, der ihrem Konto an guten Taten zugute kommt, das wiederum darüber entscheidet, als was sie wiedergeboren werden.
Die Tradition der Essensspenden zeigt sich in den riesigen »Reisbooten«, die in den Ruinen von Mihintale gefunden wurden und einst die Spenden aufnahmen. Heute werden Mönche aber auch dazu eingeladen, am Mittagessen teilzunehmen.

Oben: Beim buddhistischen Poya-Fest werden Speisen als Opfergabe dargebracht, so auch im Gangaramaya-Tempel in Colombo. Laut der Überlieferung sollen sich an Vollmondtagen viele bedeutende Ereignisse im Leben Buddhas zugetragen haben.
Rechts: Lotosblumen sind für die Buddhisten heilig, denn sieben von ihnen sollen aufgeblüht sein, als Buddha seine ersten Schritte tat und als er die Erleuchtung erlangte.

Bunte Feste

Der Festekalender versammelt eine große Vielfalt religiöser Feiern mit spektakulären Prozessionen, geschmückten Elefanten, Trommlern und Tänzern.

Eine »Insel der Feste« könnte man Sri Lanka nennen, denn das Land genießt mehr Feiertage als die meisten anderen Länder der Erde. Bei einigen von ihnen kommt das öffentliche Leben nahezu völlig zum Stillstand, etwa an Neujahr Mitte April oder zum Vesak-Fest im Mai. Insgesamt gibt es 25 offizielle Feiertage. Neben den staatlichen bestimmen vor allem die Festtagszyklen der großen Religionsgemeinschaften den Kalender. Wo gefeiert wird, geschieht dies gerne ausgelassen. Dies zeigt sich v. a. bei den großen Peraheras, den Paraden in Kandy, Colombo und anderswo, bei denen mit großem Pomp ein Aufgebot an geschmückten Elefanten und Hunderten von Trommlern und Tänzern durch die Straßen zieht.

Auch die Hindus feiern gerne spektakuläre Feste, besonders das Vel-Fest in Colombo und das große Tempelfest in Jaffna. Beim Kataragama-Fest laufen Verehrer des Kriegsgottes Skanda auf heißen Kohlen oder spicken sich mit Metallstäben, um ihre Hingabe an den Gott zu demonstrieren. Muslimische und christliche Feste werden eher in der Familie begangen.

Den Buddhisten ist der Vollmond besonders wichtig. Alle zwölf Vollmondtage des Jahres sind Feiertage, wovon jenem im Mai, Vesak genannt, ein besonderer Rang zukommt. Die Termine der meisten Feste basieren auf dem Mondkalender, der aus zwölf Monaten mit je 29 oder 30 Tagen besteht. Weil daher das Mondjahr um 10 bis 12 Tage kürzer als das Sonnenjahr ist, würden die Mondmonate über mehrere Jahrzehnte hinweg durch das gesamte Sonnenjahr wandern. Um dies zu vermeiden, gleichen die Buddhisten ihren Mondkalender dem Sonnenjahr an, indem sie etwa alle drei Jahre einen Schaltmonat einschieben.

Aluth Avurudu

Das Neujahrsfest der Singhalesen und Tamilen wird von Hindus ebenso wie von Buddhisten gefeiert. Es markiert das Ende eines Sonnenkreislaufs, wenn die Sonne aus dem Sternzeichen des Fisches in das des Widders übertritt. Astrologisch auf die Minute berechnet und festgesetzt, beginnt der neue Jahreszyklus zwischen dem 13. und 14. April.

Ursprünglich markierte das Fest das Ende der Ernte und den Beginn der Regenzeit. Am Neujahrstag wird als Erstes im gesäuberten Herd ein Feuer entzündet, um anschließend in einem Topf zum Zeichen des Überflusses Milch überkochen zu lassen. Die ersten bedeutenden Handlungen werden zu einem astrologisch vor-

Bunte Feste ◆ 101

Das Wort »Poya« kommt vom Pali- bzw. Sanskrit-Wort *uposatha*, das einen Tag des Fastens bezeichnet. Viele Geschäfte und Firmen sind an den Poya-Tagen geschlossen.

herbestimmten Zeitpunkt begonnen. Zu Aluth Avurudu kehren viele Sri Lanker zu ihren Familien zurück. Die meisten Geschäfte sind dann über mehrere Tage geschlossen. Im Geiste der Erneuerung werden zuvor neue Kleider gekauft, das Heim gereinigt, Schulden beglichen und Streitigkeiten beendet. In Nuwara Eliya geht es zu Neujahr besonders geschäftig zu, denn zu den Feiern kommen noch Sportereignisse hinzu, z. B. Pferderennen und Golfturniere. Auch eine Art Karneval findet statt.

unzähligen Papierlaternen dekoriert werden. Auf dem Land füllen die Gläubigen kleine Tonschalen mit Kokosöl und entzünden diese dann. In den Städten illustrieren beleuchtete Bildgeschichten *(pandal)* Szenen aus Buddhas Leben.

Da man sich vor allem zu Vesak durch Speisen- und Getränkespenden hohe Verdienste erwerben kann, stehen überall Straßenstände *(dansal)*, die kostenloses Essen bereitstellen. Das Angebot reicht von Reis und Curry bis zu speziellen Vesak-Süßigkeiten. Die weiß gekleideten Gläubigen besuchen ihre Heimattempel, um den Tag mit Zeremonien, Andachten und Meditationen zu verbringen.

Vesak
Das heiligste Fest der Buddhisten wird zum Vollmond Ende April oder im Mai gefeiert. Der »dreifach gesegnete Tag« erinnert an Buddhas Geburt, Erleuchtung und Tod. Busse und Autos sind mit Bändern und Blumengirlanden geschmückt, während Straßen und Geschäfte mit

Links: In einem Tempel von Colombo kleidet ein Mönch eine Statue für das buddhistische Vesak-Fest an **Oben:** Ein Tänzer bei einem buddhistischen Vollmond-Fest (Poya)

NEUE FESTIVALS

Nicht immer hat das Feiern einen religiösen Grund. So hat sich das erstmals 2007 veranstaltete Literaturfest in Galle (www.galleliteraryfestival.com) in der internationalen Szene etabliert und lockt mittlerweile bekannte Autoren aus der ganzen Welt an. Es findet Ende Januar/Anfang Februar statt. Sein Erfolg hat auch andere inspiriert, wie etwa die Kunstbiennale von Colombo (www.colomboartbiennale.com) jeden Februar, das Musikfestival »Electric Peacock« (www.electricpeacockfestival.com) im Dezember oder das Hikka Beach Fest Ende Juli/Anfang August, bei dem die Feiernden den Strand von Hikkaduwa besetzen.

Poson

Der Vollmond im Juni erinnert an die Ankunft des Buddhismus in Sri Lanka und wird in Tempeln auf der ganzen Insel gefeiert. Besonders feierlich wird er in Mihintale begangen, denn dort nahm 247 v. Chr. der damalige Herrscher Devanampiya Tissa von Mahinda die Lehre des Erleuchteten an. Zum Gedenken besuchen die Gläubigen die Tempel, die Straßen sind geschmückt und illuminiert.

Esala Perahera

Der Mondmonat Esala (Juli/August) ist auf der ganzen Insel ein Monat der Feste und feierlichen Prozessionen, Perahera genannt. Doch das Esala Perahera in Kandy stellt alles in den Schatten. Die ganze Stadt widmet sich in den insgesamt 15-tägigen Feierlichkeiten bis zum Vollmondtag nichts anderem als diesem Fest, dessen Ursprünge bis in die Zeit von Anuradhapura zurückreichen. Bereits damals wurde die heilige Zahnreliquie in einer feierlichen Prozession durch die ganze Stadt getragen. Dies ist heute in Kandy nicht anders. Von Nacht zu Nacht werden die Prozessionen größer und bunter, bis zum glanzvollen Höhepunkt in der letzten Nacht, wenn Hunderte von prächtig geschmückten Elefanten und Tausende von Trommlern, Tänzern, Feuerschluckern und Akrobaten auf den Straßen unterwegs sind.

> Wenn man einen Pilger danach fragt, wann er in Kataragama anzukommen gedenkt, wird dieser antworten: »Wann immer Gott will.« Er würde es sich nie anmaßen, seine Pläne selbst bestimmen zu wollen.

Kataragama

Parallel zum Esala Perahera in Kandy findet im Süden das Kataragama-Fest statt. Dann herrscht im gleichnamigen Pilgerort Ausnahmezustand, da zahllose Gläubige von überall her anreisen. Manche von ihnen starten bereits Wochen oder gar Monate zuvor im Rahmen des »Pada Yatra«, der alljährlichen Wallfahrt. Während des Festes stehen individuelle Bußübungen und Riten im Vordergrund. Zu Ehren des Gottes Skanda – auch Kataragama oder Murugan genannt – gehen Gläubige barfuß über glühende Kohlen, andere bohren sich Speere und Haken durch Wangen und Zunge. Obwohl traditionell ein Fest der Hindus, nehmen daran auch Buddhisten, Christen und Muslime teil.

Vel – im Zeichen des Dreizacks

Ebenfalls zu Ehren des Kriegsgottes Skanda feiern die Hindus im Juli/August das Vel-Fest, besonders opulent in Colombo. Dort führt eine den ganzen Tag dauernde Prozession vom

Kathiresan Kovil in der Sea Street im Stadtteil Pettah zu den gleichnamigen Tempeln in Bambalapitiya oder Wellawatta. Der Vel (»Dreizack«) wird in einem vergoldeten Tempelwagen transportiert, dem zwar zwei schwarze Höckerrinder vorgespannt sind, der aber von Hunderten von Gläubigen gezogen wird, die in weiße Hüfttücher und Schals gehüllt und deren Gesichter mit Asche beschmiert sind.

Ein noch prächtigeres Fest zu Ehren Skandas begehen die Tamilen im Nallur Kandaswamy Kovil am Nordrand von Jaffna. Während des 26-tägigen Festes besuchen Tausende von Gläubigen aus der Region die Prozessionen und Pujas. Auch hier kommt es wieder zu Selbstverstümmelungen fanatischer Skanda-Anhänger.

Deepavali

Ende Oktober/Anfang November feiern die Hindus ihr Lichterfest. Zu Tausenden verkünden brennende Öllämpchen den Sieg des Guten über das Böse. Es erinnert an die Rückkehr Ramas aus dem Exil, nachdem er seine Frau Sita aus den Fängen des Dämonenkönigs Ravana befreit hatte. Gleichzeitig heißt das Fest Lakshmi, die Göttin des Wohlstands, willkommen.

Links: Der Mondmonat Esala wird in Kandy mit prächtigen Prozessionen gefeiert **Oben:** Beim viertägigen Pongal-Fest huldigen Hindus dem Sonnengott Surya, hier in Colombo

Id ul-Fitr

Für die Muslime kennzeichnet Id ul-Fitr das Ende des Fastenmonats Ramadan, der ihnen über vier Wochen hinweg verbietet, bei Tageslicht Nahrung zu sich zu nehmen. Zu dem Fest sind die Moscheen voller Menschen; die Familien versammeln sich zu Hause zu einem prächtigen Mahl. Der Termin variiert von Jahr zu Jahr, da er sich nach dem Mondkalender richtet.

Duruthu Perahera

Dieses Fest im 8 km östlich von Colombo gelegenen Raja Maha Vihara in Kelaniya wird im Januar begangen und erinnert an Buddhas erste Ankunft auf Lanka, die dem *Mahavamsa* zufolge vor über 2500 Jahren in jenem am Fluss Kelani gelegenen Ort stattgefunden haben soll.

Thai Pongal

Zumindest dieses Erntedankfest findet an einem festen Datum statt: Alljährlich am 14. Januar (Tamil: Thai) huldigen Hindus dem Sonnengott Surya. *Ponkkol* bedeutet »überkochen«, und so lassen die Gläubigen nach einer Zeremonie im Hindutempel einen großen Topf mit scharf gewürztem süßen Milchreis überkochen. Die Richtung des zuerst abfließenden Sudes gibt Kunde über Glück oder Unglück im kommenden Jahr – der Rest bildet die Grundlage zu einem opulenten Festmahl.

Tanz und Musik

Die traditionelle Darstellung des Epos Ramayana deckt das weite Spektrum des Tanzes genauso ab wie moderne Ballette und exorzistische Zeremonien im tiefen Süden.

Musik kommt in der traditionellen Kultur Sri Lankas eine relativ geringe Bedeutung zu, weil der Buddhismus kaum musikalische Rituale kennt. Auch bei anderen Kunstformen, etwa dem Tanz, spielt die Musik eine untergeordnete Rolle. Das beliebteste Instrument sind dabei die Trommeln.

Was an Musik fehlt, wird an Tänzen mehr als wettgemacht. Sri Lanka besitzt eine uralte Tanztradition, die weit in die vorbuddhistische Zeit zurückreicht. Im Allgemeinen werden zwei regionale Musik- und Tanztraditionen unterschieden: Zum einen die Tradition des Hochlandes, die vorwiegend auf die Darbietungen am einstigen Königshof von Kandy zurückgeht – mit elegant gekleideten Tänzern und Musikern und stilisierten Bewegungsabläufen. Und zum anderen die Tradition der Ebene, wie sie vor allem an der Südwestküste noch lebendig ist. Sie ist volkstümlicher und basiert auf Geschichten und Legenden. Hierbei stehen Maskentänze *(kolam)* im Vordergrund, die auch für magische und exorzistische Rituale eingesetzt werden.

Kandy-Trommler

Die künstlerischen Darbietungen im Königreich von Kandy galten zunächst der Verehrung der Götter. Möglicherweise gehen die Ursprünge der ersten Tänze auf ein Reinigungsritual zu Ehren des Gottes Kohomba zurück, einer auf das Gebiet um Kandy beschränkten lokalen Gottheit. Damit sollten die Anwesenden von Krankheit und Unglück befreit oder davor verschont werden. Daraus hat sich der prächtigste Tanz entwickelt, der *ves*. Und aus dem Trommeln und Tanzen für die Götter verbreitete das Spiel sich hinein bis mitten in die Gesellschaft. So werden noch heute im Zahntempel von Kandy dreimal täglich zu den Pujas die weithin hörbaren Trommeln geschlagen; doch treten die Trommler auch zu anderen Feierlichkeiten auf der ganzen Insel auf, bei traditionellen Festen bis hin zu einer Touristenhochzeit am Strand.

Ihre unglaubliche Virtuosität machte die Tempeltrommler über die Grenzen hinaus bekannt, so dass sie zum Inbegriff für traditionelle singhalesische Kunst geworden sind. Sie treten in Ensembles von drei bis 50 Mitgliedern auf. Viele Ensembles zeigen beträchtliche Virtuosität, und das Zusammenspiel einer großen Gruppe ist ein atemberaubendes Erlebnis. Im Unterschied zu ihren eher gleichmäßig spielenden nordindischen Kollegen entwickeln die Kandy-Trommler durch das abrupte Ändern der Geschwindigkeit und des Takts eine mitreißende Dynamik in ihren Improvisationen.

Es gibt unterschiedliche Trommelarten. Die wichtigste ist die klassische Kandy-Trommel, die *geta bera* (wörtlich: »Cheftrommel«) oder *yak bera,* wie sie im Flachland genannt wird. Dabei handelt es sich um ein 67 cm langes, in der Mitte gewölbtes Schlaginstrument mit zwei Trommelfellen. Da die eine Seite mit der Haut einer Ziege oder eines Affen, die andere mit Kuhleder bespannt ist, entstehen unterschiedliche Töne. Von einem Gurt um die Hüfte festgehalten, kann die Trommel von beiden Seiten gleichzeitig geschlagen werden. Die kürzere, aber vom Umfang größere Trommel, *daule* genannt, ist ebenfalls auf beiden Enden bespannt. Die rechte Seite wird mit einem Stock, die linke mit der flachen Hand geschlagen. Die *tammattama bera* besteht aus einem Paar kleiner Blechtrommeln, die zusammengebunden sind und mit Trommelstöcken geschlagen werden. Alle drei Trommelarten sind Teil fast aller Ensembles und werden auch bei den bekannten Tanzvorführungen in Kandy eingesetzt. Dort ertönt zudem das *horanava,* ein der Oboe ähnelndes Blasinstrument aus Holz oder Büffelhorn.

Links: Tänzer während des Daha-Ata-Sanniy-Rituals, mit dem böse Geister ausgetrieben werden sollen **Oben:** Reich mit Silber behangener *ves*-Tänzer aus Kandy

Wie die Tänzer sind auch die Trommler prächtig kostümiert: mit einem weißen Turban, verzierten Brustplatten, einem breiten Taillenband und einem weiten Wickelrock.

Kandy-Tänze

Die Kandy-Tänze stehen in der Tradition der höfischen Vorführungen, was nicht zuletzt an den prachtvollen Kostümen zu sehen ist. Die Tänzer sind fast ausschließlich männlich. Insgesamt werden fünf Tanzarten unterschieden: *ves, pantheru, udekki, naiyandi* und *vannama.*

Mit Abstand ist der **Ves** der spektakulärste Tanz und zählt zu den Höhepunkten jeder Vor-

DER VES-TANZ

Der spektakulärste aller Kandy-Tänze ist der *ves,* der nur von Männern aufgeführt wird. Dieser Höhepunkt der Tanzkunst aus Kandy verlangt extreme Athletik mit unglaublichen Verrenkungen, Salti, hohen Tritten und Pirouetten – alles verbunden mit genau festgelegten Hand- und Fußbewegungen. Die Zuschauer nehmen ständig starke Aktivitäten wahr, die aber wohl choreographiert erscheinen und manchmal mit dem berühmten *kathakali*-Tanz aus Südindien verglichen werden. Dementsprechend üppig fallen auch die Kostüme aus. Mancher trägt zu Ehren des Gottes Kohomba eine kronenartige Kopfbedeckung.

führung. Wie Akrobaten wirbeln die Tänzer umher, drehen Pirouetten, schlagen Rückwärtssalti und reißen ihre Beine nach oben, während sich ihre Arme elegant drehen. Dabei wirken sie in ihren schmucken Gewändern anmutig und kraftvoll. Ihr Haupt ist mit einem silbernen Kopfschmuck verziert, der dem Gott Kohomba geweiht ist. Beim **Pantheru** zu Ehren der Göttin Pattini schlagen die Tänzer den Rhythmus mit einer Art Tamburin, das dem Tanz den Namen gegeben hat. Auch der **Udekki** leitet seinen Namen von dem verwendeten Instrument ab, einer nur etwa 20 cm langen Trommel in der Form einer überdimensionalen Sanduhr. Seinen Ursprung hat er in Nordindien, wo beim Bharata Natyam ebenfalls diese Trommelart benutzt wird. In Kandy ist der Udekki beim jährlichen Perahera zu sehen.

Zu Beginn vieler Zeremonien wird der **Naiyandi**, eine Art Initiationstanz, aufgeführt, etwa beim Vorbereiten religiöser Speiseopfer. Der **Vannama** ist in 18 eigenständige Sequenzen unterteilt, bei denen die Tänzer zum Gesang Tierbewegungen nachahmen, darunter jene eines Pfaus (Mayura Vannama), eines Elefanten (Gayaga Vannama), einer Naga-Schlange (Naga Vannama) und des Affengottes Hanuman (Hanuman Vannama). Der begleitende Sologesang greift bekannte Geschichten auf, etwa aus dem *Ramayana*, oder stellt die Verehrung Buddhas in

Das exorzistische Ritual *bali* (auch *tovil* oder *balitovil* genannt) dauert mitunter die ganze Nacht. Begleitet wird es von Trommelrhythmen, Tänzen, Opferzeremonien und Gesängen.

den Vordergrund, wie dies beim Assadhrusa der Fall ist. In der Vergangenheit diente der Vannama auch der Huldigung der Könige.

Tanz der Dämonen

Der Glaube, dass Krankheit und Unglück durch böse Geister und Dämonen verursacht werden,

ist auf dem Land noch weit verbreitet. So lastet man etwa leere Netze von Fischern, geringe Ernten von Bauern oder Krankheiten generell dem Bessensein durch Geister an. Um die Geister gnädig zu stimmen, gibt es komplizierte Tanz- und Opferriten, die *balitovil* genannt werden. Während beim *bali* (»Aufopferung«) eine Opferzeremonie im Vordergrund steht, handelt es sich beim *tovil* um einen schamanischen Maskentanz. Der Schamane ordnet zunächst die Krankheit oder das Unglück einem oder mehreren der 18 namentlich bekannten Dämonen zu. Nachdem er die Maske des verantwortlichen Dämons aufgesetzt hat, beginnt er mit ekstatischem Tanz. Dabei schlüpft er in die Rolle des oder der Dämonen. Nicht selten fällt einer der Beteiligten in Trance. Zum Abschluss wird das Haus des Betroffenen durch einen Fackeltanz rituell gereinigt. Der *balitovil* wird die ganze Nacht hindurch abgehalten, denn dann ist die Macht der Dämonen am stärksten.

Tanztraditionen im Tiefland

Masken werden auch bei dem Tanz des Südens, dem *kolam*, verwendet, der volkstümlicher und archaischer wirkt als die Tänze Kandys.

Der **Kolam** ist eine Art Tanztheater, bei dem die Figuren durch Masken *(kolam)* und eindrucksvolle Gewänder dargestellt werden. Er entwickelte sich wohl aus einem Teufelstanz.

Wo wird getanzt?

Die Kandy-Tänze, die sich im zentralen Hochland entwickelt haben, und die Trommelvorführungen können in ihrer ursprünglichen Bedeutung beim Esala Perahera in Kandy erlebt werden. Dreimal täglich treten Trommler im Zahntempel auf, gelegentlich auch in anderen Tempeln in Kandy, etwa dem Vishnu Devale.

Außerhalb der Tempel gibt es regelmäßige, einstündige Vorführungen an folgenden Orten: Kandyan Arts Association (321, Ampitiya Rd.), Kandy Lake Club (Sangamitta Mawatha) und der YMBA (Rajapihilla Mawatha). Dabei handelt es sich zwar um rein touristische Veranstal-

Erzählt werden Geschichten und Legenden zumeist aus der buddhistischen Erzähltradition. Neben dem *kolam* und dem *bali* sind die Volkstänze mit den jährlich wiederkehrenden Aktivitäten und Festen auf dem Land verbunden, weshalb sie eine erdgebundene Lebensfreude versprühen. Dies kann man beim Ernetetanz *(kulu)*, Stocktanz *(leekeli)* oder Topftanz *(kalageldi)* beobachten. Akrobatisch geht es beim *raban* zu, bei dem eine Flachtrommel durch die Luft gewirbelt und jongliert wird. Moderne Versionen der traditionellen Tänze werden auch bei Shows in Colombo und Kandy aufgeführt.

Links: Traditionelle Trommler während des Esala Perahera in Kandy **Oben:** Tänzerinnen aus Kandy

tungen, doch zeigen sie das akrobatische Können der Tänzer und Trommler. Normalerweise werden *ves*- und *pantheru*-Tänze, ein *vannam*, ein Teufelstanz mit Masken aus dem Süden und ein Volkstanz (gerne der *raban* mit wirbelnden Trommeln oder der Ernetetanz *kulu*) dargeboten. Feuerlaufen rundet die Veranstaltung ab.

Während Volkstänze in vielen Touristenhotels dargeboten werden, ist es weitaus schwieriger, einen richtigen *kolam* zu sehen. Etwa sechsmal im Jahr wird er in der Bandu Wijesooriya Dance Academy (Tel. 091/225 8750, http:// www.mask.lk) gegenüber dem Maskenmuseum in Ambalangoda (s. S. 179) aufgeführt. An vielen Nachmittagen kann man Schülern beim Proben zuschauen (Mo–Fr, ca. 15.30 Uhr). ■

Kunst und Architektur

Eine lange Geschichte der Bauentwicklung liegt zwischen den großen Stupas von Anuradhapura, der Kolonialarchitektur in Colombo oder Galle und den modernen Hochhäusern, die jetzt vereinzelt auftauchen.

Sri Lankas enormer Reichtum an Kunst und Architektur ist vorwiegend zwei Faktoren zu verdanken. Zum einen ist es das buddhistische Erbe, das für Künstler und Architekten kulturelle Maßstäbe gesetzt hat. Zum anderen bescherten die Einflüsse der vielen ausländischen Invasoren der Insel kräftige Impulse, angefangen bei den tamilischen Soldaten, Händlern und Handwerkern, die Polonnaruwa gegründet und aufgebaut haben, bis zu den Kolonialmächten Niederlande und Großbritannien, deren Bauten heute Teil des reichen architektonischen Erbes sind. Einer der großen sri-lankischen Architekten der Moderne, Geoffrey Bawa, hat dieses Erbe auf seine Weise aufgenommen und weiterentwickelt.

Die Geschichte der sri-lankischen Kunst spiegelt sehr genau die politischen Entwicklungen auf der Insel und die sich verändernden Einflüsse der verschiedenen Kulturen und ethnischen Gruppen wider. Die künstlerischen Phasen korrespondieren im Groben mit den historischen Epochen: die Anuradhapura-Periode (247 v. Chr.–993 n. Chr.); die Polonnaruwa-Periode (993–1215); die Kandy-Periode (ca. 1400–1815); die Holländische (1658–1796) und Britische Periode (1796–1948). Schließlich die Gegenwart, von der Unabhängigkeit bis heute.

Anuradhapura-Periode

Kunst und Architektur der Anuradhapura-Ära waren nahezu ausschließlich religiöser Natur und damit eine schöpferische Antwort auf den buddhistischen Glauben, der für die Singhalesen zu jener Zeit als Grundlage ihrer kulturellen

Links: Wewurukannala Vihara nahe Dikwella **Rechts:** Das Postgebäude von Nuwara Eliya

Identität diente. Fraglos spielte der Buddhismus eine Schlüsselrolle im politischen und kulturellen Leben. Von den Herrschern wurde erwartet, dass sie ihre Hingabe an den Glauben durch religiöse Stiftungen zum Ausdruck brachten. Diese Erwartung verhalf ihnen aber auch dazu, ausreichend materielle Mittel und genügend Arbeitskräfte mobilisieren zu können, um die großen Klöster und religiösen Monumente zu verwirklichen. Die vielen Bauwerke und Ruinen im heutigen Anuradhapura geben eindrucksvolles Zeugnis davon.

Unabhängig von künstlerischen Veränderungen gibt es in der Architektur des Buddhismus gleichbleibende Elemente. Dazu gehört der Stupa, das fraglos augenfälligste buddhistische

Bauwerk. Er ist das älteste und bedeutendste Symbol des Buddhismus. Bereits kurz nach dem Tod des indischen Religionsstifters verbreitete sich der Stupa-Kult, lange bevor die ersten Buddha-Bildnisse (ab dem 2. Jh.) aufkamen. Noch auf seinem Sterbebett hat Buddha angeblich bestimmt, dass nach seinem Tod der Leichnam verbrannt und die Überreste an acht nordindische Fürsten verteilt werden sollten, um Streit zu vermeiden. Jene errichteten halbrunde, mit Steinen befestigte Grabhügel, wie sie eigentlich nur Königen vorbehalten waren. In Anlehnung an diese Begräbnisstätten hatten die ersten Stupas die Form einer Halbkugel. Die äl-

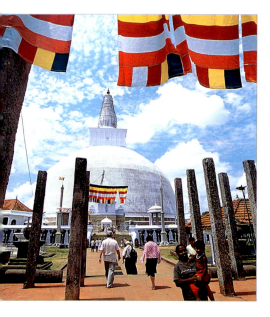

testen Exemplare kann man im zentralindischen Sanchi (bei Bophal) und in Patan in Nepal finden. Sie gehen auf König Ashoka (reg. ca. 268–232 v. Chr.) zurück. Im 3. Jh. v. Chr. wurde in Anuradhapura mit dem Thuparama der erste Stupa auf sri-lankischem Boden errichtet.

Auch auf der Insel folgen die meisten Stupas – hier zumeist Dagoba genannt – dem traditionellen Bauplan. Auf einer quadratischen Plattform ruht der halbkugelförmige Hauptkörper aus Ziegelstein und Stuck, Anda (»Ei«) genannt. Ihm schließt sich ein quadratischer Aufbau an, der Harmika, auf dem wiederum runde, sich nach oben hin verjüngende Scheiben, die Chattravali, ruhen. Den Abschluss bildet zumeist eine kleine, wie eine Vase geformte Spitze, der Kalasha, sowie eine Kugel, das »Wunschjuwel« Chintamani. Beide symbolisieren die Fülle des erleuchteten Geistes. Nur in Sri Lanka finden sich Dagobas – vor allem in Anuradhapura, Polonnaruwa und Medirigiriya –, die einst von einem Holzdach umschlossen waren und von außen wie ein Zirkuszelt aussahen. Sie werden Vatadage, »rundes Reliquienhaus«, genannt.

Die Bedeutung des Stupa variiert. Zum einen kann er als Grabstätte Verstorbener dienen und damit die Hoffnung auf eine bessere Wiedergeburt zum Ausdruck bringen. Als Reliquienschrein erinnert er an Buddhas vollkommenes Erlöschen. Um diese Bedeutung zu untermauern, werden in einer Kammer im Inneren des Stupa zusammen mit den Reliquien des Erleuchteten (meist Kopien) auch buddhistische Schriften, Miniatur-Stupas und Buddhafiguren eingeschlossen. Stehen die Stupas an exponierter Stelle, wie etwa auf einem Berg oder am Ufer, so sollen sie die Anwesenheit Buddhas zum Ausdruck bringen. In Miniaturform, etwa auf einen Altar gestellt, dienen Stupas als Votivgabe. Sie fordern die Gläubigen auf, dem Weg des Erleuchteten vom Samsara zum Nirwana zu folgen. Traditionell umschreiten die Buddhisten den Stupa im Uhrzeigersinn dreimal und nehmen damit Zuflucht bei der Person Buddhas, bei seiner Lehre (Dharma) und bei der Gemeinschaft (Sangha).

Große Stupas

Während der älteste Stupa Anuradhapuras (und Sri Lankas), der im 3. Jh. v. Chr. errichtete Thuparama, noch ziemlich bescheiden wirkt, beeindrucken die drei großen Stupas – der Jetavana, der Abhayagiri und der Ruwanweli Seya – durch ihre Monumentalität. Der landesweit größte, der einst über 120 m hohe Jetavana, dominiert auch mit seinen heute immerhin noch 71 m Höhe die Umgebung. Kaum ein Bauwerk Anuradhapuras gibt auf lebendigere Weise Zeugnis vom buddhistischen Glauben wie der im 3. Jh. von König Mahasena gestiftete Jetavana. Alle nachfolgenden Bauwerke bleiben im Schatten von Anuradhapuras gewaltigen Monumenten. Hinsichtlich der Form haben sich seit der Anuradhapura-Periode sechs Stupa-Typen herausgebildet, wobei die ersten vier am häufigsten anzutreffen sind: 1. Glockenform

Links: Der große Ruwanweli-Seya-Stupa in Anuradhapura
Rechts: Ein klassischer Mondstein in Kataragama

Kunst und Architektur ♦ 111

Bei den Stupas gibt es viele feine Unterschiede in Stil und Design. Als traditionell gelten sechs unterschiedliche Formen, von den perfekten, halbkugelförmigen Dagobas von Anuradhapura bis hin zu den hoch aufragenden, an Glocken erinnernden moderneren Stupas.

(Ghantakara); 2. Topfform (Ghatakara); 3. Blasenform (Bubbulakara); 4. Reishaufenform (Dhanyakara), 5. Lotosform (Padmakara); 6. Form der Emblican (Amalaka), einer pflaumengroßen Frucht.

Frühe Buddha-Bildnisse

Die hohe Kunstfertigkeit zur Zeit von Anuradhapura zeigt sich aber nicht nur in den Monumentalbauten, sondern auch in den fein gearbeiteten Reliefs und Skulpturen – vor allem in den Buddhabildnissen, Mond- und Wächtersteinen, mit Naga-Schlangen verzierten Torbögen (Makara Torana) und Wächterfiguren.

Buddhafiguren wurden im gesamten archäologischen Areal gefunden und bestechen durch ihre Anmut und Ausstrahlung. Zu den schönsten Exemplaren zählt der ins 3./4. Jh. datierte Samadhi Buddha in der Nähe der Abhayagiri-Dagoba. Die nach ihrer meditativen Haltung

MONDSTEINE

Zu den auffälligen Aspekten in der Kunst Sri Lankas zählen die Mondsteine, halbrunde, verzierte Granitplatten, die in den Boden vor Tempeleingängen eingelassen sind. Ihre Bedeutung ist nicht ganz klar. Da sich die Mondsteine fast immer vor buddhistischen Tempeln befinden, könnten sie den Eintretenden als Ermahnung dienen, dem von Buddha vorgezeichneten Weg vom Wiedergeburtenkreislauf zum vollkommenen Erlöschen zu folgen. Dieser Interpretation steht entgegen, dass die in Sri Lanka gefundenen Mondsteine nicht einheitlich dasselbe Motiv haben.

In Bezug auf die dargestellten Tiere könnte auch auf die buddhistische Kosmologie angespielt werden.

Dort spielt der Heil bringende See Anavatapta am Fuß des Berges Meru eine wichtige Rolle, von dem die vier heiligen Flüsse – durch Tiere symbolisiert – entspringen. Somit hätte der Mondstein die Funktion eines symbolischen Reinigungsbades.

Die schönsten Exemplare befinden sich in Polonnaruwa und Anuradhapura, wobei die Details von Stein zu Stein variieren. In konzentrischen Kreisen rund um eine Lotosblume sind von außen nach innen Flammen als Symbol für Verlangen sowie Prozessionen von Elefanten (Geburt), Löwen (Krankheit), Pferden (Alter), Bullen (Tod) dargestellt, dazu kann man Gänse (Reinheit) und Rankenwerk sehen.

BUDDHISTISCHE MUDRAS

Buddha wird in der Kunst seit einigen Jahrhunderten streng schematisch dargestellt. Handhaltungen *(mudras)* und Körperpositionen *(asanas)* eines Buddhas sind genau festgelegt. Eine liegende Figur erinnert an den Tod des Erleuchteten oder, genauer, an dessen Eingang ins Parinirwana. Eine Variante ist die ruhende Pose: Der aufgerichtete Kopf wird mit der Hand abgestützt und ruht nicht auf dem Kissen. Ein stehender Buddha erinnert an seine Rückkehr aus dem sogenannten Tavatimsa-Himmel, wo er eine Regenzeit lang die dort residierenden 33 Götter belehrt haben soll. Am dann seiner Armee. Buddha ruft die Erde als Zeugin seiner Standhaftigkeit an. Es erscheint die Erdgöttin als Frau, wringt ihr Haar aus und schwemmt mit dem herausfließenden Wasser die Armee des Mara weg.

Vitarka-mudra: Geste des Argumentierens *(vitarka)*. Die rechte erhobene Hand formt mit Daumen und Zeigefinger einen Kreis. Die drei restlichen Finger sind gespreizt.

Dharmachakra-mudra: Geste der Lehre, oder genauer: Geste des Andrehens des Rads *(chakra)* der Lehre *(dharma)*. Beide Hände befinden sich auf Brusthöhe

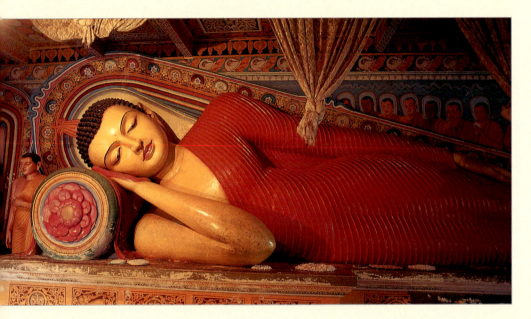

weitesten verbreitet sind jedoch Buddhas im Meditationssitz mit gekreuzten Beinen. Zu den häufigsten Handhaltungen gehören:

Abhaya-mudra: Geste der Furchtlosigkeit *(abhaya)* und Ermutigung. Beide Hände sind nach vorn ausgestreckt, die Handflächen weisen nach außen, die Finger nach oben. Es gibt auch die Variante, dass nur die rechte Hand vorgestreckt ist, die linke liegt dann seitlich am Oberschenkel an.

Samadhi-mudra: Geste der Meditation *(samadhi)*. Beide Hände liegen ineinander und ruhen im Schoß.

Bhumisparsha-mudra: Geste der Erdberührung *(bhumisparsha)*. Die linke Hand der sitzenden Figur ruht im Schoß, die rechte berührt die Erde. Dieses Mudra erinnert an Buddhas Versuchung durch Mara, zunächst mittels seiner verführerischen Töchter und und bilden mit Daumen und Zeigefinger jeweils einen Kreis, wobei sich die Fingerspitzen der beiden Hände berühren. Die übrigen Finger sind ausgestreckt.

Varada-mudra: Geste der Wunschgewährung *(varada)*. Die nach außen hin geöffnete Hand weist in Richtung Erde und kann bei einer sitzenden Figur auf dem Unterschenkel ruhen. Sie erinnert an Buddhas Güte.

Hastaswastika-mudra: Die Arme in Hakenkreuzhaltung zum tiefen Nachdenken. Der stehende Buddha hält die Arme vor der Brust gekreuzt und denkt nach, er sucht nach geeigneten Lehrern, um auf dem Weg zur Erleuchtung voranzuschreiten. Dieses seltene Mudra ist bei einem der Buddhas des Gal Vihara zu finden. ■

Oben: Liegender Buddha in Anuradhapura. Er zeigt den Eingang Buddhas ins Nirwana

(Samadhi-mudra, s. links) benannte Figur wirkt mit ihren sanften Linien und harmonischen Proportionen entrückt und in sich ruhend. Mit ihren eng anliegenden Roben, dem ovalen Gesicht, dem dicklippigen Mund und ihren Haarlocken zeigen die zumeist aus Kalkstein gearbeiteten Buddhaplastiken stilistische Einflüsse der indischen Gupta-Periode (4.–6. Jh.), in welcher der Subkontinent wirtschaftlich und künstlerisch eine goldene Ära erlebte. Bei stehenden Figuren wird Buddhas rechte Hand meist in der Geste der Furchtlosigkeit und Ermutigung (Abhaya-mudra) dargestellt, während er mit seiner linken die Schulter berührt.

Die künstlerische Kreativität lässt sich auch bei den Wächter- und Mondsteinen (s. S. 111) bestaunen. Bei Letzteren sind königlich gekleidete Figuren dargestellt, die, von krokodilartigen Wesen (Makara) umgeben und einer siebenköpfigen Naga-Schlange geschützt, in der einen Hand die Vase des Überflusses und in der anderen Blumen des Reichtums halten. Daher werden sie auch Nagarajas (»Schlangenkönige«) genannt. Die Reliefs flankieren die Eingänge zu den Tempeln zum spirituellen Schutz.

An der Basis der Tempelbauten finden sich zuweilen Darstellungen von Gnomen als Zeichen von Reichtum und Elefanten als Zeichen des Glücks. Als weiteres mystisches Tier wird, vor allem in der Polonnaruwa- und der Kandy-Periode, das Makara genannte Monster dargestellt, das Züge von Fisch, Löwe, Affe, Elefant, Pfau, Schwein und Krokodil trägt. Zwei Makara, die zu einem Drachenmaul in der Mitte zusammentreffen, bilden das Makara Torana, die »Drachenbrücke«, die überall auf der Insel Nischen und Türbögen schmückt.

Polonnaruwa-Periode

Nach dem Untergang Anuradhapuras infolge der Chola-Invasion um 993 knüpften die singhalesischen Herrscher in ihrer neuen Metropole an alte Vorbilder an. In Polonnaruwa beeindrucken monumentale Stupas wie etwa der Rankot Vihara und der Demala Maha Seya. Zudem finden sich auch in dieser Stadt fein gearbeitete Mond- und Wächtersteine. Schließlich haben die hinduistischen Invasoren aus dem südindischen Chola-Reich ebenfalls ihre Spuren hinterlassen. Selbst nachdem sie sich wieder auf den Subkontinent zurückzogen, blieben tamili-

Rechts: Die Wassergärten von Sigiriya

sche Händler, Soldaten und Handwerker in Polonnaruwa zurück. Südindische Einflüsse lassen sich etwa an den drei bedeutendsten Statuenhäusern (Gedige) erkennen, dem Thuparama, Tivanka Patamaghara und Lankatilaka – längliche Bauten mit massiven Außenmauern, hohen Säulen und tief eingeschnittenen Fensternischen. Dass der Subkontinent bereits lange vor der Polonnaruwa-Ära seine architektonischen Spuren hinterließ, zeigt sich auf beeindruckende Weise beim Nalanda Gedige nördlich von Matale, einem zwischen dem 8. und 10. Jh. erbauten buddhistischen Statuenhaus, das jedoch wie ein Hindutempel gestaltet ist.

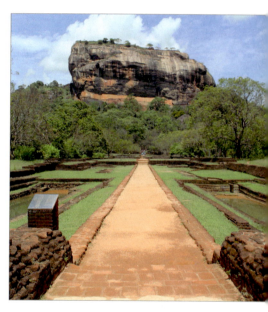

Das Viereck (Quadralage)

Das eklektische Nebeneinander verschiedenster Stile kann im sogenannten Viereck (eigentlich Dalada Maluwa) am besten beobachtet werden. Hier findet sich ein traditioneller singhalesischer Schrein wie das Hatadage neben dem indisch inspirierten Thuparama (Statuenhaus) und dem bizarren Sathmahal Pasada, einem einzigartigen Tempel, der mehr an ein Khmer-Monument aus Kambodscha erinnert. Die schöne Lotoshalle (Lata Mandapaya) mit ihren elegant geschnitzten Säulen, die Lotosblumen imitieren, und der ungewöhnliche Steinzaun gehören zu den architektonischen Kuriositäten. Das vielleicht schönste Gebäude der Insel ist hingegen der Vatadage, der ursprünglich die

Zahnreliquie aufnehmen sollte und sich durch Schnitzereien auf den runden Wänden und vier Buddhastatuen auszeichnet.

Monumentale Buddhastatuen
Typisch für die Polonnaruwa-Periode ist auch der Trend zu monumentalen Buddhastatuen. Gute Beispiele hierfür sind die große stehende Figur im Lankatilaka, welche den gesamten zweistöckigen Bau ausfüllt, und die vier berühmten aus dem Fels geschlagenen Statuen im Gal Vihara. Sie greifen auf ältere Vorbilder zurück: die einsam stehenden Figuren in Aukana, Sasseruwa, Buduruwagala und Maligawila.

Möglicherweise will die Monumentalität auf die übernatürlichen Kräfte des Erleuchteten anspielen oder einfach nur die Präsenz des Buddhismus untermauern. Auch heute herrscht ein gewisser Größenwahn vor, wenn manche Buddhastatuen schon an die 50-Meter-Marke heranreichen, wie etwa in Dambulla oder an der Südküste in Wewurukannala und Weherehena.

Felsen und Wasserspiele
Doch nicht jede religiöse Architektur zeigt sich so repräsentativ und streng wie die großen Kloster- und Palastkomplexe in Anuradhapura und Polonnaruwa. Im ganzen Land verstreut

BUDDHISTISCHE TEMPEL

Neben vielen Unterschieden haben buddhistische Tempel auch Gemeinsamkeiten. Im Zentrum liegt die Andachtshalle *(pilimage* oder *patimaghara)* mit den wichtigsten Buddhastatuen. In der Nähe wächst in einer Art Garten ein Bodhi-Baum, der mit den fünffarbigen buddhistischen Fahnen geschmückt wird. In manchen, vor allem größeren Tempeln finden sich Nebengebäude *(devale,* s. rechts), in denen andere Götter verehrt werden, wie beispielsweise der hinduistische Gott Vishnu, der in Sri Lanka jedoch als Beschützer des Buddhismus gilt.

Große Klöster haben zudem eine Versammlungshalle, *poyage* genannt (wörtlich »Vollmondhaus«), in der sich die Mönche an Vollmondtagen *(poya)* versammeln, die Schriften rezitieren oder Disziplinfragen erörtern. Insbesondere in Kandy findet man den *digge,* einen luftigen Pavillon, in dem zum Tempel gehörige Trommler und Tänzer auftreten. In manchen Klöstern gibt es zudem *vatadage,* runde, überdachte Säulenhallen mit kleinen Stupas, und *gedige,* das sind dickwandige, vielfach verzierte Steinbauten, die in Polonnaruwa, Nalanda und einigen anderen Orten zu finden sind. In der Regel ist der gesamten Tempelbezirk von einer weißen Mauer umgeben, die oft kunstvoll mit Basreliefs geschmückt ist, die Elefantenköpfe darstellen.

liegen Höhlenklöster, die eine wunderbare Einheit von Natur und Baukunst bilden. Behutsam lehnen sich die Gebäude an einen Bergrücken oder Felsen an, während Grotten und Höhlen in die Anlage integriert wurden. Bekannteste Beispiele hierfür sind die Höhlenklöster in Dambulla, Aluvihara und Mulgirigalla. Aber auch die weniger bekannten Einsiedeleien Arankele, Ritigala und Ridivihara beeindrucken durch ihre Schlichtheit und Verbundenheit mit der natürlichen Umgebung. In perfekter Harmonie von Architektur und Natur zeigt sich v. a. die Felsenfestung Sigiriya – von den schlichten Meditationsgrotten im Felsengarten bis zum mächtigen Monolithen, auf dem die Festung thront.

Sigiriya ist auch das beste Beispiel für ein weiteres Element architektonischer Konzepte: Wasser. Die einstigen Wasserspiele in den Königlichen Gärten mit ihren Fontänen und Kanälen brauchen den Vergleich mit europäischen oder islamischen Gartenanlagen nicht zu scheuen. In schlichterer Form zeigt sich die Bedeutung des Wassers in den beiden fein gearbeiteten Becken des Et Pokuna in Anuradhapura und dem Lotosbad in Polonnaruwa.

Kandy-Periode

Unübersehbar lassen die nach dem Untergang von Polonnaruwa ab dem 13. Jh. errichteten Bauten die Monumentalität der vergangenen Epochen vermissen. Mit Ausnahme der Felsenfestung von Yapahuwa, deren Steintreppe auch recht bescheiden ausgefallen ist, sind die Gebäude in den kurzzeitigen Königsmetropolen fast komplett verschwunden. Selbst in der letzten Königsstadt, Kandy, die immerhin etwa 400 Jahre Herrschersitz war, kann von erstrangiger Baukunst keine Rede sein. Auch das wichtigste Gebäude der Stadt, der Zahntempel, zeigt sich – zugegeben nach manchen Umbauten – eher kleinformatig und unaufdringlich. Sehr behutsam schmiegt er sich an den bewaldeten Bergrücken. Holz, weniger Stein, war das bevorzugte Baumaterial, was sicherlich damit zu tun hat, dass dieses Material in den Hügeln um Kandy reichlich vorhanden war. Ein sehr gutes Beispiel hierfür ist die Audienzhalle in unmittelbarer Nachbarschaft zum Zahntempel.

Markenzeichen der Kandy-Architektur ist das in der Mitte abgeknickte Walmdach, wel-

Links: Der Rundtempel von Medirigiriya **Rechts:** Höhlenmalerei in Dambulla: Allerlei Wesen neigen sich Buddha zu

> Der Vihara (bzw. Viharaya) ist ein buddhistischer Tempel; Kovil werden hinduistische Tempel genannt. Mit Devale wird ein Schrein zur Verehrung einer Schutzgottheit bezeichnet, der entweder frei steht oder Teil eines größeren Tempels ist. Obwohl oft hinduistischen Ursprungs, sind Devales in der Regel buddhistisch.

ches chinesisch anmutet und dem Gebäude Wärme und Leichtigkeit verleiht. Solche Dächer sind an einer Vielzahl von religiösen, aber auch säkularen Gebäuden zu finden.

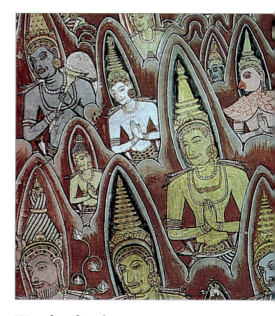

Wandmalereien

Von besonderer Schönheit sind die aus der Kandy-Periode erhaltenen Wandmalereien. Dass die Malkunst in Sri Lanka bereits lange etabliert war, beweisen die Wolkenmädchen von Sigirya aus dem 5. Jh. v. Chr., von denen noch etwa 20 auf dem senkrecht abfallenden Felsen zu sehen sind. Darüber hinaus sind aus den frühen Perioden kaum Beispiele sri-lankischer Malereien erhalten.

Unter Kandys Königen wurden jedoch viele Klöster restauriert oder neu erbaut und im Inneren mit Illustrationen versehen. Auf diesen Wandgemälden werden religiöse Themen gezeigt, beispielsweise die Paraden des Perahera oder Szenen aus dem Leben Buddhas. Die rote

Farbe ist hier dominant. Die Malereien sind zumeist sehr gut erhalten, so etwa in Mulgirigalla oder im Degaldoruwa Vihara und anderen Tempeln rund um Kandy.

Am bekanntesten sind die Malereien in den Höhlen von Dambulla, allen voran in Höhle Nr. 2, die nahezu vollständig ausgemalt ist. Bei den Motiven der in Secco-Technik, das heißt auf die trockene Wand aufgetragenen Darstellungen handelt es sich fast ausschließlich um religiöse Inhalte. Neben Szenen aus dem Leben Buddhas sind es häufig die früheren Inkarnationen des Erleuchteten, wie sie in den 547 Jataka-Geschichten geschildert sind.

den. Typisch für diese vornehmen Privathäuser sind eine Veranda *(stoeps)* auf der Vorderseite, ein Innenhof und das von schweren Säulen gestützte Flachdach. Einige Merkmale hat man sich auch von großen singhalesischen und arabischen Villen abgeschaut. Während der Kolonialzeit sahen die meisten Häuser sehr ähnlich aus, und dieser Stil wurde später von modernen Architekten wie Geoffrey Bawa weitergeführt.

Postämter und Bungalows
Das architektonische Erbe des britischen Empire zeigt sich am vielfältigsten in öffentlichen Bauwerken wie Banken, Postämtern und Ver-

Kolonialarchitektur

Unübersehbar haben die drei europäischen Kolonialmächte, die Sri Lanka vom 16. bis 20. Jh. regierten, ihre architektonischen Spuren hinterlassen und manches Stadtbild geprägt. Während aus portugiesischer Zeit nur noch wenig erhalten ist, stammen aus der Zeit der Holländer noch ganze Stadtbefestigungen, etwa in Matara, Batticaloa, Kalpitiya und Jaffna. Schönstes und am besten erhaltenes Beispiel ist zweifellos das Holländische Fort in Galle, das die UNESCO zu Recht in die Liste des Welterbes aufgenommen hat. Hinter den massiven Mauern verbergen sich neben repräsentativen Bauten und Kirchen auch eine Reihe lauschiger Villen, die teilweise liebevoll restauriert wur-

waltungsbauten. Viele entstanden in einem massiven, schwer wirkenden viktorianischen Stil wie das National Museum in Colombo oder das Queen's Hotel in Kandy. Im Hochland finden sich selbst schottische Landhäuser im Tudorstil, etwa in Nuwara Eliya oder Bandarawela. Hier scheinen sich die Plantagenbesitzer ein heimatliches Refugium geschaffen zu haben.

Auf der ganzen Insel entstanden christliche Gotteshäuser in den unterschiedlichen Stilen: sei es neobarock, neogotisch oder neoromanisch. Offensichtlich haben auch die örtlichen Religionsgemeinschaften an der Pracht des Abendlandes Gefallen gefunden, denn nicht selten trifft man auf buddhistische Klöster mit Glockentürmen und barocken Verschnörkelungen oder korinthischen Säulen an den Fassaden. Ähnliches gilt für muslimische Gotteshäuser, die auf den ersten Blick eher einer Barockkirche ähneln – etwa die Meera-Moschee in Galle oder die Muhiyeddeenil-Jeelani-Moschee in Matara.

Auch viele Bahnhöfe strahlen kolonialen Charme aus, z. B. die Colombo Fort Station. Galten sie anfänglich als stolze Symbole des technischen Fortschritts, so wirken sie heute wie Relikte aus der Vergangenheit.

Der Architekt Geoffrey Bawa

Die Architektur der Moderne ist in Sri Lanka insbesondere mit einem Namen verbunden: ihre natürliche Umgebung ein. Bestes Beispiel ist vielleicht das Kandalama Hotel bei Dambulla, das vor einem Felsen steht und von einer dicken Schicht tropischer Vegetation bedeckt ist. Auch holländische Kolonialvillen und traditionelle singhalesische Häuser *(walauwe)* wurden von Bawa wiederbelebt, indem er weite Innenhöfe und offene Verbindungsräume schuf, die energiefressende Klimaanlagen überflüssig machen. Geräumige, überdachte Veranden bieten Schutz vor der Sonne und dem Monsunregen. Die nahtlose Verbindung von modernen und traditionellen Formen, die Verwendung regionaler Materialien und die Einbeziehung der

Geoffrey Bawa (1919–2003). Der Spross einer reichen Burgher-Familie entwickelte sich zu einem der wichtigsten asiatischen Architekten des 20. Jhs. Seine ersten Bauwerke entstanden in den 1960er-Jahren in Zusammenarbeit mit dem dänischen Architekten Ulrik Plesner, sehr modern erscheinende Konstruktionen im »tropischer Modernismus« genannten Stil.

Doch Bawa zeigte sich zunehmend unzufrieden mit den importierten Ideen und verwendete zunehmend traditionelle Materialien und Stile. Seine Bauwerke passte er harmonischer in

Links: Wappen der holländischen »Vereenigde Oostindische Compagnie« (VOC) **Rechts:** Das Lighthouse Hotel in Galle wurde von Geoffrey Bawa entworfen

Natur setzen ein ökologisches Zeichen auf einer bedrohten Insel, auf der sonst kaum jemand den Umweltschutz ernst nimmt.

Viele von Bawas schönsten Bauwerken sind Hotels an der Westküste, wie etwa die Kandalama (Lighthouse) Hotels in Dambulla und Galle oder die intimeren Hotels Club Villa und Villa Mohotti. Beide befinden sich in Bentota, wo Bawa das Anwesen Lunuganga besaß, das nun für Besucher zugänglich ist (s. S. 178). In Colombo wurde Bawas früheres Büro in das Gallery Café verwandelt. Zwei verbundene Innenhöfe, schattige Veranden und genau platzierte Urnen: Dieser entspannte Rückzugsort vom städtischen Chaos könnte ein Fingerzeig auf die Architektur der Zukunft in Sri Lanka sein. ∎

118 ◆ Im Bild

Die Kunst der Wandmalerei

Höhlen und Höhlentempel, aber auch Felsen wie der von Sigiriya boten über die Jahrhunderte hinweg Flächen für eindrucksvolle Wandmalereien.

Die reiche Tradition Sri Lankas, Wände mit Malereien zu versehen, reicht bis in die Vorgeschichte zurück. Schon primitive Zeichnungen der Veddha, der ersten Einwanderer, sind noch in mehr als 30 Höhlen in verschiedenen Regionen zu sehen. Sie zeigen stilisierte Tiere, Jagdszenen und symbolische Motive und legen damit einiges von der Vorstellungswelt der frühen Bewohner Sri Lankas offen.

Aus dem mittelalterlichen Sri Lanka sind nur wenige Gemälde erhalten. Oft finden sich nur leichte Farbreste, sieht man einmal von den Wolkenmädchen von Sigiriya (s. S. 264) ab. Richtig aufgeblüht sind die Wandmalereien erst in der Kandy-Periode zwischen 1650 und 1815. Auf den Innenwänden zahlloser Tempel blieben lebhafte Gemälde erhalten, die religiöse Szenen zeigen, meist legendäre Ereignisse aus dem Leben Buddhas oder Prozessionen. Oft gibt es große Entwürfe, die gleichzeitig auch jene Detailgenauigkeit aufweisen, die die indische Miniaturmalerei auszeichnet. Die Höhlentempel von Dambulla sind das beste Beispiel.

Während der Kolonialzeit lieh sich die Wandmalerei Details der europäischen Kunst aus: italienische Cherubine, klassische Architektur, exotische Gewänder. Selbst Gemälde aus dem 20. Jh. sind noch zu sehen. ■

Oben: Dieses Wandgemälde im Kelaniya Raja Maha Vihara zeigt die Ankunft Buddhas. Gemalt wurde es in den 1930er- bis 1940er-Jahren von Soliya Mendis mit von ihm selbst gemischten Pflanzenfarben.
Unten: Die vergoldeten Wandmalereien in Dambulla sind Beispiele der Kandy-Periode – ins Auge fallen die deutlich ausgearbeiteten Linien. Die Malereien folgen den Gesteinskonturen so genau, dass sie oft für Stoff gehalten werden.

Links: Im Purvarama-Tempel in Kataluwa sind die wohl schönsten Wandmalereien der südindischen Tradition zu besichtigen.

Wandmalerei ◆ 119

Lankas frühe Bilder

Gemälde aus dem 5. Jh. bekommt man sehr selten zu sehen, da die organischen Pigmente Hunderte von Jahren nicht überstehen. In vielen Tempeln wurden alte Gemälde auch später übermalt.
Auf dem Felsen von Sigiriya sind jedoch barbusige Frauen zu sehen – himmlische Wesen, Königinnen oder Palastdienerinnen? Wegen ihres hohen Alters hat die UNESCO sie bevorzugt restauriert; dennoch sind von den einst 550 Darstellungen nur gut zwei Dutzend noch zu erkennen.

Mit ihrer Verbindung zu Wolken und Donner gelten die Malereien als die einzigen nichtreligiösen Fresken in Sri Lanka.
Die Künstler verwendeten eine Mischung aus Schlemmton, Reisspelzen, Sand, Limonensaft und Pflanzenfasern, um in drei Schichten eine glatte Oberfläche herzustellen, auf die sie malen konnten. Dazu benutzten sie ähnliche Pflanzenfarben wie die Felsenmaler bei Ajanta in Indien. Am schönsten sind die Wolkenmädchen im späten Nachmittagslicht.

Oben: Zwei der berühmten Wolkenmädchen von Sigiriya

Oben: Im Sunandarama-Tempel in Ambalangoda zeigt ein buddhistischer Mönch auf eine Szene der herrlichen Wandgemälde. **Rechts:** Der wenig bekannte Subhodrama-Tempel in einem Vorort Colombos ist mit naiven Malereien ausgeschmückt.

Nicht nur Reis und Curry

Tropische Früchte, ungewöhnliches Gemüse, vor der Küste gefangene Langusten und Fische – das alles wird mit duftenden Gewürzen und samtigen Soßen zubereitet. Und Reis und Curry gibt es natürlich auch.

Die Küche Sri Lankas ist keineswegs nur eine Variante der südindischen Küche, sondern hat eigene Gerichte und Geschmacksrichtungen und beruht auf dem, was an Obst und Gemüse und Gewürzen angebaut wird. Reis und Curry sind sicher weiterhin Grundnahrungsmittel für den Alltag, doch diese liegen in der Schärfe schon zwischen der indischen und der thailändischen Küche, was an der benötigten Kokosnussmilch und den schärferen Chilischoten liegt. Weitere Spezialitäten sind Hopper (kuchenartiges Dessert), Stringhopper (süße Nudeln aus Reismehl und Kokosmilch), Kiribath und Wattalapam. Außer der südindischen Küche beeinflussten die tamilische Küche mit ihren Vadais und Dosas sowie die muslimische mit Rottys und Pittus die Essgewohnheiten, aber auch die Holländer mit Lamprais und die Briten mit Tee und Kaffee.

Der richtige Ort

In den besten Hotels gibt es in der Regel auch sehr gute Restaurants mit lokalen und internationalen Spezialitäten, während man in einer kleinen Pension durchaus gute Hausfrauenkost aufgetischt bekommen kann. Die Qualität schwankt beträchtlich, und während es in der Vergangenheit schwierig war, außerhalb Colombos exquisite Küche zu erleben, so haben in jüngster Zeit einige anspruchsvolle und gepflegte Restaurants in Galle und Bentota eröffnet, z. T. mit Blick auf den Sonnenuntergang am Strand (Restaurantempfehlungen s. S. 300).

Vorhergehende Seiten: Für den australischen Maler Donald Friend ist Sri Lanka zur Inspiration geworden
Links: Verkaufsstand für Büffelmilchjoghurt in Konketiya
Rechts: Fischhändler auf dem Markt von Galle

Am größten ist die Auswahl sicherlich in Colombo, wo zu den hervorragenden Restaurants mit sri-lankischer noch solche mit chinesischer, thailändischer oder europäischer Küche hinzukommen. Auch bei den preiswerteren Lokalen ist das Angebot beträchtlich, von einfachen Kottu-Rotty-Cafés (die sich verwirrend oft Hotels nennen) zu rein vegetarischen südindischen Restaurants mit breitem Angebot von Dosas, Idlis und Uttapam zu günstigen Preisen.

Reis und Curry

Die Grundlage der Küche ist Reis. Ihm obliegt die Aufgabe der Sättigung, den Geschmack dazu liefern die Currys, gut gewürzte Beilagen aus Gemüse, Fleisch oder Fisch, begleitet von eingelegten Speisen (Sambol) und kleinen Chilis. Von den über 15 Sorten Reis, die auf der Insel wachsen, wird neben dem duftenden Basmati gerne der vollmundig schmeckende rote Kakuluhaal gereicht.

Der richtige Geschmack kommt aber natürlich erst durch die Beilagen und die Gewürze. Curry selbst ist kein Gewürz, sondern eine Mischung von Zutaten, die jeder Koch und jede Köchin selbst zusammen- und herstellt. Damit können Gemüse, Fleisch, Fisch, Meeresfrüchte und anderes zubereitet und zum Reis gereicht werden. Denn an Gewürzen führt auf Sri Lanka kein Weg vorbei. Das Wort Curry ist vom tamilischen Begriff für Soße, Kari, abgeleitet, und in die Mischung gehören unzählige Kräuter und Gewürze, darunter Kümmel, Koriander, Kardamom, Fenchelsamen, Zwiebeln, Gewürznelken, Muskatnuss, Curryblätter, Pfeffer, Zimt, Kokosflocken und Chili.

Die ungeheure Vielfalt begreifen Besucher am besten in einem Gewürzgarten, von denen es in der Gegend um Kandy mehrere gibt. Sie können gleich dort einkaufen (aber überteuert) oder in einem der Gewürzläden, die in jeder größeren Ansiedlung zu finden sind. Die Geschäfte erkennt man an den riesigen Papiersäcken. Erkundigen Sie sich auch in den weni-

ESSEN MIT DER HAND

Sri Lanker haben einen direkten Bezug zu ihrem Essen, nicht zuletzt weil sie es mit den Fingern zu sich nehmen. Wer dies nicht gewohnt ist, wird zunächst seine Schwierigkeiten haben, genau wie beim Essen mit Stäbchen. Man sollte beachten, nur die rechte Hand zum Essen zu nehmen (denn die linke dient zur Körperreinigung). Mit den Fingern formt man kleine Bällchen aus Reis und Beilage und schiebt sich diese in den Mund. In den meisten einfachen Restaurants gibt es in einer Ecke ein Waschbecken, an dem man zum Schluss seine Hände waschen und den Mund ausspülen kann; in vornehmen Restaurants werden Schalen mit Wasser gereicht.

ger touristischen Orten oder Stadtteilen nach einem originalen »Ayurveda and Herbal Store«.

Wenn die Einheimischen Reis und Curry essen, nehmen sie einen kleinen Ball gekochten Reis von dem Berg, der aufgetischt wird, dazu etwas von den diversen Currys, mischen dies mit einer Hand, pressen es zu einer Kugel und schieben diese in den Mund.

Wenn in den besseren Hotels Reis und Curry serviert werden, befinden sich mindestens fünf, manchmal bis zu 15 Gerichte in separaten Schalen rund um den Reisberg. Bei der Zusammenstellung wird auf unterschiedliche Geschmacksrichtungen und Konsistenzen geachtet, etwa gut gewürzte Fleisch- und Fischcurrys, Süßkartoffel und Aubergine und jede Menge saisona-

Nicht nur Reis und Curry

les Gemüse, seien es Murunga (wie Okra) oder Mallung, geschnittene grüne Blätter mit Kokosnussmilch und Gelbwurz gekocht. Eine Schüssel Dhal, gekochte Linsen, die es in vielen Farb-, Geschmacks- und Zubereitungsvarianten gibt, gehört immer dazu. Hinzu kommen kleine Chilis und eingelegte Speisen (Sambol).

Scharf eingelegt

Ohne scharf eingelegte Speisen, die eine extra würzige Note beigeben, ist kein Curry perfekt. Für die Zubereitung benötigt man zunächst Chili, entweder frisch geschnitten oder bereits zu Pulver verarbeitet. Er macht jedes Gericht

Internationale Einflüsse

Die Holländer waren von den lokalen Spezialitäten so angetan, dass sie einige Rezepte gleich mit nach Hause nahmen – allen voran Lamprais (vom holländischen *lomprijst*): Feinster Basmati-Reis wird in Brühe gekocht, mit verschiedenen Zutaten und Würzmischungen versetzt – z. B. mit sauren oder pikanten Auberginen, Garnelensoße, Huhn- oder Lamm-Curry, Sambol oder Hackfleischbällchen – und sodann in Bananenblätter gewickelt (die ein delikates Aroma verleihen) und kurz gebraten. Das Resultat eignet sich bestens als Partygericht oder ist ein leicht transportabler Imbiss für ein leckeres Picknick.

teuflisch scharf, so dass man am besten erst einmal testet, ob man die Schärfe vertragen kann. Wenn das Essen zu scharf ist, löscht übrigens ein Löffel trockener Reis das Feuer viel besser als Wasser. Das einfachste Sambol, Lunu Miris (gesalzener Chili) genannt, besteht aus Chilipulver, Zwiebeln, Maldivenfisch (einem salzigen, scharf gewürzten und in der Sonne getrockneten Thun) und Salz. Fügt man geriebene Kokosnuss hinzu, entsteht das klassische Pol Sambol. Weniger scharf ist das süß-saure Seeni Sambol (Zucker-Sambol).

Links: Auch Vegetarier kommen in Sri Lanka voll auf ihre Kosten **Rechts:** Tropische Früchte gibt es auf der Insel zuhauf – Vitamine und Genuss im Überfluss

Auch aus der tamilischen Küche stammen einige Leckerbissen. Dosas sind dünne Reispfannkuchen mit ganz verschiedenen Füllungen, am beliebtesten ist Masala Dosa, bei dem ein würziges Kartoffelcurry beigegeben wird. Der Uttapam ist ein dickerer Reispfannkuchen, während Idlis gedämpfte Reiskuchen sind, die wiederum mit verschiedenen Currys serviert werden. Der klassische tamilische Imbiss, der von praktisch allen Sri Lankern geschätzt wird, heißt Vadai, ein frittierter Kloß aus Linsen, der überall von fliegenden Händlern verkauft wird.

Die muslimische Küche hat ebenfalls ihren Weg nach Sri Lanka gefunden, vor allem in Form von Rotty (manchmal auch Rotti oder Roti geschrieben, sollte nicht mit den dünnen

Pfannkuchen aus Nordindien verwechselt werden, die in guten nordindischen Restaurants zu finden sind). Für Rotty wird ein Teig geknetet, ausgedrückt, wieder gefaltet und weitergeknetet, schließlich herumgewirbelt wie ein Pizzateig, mit Gemüsecurry gefüllt und zusammengefaltet. Der Rotty-Teig kann auch wie eine dicke Nudel geformt, gefüllt und dann frittiert sein; das sind dann Kottu Rotty.

Muslimische Malaien haben das Pittu mitgebracht. Ein Gemisch aus Reismehl und geriebener Kokosnuss wird in Bambus- oder Aluminiumröhren gedämpft und zum Frühstück oder als Reisersatz zum Abendessen verzehrt.

Hopper und Stringhopper

Dem Hopper (Appa) kommt geradezu Kultstatus zu. Dabei handelt es sich um eine delikate, leichte, crêpeartige Süßspeise, die zum Frühstück oder spät abends als Imbiss gegessen wird. Echte Hopper werden aus einem Teig gemacht, der Kokosmilch und Palmschnaps enthält und dann eine Nacht ruhen muss, damit er leicht fermentieren kann; heute wird aber oft Instantteig verwendet. Als Abwandlung gibt es den Egg Hopper, bei dem ein Ei in die Mitte geschlagen wird. Man bricht die krustigen Ränder ab und taucht den Rest in das Eigelb. Manche empfinden dies als kulinarischen Himmel.

Nur eine vage Verwandtschaft zum Hopper zeichnet Stringhopper (Indiappa) aus. Das sind Nudeln aus Reismehl und Kokos, die über einem kleinen Feuer gedämpft und zum Frühstück mit Curry und Sambol gegessen werden.

Fisch vom Feinsten

Fisch und Meeresfrüchte werden an der Küste reichlich und immer frisch angeboten, darunter Blaufisch, Springerfisch, Hering, Pomfret, Bonito, Hai und Barbe. Je näher man an der Küste ist, desto besser sind die Fischgerichte. Sie werden meist einfach zubereitet: gegrillt, in der Pfanne gebraten, in einer milden Knoblauchsoße mariniert oder für Ausländer auch paniert. Auch als Curry wird Fisch gerne gegessen, meist in einer scharfen Soße auf Kokosnussbasis. Gerne wird zudem sonnengetrockneter und stark gewürzter Fisch (am liebsten der Maldivenfisch genannte Thun) genommen, um Currys mehr Geschmack zu verleihen.

Vor allem in Jaffnas und Negombos Gewässern werden Krebse, Tintenfische, Langusten und riesige Hummerkrabben gefangen. Nichts scheint den Einheimischen besser zu gefallen, als eine Flasche Arrak zu öffnen und eine große Platte mit Fisch und Meeresfrüchten zu verspeisen – die Chilikrebse gehen am schnellsten weg.

Paradiesische Süßspeisen

Wahrhaft göttlich schmeckt ein Joghurt aus Büffelmilch mit dickem, dunkelbraunem Sirup aus der Kithul-Palme. Er wird als Dessert angeboten, eignet sich aber auch bestens als leichtes Frühstück oder als Snack zwischendurch. Der durch die Malaien inspirierte Wattalapam ist eine kräftige Karamellcreme aus Kokos mit braunem Palmzucker *(jaggery)* und Cashewnüssen. Er wurde zu einer Art Nationalpudding. Ein weiteres beliebtes Dessert ist Kiribath, Reis gekocht mit Milch. Der Reis wird dadurch leicht klebrig und kann in Stücke geschnitten werden, die gerne bei Festen und Hochzeiten angeboten werden. Zudem sind häufig im Angebot: Thalaguli (Sesambällchen), Halape (Kokos-Palmzucker-Mischung), Dodol und Aluwa (zuckersüße Kuchenteilchen aus Reismehl und Palmzucker) sowie Puhul dosi (eingelegter Kürbis).

Tropischer Obstkorb

Ananas, Passionsfrüchte, Granatäpfel, viele Sorten Bananen, Papayas und Avocados, die mit Zucker und Rahm gegessen werden – die Fülle an exotischen Früchten, die hier rund ums Jahr wachsen, lässt den Mund wässrig werden. Auf der Insel gibt es über 30 Sorten Mangos *(amba)*, die besten stammen von der Halbinsel Jaffna.

Darüber hinaus locken die im reifen Zustand honigsüße Brotfrucht und verschiedene Guavesorten, die köstliche Marmeladen ergeben. Die rote Lovi-Lovi erinnert an eine Kirsche; die Mangostane hat ein süßes weißes Fruchtfleisch. Die herbe Sternfrucht (Karambole) ist für den Europäer ebenso exotisch wie die außen haarige, rote Rambutan, geschmacklich an Litschis erinnernd. Zimtäpfel und Cherimoya haben weiches, helles Fruchtfleisch.

Berühmt-berüchtigt ist die Königin der Früchte, die Durian. Diese grüne Frucht mit den markanten Zacken hat ein cremig schmeckendes Fruchtfleisch, das im reifen Zustand stinkt wie alte Socken und ein Aphrodisiakum sein soll. Größte aller Früchte ist die Jackfrucht, welche nicht selten über 25 kg schwer wird. Die vielen orangegelben Stücke im Inneren schmecken süßlich und werden auch zu Curry verkocht.

Getränke

Am Wegesrand sehen Sie häufig Berge goldgelber junger Kokosnüsse, »King Coconut« genannt. Das Kokoswasser heißt Thambili. Der Saft ist garantiert sauber und jedem Trinkwasser vorzuziehen. Die Kokosnuss soll sogar gegen einen Kater helfen.

Auch der Palmwein (Toddy) wird aus der Kokospalme gewonnen. In schwindelerregender Höhe zapfen Männer die Blüte an; den Saft lässt man gären. Frischer Palmwein ist leicht und wirkt belebend. Er wird zum beliebtesten Inselgetränk, dem Arrak, destilliert, der als Punsch, Cocktail oder aber pur getrunken wird.

Sri Lankas Brauereien produzieren gute Biere unter Verwendung von importiertem Hopfen. Das Wasser stammt aus dem Hochland bei Nuwara Eliya. Die bekanntesten lokalen Marken sind »Lion« und »Three Coins«.

Obwohl der Tee aus Sri Lanka weltbekannt ist, schmeckt er vor Ort nicht immer überzeugend. Der beste Tee wird exportiert, während man im Land häufig Teebeutel einer bekannten Marke (und deren Fälschungen) vorgesetzt bekommt – meist auch noch mit Trockenmilch. Kaffee ist eine gute Alternative, denn er wird in der Regel auf kleinen Plantagen in der Region angebaut und schmeckt vorzüglich.

> Der hohe Anteil an Glukose und Kalium machen die Kokosmilch zu einem köstlichen und gesunden Getränk, v. a. für Genesende. Sie ist sehr nahrhaft, aber auch fetthaltig und kalorienreich.

Links: Auberginen-Curry **Rechts:** Beliebtes Inselfrühstück: gefüllte Rotty, dazu süßer Tee mit viel Milch

Kunsthandwerk

Als Souvenir eignet sich vor allem Kunsthandwerk, das es in großer Vielfalt gibt, seien es bunte Masken, geklöppelte Spitzen, Batik- und Baumwollstoffe oder geschnitzte Elefanten jeder Größe.

Mit seinen kunsthandwerklichen Schätzen braucht sich Sri Lanka nicht zu verstecken, wie schon die reichen Holzschnitzereien bei jedem Tempelbesuch bestätigen. Dabei werden viele Materialien bearbeitet, Holz natürlich, Stein und früher Elfenbein, seit die Holländer die Textilwirtschaft einführten auch Spitze, Batikstoffe und Lackwaren. Neben den traditionellen werden heute auch moderne Designs angeboten.

Viele in den Hotels oder Kunsthandwerkläden angebotenen Souvenirs vereinbaren stereotypes Design mit mangelnder Qualität. Man muss sich schon etwas umsehen, um gute Stücke zu vernünftigen Preisen zu finden. Wer sich wirkliche Antiquitäten zulegen möchte, sollte sich aber bewusst sein, dass dafür eine Ausfuhrgenehmigung erforderlich ist, wenn das Objekt älter als 50 Jahre ist. Informationen dazu gibt es bei der Touristeninformation oder im Laden.

Vielfältiges Angebot

Die von der Regierung betriebene Ladenkette Laksala hat Zweigstellen in den meisten größeren Orten der Insel, in denen man sich über die Breite des Angebots und das ungefähre Preisniveau informieren kann. Die Qualität in den Läden ist allerdings meist ziemlich schlecht. In Colombo gibt es hingegen eine ganze Reihe besserer Kunsthandwerkläden und einige exzellente Boutiquen, die Kunsthandwerk mit modernem Einschlag verkaufen (s. S. 305). In Kandy findet man verschiedenste Läden, die die gesamte Breite der Waren anbieten. Galle ist bekannt für Edelsteine, Schmuck, Spitze und Antiquitäten aus niederländischer Zeit sowie seit Jüngstem durch einige herausragende Designerboutiquen. Die großen Touristenresorts an der Westküste haben zwar jede Menge Souvenirläden, doch gibt es viel Ramsch darunter.

An der Westküste wird man auch keinen Tag am Strand verbringen, ohne von den fliegenden Händlern bequatscht zu werden, die Stoffe und den typischen Touristenkrempel anbieten. Ein Schnäppchen macht man hier nur, wenn man hart verhandelt. Handeln ist auch in den kleineren Läden angesagt, und selbst in den edelsten Boutiquen kann man durchaus nach einem »kleinen Rabatt« oder einem »Sonderpreis« fragen, wenn man ein teures Stück oder mehrere Objekte kaufen will.

Links: Töpferwaren in Anuradhapura
Rechts: Detail eines Batikstoffes

Masken

Zu den eindrucksvollsten Arbeiten des sri-lankischen Kunsthandwerks zählen sicherlich die traditionellen Masken, deren groteske Gesichtszüge und knallige Farben fremd und doch faszinierend erscheinen. Dabei werden drei Arten unterschieden: Kolam-, Raksha- und Sanni-Masken. Die Kolam-Masken werden bei den gleichnamigen Aufführungen verwendet und können Menschen, Tiere, Dämonen und Gottheiten darstellen. Bei Prozessionen und Zeremonien werden noch manchmal Masken von Rakshas verwendet, das sind Dämonenwesen. Beliebt sind der Naga Raksha in Form einer

Schlange und der Garuda Raksha in Form eines Vogels. Die Sanni-Masken werden bei den Balitovil-Zeremonien getragen (s. S. 106) und repräsentieren die 18 Dämonen, welche jeweils für eine Krankheit *(sanniya)* verantwortlich gemacht werden.

Nicht alle Masken stellen Dämonen dar, manche auch Hofbeamte und Prinzessinnen, beim Kolam zudem Spaßmacher oder einfache Leute, wie Jäger der Veddha, Tamilen mit Zahnlücken oder rotgesichtige britische Soldaten.

Die Masken werden zumeist aus dem weichen Kaduru-Holz des Baumes mit dem unheilvoll klingenden Namen *Strychnos nux vomica* (Brechnuss) geschnitzt. Vor dem Schnitzen wird das Holz in Wasser eingeweicht, damit es leich-

Einen guten Überblick über das Kunsthandwerk Sri Lankas bietet die englischsprachige Webseite www.craftrevival.org (folgen Sie dem Link Sri Lanka unter »Crafts«).

ter zu bearbeiten ist. Ursprüngliche und traditionelle Masken, vor allem solche, die mit Pflanzenfarben bemalt sind, sind fast nur noch in den Museen zu finden. Die heutigen sind viel bunter und werden künstlich bearbeitet, damit sie älter aussehen.

Zentrum der Maskenproduktion ist Ambalangoda an der Westküste, wo Besucher auch in einigen Werkstätten zuschauen können; allerdings wird dort nicht zu jeder Jahreszeit gearbeitet. Das Maskenmuseum Ariyapala & Sons (s. S. 15, 180) hat eine große Werkstatt und verkauft zu akzeptablen Preisen. Auch die Werkstatt Southland Masks (353, Main Rd.) bietet Masken guter Qualität an.

Hölzer und Palmwedel

Auch bei sonstigen Holzschnitzereien findet sich alles, vom billigen Touristenkram bis zu herausragend bearbeiteten Statuen aus harten oder weichen Hölzern wie Ebenholz, Sandelholz, Teak, Mahagoni oder Zitronenholz. Das beliebteste Motiv ist der Elefant, der in millionenfacher Zahl und in allen denkbaren Größen verziert oder schlicht, lackiert oder rau hergestellt wird. Die besten sind aus Ebenholz, das jedoch selten und teuer ist, so dass die meisten Handwerker auf andere Materialien ausweichen. An zweiter Stelle der Beliebtheit steht der Buddha, der meistens aus duftendem Sandelholz geschnitzt wird und ebenfalls in verschiedenen Variationen überall anzutreffen ist.

An der Westküste, vor allem in Negombo, gibt es zudem Holzmodelle von Karren, Lastwagen und Tuktuks, die Kinder gerne als Spielzeug mitnehmen. Weiterhin findet man Puzzles, Buchstützen und Spiele.

Aus den Wedeln nahezu aller einheimischen Palmsorten werden bunte Matten und Körbe geflochten. Matten dienen zum Bedecken von Böden oder Schlafstellen. Die berühmteste Sorte heißt »Dumbara« und wird im Dorf Henawela bei Kandy aus den Fasern des Indischen Hanfs *(Crotalaria juncea)* hergestellt.

Induruwa, südlich von Bentota, ist für seine flachen Korbwaren berühmt, und sein Dienstagsmarkt zieht selbst Besucher aus Colombo an. Ebenfalls bekannt ist Kalutara, wo man allerlei Praktisches aus den äußerst fasrigen Blättern der Pandanuspalme herstellt. In der Basket Hall kann man zuschauen, wie Flechter die festen Palmwedel in Geldbörsen, Tabletts, Hüte und viele andere Gegenstände verwandeln.

Batiken

Die Batik wurde von den Holländern über Indonesien eingeführt. Zahllose Fabriken und kleine Werkstätten werfen riesige Mengen von Stoffen, Kleidung und Bildern auf den Markt. Die Herstellung ist ein zeitaufwendiger Prozess: Wachs wird sorgfältig auf alle jene Stoffstellen aufgetragen, die nicht gefärbt werden sollen. Nach dem ersten Färben wird das Tuch gespannt und vom Wachs befreit, bevor neues Wachs für die nächsten Färbevorgänge aufgetragen wird. So entwickeln sich die Motive erst nach und nach; die Farben werden von hell nach dunkel eingefärbt.

Billige Batikkleidung ist luftig und bunt und wird in Strandläden an der ganzen Westküste verkauft. Sie hält meist nur kurz. Etwas länger hat man Freude an den gebatikten Wandbehängen mit meist äußerst kitschigen Strandszenen, Elefantenportraits oder den barbusigen Damen aus Sigiriya. Wenn man in besseren Läden auf die Suche geht, kann man gelegentlich auch Tücher finden, die von alten indonesischen Motiven oder der Moderne geprägt sind.

Wer von Picasso inspirierte Batik-Meisterwerke sehen will, die in Galerien ausgestellt waren, der besuche Dudley Silva in seiner Hauswerkstatt (53, Elpitiya Rd., Ambalangoda). Hochwertige, handgefertigte Batiken produziert auch Jezima Mohamed von Jez-look Batiks in Matara (www.jezlookbatiks.com) – sogar die britische Königin soll einige Stücke besitzen.

Spitze

Die Herstellung von Spitze wurde im 16. Jh. von den Portugiesen eingeführt. Vor allem Frauen sind damit beschäftigt, in stundenlanger Arbeit nur kleine Flächen herzustellen. Besonders in Galle und Weligama, den Zentren der Spitzenklöppelei, werden Besucher gerne von Händlern angesprochen, die einige Deckchen-Muster bei sich tragen. Gute Läden sind die Shoba Gallery (67a, Pedlar Street, www.shobafashion.org) in Galle, in der die Arbeit lokaler Handwerkerinnen angeboten wird, und das Dickwella Lace Centre, eine Frauenkooperative zur Wiederbelebung der Klöppelei, sowie der Sewa Lanka Lace Showroom, beide im Küstendorf Dickwella.

Metall- und Lackarbeiten

Die Umgebung von Kandy gilt als Zentrum für Metallarbeiten aus Messing und Bronze. Zu den bekanntesten Produkten zählen die Zeremonialleuchter. Meisterhaft arbeiten die Handwerker die feinen Muster in das glänzende Messing.

DIE KUNST DER TÖPFER

In ländlichen Gegenden ist die Töpferei noch ein lebendiges Handwerk. Heute werden neben kleinen Öllampen für die Tempel, unglasierten Kochtöpfen oder Wasserkrügen auch reine Dekorationsgegenstände hergestellt. Die auf der Töpferscheibe entstehenden Gefäße werden mitunter dekoriert, bevor der Ton in kleinen, selbst angelegten Brennöfen gebrannt wird. Die Muster entstehen entweder als Ritzdekor oder werden mit einem Holzstempel eingepresst, solange die Tonmasse noch weich ist. Meistens aber bleiben die Objekte undekoriert. Töpferdörfer entstehen überall dort, wo das Rohmaterial gefunden wird.

Links: Masken und andere Holzschnitzereien in Sigiriya
Rechts: Klöpplerin in Galle, das für seine Spitze bekannt ist

Die Lampen sind bei Tempelfesten, Hochzeiten oder zum Neujahrsfest unabkömmlich. Darüber hinaus gibt es schöne Bronzearbeiten, seien es Buddhafiguren und Hindugottheiten oder Schalen und Gefäße mit filigranen Verzierungen. Eine gute Auswahl an Antiquitäten und hübschen Kopien bietet Kandyan Antiques (Ernest de Silva Mawatha, Colombo 3).

Matale wiederum ist im ganzen Land bekannt als die Heimat der Lackkunst. Während viele angebotene Gebrauchsgegenstände lediglich bemalt und einmal lackiert sind, werden wertvollere Stücke mit mehreren Lackschichten überzogen. Der Naturlack wird zunächst eingefärbt und anschließend mit dem Fingernagel (Niyapotuwada-Technik) oder einem Stab (Biraluwada-Technik) auf den sich drehenden Gegenstand aufgetragen.

Modernes Design

Dass Kunsthandwerk zu neuem Leben erweckt werden kann, wenn es eine Verbindung mit modernem Design eingeht, beweisen diverse Läden und Studios, allen voran Barefoot (706, Galle Road, Colombo 3, und im Dutch Hospital, Fort, Colombo 1, sowie 41, Pedlar Street, Galle, http://barefootceylon.com). Die Initiative für die netten Läden und die neuen Produkte ging von Barbara Sansoni aus. Leuchtende Farben in Rot, Orange, Grün und Blau finden sich in allen möglichen Dingen, von Kleidung über Tischdecken bis zu Kuscheltieren und Briefpapier.

Dekorative Designobjekte, Glas und Porzellan im aktuellen Stil bietet Paradise Road mit verschiedenen Läden an (213, Dharmapala Mawatha, Colombo 7; 2, Alfred House Rd., Colombo 3; 138/18, Galle Rd., Bentota, www.paradiseroad.lk). 15 km nördlich von Kandy liegt das Matale Heritage Centre (Tel. 066/222 2404) der Designerin Ena de Silva. Es wurde 1984 gegründet, war zunächst für handgewebte Wandbehänge und Batiken bekannt, verkauft heute aber auch anderes Kunsthandwerk.

Verbotenes aus dem Meer

Verschiedene Läden und umherwandernde Händler bieten an der West- und der Südküste Muscheln und Korallen an. Bitte bedenken Sie, dass dieser Raubbau die Meeresfauna und -flora unwiederbringlich schädigt und seltene

KLEINE EDELSTEINKUNDE

Sri Lanka ist bekannt für seine Edelsteine. Welche Steine sind zu finden?
Saphir: Alle Farben, doch blaue, pinkfarbene und gelbe Saphire sind die wertvollsten.
Rubin: Verschiedene Rottöne von Blutrot bis Bordeaux. Wertvolle Stern-Rubine.
Spinell: Achten Sie auf attraktive helle Pastellfarben.
Chrysoberyll: Massenweise werden Katzenaugen minderer Qualität aus Indien importiert. Zu den besten einheimischen Steinen – sie sind auf Sri Lanka seltener als in Indien – gehören facettierte Chrysoberylle, die gelegentlich in attraktivem Grüngelb oder in grünen Farben angeboten werden.

Granat: Kommt in allen Farben außer Blau vor. Sehr populär ist der Feuergranat (Pyrob). Am begehrtesten aber sind diejenigen mit purpurner Tönung. Das Angebot ist reich an großen Steinen von guter Qualität.
Aquamarin: Er ist zumeist blass und überteuert.
Blauer Topas: In Sri Lanka werden nur weiße Topase gefunden. Alle blauen sind im Ausland verarbeitete Steine, die in Amerika und Nigeria eingefärbt werden.
Mondstein: Er hat den schönsten blauen Glanz; Steine über drei Karat sind allerdings selten. Der einzige in einer Ader gefundene Mondstein stammt aus dem Dorf Mitiyagoda. Ansonsten werden kleinere Steine über der Erde gefunden.

Tiere ausrotten kann. Zudem ist der Export von Meeresprodukten und Tieren in Sri Lanka verboten, genauso wie der Import in den meisten Ländern der Welt. Heftige Strafen warten auf jene, die dagegen verstoßen.

Edelsteine

Schon in der Bibel sollen die Edelsteine Sri Lankas Erwähnung gefunden haben, denn nach Ratnapura, der Stadt der Steine, soll König Salomon seine Boten gesandt haben, damit sie einen Stein erwarben, der das Herz der Königin von Saba erwärmen konnte. In »Tausendundeiner Nacht« verrät Sindbad seinem Herrn, Harun al-Rashid, dass die besten Edelsteine in Serendib (so nannten die Araber Sri Lanka) zu finden seien. Auch Marco Polo erwähnt, dass auf der Insel Saphire, Topase, Amethyste und riesige Rubine zu finden sind.

Ein Katzenauge, das in einem Reisfeld gefunden wurde und 105 Karat wiegt, fand die Bewunderung gleich vier britischer Monarchen. »Blue Belle«, der größte Saphir in der britischen Krone, wurde nahe Ratnapura gefunden.

Der Reichtum an Edelsteinen geht vom inneren Bergland aus, aus dem die Steine durch die Flüsse ins Flachland geschwemmt werden. Es ist nichts Ungewöhnliches, dass gleich mehrere Edelsteinarten beim Schürfen gefunden werden und die Schürfer auf ein erlesenes Sortiment von Spinellen, Korunden, Saphiren und Rubinen stoßen. Auch Aquamarine, Turmaline, Topase, Granate, Amethyste, Katzenaugen und Zirkone gibt das Erdreich rund um Ratnapura frei – das zu Recht »Stadt der Edelsteine« heißt. Die berühmtesten Steine aber sind die funkelnden Rubine und Saphire, für die Sri Lanka einer der frühesten Fundorte der Geschichte ist.

Wenn Sie Edelsteine erwerben möchten, sollten Sie mit großer Vorsicht vorgehen. Kaufen Sie keinesfalls von den netten Händlern, die immer mit einer Handvoll Steine umherwandern, das ist nur wertloses Glas. Vertrauen Sie nur Geschäften, die Mitglied in der Sri Lanka Gem Traders' Association oder der International Coloured Gemstone Association sind. Selbst das Hinweisschild »Tourist Board Approved« ist nicht offiziell und hilft im Betrugsfall nicht weiter. Und lassen Sie sich nicht zu überhasteten Entscheidungen drängen!

Links: Der Barefoot Shop in Colombo **Rechts:** Juwelier in den Mondstein-Minen in Mitiyagoda

Der golfballgroße 563-karätige »Star of India«, der 1900 von dem Banker J. P. Morgan dem New Yorker Museum of National History übergeben wurde und als weltweit größter Edelstein gilt, ist in Wirklichkeit ein Saphir aus Sri Lanka.

Schmuck

Schmuck gilt als das Sparkonto der Frauen und wird deshalb im ganzen Land angeboten. Goldene Ringe, Ohrringe und Ketten werden in guten Zeiten gekauft und als eine Art Versicherung aufbewahrt. In Notfällen kann man sie

wieder verkaufen. Auch Silber und versilberter Schmuck erfüllen eine ähnliche Funktion. Es gibt einfache Designs meist etwas klobiger indischer Stücke, aber auch überaus delikate und filigrane. Vor allem die Juweliere in Kandy sind für ihre feine Ware bekannt.

In Colombo gibt es in der Sea Street in Pettah Dutzende von kleinen Schmuckläden. Sie können auch die Sri Lanka Gem & Jewellery Exchange im 4. Stock des World Trade Centre im Fort besuchen, in dem es rund 40 Läden gibt. Hier können Sie die Echtheit von Edelsteinen gegen eine geringe Gebühr überprüfen lassen.

In Galle können Sie es beim Laksana (30, Hospital Street) versuchen, wo moderner und antiker Silberschmuck zu haben ist.

Sri Lankas Tierwelt

Bunte Vögel finden sich allerorten in der Tierwelt. Dazu bevölkern wilde und zur Arbeit erzogene Elefanten, Krokodile, Leoparden und andere Tiere die vielfältige Landschaft sowie Wale das Meer.

Nur die Küste Sri Lankas ist vergleichsweise dicht besiedelt und von den üblichen Problemen der Überbevölkerung betroffen. Das Landesinnere hingegen blieb ländlich, und weite Gebiete sind durch Nationalparks und Reservate geschützt. Traditionell bewahren Buddhisten alle Formen des Lebens, aber auch der zunehmende Ökotourismus hat hier Einfluss ausüben können.

Und so lebt auf der Insel eine bunte Tierwelt. Gruppen von Elefanten durchziehen Nationalparks, und im Yala-Park leben sogar noch Leoparden. Bunte Vögel und Schmetterlinge sieht man allerorten; in den Küstengewässern kann man Wale, Delfine und Schildkröten sehen.

Elefanten

Der sri-lankische Elefant (*Elephas maximus maximus*) gehört zur Familie der asiatischen Elefanten. Sie sind kleiner als ihre afrikanischen Verwandten, haben nicht so auffällige Ohren, und nur zehn Prozent der männlichen Elefanten bilden Stoßzähne aus (sog. Keiler). Sie leben meist in Familien von rund 15 Mitgliedern. Elefanten brauchen einen weiten Lebensraum, um zu überleben, jedes ausgewachsene Tier etwa 5 km², weil sie sehr viel Wasser trinken und Grünzeug fressen. Dass sie auch große Zerstörungen anrichten, kann im Nationalpark Uda Walawe beobachtet werden, wo die große Population einen erheblichen Teil der Vegetation gefressen hat. Die Gruppen wandern auf der Suche nach Nahrung und Wasser meist entlang sogenannter Elefantenkorridore und können dabei beträchtliche Strecken zurücklegen. Der

bekannteste Elefantenkorridor befindet sich im Norden und verbindet die Nationalparks Minneriya, Kaudulla und Wasgomuwa. Ansonsten kann man wilde Elefanten in fast allen Nationalparks beobachten, gefangene im Elefantenwaisenhaus von Pinnawela.

Nach Schätzungen der Behörden gibt es noch rund 3000 wilde Elefanten, was nur ein kleiner Bruchteil früherer Zahlen ist. Zur Dezimierung haben die Jagden der Kolonialherren genauso beigetragen wie die Vergrößerung menschlicher Siedlungen und der Bürgerkrieg. In jüngster Zeit steigen die Zahlen zum Glück wieder leicht. Doch Konflikte zwischen Elefanten und Menschen bleiben an der Tagesordnung – mit Toten auf beiden Seiten.

Links: Ein Baby-Elefant nähert sich dem Lion Rock **Rechts:** Der Braunliest ist eine auf Sri Lanka endemische Eisvogelart

Die Domestizierung von wilden Elefanten hat eine über 3000 Jahre alte Tradition und wird von Mahouts durchgeführt, die mit einem Elefanten nahezu das gesamte Leben zusammen bleiben. In den Chroniken wird über *aliya* oder *yanai*, wie die Dickhäuter von Singhalesen und Tamilen genannt werden, berichtet. So hatte die Ausbildung der Jumbos in der asiatischen Welt einen guten Ruf, weshalb Arbeitselefanten auch exportiert wurden. Selbst Papst Leo X. erhielt 1514 vom König von Portugal einen ceylonesischen *Elephas maximus* zum Geschenk. Kaum ein Krieg, in dem sie nicht – durch Metallplatten geschützt – eingesetzt worden sind. So ließ Kö-

nig Rajasinha I. 1586 mit seiner Armee und 2200 Elefanten das Fort der Portugiesen in Colombo stürmen – allerdings ohne Erfolg. Heute werden die Arbeitselefanten bei religiösen Prozessionen und zum Transport in unwegsamem Gelände, z. B. beim Baumfällen, eingesetzt.

Leoparden

Während es relativ einfach ist, einen Elefanten zu Gesicht zu bekommen, bedarf es viel Geduld und Glück, einen Leoparden in freier Wildbahn zu sehen. Inselweit sollen 500 Exemplare der *Panthera pardus kotiya*, einer sri-lankische Unterart des Leoparden, verbreitet sein, die meisten von ihnen im Nationalpark Yala, der weltweit die höchste Leopardendichte aufweisen soll.

Wer wirklich das Glück hat und einen Leoparden in freier Wildbahn sieht, wird diesen Anblick so schnell nicht vergessen. Diese großen Katzen können bis auf zwei Meter wachsen. In ihrem angestammten Siedlungsgebiet ernähren sie sich von allem, was ihnen vors Maul kommt, von Insekten bis zu Säugetieren wie etwa Rehen und in Notfällen auch Menschen. Der berühmte Menschenfresser Punanai jedenfalls wurde 1923 erschossen, nachdem er angeblich 20 Dorfbewohner verspeist hatte. Leoparden sind schnell und stark und können zudem hervorragend klettern. Gerne sitzen sie auf Bäumen und spähen die Umgebung aus oder auf Felsen, um sich zu sonnen.

Affen

Affen sind auf der ganzen Insel verbreitet und toben nicht nur durch den Wald, sondern auch durch menschliche Siedlungen. Von den verschiedenen Primatenarten bekommt man zumeist den Grauen Langur zu Gesicht. Das Tier mit den langen Gliedern, dem bis zu einem Meter langen Schwanz und dem kleinen schwarzen Gesicht ist häufig in Tempelanlagen und Ruinenstätten anzutreffen. In Kataragama ist eine große Population beheimatet, ebenso in den Nationalparks Yala und Bundala. Graue Languren sind neugierig und beobachten gerne die Umgebung aus der Distanz. Doch wenn man sich ihnen nähert, suchen sie das Weite.

Im Gegensatz dazu kann der Ceylon Hutaffe (auch Rotgesichtiger Makake) mit dem schönen rötlichen Fell ganz schön frech, ja sogar aggressiv werden. Seltener ist der ebenfalls nur in Sri Lanka beheimatete Weißbartlangur anzutreffen, dessen Schreie aus der Baumkrone weit zu hören sind. Das bis zu 70 cm große Tier mit dem schwarzbraunen Fell hält sich bevorzugt in den Bergen auf. Dort tummelt sich auch der Bärenaffe, eine der vier Unterarten des Rotgesichtigen Languren.

Weitere Säugetiere

Die zotteligen Lippenbären zählen sicherlich zu den niedlichsten Säugetieren in Sri Lankas Wäldern. Doch so harmlos und kuschelig, wie sie aussehen, sind sie nicht. Wenn sie sich bedroht fühlen – etwa wenn man sie im Schlaf überrascht oder bei der Suche nach Ameisen und Früchten stört –, greifen sie an und können tödliche Bisswunden zufügen. Am ehesten sind sie im Yala-Nationalpark anzutreffen.

Vielleicht bekommen Sie auch wilde Kaninchen zu Gesicht. Sie sind selten in Sri Lanka und sorgen, wenn sie auftauchen, zumindest bei den Einheimischen für reichlich Aufregung.

Dort lassen sich zudem Herden von kleinen Indischen Muntjaks, braunen Sambar- und gefleckten Axishirschen beobachten, die in fast allen Reservaten anzutreffen sind. In den Horton Plains im Hochland warten sogar einige von ihnen am Eingang darauf, dass ankommende Touristen ihnen etwas Futter spendieren.

nach einem leckeren Frosch? Die auch Mangusten genannten Tierchen ähneln dem Dachs und sind vor allem in den Büschen und Bäumen der Trockenzone anzutreffen. Am häufigsten begegnet man jedoch den geduldigen Wasserbüffeln und Zeburindern, die aus der Landwirtschaft nicht wegzudenken sind.

Bunte Vogelwelt

Sri Lanka ist ein Eldorado für Vogelfreunde. Selbst wer keine ernsthaften ornithologischen Studien betreiben möchte, wird immer wieder begeistert stehen bleiben, wenn in der Nähe ein Pfauenpärchen herumstolziert, in den Baum-

Auch Eichhörnchen kommen in großer Zahl vor, von den zarten kleinen Palmhörnchen, die überall an der Küste auf den Bäumen herumspringen, bis zu den seltenen Riesenhörnchen, die weit oben in den Baumkronen des Hochlands leben. Bei Dämmerung schwirren große Fruchtfledermäuse aus, auch fliegende Hunde gibt es reichlich. Schakale gehen auf die Pirsch, und man begegnet zuweilen einem Rudel Wildschweine oder sieht eine Wildkatze über die Straße huschen. Oder war es doch ein Indischer Rot- oder ein Halsstreifenmungo auf der Suche

Links: Der Yala-Nationalpark eignet sich besonders gut für Wildtierbeobachtung, wie hier bei diesen Affen
Rechts: Wasserbüffel im Yala-Nationalpark

wipfeln die Sittiche aufgeregt schreien oder ein Kuhreiher genüsslich die Insekten aus dem Fell des grasenden Wasserbüffels pickt. Auf der Insel sind 233 Vogelarten heimisch, wovon 33 laut Ceylon Bird Club endemisch sind, also nur auf Lanka vorkommen. Eine einheimische Art wurde 1986 zum Nationaltier erhoben: das Lafayette-Huhn. Leicht an der gelbroten Färbung der oberen Körperhälfte erkennbar, ist es im freien Gelände der Trockenzone anzutreffen. Hinzu kommen knapp 200 Zugvogelarten aus Nordindien, anderen Teilen Asiens und sogar aus Dänemark, die wegen der Lage am Äquator zwischen November und April hier überwintern. Für die kleine Insel herrscht somit ein erstaunlich großer Artenreichtum, was wiederum mit der Vielfalt an Lebensräumen zusammenhängt – von Dorfgärten und Reisfeldern an den Küsten bis zu weitgehend unberührtem Regen- und Nebelwald im Binnenland. Manche Arten kommen nur in bestimmten Gegenden vor, je nach Höhe und Regenfall, denn die meisten endemischen Tiere leben in den Feuchtgebieten.

In solchen Feuchtgebieten an der Küste und im Inland bieten sich die besten Möglichkeiten der Vogelbeobachtung. Kormorane sind fantastische Taucher, während Regenpfeifer und Stelzvögel sich am matschigen Ufer herumtreiben. Der Buntstorch traut sich weiter landeinwärts auf der Suche nach Fröschen, Krebsen und kleinen Wasserschlangen, und mit etwas Geduld sieht man einen Eisvogel nach Beute ins Wasser schießen. Selbst Laien vermögen den Löffler zu identifizieren, der mit seinem markanten Schnabel die Gewässer durchstreift.

Auch Raubvögel bekommt man problemlos zu sehen, vor allem Adler und Bussarde. In den meisten Reservaten kommen Fischadler und die weißbäuchigen Seeadler vor, in den höheren Bergen auch Schwarzadler und Bergadler, dazu die Schlangenweihe und die Brahminenweihe.

Bei einem Ausflug in die Nationalparks lassen sich seltene Regenwald- und Berglandvögel zumeist nur mithilfe guter Führer identifizieren. Viele Arten leben auf engem Raum nebeneinander – wie etwa Blattvögel, Schnäpper und Bülbüls. Schmuckkittas mit dem markanten blauen Gefieder und roten Schnabel jagen in den immergrünen Regenwäldern nach Insekten. Weit verbreitet ist der Malabartrogon, leicht an seiner hellroten Brust und dem schwarzen Kopf zu erkennen. Oft zeigen sich in den Urwäldern der feuchten Gebirgszone auch Schwarzflügel-Aegithinas, erkennbar an der gelben Brust, sowie keilschwänzige Graubrust- und Flaggendrongos, Bartvögel, Ceylonpapageien und Menningvögel. Die heiseren Rufe des bunt gefiederten Malabar-Nashornvogels machen den Besucher im Trockengebiet auf ganze Scharen dieser Tiere mit dem markanten Schnabel aufmerksam.

Inzwischen scheinen manche Vögel in den Städten genauso heimisch zu sein wie auf dem Land. Erst glaubt man, die allgegenwärtigen, in Mülleimern wühlenden Krähen seien die einzigen Vögel in der Stadt, doch ein Spaziergang am

ELEFANTENTREFFEN

Zu den großartigsten Naturereignissen Asiens gehört das »Elefantentreffen« in Sri Lanka. Während der Trockenzeit versammeln sich rund 300 Elefanten an den immer kleiner werdenden Wasserlöchern im Nationalpark Minneriya (s. S. 259). Es handelt sich dabei um das größte Elefantentreffen Asiens.

Familiengruppen von überall in der nordöstlichen Ebene kommen hierher und nehmen einen Weg von manchmal mehr als 80 km auf sich, um in dem wertvollen Wasser zu baden und das frische Gras zu fressen, das aus dem Boden sprießt, wenn sich das Wasser zurückzieht. Das Treffen vermittelt den Eindruck eines großen Familienfestes, ganz so als ob die Tiere, die sich das ganze Jahr nicht gesehen haben, ihre Freundschaft erneuerten. Die Elefantenkühe führen meist ihre Gruppe an und beschützen sorgsam ihre Jungen, während sich die jungen Bullen gerne um ihren Rang streiten und auf der Suche nach paarungswilligen weiblichen Elefanten sind – alles wie auf einer großen Party.

Das Elefantentreffen findet jedes Jahr von Juli bis Oktober statt, die meisten Tiere versammeln sich jedoch im August und September. Ein kleineres Treffen mit rund 200 Dickhäutern gibt es im September und Oktober im Nationalpark Kaudulla zu sehen, der nicht weit vom Nationalpark Minneriya entfernt ist.

frühen Morgen kann das Gegenteil belegen. Der Viharamahadevi-Park in Colombo ist ein guter Ort zur Vogelbeobachtung, während der Beira-See jede Menge Wasservögel, wie etwa Reiher und Pelikane, anlockt. Nichts kann aber die Vogelschwärme übertreffen, die sich am Nachmittag im Dehiwala Zoo zur Fütterung einfinden.

Reptilien

Es gibt jede Menge Reptilien in Sri Lanka, beispielsweise zwei verschiedene Krokodilarten, 80 Schlangenarten und eine große Auswahl an Echsen, von denen noch nicht einmal alle klassifiziert sind; jedenfalls sind winzige Geckos genauso darunter wie enorme Landechsen. Sowohl Süßwasser- als auch die selteneren Salzwasserkrokodile leben in den Nationalparks an den Küsten. Die größten können sogar Rehe angreifen, manche Salzwasserkrokodile gehen auch schon einmal auf Menschen los. Da es aber nur noch rund 300 auf der ganzen Insel gibt, wird man kaum eines von ihnen antreffen.

Viel gefährlicher sind dagegen die fünf Arten von Giftschlangen. Mit sechs Todesopfern pro 100 000 Menschen pro Jahr meldet Sri Lanka eine der höchsten Opferzahlen weltweit; man sollte also nicht mit nackten Beinen durch hohes Gras oder das Unterholz streifen. Alle fünf Giftschlangenarten sind weit verbreitet, vor allem im Norden. Zu ihnen gehören die Königskobra, die nachtaktive Indische Krait, die endemische Ceylon Krait, die Kettenviper und die Sandrasselotter. Allerdings gibt es noch mehr ungiftige Arten, wie Python und Blindschleiche.

Die häufig vorkommenden Warane können Längen von bis zu 2,5 m erreichen. Nicht selten bewirken diese riesigen Echsen einen Verkehrsstau, wenn sie in aller Gemütsruhe die Straße überqueren. Zu den harmlosen Echsenarten zählen die Geckos, Chamäleons und Leguane.

Wale

In den letzten Jahren hat sich Sri Lanka zu einem guten Walbeobachtungsrevier entwickelt, nachdem der britische Meeresbiologe Charles Anderson herausgefunden hat, dass alle zwei Jahre Hunderte von Walen nur wenige Kilometer vor der Südküste Sri Lankas vorbeischwimmen. So kann man inzwischen hervorragend Blau- und Pottwale beobachten. Auch andere Passanten sind in Sicht gekommen, etwa Killerwale, Brydewale und große Schulen Ostpazifischer Delfine.

Der beste Ausgangspunkt zur Walbeobachtung ist derzeit Mirissa (s. S. 188) an der Südküste, wo die Wale im Dezember und Januar in die eine Richtung wandern, im April in die an-

Ganz links: Axishirsch im Yala-Nationalpark
Links: Neugieriges Riesenhörnchen *(Ratufa macroura)*
Rechts: Grüner Calotes *(Calotes calotes)*

dere. In diesen Monaten ist die Wahrscheinlichkeit hoch, dass man zumindest einzelne Exemplare dieser riesigen Kreaturen sieht. Seit Neuestem werden Touren zur Walbeobachtung auch in Trincomalee und Kalpitiya angeboten, so dass man jetzt in zehn von zwölf Monaten irgendwo an der Küste eine Chance hat, Wale zu sehen. Je mehr Daten über die Bewegungen der Tiere erhoben werden, desto genauer kann man voraussagen, wo Wale anzutreffen sind.

Schildkröten

Für die Meeresschildkröten ist Sri Lanka eine Zwischenstation auf ihren langen Reisen durch eine von 1000 geschlüpften Meeresschildkröten erreicht das Erwachsenenalter. Schließlich führt auch die zunehmende Küstenbebauung zur Dezimierung der Eiablagestellen. Zwar entstanden seit Ende der 1970er-Jahre mehrere Aufzuchtstationen (»Turtle Hatcheries«), um Eier aufzukaufen und die kleinen Tiere in geschütztem Umfeld schlüpfen und nach etwa sieben Wochen freizulassen. Doch hat sich das Bewusstsein in der Öffentlichkeit wenig geändert. Bemühungen von Organisationen wie dem Turtle Conservation Project (TCP, s. S. 190), die lokale Bevölkerung in ihre Projekte einzubinden, sind nur ein Tropfen auf den heißen Stein.

den Indischen Ozean. Fünf der weltweit sieben verbreiteten Arten gehen an den Stränden der Insel zur Eiablage an Land: die Echte Karettschildkröte, die Unechte Karettschildkröte, die Bastardschildkröte, die Grüne Meeresschildkröte und die Lederschildkröte. Letztere kann eine Panzerlänge von bis zu zwei Metern erreichen.

Leider gehen immer mehr Lebensräume für die Schildkröten verloren; auch der Eierdiebstahl ist ein Problem. So stehen all diese Arten auf der roten Liste der bedrohter Tierarten: Die frisch gelegten Eier werden für ein paar Rupien auf den Märkten als Delikatesse verkauft. Raubvögel und Ratten wiederum laben sich an den geschlüpften Jungtieren, und viele ausgewachsene Tiere verenden in den Schleppnetzen. Nur

Die Schutzgebiete

Mit Stolz erinnern die Sri Lanker immer wieder daran, dass in ihrer Heimat das weltweit erste Naturschutzgebiet etabliert wurde: Auf Bitte des Mönchs Mahinda erklärte sich im 3. Jh. v. Chr. König Devanampiya Tissa im Gebiet von Mihintale zum »Beschützer von Mensch und Tier«. Im 12. Jh. durfte auf Anordnung des Königs Nissanka Malla in einem Umkreis von 25 km rund um die damalige Hauptstadt Polonnaruwa kein Tier getötet werden.

Auch moderne Reservate wie Udawattekele bei Kandy und der Regenwald von Sinharaja gehen auf Schutzanordnungen von Königen zurück, die Jahrhunderte zurückliegen. Inzwischen stehen 13 Prozent des Landes unter

Naturschutz, aufgeteilt in Nationalparks, Naturreservate, Tierschutzgebiete und besonders geschützte Reservate, die von Menschen nicht betreten werden dürfen.

Nationalparks

Für den Besucher sind die 22 Nationalparks des Landes am interessantesten. Der größte und berühmteste ist Yala im Südosten der Insel hinter Tissamaharama. Drei von fünf Teilen des Parks sind für Besucher gesperrt, aber die beiden Gebiete (Ruhuna und Kumana), die betreten werden dürfen, bieten die vermutlich reichhaltigste und verschiedenartigste Tierwelt des Landes. Dazu gehören zahlreiche Elefanten, Sambarhirsche, selten zu sehende Leoparden und Lippenbären (s. S. 136).

An der Südostküste liegt auch der Bundala National Park, der mit seinen Lagunen ein Paradies für Wasservögel darstellt, darunter befinden sich Flamingos und Graupelikane. Aber auch Krokodile und Elefanten fühlen sich hier wohl. Im Inselsüden ist zudem der Uda Walawe National Park einen Besuch wert, da sich in ihm eine große Zahl von Wildelefanten aufhält. So ist der Park relativ licht, mehr von Gestrüpp als von Bäumen bewachsen.

Im Hochland lohnt sich eine Wanderung durch den Nationalpark Horton Plains, einem Hochplateau auf durchschnittlich 2100 m Höhe und einer ganz eigenen Flora und Fauna. Insgesamt gibt es hier außer Bergvögeln nicht so viele Tiere zu sehen. Allerdings führen die Wege durch wildes Moorland mit schönen Nebelwäldern bis hin zum »Ende der Welt«, wo die Klippen fast einen Kilometer senkrecht nach unten abbrechen.

Im Kulturellen Dreieck befinden sich zwei weitere beliebte Parks, Minneriya und Kaudulla. Beide umgeben jeweils ein vor Jahrhunderten von Menschen angelegtes Wasserreservoir, und auch hier sieht man überwiegend Elefanten. Die Parks liegen am Rand jenes Elefantenkorridors, durch den die Rüsseltiere jedes Jahr wandern. Hier versammeln sich im August und September Hunderte von Elefanten am Reservoir von Minneriya, um sich an dem noch verbliebenen Wasser zu erfreuen – die größte Elefantenversammlung der Welt (s. S. 138).

Weitere Reservate

Außer den Nationalparks gibt es auf der Insel noch andere Schutzgebiete. Direkt östlich des Nationalparks Uda Walawe liegt Sinharaja, ein gut erhaltenes Gebiet tropischen Regenwalds an den südlichen Ausläufern des Hochlandes. Dies ist gutes Vogelbeobachtungsland mit mehreren endemischen Arten, wenngleich der dichte Wald Geduld und gute Augen erfordert.

Auch andere Reservate eignen sich für Vogelfreunde, etwa Kalametiya an der Südküste bei Bundala oder Hakgala in den Hügeln bei Nuwara Eliya. Zudem lohnt Udawattekele bei Kandy einen Ausflug. ■

KORALLENRIFFE

El Niño, die Fischer und der Tsunami haben den Korallenriffen sehr geschadet. Um die Unterwasserwelt zu genießen, muss man sich von der Küste entfernen. In der Nähe der Küste haben nur sehr kleine Abschnitte mit Korallen überlebt. Das eindrucksvollste Riff befindet sich wohl im Hikkaduwa Coral Sanctuary, wo sich viele tropische Fische und die ein oder andere Schildkröte tummeln. Doch auch hier sind die meisten Korallen tot. Kleine Gebiete mit lebenden Korallen sind noch in Unawatuna, in Polhena (bei Matara) und bei Pigeon Island in Nilaveli erhalten. Doch im Vergleich zu anderen Orten in Südostasien gibt es hier nicht viel zu sehen.

Links: Eine Echte Karettschildkröte im Becken einer Aufzuchtstation für Meeresschildkröten **Rechts:** Sri Lanka ist ein Vogelparadies – hier ein Seidenreiher

Kreuz und quer durch Sri Lanka

In Sri Lanka bilden alte Ruinenstädte und Tempel einen reizvollen Kontrast zum modernen Colombo. Die Landschaft prägen dichter Dschungel, Berge, Regenwälder, Teeplantagen und palmengesäumte Traumstrände.

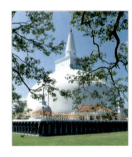

Ein päpstlicher Gesandter schrieb vor sechs Jahrhunderten: »Bis zum Paradies sind es von Ceylon noch vierzig Meilen; wer genau hinhört, vernimmt vielleicht das Rauschen seiner Quellen.« Wer es nicht schafft, ins Paradies zu gelangen, mag in der reichen Vielfalt von Landschaft, Menschen und Kultur der Insel Trost finden. Es warten Berge, Dschungel, Regenwälder und Ruinenstädte, künstliche Seen, eindrucksvolle Statuen und Dagobas von Weltrang.

Fruchtbare Hochlandgebiete mit Teeplantagen beherrschen einen großen Teil der Bergwelt. Elefanten, Büffel, Leoparden, Pythons, Kobras, Mungos, Warane, Krokodile, Vögel und viele andere Tiere leben im zu Naturreservaten abgegrenzten Busch und Dschungel.

Das Tor zur Insel befindet sich für alle Besucher in Colombo, einer lebhaften Stadt mit den Widersprüchen des modernen Sri Lanka. Südlich der Hauptstadt präsentiert sich goldgelber Strand, gerahmt von grünen Palmen. Hier kann man die Natur im Nationalpark Yala beobachten und ab Mirissa auf die Suche nach Walen gehen. Die heilige Stadt Kataragama liegt auf dem Weg ins Zentrum des Südens, das einst niederländische Galle.

Fährt man von Colombo ins Landesinnere, gelangt man in die ehemalige singhalesische Königsstadt Kandy, auch heute noch ein bedeutender Ort der Architektur und für traditionelles Kunsthandwerk. Von dort geht es weiter Richtung Süden in das dramatische Bergland mit dem Teeanbaugebiet um Nuwara Eliya.

Nördlich von Kandy befindet sich das sogenannte Kulturelle Dreieck mit den Ruinenstädten Anuradhapura und Polonnaruwa, der Felsenfestung von Sigiriya und den Höhlentempeln von Dambulla.

An der Ostküste gibt es hervorragende Strände, doch noch immer kommen wenige Besucher an Orte wie die bei Surfern beliebte Arugam Bay. Auch in den vom Bürgerkrieg stark zerstörten Norden, der Einblick in die Kultur der Tamilen gibt, wagen sich wenige Touristen vor. ■

Vorhergehende Seiten: Zugpassagiere bei einem Halt in Ella – An der Küste von Galle angeln Fischer auf Stelzen – Mönche in Mihintale **Ganz links:** Treppenaufgang der Terrassengärten in Sigirya **Links:** Großer Stupa in Anuradhapura **Rechts:** Strand bei Galle

151

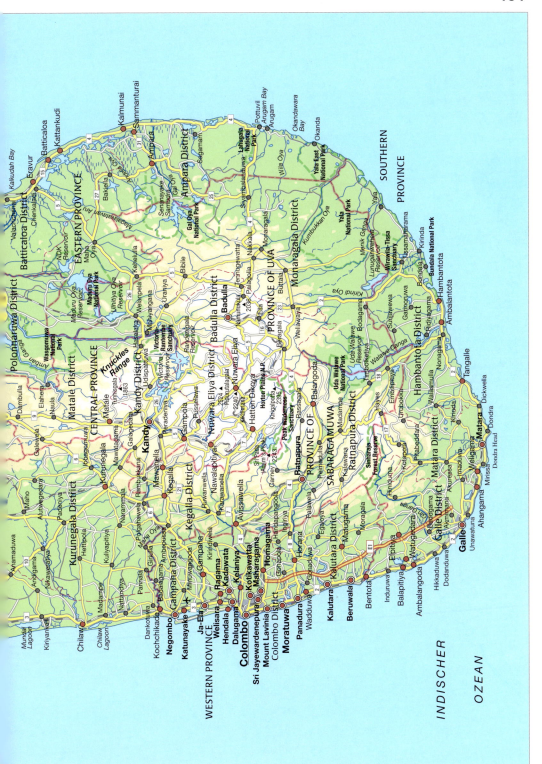

152

Unterwegs 155

Colombo

Hinter der grauen Oberfläche und dem chaotischen Verkehr versteckt die Hauptstadt eine Vielfalt an Kulturen und eine spannende Mischung aus Tradition und Moderne.

NICHT VERPASSEN!

Die Pettah
Galle Face Green
Seema Malaka
Gangaramaya-Tempel
Nationalmuseum
Zoo von Dehiwala
Kelaniya Raja Maha Vihara

Für sri-lankische Verhältnisse ist Colombo recht jung. Obwohl die Gegend schon lange besiedelt ist, vor allem von muslimischen Seefahrern, die im 8. Jahrhundert einen kleinen Handelshafen gründeten, versteckte sich die Stadt am Rande der Geschichte, bis die Europäer im 16. Jahrhundert hier auftauchten.

Schon bald nachdem die Portugiesen die Seewege nach Asien zu dominieren begannen, landeten sie auch an Sri Lankas Westküste. 1517 errichteten sie in Colombo ein Fort. Von dort aus konnten sie fast 140 Jahre lang ihr Gewürz- und Edelsteinmonopol verteidigen, bis sie 1656 von den Holländern vertrieben wurden. Diese verstärkten die Befestigungen, bauten neue Siedlungsgebiete und legten ein ausgedehntes System von Kanälen an. Die Briten bauten Colombo dann zur wichtigsten Stadt der Insel aus, vergrößerten und verbesserten den Hafen, der nun zu einem der wichtigsten im Indischen Ozean wurde. 1815 wurde Colombo Hauptstadt von Ceylon. Die moderne Stadt, in der inzwischen mehr als 3 Millionen Menschen wohnen, ist seit der Unabhängigkeit erheblich gewachsen und hat sich allein an der Küste über 60 km ausgedehnt.

Colombo ist heute in Postbezirke mit den Ziffern 1 bis 15 unterteilt. Wenn Sie Einheimische nach dem Weg fragen, werden sie diese Postbezirksnummern auch nennen. Das Fortviertel ist Colombo 1, nach Süden erstrecken sich die Bezirke 2 bis 10, nach Norden die Bezirke 11 bis 15. Colombo 7 bezeichnet den vornehmsten Stadtteil: Cinnamon Gardens.

Koloniales Erbe

Der größte Teil der Stadt ist eine diffuse Masse aus leicht angeschimmeltem Beton und sich stauendem Verkehr. Doch auch wenn der erste Eindruck vielleicht abschreckend ist, so zeigt Colombo doch einen interessanten Kontrast aus Kolonialzeit und Moderne und ist in seiner Geschäftigkeit sehr speziell.

Links: Moschee Jami ul-Alfar **Unten:** Die Schlappen zeugen von vielen Besuchern im Gangaramaya-Tempel

Weil die Stadt so jung und so überbordend ist und koloniale Züge erhalten blieben, unterscheidet sie sich sehr stark von allen anderen im Land. Hier gibt es wenige Zeugnisse des Buddhismus und der singhalesischen Kultur, sondern eine kosmopolitische Vermischung mit bedeutenden tamilischen und muslimischen Gemeinden, mit Burghern und Ausländern. Moscheen, Kirchen und Hindutempel sind genauso hör- und sichtbar wie buddhistische Stupas, und in den Geschäftsbezirken wird eher Englisch als Tamil oder Singhalesisch gesprochen.

Im Vergleich zu den anderen, eher konservativen Städten ist Colombo immer an der Zukunft orientiert. Man schaut gerne auf die Welt draußen, auf die jüngsten Trends und Moden, die im Rest des Landes viel später oder nie auftauchen.

Fort – ein Stadtviertel voller Leben

Von den wuchtigen Festungsmauern der Holländer ist in Colombos ältestem Stadtteil nichts geblieben. Auf den Grundmauern des portugiesischen Forts errichtet, dienten sie zur Verteidigung des Handelsmonopols von Edelsteinen, Gewürzen und Elfenbein. Um das neue Fort herum wurde ein Wassergraben angelegt und mit dem damals wesentlich größeren Beira Lake verbunden. Als das britische Empire die Macht übernahm, waren die Mauern militärisch nutzlos geworden und wurden daher 1872 geschleift, um mehr Platz für den Hafen zu schaffen. Jener spielte nach Öffnung des Suezkanals und mit dem Aufkommen der Dampfschiffe eine immer größere Rolle. Fast alle großen Schifffahrtslinien zwischen Europa und Asien legten in Colombo einen Stopp ein. Wie in anderen europäischen Städten auch, entstanden anstelle der Mauern breite Alleen mit majestätischen neoklassischen Wohn- und Bürohäusern, die den Führungsanspruch der Kolonialherren deutlich betonten.

Eine Reihe dieser kolonialen Prachtbauten und die originalen Straßennamen sind erhalten geblieben, vor allem zwischen der belebten York Street und dem Marine Drive. Beim Spaziergang durch die Straßen zeigt sich Fort jedoch

Unten: Straßenszene im Jahr 1910

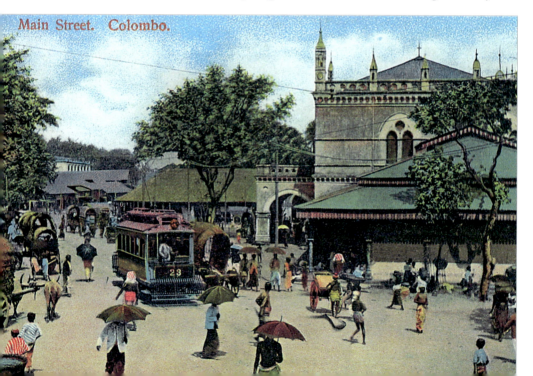

Colombo

auch von seiner modernen Seite. Hier stehen mit der Bank of Ceylon und den beiden Türmen des World Trade Centre gelungene Beispiele moderner Architektur. Unter dem ethnischen Konflikt hat dieser Stadtteil jedoch besonders gelitten. Er war in den 1990er-Jahren Schauplatz einiger der verheerendsten Anschläge der LTTE, wie etwa im Januar 1996, als bei einer Bombenexplosion vor der Central Bank 91 Menschen ums Leben kamen und über 1000 verletzt wurden. Einige Bereiche rund um die Präsidentenvilla bleiben bis heute gesperrt, und obwohl die Renovierung der viktorianischen Bauten endlich begonnen hat, macht die wenig belebte und mit vielen Kontrollpunkten versehene Gegend kaum Lust auf einen Spaziergang.

An der Kreuzung mit der Lower Chatham Street stößt man auf den **Lighthouse Clock Tower (Uhrturm) Ⓐ**, der auf Lady Ward zurückgeht. Mit ihm wollte die gestrenge Gattin des britischen Gouverneurs die Einheimischen zur Pünktlichkeit erziehen. 1867, zehn Jahre nach seiner Errichtung, wurde das viktorianische Wahrzeichen zum Leuchtturm ausgebaut und wies bis in die 1950er-Jahre den Schiffen den Weg, als Hochhäuser die Sicht auf den Turm verdeckten. Dann nahm das Lighthouse am Marine Drive den Betrieb auf.

Durch die Sicherheitsabsperrungen hindurch kann man einen weißen Prachtbau erspähen. 1856 im neoklassizistischen Stil als Gouverneurssitz errichtet, dient das einstige »Queen's House« heute unter dem Namen **Janadhipathi Mandiraya Ⓑ** als offizielle Residenz des Staatspräsidenten. Dem unermüdlichen britischen Gouverneur Sir Edward Barnes ist am Eingang ein Standbild gesetzt worden. Alle Entfernungen im Land werden von hier aus gemessen. Im nördlichen Anschluss des Präsidentenpalais liegen die **Gordon Gardens** und im weißen Komplex gegenüber das ehemalige **General Post Office.** Beide sind momentan aus Sicherheitsgründen nicht zugänglich.

Folgen Sie nun der kurzen Lower Chatham Street mit ihren vielen Wechselstuben und kleinen Geschäften bis zur Einmündung in die York Street.

> Als Ersatz für den alten Uhrturm wurde ein neuer Leuchtturm am Marine Drive im westlichen Teil von Fort errichtet.

Unten: Kolonialvilla mit verspielter Holzfassade

158 ◆ Unterwegs

TIPP
Trishaws (auch Three-Wheelers oder Tuktuks) sind vielleicht die schnellsten und interessantesten Transportmittel, um im dichten Verkehr von Colombo voranzukommen. Für eine längere Fahrt sind sie allerdings recht laut und anstrengend.

Unten: Altes Parlamentsgebäude (heute: Presidential Secretariat) neben modernen Hochhäusern

Vorbei an der schmucken Fassade von **Cargills Department Store** – hier eröffnete Geschäftsgründer Saim Cargill 1844 seinen ersten Laden – geht es in Richtung Hafen. An der Ecke zur Church Street treffen Sie auf das ehrwürdige **Grand Oriental Hotel** ❻. Seit seiner Eröffnung 1875 sah es viele illustre und weniger illustre Gäste kommen und gehen, etwa 1890 den noch unbekannten russischen Schriftsteller Anton Tschechow oder Karl May, der hier im Oktober 1899 nach seiner Ankunft mit der »Bayern« drei Wochen residierte. 1914 schrieb Bella Woolf, die Schwägerin der Schriftstellerin Virginia Woolf: »Es heißt, dass, wer lange genug im Foyer des Grand Oriental wartet, jeden trifft, den zu treffen sich lohnt.« Einen der schönsten Ausblicke auf Colombos Hafen haben Sie vom Harbour Room im vierten Stock, der zu einem Drink oder Buffet einlädt.

Holländische Einflüsse

Südlich des Uhrturms liegt mit dem **Dutch Hospital** eines der ältesten Bauwerke der Stadt. Drei flache, von Veranden beschattete, ockerfarbene Flügel gruppieren sich um zwei Innenhöfe. Das im 17. Jh. errichtete Krankenhaus wurde nach umfangreichen Renovierungen 2011 wieder eröffnet. In seiner Umgebung haben sich ganz gute Restaurants, Cafés und Läden angesiedelt, die wieder etwas Leben in die Gegend bringen.

Direkt gegenüber hat sich das moderne Colombo mit einigen Wolkenkratzern (zumindest nach sri-lankischen Verhältnissen) erhoben. Dazu gehören auch drei Fünfsternehotels (Hilton, Galadari und Ceylon Continental, das zurzeit wegen Renovierung geschlossen ist), die zylindrischen Doppeltürme des **World Trade Centre** sowie die **Bank of Ceylon.** Neben dem Galadari Hotel befindet sich ein Kolonialbau mit mächtigen Kolonnaden, das ehemalige Parlament, das jetzt als **Presidential Secretariat** bekannt ist. Die Statuen der ersten vier Premierminister nach der Unabhängigkeit recken sich in den Himmel, einschließlich der von D. S. Senanayake, der starb, nachdem er im nahen Park Galle Face Green vom Pferd gefallen war.

Die Pettah

Colombos Hauptbahnhof, **Fort Railway Station,** bildet die Grenze zwischen den beiden Stadtteilen Fort und **Pettah.** Letzterer ist ein einziger großer, bunter Basar; von Elektrogeräten bis hin zu erlesenen Gewürzen ist hier alles zu finden. Der Name leitet sich von dem tamilischen Wort für Siedlung, *pettai,* ab, denn neben den Moors leben hier vor allem Tamilen. Abgase, Lärm und Gedränge machen den Gang durch die Gassen nicht zum gemütlichen Spaziergang – aber man taucht in den Alltag der Hauptstädter ein. Schnell werden Sie im Gewirr der Gassen ein System erkennen. Ganze Straßenzüge sind Leder-, Haushalts- oder Schmuckwaren zugeordnet. Die interessanteste Gegend ist die um die Fourth Cross Street, wo man Tee und ayurvedische Kräuter kaufen kann, so dass sich hier auch ganz andere Düfte in die der Straßen mischen.

Colombo

Versteckte Götter

Im Gewusel der Läden und des Verkehrs der Pettah verbergen sich einige der ältesten und interessantesten Bauwerke Colombos. In der Prince Street Nr. 96 befindet sich das beschauliche **Dutch Period Museum** (Di–Sa 9–17 Uhr, Eintritt). Im ausgehenden 18. Jh. als Gouverneursresidenz erbaut, diente es später als Internat und zuletzt als Postamt. Nun birgt es eine kleine, aber feine Sammlung von Möbeln, Haushaltswaren und anderen Memorabilien.

Ein beeindruckendes Bauwerk in der Pettah ist die Moschee **Jami ul-Alfar** ❺, Ecke Second Cross Street/Bankshall Street. Sie geht auf das Jahr 1909 zurück, hat viele Säulen, geschwungene Bögen sowie an Zuckerwerk erinnernde Minarette – mit ihren roten und weißen Streifen wirkt sie wie ein gewaltiger Himbeerkuchen mit Sahne. Zu Gebetszeiten steht sie nur Muslimen offen; zu allen anderen Zeiten darf der Hof für die rituellen Waschungen auch von Nicht-Muslimen betreten werden. In der benachbarten Third Cross Street setzt die schlichte **Memm-Harnafi-Moschee** einen Kontrastpunkt.

Die **Wolvendaal Kerk** ❻ an der Ecke Wolfendahl Street/Vivekanada Hill entstand im Jahr 1749. Mit ihren einneinhalb Meter dicken Mauern spiegelt sie die Innenarchitektur aus der Zeit der holländischen Reformation wider: kreuzförmiger Grundriss, ein kunstvoll aus Holz geschnitztes Taufbecken, eine Kanzel mit Baldachin, ein kristallener Kronleuchter und eine reich illustrierte holländische Bibel. In den Boden sind Grabplatten aus einer holländischen Kirche in Fort eingelassen. Darunter ruhen u. a. die Gebeine von fünf Gouverneuren, die 1819 hierher umgebettet wurden.

Weiter westlich befindet sich die **Sea Street,** eine der buntesten und interessantesten Straßen in Pettah mit zahllosen Juwelieren. Auf halbem Weg liegen zwei bedeutende Hindutempel, der alte und der neue **Kathiresan Kovil** ❼ mit ihren bunten Türmen. Von hier startet anlässlich des Vel-Festes im Juli/August zu Ehren des Kriegsgottes Skanda (mit dem Dreizack Vel in der Hand; s. S. 102) eine prächtige Prozes-

> Wolvendaal bedeutet »Tal der Wölfe«. Da es auf der Insel aber niemals Wölfe gab, dürften die Holländer wohl eher streunende Kojoten gesehen und für Wölfe gehalten haben.

Unten: Die Pettah ist ein einziger großer, lebhafter Basar

> Auf einer Tafel im Foyer des Galle Face Hotels stehen die Namen einiger Berühmtheiten, die hier genächtigt haben, darunter Laurence Olivier, Noël Coward und Gregory Peck.

Unten: Uniformierte Portiers vor dem Galle Face Hotel

sion. Hunderte von Gläubigen ziehen dabei einen kunstvoll gestalteten Prunkwagen zu den Hindutempeln in der Galle Road.

Weiter die Sea Street entlang, liegt in der Nähe des Hafens die beliebte katholische Kirche **St. Anthony** ❿. Jeden Dienstag strömen Scharen von Menschen unterschiedlichen Glaubens hierher, um die Hilfe des wundertätigen Heiligen zu erflehen – denn der im italienischen Padua begrabene Franziskanerpater schert sich nicht um Religionszugehörigkeiten.

Um einiges prächtiger ist die weiter östlich gelegene Bischofskathedrale **St. Lucia** ❶. Der gewaltige Kuppelbau ist der heiligen Lucia von Sizilien geweiht. Der Legende nach riss sich die Jungfrau ihre wunderschönen Augen aus und übergab sie einem lästigen Verehrer. Daher wird sie von den Gläubigen vor allem bei Augenleiden angerufen. Zwischen 1873 und 1902 wurde das Gotteshaus in neoromanischem Stil mit ionischen Säulen errichtet und kann bis zu 6000 Menschen fassen. Meist sind die Gottesdienste jedoch nicht so gut besucht.

Galle Face Green

Seit 1859 können die Bewohner Colombos entlang des **Galle Face Green** ❿ flanieren und dem Meeresrauschen lauschen. Der Park ist eine wichtige grüne Lunge Colombos. Einst frönten hier die Kolonialherren dem Pferderennen und Kricketspiel. Heute trifft sich hier Jung und Alt, lässt Drachen steigen und probiert sich durch die vielen Garküchen. Es kommen so viele Besucher in den Park, dass alle paar Jahre der Rasen erneuert werden muss.

Einige neuere Hotels versammeln sich in der Nähe des Parks, wie das **Taj Samudra** im Osten und ein Holiday Inn sowie die drei Fünfsternehotels (s. S. 158). Doch keines könnte dem altehrwürdigen **Galle Face Hotel** ❿ am Südende des Parks das Wasser reichen (s. unten). Das im Jahr 1864 erbaute Haus ist zweifellos der beste Ort, um am späten Nachmittag mit Blick auf das Meer den Sonnenuntergang zu beobachten. Noch besser lässt sich dies genießen, wenn man dabei einen köstlichen Mango-Cocktail oder einen Arrak mit Soda neben dem großen Schachbrett im Garten schlürft.

HOTEL MIT CHARME

»Hierher, im Laufe der Zeit und im Verlauf der Reise, kommt früher oder später jeder von einer Frau geborene Mann und jede Frau, die für einen Mann interessant oder uninteressant erscheint. Wohin man fährt, Osten oder Westen, kann man es kaum vermeiden, eines Tages im Galle Face Hotel zu landen. Selbst wenn man auf dem Weg in die Antarktis ist.« Dies schrieb der aus Yorkshire stammende Botaniker und Reisende Reginald Farrer in seinem 1908 veröffentlichten Buch *In Old Ceylon*. Farrers Verdienst war es, neue Steingartenpflanzen in britische Gärten einzuführen. Zweifellos war seine Meinung auch vom uniformierten Personal geprägt, das eifrig und mit Stil die Verlockungen der Verandah Bar herbeibrachte. Vier Bedienstete kamen damals auf einen Gast, und heutzutage sind es auch nicht viel weniger.

Colombo **161**

Von Galle Face schweift der Blick die Küste entlang

Slave Island

Ein eigentümlicher Name für das Viertel zwischen den beiden Teilen des Beira Lake. Tatsächlich waren die beiden Seen einst weitaus größer und miteinander verbunden. Auf einer Insel in der Mitte hatten die Holländer ab dem 17. Jh. ostafrikanische Sklaven interniert. Krokodile im See sollten sie davon abhalten, in die Freiheit zu schwimmen. Später wohnten dort malaiische Einwanderer, deren Nachfahren heute noch rund um die Malay Street leben. Teile des Sees wurden trockengelegt, um Land zu gewinnen.

Trotz ihrer exquisiten Innenstadtlage ist die Gegend heruntergekommen und hat einige der gefürchtetsten Adressen der Stadt. Es gibt mehrere Tempel und Moscheen, von denen einige für die malaiischen Soldaten erbaut wurden, die hier einst stationiert waren. Am größten und buntesten ist der **Hindutempel Sri Subramania** in der Kew Road mit seinen gewaltigen, weithin sichtbaren Türmen.

Der ungewöhnlichste Gebetsort liegt jedoch auf einer Insel im südlichen Beira Lake: der buddhistische **Seema Malaka** ❶. Von Sri Lankas berühmtesten Architekten Geoffrey Bawa entworfen und zu wesentlichen Teilen von einem Muslim finanziert, dient der 1978 eingeweihte Tempelbau zur Ordination der Mönche aus dem nahe gelegenen Gangaramaya. Inspiriert von den Waldeinsiedeleien aus der Anuradhapura-Periode, verwendete Bawa bevorzugt Holz. Der klar strukturierte Bau besteht aus drei mit Stegen verbundenen Teilen und hat große Dächer, die den Regen abhalten.

Das weiter südlich gelegene **Gangaramaya** ❿ (tgl. 7.30–23.30 Uhr, Eintritt) ist zwar eines der wichtigsten buddhistische Klöster der Stadt, trotzdem aber keine architektonische Schönheit. Mitunter wirkt die eigentümliche Mischung aus Museum und religiöser Stätte recht bizarr, aber sehr interessant. Es gibt Oldtimer zu bewundern, Sandelholz- und Elfenbeinschnitzereien, dazu noch eine Buddhafiguren-Sammlung. Nichtsdestotrotz bietet die friedvolle Atmosphäre eine wohltuende Abwechslung zur hektischen Stadt. Das 1885 gegründete Kloster ist auch Schauplatz des zum Februar-Vollmond

Unten: Kreuzung im Viertel Slave Island

Hinduistische Bronzefigur im National Museum

Unten: Im Gangaramaya-Tempel

stattfindenden Navam Perahera. Wenn auch bescheidener als in Kandy, sind an den Prozessionen immerhin Dutzende Elefanten beteiligt.

Viharamahadevi Park und Umgebung

Südöstlich von Slave Island erstreckt sich der **Viharamahadevi Park** N. Wie so viele Orte im britischen Empire wurde auch dieser Park nach der Königin Victoria benannt. Seit 1951 trägt er den Namen einer singhalesischen Königin aus dem 2. Jh. v. Chr. (s. S. 163), deren schillerndes Leben die Fantasie vieler Erzähler angeregt hat. Bei einem Rundgang durch den Park können Sie die letzten erhaltenen Zimtbäume der einstigen Plantage sehen. Zwischen Lotosteichen recken Ebenholz-, Mahagoni-, Zitronen- und Ficusbäume ihre Wipfel in den Himmel. Zwischen März und Mai verströmen blühende Bäume, darunter sieben Frangipani-Arten (auch Tempelbaum genannt), intensive Düfte. Oft kann man im Park Elefanten sehen, und eindrucksvoll sind die zur Dämmerung ausschwärmenden Fledermaus- und Flughundkolonien.

Im Nordosten überschaut die 1927 mit einer schimmernd weißen Kuppel errichtete **Town Hall** den Park, die wie ein Hochzeitskuchen aussieht und von einem glänzend golden leuchtenden Buddha betrachtet wird. Hinter dem Rathaus ragen die vielen schlanken Minarette der schneeweiß getünchten **Devatagaha-Moschee** O in den Himmel. 1905 wurde sie über dem wieder entdeckten Grab des muslimischen Heiligen Datar aus Saudi-Arabien erbaut. Namensgeber der Moschee ist ein auf Singhalesisch als *davata* bekannter Baum (*Carallia brachiata*).

Etwas weiter nördlich gelangen Sie zum verkehrsreichen **De Soysa Circus** mit zahlreichen modernen Läden, wie etwa dem schicken **Paradise Road** (213, Dharmapala Mawatha, s. S. 14, 305), einem Laden in einem Haus aus dem 19. Jh., der Antiquitäten und Keramik nach westlichem Geschmack verkauft. Falls Sie heil über die Straße kommen, können Sie im gegenüber liegenden **Odel Unlimited** (5, Alexandra Place, s. S. 304) nach Herzenslust einkaufen oder für eine kurze Rast in eines der kleinen Cafés einkehren.

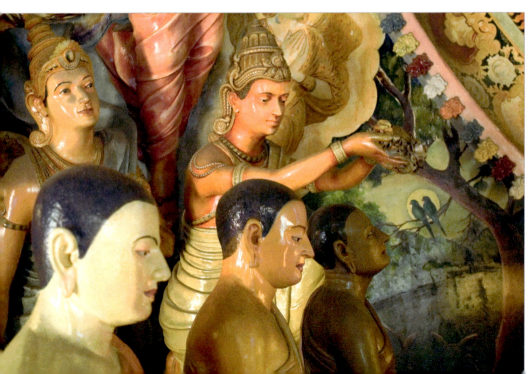

Colombo **163**

Museen und Galerien

Im südlichen Bereich des Parks liegen drei Museen. Das 1877 eingeweihte **National Museum** ❷ (tgl. 9–18 Uhr, Eintritt) am Albert Crescent gibt einen hervorragenden Einblick in die sri-lankische Kunst- und Architekturgeschichte – angefangen von einer Buddhastatue aus Anuradhapura im Foyer über bronzene Hindu-Plastiken aus Polonnaruwa bis zum Thron und der Krone des letzten Königs von Kandy. Ein Modell demonstriert die raffinierte Bewässerungstechnik *(bisokotuva)* der alten Stauseen. Im zweiten Stock ist in erster Linie die umfangreiche Sammlung von Kolam-Masken (s. S. 107) sehenswert. Aber bereits der gewaltige Gebäudekomplex ist einen Besuch wert. Von dem sri-lankischen »Norman Foster« namens Arasi Marikar Wapchie Marikar entworfen, wurde er am Neujahrstag 1877 eingeweiht.

Nahebei liegen das mäßig interessante **Natural History Museum** (tgl. 9–18 Uhr, Eintritt) und die **National Art Gallery** (tgl. 9–18 Uhr, freier Eintritt), die eine Sammlung von Arbeiten sri-lankischer Künstler zeigt.

Cinnamon Gardens

Der exklusivste Stadtteil von Colombo, **Cinnamon Gardens** (Colombo 7), erhielt seinen Namen nach den Zimtgärten, die hier in holländischer Zeit noch eines der beliebtesten Handelsgüter produzierten. Er hat sich einen Hauch von kolonialer Vornehmheit bewahrt. Darauf weisen auch noch einige Straßennamen hin, wie Guildford Crescent, Torrington Square oder Horton Place. Besondere Sehenswürdigkeiten gibt es nicht.

In einem geräumigen Bungalow – einst Wohn- und Arbeitsstätte des Künstlers Harry Pieris – ist seit 1974 die **Sapumal Foundation** (32/4, Barnes Place, Do–Sa 10–13 Uhr, Eintritt frei, Tel. 011/269 5731) untergebracht. Gezeigt wird eine umfassende Sammlung zeitgenössischer Kunst – allen voran Werke der »43 Group«. Die nach ihrem Gründungsjahr benannte Künstlergruppe versammelte die bedeutendsten Vertreter der Moderne. An einen von ihnen, den Anwalt, Musiker und Fotografen Lionel Wendt, erinnert das **Lionel Wendt Theatre** (18, Guildford Crescent, südlich des National Muse-

> **TIPP**
>
> Die nördlich des National Museum und der National Art Gallery gelegene Straße **Ananda Kumaraswarmy Mawatha** (auch »Green Path«) verwandelt sich jedes Wochenende in ein Farbenmeer, wenn lokale Hobbykünstler ihre auf Leinwand gemalten Gemälde über die Geländer am Straßenrand hängen. Natürlich stehen alle Bilder zum Verkauf – wie zu erwarten zu günstigen Preisen.

Unten: Die Town Hall vom Viharamahadevi Park aus gesehen

DIE LEGENDE DER VIHARAMAHADEVI

Man erinnert sich an viele Könige der Geschichte Sri Lankas, doch nur an eine Königin: Viharamahadevi. Nach der Legende war sie die Tochter König Tissas von Kelaniya, der einst fälschlicherweise einen Mönch zum Tode verurteilte – der Unglückliche wurde bei lebendigem Leib zu Tode gekocht. Daraufhin sollen sich die Wasser des Ozeans erhoben haben, um das Königreich zu vernichten. Die ehrenwerte Prinzessin bot sich als Opfer zur Wiedergutmachung des Verbrechens an und wurde in einem Kahn unweit des heutigen Colombo aufs Meer geschickt. Nach einer langen Seereise kam Viharamahadevi in Kirinda bei Tissamaharama an Land, wo sie von König Kavantissa entdeckt wurde. Von ihrer Schönheit geblendet, heiratete er sie auf der Stelle. Kurz darauf wurde der legendäre Dutugemunu geboren, Sri Lankas historischer Lieblingsheld.

Wie viele andere Legenden Sri Lankas besteht die Geschichte Viharamahadevis aus einer Mischung aus wenigen Tatsachen und viel Fantasie, alten, miteinander verwobenen Geschichten und dem üblichen erhobenen Zeigefinger (keine Mönche kochen!). Gleichzeitig verschafft sie dem beliebten Helden Dutugemunu eine illustre Mutter. Interessant ist allemal die Beschreibung der Wellen, die Tissas Königreich zu vernichten drohten und die darauf verweist, dass 2004 wohl nicht der erste Tsunami über das Meer gerast ist.

Dieses Schild weist auf eine städtische Grünanlage hin

Unten links: Kinder in Schuluniform
Unten rechts: Bunte Reklame schmückt dieses Geschäft

um, http://lionelwendt.org). Neben Ausstellungen gibt es hier Musik- und Theatervorführungen. Mit der **Saskia Fernando Gallery** (61, Dharmapala Mawatha, tgl. 10–19 Uhr, http://saskiafernandogallery.com) präsentiert etwas nordwestlich eine profilierte Galerie führende zeitgenössische Künstler.

Südlich des National Museum stoßen Sie hinter Cambridge Place an der Reid Avenue auf zwei der angesehensten Bildungsstätten des Landes: die **Colombo University** und das **Royal College**. Weiter östlich liegt die **Independence Commemoration Hall**. Beim Bau des offenen Pavillons nahmen die Architekten die königliche Audienzhalle in Kandy zum Vorbild. Nur sind die fantasievoll geschmückten Säulen nicht aus Holz, sondern aus Beton. Am 4. Februar 1948 wurde hier erstmals das Parlament des unabhängigen Ceylon eröffnet.

Auf der Südseite der Bauddhaloka Mawatha erhebt sich die gewaltige **Bandaranaike Memorial International Conference Hall** (BMICH). Sie ist ein Geschenk der Volksrepublik China und wurde im Jahre 1971 eingeweiht. Ein angegliedertes Museum dokumentiert anhand von historischen Fotos die Geschichte des Bandaranaike-Klans, der die Geschicke des Landes so maßgeblich prägte – nicht immer zum Vorteil des Landes.

Ganz in der Nähe befindet sich der **Sinhalese Sports Club**, der im Volksmund auch »Lords of Sri Lanka« heißt. Hier finden seit 1984 die Kricket-Testspiele statt.

Galle Road

Südlich des Galle Face Green liegen die modernen Stadtteile Colombos, die sich ganz anders geben als die weiter nördlichen. Nachdem Firmen sich im Bürgerkrieg in Fort nicht mehr sicher fühlten, zogen sie hierher und brachten moderne Läden, Cafés und Restaurants mit sich, in denen sich auch Touristen wohlfühlen.

Die verkehrsreiche **Galle Road** zieht sich vom Galle Face Green nach Süden hin und unterteilt damit die südlichen Stadtteile Kollupitiya, Bambalapitiya und Wellawatta, erreicht dann Dehiwala und Mount Lavinia (s. S. 166). Die Straße ist die wichtigste Verbindung in

Colombo 165

die südlichen Stadtteile und deshalb fast immer von Staus geplagt. Die Bebauung ist eine Mischung aus modernen, verglasten Hochhäusern und alten Häusern, zwischen denen normales Alltagsleben mit vielen fliegenden Händlern abläuft.

Im schicken **Angsana City Club & Spa** können Sie sich mit Massage, Pool und Sauna verwöhnen lassen. In unmittelbarer Nähe liegt das kolossale **Cinnamon Grand** mit allen Annehmlichkeiten eines Fünfsternehotels. Seine Restaurants und Bars bieten sowohl britische Gediegenheit als auch asiatische Eleganz. Rechts daneben lädt die **Crescat Shopping Mall** mit ihren glitzernden Geschäften und dem französisch inspirierten **Deli France** zum Einkaufen und Kaffeetrinken ein.

Auf der anderen Straßenseite befindet sich im Haus des **Sri Lanka Tourist Board** das **Tourist Information Centre**.

Kollupitiya und Bambalapitiya

Polizeipräsenz bestimmt das Bild am nördlichen Ende der Galle Road. Die Botschaften der USA und Indiens verstecken sich hinter meterhohen Befestigungen, und die offizielle Residenz des Premierministers, **Temple Trees,** wird von noch mehr Sandsäcken und Wachtürmen umgeben. Hinter der Eisenbahnüberführung befindet sich das Kaufhaus **Crescat Boulevard**.

In Bambalapitiya, etwa 1,6 km südlich, belebt sich das Straßenbild mit zahlreichen kleinen Läden und Restaurants. Die Spannbreite reicht vom Einkaufszentrum **Majestic City** bis zum schönen **Barefoot Shop** (s. S. 305), dessen lebhaft gefärbte, sofort erkennbare Textilien den aktuellen Stil der Hauptstadt geprägt haben.

Nur wenige Fußminuten entfernt befindet sich **The Gallery Café** (2, Alfred House Gardens, s. S. 300), ein weiteres aktuelles Modegeschäft. Galerie und Laden sind im Vorderhaus des ehemaligen Büros des Architekten Geoffrey Bawa untergebracht, das Café im urnenförmigen Innenhof. Nur um eine paar Ecken weiter steht auch **Bawas Wohnhaus** (11, 33rd Lane, Mo–Fr 9 bis 17 Uhr, Eintritt) Besuchern offen. Der Architekt selbst hat es in den vier Jahrzehnten, die er in ihm gewohnt hat, häufiger intensiv umgebaut, so dass es

>> Parallel zur Galle Road verläuft die **R. A. de Mel Mawatha,** die von ansässigen Briten mit ihrem alten Namen »Duplication Road« bezeichnet wird. Letzterer ist auch passender, denn sie »dupliziert« sozusagen den Verlauf der Galle Road, um mehr Platz für Verkehr sowie Restaurants und Geschäfte zu schaffen.

Unten links: Ruheplätzchen im Park
Unten rechts: Trishaw (Tuktuk) im Regen

Detail der reichen Holzschnitzereien des Kelaniya Raja Maha Vihara

Bawas gesammelte architektonische Ideen auf kleinem Raum zum Ausdruck bringt. Es beherbergt zudem eine eklektische Sammlung von Kunstwerken und Alltagsgegenständen, die er sich über die Jahre zugelegt hat.

Dehiwala

Im 10 km südlich von Fort in Dehiwala gelegenen **Zoo** Q (tgl. 8.30–18 Uhr, Eintritt) lebt eine beeindruckende Fülle von Vögeln, Reptilien und Säugetieren. Verglichen mit den fürchterlichen Zoos in anderen Gegenden Asiens ist dieser nicht ganz so schlimm, denn von einigen Großkatzen abgesehen, die in engen Käfigen gehalten werden, haben die Tiere ziemlich viel Platz.

Bevor man sich in die Nationalparks aufmacht, kann man hier schon einmal betrachten, wonach man dort Ausschau halten sollte. Es finden sich verschiedenste Affen, Damwild, Bären und Leoparden sowie zahllose Vögel, die in einer Voliere untergebracht sind, durch die man durchgehen kann. Auch Tiere von außerhalb Sri Lankas sind vertreten, etwa Löwen, Tiger, weitere Affenarten, Jaguare, Giraffen, Kängu-ruhs und einige afrikanische Elefanten. Sie treten jedoch selten in der Showtime für Dickhäuter auf, die besonders Kinder erfreut (tgl. 17.15 Uhr).

Mount Lavinia

Viele Colombo-Besucher zieht es zum Übernachten ins 10 km südlich von Fort gelegene **Mount Lavinia** R. Nicht ganz zu Unrecht, denn hier ist der Strandabschnitt recht schön. Allerdings klingt der Name vornehmer, als die mit Dehiwala administrativ zusammengefasste Stadt wirklich ist. Wer es sich leisten kann, sollte im legendären **Mount Lavinia Hotel** (www.mountlaviniahotel.com, s. S. 294) absteigen. Die Zimmer im kolonialen Altbau sind altmodisch, aber voller Charme. Der Neubau bietet mehr Komfort, aber weniger Flair. Wer nicht Hotelgast ist, aber trotzdem den Pool und den Privatstrand benutzen möchte, muss eine kleine Gebühr entrichten, die sich jedoch lohnt. Man findet Entspannung beim Sonnenbad oder zum High Tea auf der Terrasse.

Im Jahr 1806 ließ der Gouverneur Sir Thomas Maitland auf dem meerum-

Unten: Bad im Sonnenuntergang in Mount Lavinia

spülten Felsrücken für sich eine standesgemäße Residenz errichten. Sie wurde zum Liebesnest für ihn und seine Geliebte Lovina, die durch einen Geheimtunnel ins Gebäude gelangte. Die verbotene Liebe verblasste, nur der Name Lovina hat sich in Mount Lavinia verewigt. Seit 1877 werden hier Gäste beherbergt.

Kelaniya und Kotte

Colombos wichtigstes buddhistisches Heiligtum liegt 10 km östlich von Fort an der Straße nach Kandy: **Kelaniya Raja Maha Vihara** ❺ (Karte s. S. 166). Die Bedeutung des Tempels besteht dem *Mahavamsa* zufolge darin, dass Buddha hier seinen dritten und letzten Besuch auf der Insel absolviert haben soll. Der ursprüngliche Tempel wurde bei einem indischen Angriff zerstört, wieder aufgebaut und erneut zerstört, diesmal von den Portugiesen. In einem weitläufigen Gelände, das sich dem träge dahin fließenden Kelani Ganga anschmiegt, liegen etwas erhöht die wichtigsten Gebäude, darunter eine Dagoba und ein innen fast völlig ausgemalter Vihara. Die teils modernen, teils ins 19. Jh. zurückreichenden Malereien illustrieren die Lebensgeschichte Buddhas einschließlich seines nur in der Legende erfolgten Inselbesuches. Die modernen Wandmalereien wurden von Soliya Mendis ausgeführt und harmonieren gut mit den älteren Darstellungen. In Nachbarschaft zum Vihara steht ein prächtiger Bodhi-Baum. Von diesem Tempel geht in jedem Vollmondtag im Januar das zweitägige Duruthu Perahera aus, eine der großen Prozessionen der Stadt (s. S. 103).

Am westlichen Rand der Stadt, rund 7 km von Fort entfernt, befinden sich in der modernen Vorstadt Sri Jayawardenepura die Reste der früheren Hauptstadt **Kotte** ❼. Diese nur kurzlebige Stadt hatte ihre Blütezeit im 15. und 16. Jh. und war die erste singhalesische Siedlung, mit der die Portugiesen in Kontakt kamen. Sie bewunderten den Ort sehr – und zerstörten ihn dann. Hier befindet sich nun in einem künstlichen See das Parlament in einem großen Gebäude im Kandy-Stil, das von Geoffrey Bawa entworfen wurde. Aus Sicherheitsgründen ist es nicht zugänglich. ■

Unten: Feierlichkeiten während des Duruthu Perahera

Unterwegs

Die Westküste

Endlose cremegelbe Sandstrände, von sich sanft im Wind wiegenden Palmen bestanden, ziehen sich an der Westküste entlang – mit touristischen Einrichtungen jeder Kategorie.

NICHT VERPASSEN!

Brief Garden
Bentota
Lunuganga
Induruwa
Ambalangoda
Hikkaduwa

Vorhergehende Seiten: Fischer im Hafen von Negombo **Links:** Küste von Tangalle **Unten:** Am Strand von Negombo am Nationalfeiertag

Die Westküste ist die am weitesten entwickelte Region der Insel; sie orientiert sich an westlichen Touristen. Lange Strecken heller Sandstrände mit Hunderten von Hotels und Pensionen aller Größen und Standards ziehen sich von Negombo im Norden bis nach Hikkaduwa im Süden. Obwohl auch anderswo neue Hotels entstehen, nehmen die großen Resorts an der Küste die meisten Pauschaltouristen auf und bieten Zweiwochenpakete für sonnenhungrige Europäer und Asiaten an, vor allem während des nördlichen Winters.

Doch diese Entwicklung ging ungeplant und unkontrolliert vonstatten und hat einige hässliche Stellen hinterlassen, wenngleich selbst die Billigresorts in Negombo und Hikkaduwa einige Verschönerungen durchführen und die meisten Schäden des Tsunami von 2004 inzwischen beseitigt sind. Trotz dieser negativen Auswüchse, die vor allem Resultat der überbordenden Korruption im Staatsapparat sind, gibt es aber jede Menge wunderbarer Stellen entlang der Westküste, die die Worte des verstorbenen Arthur C. Clarke berechtigt erscheinen lassen, der bemerkte: »Es ist immer dasselbe Bild: Schlanke Palmen lehnen sich über den weißen Sand, die Sonne spiegelt sich in den Wellen, die sich vor der Küste brechen; am Strand liegen die Fischerboote mit ihren Auslegern. Dies allein ist real, das andere ist nur ein Traum, von dem ich gleich erwache.«

Negombo

Eilige Sonnenhungrige brauchen nicht weit zu fahren. Nur wenige Autominuten vom Flughafen entfernt warten die Strände von **Negombo** ❶ mit zahlreichen Hotels für jeden Geldbeutel. Auch wenn es schönere Küstenabschnitte gibt, erfreut sich der stark zugebaute Ort recht großer Beliebtheit. Entsprechend viele Hotels unterschiedlicher Qualität gibt es, dazu Restaurants und Bars und etwas Nachtleben, das man an den meisten anderen Orten der Küste vermisst. Wer eher Ruhe und Erho-

172 ◆ Unterwegs

lung sucht, wird vermutlich nur eine Nacht in der Nähe des Flughafens verbringen.

Die Geschichte Negombos ist v. a. mit einem Produkt verbunden: dem Zimt (s. rechts). Wurden anfänglich arabische Händler von dem Gewürz angelockt, so waren es ab dem 16. Jh. Portugiesen, die sich mit der Baumrinde eine goldene Nase verdienten. Ihre – nicht immer gewaltlose – Missionstätigkeit ist dafür verantwortlich, dass heute mehr als zwei Drittel der Bewohner Negombos katholisch sind. Mitte des 17. Jhs. übernahmen die Holländer die Herrschaft. Von ihrer 1678 erbauten Festung aus kontrollierten sie den Zimthandel. Um das Gewürz aus dem Hinterland besser transportieren zu können, ließen sie den über 120 km langen »Dutch Canal« von der Negombo- bis zur Puttalam-Lagune graben. Unter den Briten verlor der Ort an Bedeutung. Die Festung wurde zum Gefängnis – was sie noch immer ist.

In der Mitte der Stadt steht die pinkfarbene **St. Mary's Church,** eine der zahlreichen großen katholischen Kirchen in der Stadt und an der Küste bis hinunter nach Colombo. Vor allem portugiesische Missionare haben sehr aggressiv unter den lokalen Karava-Fischern missioniert, was sich bis heute nicht nur in den Kirchen, sondern auch an kleinen Schreinen zeigt, die an den Straßen stehen. An Ostern wird zudem auf der Insel Duwa nahe Negombo ein Passionsspiel aufgeführt.

Die Karava fischten früher von ihren speziellen Auslegerkanus aus, die Oruva genannt werden und ein markantes, großes, rechteckiges Segel haben. Plinius erwähnte diese Boote im 1. Jh. n. Chr., doch sie sollen schon vor seiner Zeit existiert haben. Auch heutzutage kann man manchmal einige davon entlang der Küste segeln sehen.

Südlich der Stadt erstreckt sich die Lagune von Negombo, aus der eine beträchtlich Menge der hier verkauften Fische und Meeresfrüchte stammt. Am frühen Morgen, gegen 7 Uhr, finden auf den geschäftigen Fischmärkten im

Muthurajawela

Auf halbem Weg zwischen Colombo und Negombo stellen die Feuchtgebiete von **Muthurajawela** ein Ausflugsgebiet zur Erholung von den lauten Städten dar. Zahllose Vögel, Affen und das eine oder andere Krokodil bewohnen die Salzwassergebiete und Lagunen. Vom Besucherzentrum starten entspannende Bootsfahrten (tgl. 7–16 Uhr) über den alten holländischen Kanal zum Südende der weiten, windigen Lagune. In den Mangrovenwäldern und Sümpfen am Ufer leben Reiher und Eisvögel.

Von Negombo nach Chilaw

Die Fahrt nach Norden in Richtung Chilaw führt durch die beschaulichen Fischerorte **Waikkal** ❷ und **Marawila** ❸. Waikkal ist zudem ein Zentrum der Fliesenproduktion. Fliesen werden meistens in kleineren Fabriken hergestellt, welche an ihren hohen Ziegelschornsteinen zu erkennen sind. In Marawila wie auch im weiter nördlich gelegenen Mahawewa besteht die Haupteinnahmequelle aus der Herstellung und dem Verkauf von Batiktextilien. Es gibt einige große Läden an der Landstraße, und die Preise sind hier etwas niedriger als anderswo im Land.

Die Straße führt weiter nördlich von Mahawewa entlang der Chilaw-Lagune bis zum verschlafenen Städtchen **Chilaw** ❹, wo es nur morgens auf dem Fischmarkt so richtig lebhaft wird. Etwa 5 km im Inselinneren liegt der interessante **Munnesvaram Kovil.** Als eines der fünf wichtigsten Shiva-Heiligtümer Sri Lankas zieht er zum Hauptfest im August/September Tausende Pilger an. Von den Portugiesen im Jahr 1578 zerstört, wurde der Hindutempel im 18. Jh. wieder aufgebaut und seitdem häufiger baulich verändert. Der üppig dekorierte innere Schrein beherbergt ein Lingam, das Shiva darstellt, und eine goldene Statue seiner Frau Parvati, daneben kleinere Schreine anderer Gottheiten. Die großen, hier aufgestellten Wagen ziehen zum Tempelfest durch die Straßen.

TIPP

Rundfahrten mit einem von Negombos Oruva-Booten aufs Meer hinaus oder in die Lagune von Negombo sowie Bootsausflüge auf dem alten Dutch Canal können an mehreren Stellen in der Stadt gebucht werden.

Unten: Sri-lankischer Zimt *(Zeylanicum cinnamon),* gerieben und als Zimtstangen

ZIMT – DAS SÜSSE HOLZ

In großen Mengen wuchs jenes Gewürz an der Westküste, hinter dem die Kolonialmächte Portugal und die Niederlande her waren: Zimt war »die Braut, um die sie tanzten«, wuchs damals wild in den Wäldern und löste immer mehr Nachfrage in Europa aus. Man genoss seinen ganz besonderen Geruch und Geschmack, und dazu sollte er noch die blockierte Luft in den Gedärmen lösen. Der Zimt in der Umgebung von Negombo galt als der süßeste und wertvollste und wurde dementsprechend hochpreisig angeboten.

Damals wuchsen die Zimtbäume in den feuchten, von Elefanten bevölkerten Wäldern. Die Gewinnung war schwierig und gefährlich und lag vollständig bei der Kaste der Cholia. Die Rinde wurde dann zu »Chirurgen« gebracht, die ein Stück abissen, um die Qualität zu bestimmen. Diese war umso höher, je milder sie schmeckte und je weniger Nachgeschmack blieb. Zwischendurch wurde Brot gegessen, nicht um den Gaumen wie bei einer Weinprobe vom Geschmack zu reinigen, sondern um die Schmerzen auf der Zunge zu lindern.

Zimt war so wertvoll, dass die Beschädigung der bis zu 3 m hohen Bäume oder der Verkauf auf dem Schwarzmarkt mit dem Tod bestraft wurden. Jedoch waren die arabischen Händler mit der Küste vertrauter als die niederländischen Kolonialherren, so dass Zimt und Elefanten gegen Reis und Textilien aus Indien getauscht wurden.

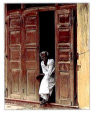

So manche Ladentür lockt mehr mit der Aussicht auf Schatten als mit dem dahinter verborgenen Warenangebot

Unten: Tsunami-Gedenkstätte in Peraliya bei Hikkaduwa

Nördlich von Chilaw

Bei **Uddapuwa** ❺, zwischen Meer und Mundal-Lagune gelegen, wird die Landschaft sichtlich karger. Hier beginnt die Trockenzone, die sich bis nach Jaffna erstreckt. Die Bewohner der Fischerdörfer stammen von einer nordindischen Kriegerkaste ab, die vor mehr als tausend Jahren hierher eingewandert ist. Viele von ihnen ließen sich in Massentaufen von den Portugiesen zum Christentum bekehren und nahmen dann Nachnamen wie Mendis, de Silva oder Fernando an. Trotz des christlichen Einflusses sind in der Umgebung eine ganze Reihe kleinerer hinduistischer Tempel zu sehen.

Direkt südlich von Puttalam umrundet eine Nebenstraße das Ende der Lagune von Puttalam und führt dann auf die **Halbinsel Kalpitiya** (Karte s. S. 150) eine landschaftlich schöne, abgelegene Gegend, die auf drei Seiten von Wasser umgeben ist. An der Spitze der Halbinsel liegt der Ort Kalpitiya, in dem neben der Peterskirche aus der Kolonialzeit noch die Ruinen der niederländischen Festung zu sehen sind. In der Umgebung wollte die Regierung touristische Einrichtungen anlegen, was bisher zum Glück noch nicht in die Tat umgesetzt wurde.

Eine solche Entwicklung beschränkt sich derzeit auf das Dorf **Alankuda** etwa 15 km südlich von Kalpitiya. An dem herrlichen Strand sind hier in den letzten Jahren einige nette Boutiqueresorts (www.alankuda.com, s. S. 295) entstanden, deren ungewöhnliche Bungalows eine enge Verbindung zur Natur aufweisen. Einige bestehen aus Lehmziegeln, andere aus Holz, manche sind auch Zelte wie in Rajasthan. Aktivitäten in der Natur werden ebenfalls angeboten: So hat sich Alankuda zu einem Zentrum der Wal- und vor allem Delfinbeobachtung entwickelt. Bei einem Bootsausflug am frühen Morgen kann man manchmal Hunderte dieser Tiere sehen, das ganze Wasser rund um das Boot scheint voll mit schwimmenden, tauchenden und springenden Delfinen zu sein.

Das graue Küstenband der A3 bringt Sie in das lebendige Fischerstädtchen **Puttalam.** Die Nähe zum umkämpften Norden hat in der Vergangenheit viele Muslime aus Furcht vor den Tamil

Die Westküste 175

Tigers hierher fliehen lassen. Seit fast zwei Jahrzehnten wohnen sie nunmehr in Flüchtlingslagern.

Die A12 biegt Richtung Nordosten nach Anuradhapura ab – eine alternative Anreise zu den archäologischen Stätten des Kulturellen Dreiecks. Diese Straße führt auch zum **Nationalpark Wilpattu**, mit 1317 km^2 Sri Lankas größter Park und Heimat vieler Leoparden und Elefanten. Früher einmal war der Park sehr beliebt. Leider wurde er während der Kämpfe stark in Mitleidenschaft gezogen; viele der Tiere wurden getötet oder sind geflohen. Inzwischen steht er Besuchern wieder offen und erholt sich langsam.

In den Süden bis Kalutara

Die Küste südlich von Colombo ist das Touristenzentrum der Insel schlechthin. Die erstklassigen Strände sind mit einer großen Anzahl von Resorthotels, Luxusvillen, Pensionen und einfachen Absteigen bestückt. Für jeden Geschmack ist gesorgt, von den Boutiquehotels bei Bentota bis zu einfachen Surferunterkünften in der Umgebung von Hikkaduwa.

Nach einer Stunde Autofahrt erreicht man südlich von Colombo **Kalutara** ❻, das noch wie eine ganz normale Stadt aussieht. Hier, wie auch in der nördlichen Nachbarstadt Wadduwa, wirkt der Strand beinahe unberührt. Das verwundert, ist doch die Hauptstadt nicht fern und gibt es doch auch hier eine ganze Reihe großer Hotels. Der Name der Stadt leitet sich von Kalu Ganga ab, was »schwarzer Fluss« bedeutet. Seine breite Mündung quert eine lange Brücke, von der aus man auf stille Wasser und dichte Palmhaine im Binnenland blicken kann. Schaut man nach Süden, so ragt dort der weiße Stupa des **Gangatilaka Vihara** hoch über die umliegenden Häuser auf. Dies ist einer der größten Stupas der Insel; er ist er innen hohl und mit 74 Wandgemälden geschmückt, die wie eine Fortsetzungsgeschichte die Legenden über das Leben des historischen Buddha erzählen.

Nur wenige Kilometer weiter im Landesinneren liegt **Richmond Castle** (tgl. 9–16 Uhr, Eintritt), das auf so wunderbare Weise indische und britische Architektur vereint. Das alte Herren-

> Die Straße nach Galle trennt den Stupa vom übrigen **Gangatilaka-Tempel.** Viele Autofahrer halten auf der Durchfahrt hier an und werfen ein paar Münzen in die eigens dafür aufgestellten Töpfe. Mit ihrer Spende hoffen sie auf himmlischen Beistand für eine sichere Fahrt.

Unten: Die Bucht von Beruwala

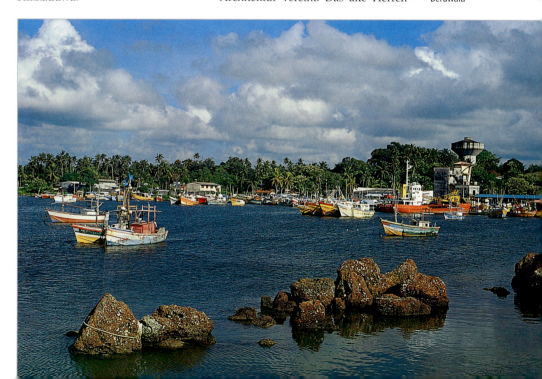

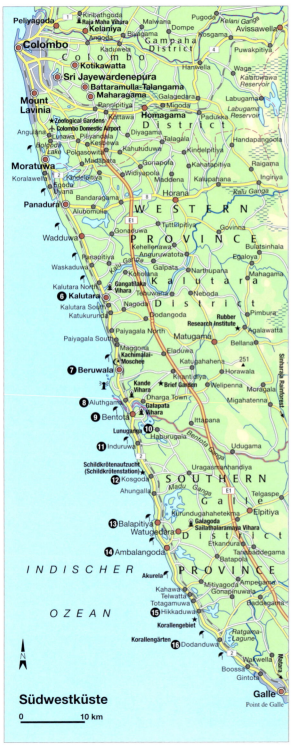

haus gehörte einst dem reichen Gouverneur Padikara Mudaliyar, der Pläne eines Londoner Architekten für einen indischen Maharaja-Palast kopiert hatte. Nach seinem Tod 1949 ging das Schlösschen an eine Schule über, die jedoch die Unterhaltungskosten nicht bestreiten konnte. Heute ist es mit seinem 16 ha großen Grundstück der Öffentlichkeit zugänglich und bietet sich für einen Kanu- oder Radausflug mit Picknick am Flussufer an.

Beruwala

Etwa 60 km von Colombo entfernt, kennzeichnen nördlich von **Beruwala** ❼ sehr schöne einsame Strände den Beginn eines Küstenbandes mit zahlreichen einfachen Unterkünften für Rucksackreisende, das sich bis über Hikkaduwa hinaus erstreckt. Andere Hotels widmen sich den Pauschalreisenden aus Europa und dem Osten. Zudem haben sich hier einige Zentren und Hotels auf Ayurveda-Urlaube spezialisiert.

Das Städtchen ist die älteste bekannte muslimische Siedlung Sri Lankas. Nach wie vor dominieren Muslime das Straßenbild. Hauptsehenswürdigkeit ist die auf einer felsigen Landzunge im Norden gelegene, schneeweiß getünchte **Kachimalai-Moschee** mit elegant geschwungenen Eingängen und Fensteröffnungen. Sie soll die älteste Moschee der Insel sein. Einlass erhalten Sie nur mit etwas Glück, doch zumindest ist der Platz wunderschön, um mit Blick auf Lagune und Leuchtturm den Sonnenuntergang zu genießen. Das Ende des Fastenmonats Ramadan begehen hier alljährlich Zehntausende muslimische Pilger.

Aluthgama

Nur wenige Kilometer weiter in Richtung Süden liegt **Aluthgama** ❽, ein weiterer beliebter Badeort. Das »Neue Dorf«, so die Übersetzung, ist berühmt für seinen turbulenten Fisch- und Gemüsemarkt. Zudem gibt es einige ganz einfache Läden, die Masken und Holzschnitzarbeiten verkaufen. Und wer

Die Westküste 177

nicht unbedingt am Strand wohnen möchte, kann sich in einem der kleineren Resorts an der wunderschönen Lagune von Bentota niederlassen. Sie sind viel angenehmer als die großen Resorts in der Nähe der Straße.

Nur 1 km landeinwärts ragt auf einem kleinen Hügel der **Kande Vihara** auf, der eine der größten Buddhastatuen des Landes beherbergt. Der 48 m hohe, 2007 vollendete Koloss zeigt den Buddha mit dem Mudra der Erdanrufung (rechte Hand auf dem Unterschenkel, Finger nach unten). Der erste Tempel wurde hier 1734 errichtet. Bis heute gibt es ein fast barock anmutendes Nebengebäude mit alten Wandgemälden sowie einige hier lebende Elefanten.

Bei einem Ausflug ins Landesinnere erleben Sie eine vollkommen andere Szenerie. Nur 16 km nordwestlich von Aluthgama gelangen Sie hinter dem Dorf Kalawila zum paradiesisch anmutenden **Brief Garden** (tgl. 8–17 Uhr, Eintritt). Die Gartenanlage ist das Lebenswerk des Landschaftsgestalters, Bildhauers und Lebenskünstlers Bevis Bawa. Der ältere Bruder des bekannten Architekten Geoffrey Bawa schuf an der Stelle einer monotonen Kautschukplantage ein grünes Paradies aus romantisch verspielten Lauben, Schlupfwinkeln und Gartenskulpturen. Den Grund erwarb Bawas Vater mit dem Honorar, das ihm als Jurist ein erfolgreicher Schriftsatz *(legal brief)* einbrachte. Deshalb heißt der Besitz »Brief«.

Man tritt durch ein von Statuen gesäumtes Tor inmitten einer Bambushecke ein und findet einen japanischen Garten, weite Rasenflächen, einen Teich, einen erhöhten Aussichtspunkt, umsäumte Gärten und andere versteckte Überraschungen vor. Das Haus birgt eine private Kollektion von Möbeln, Skulpturen und Gemälden der Familie sowie Erinnerungen an einige bekannte Besucher. Die Haupthalle wird von einem Wandbild des australischen Malers Donald Friend dominiert.

Bentota

Rund 5 km südlich von Aluthgama bietet sich **Bentota** ❾ für einen Aufenthalt an. Auch hier gibt es goldene Sandstrände und zahlreiche Hotels, die sich jedoch, anders als andernorts, in

» Beruwala hatte nach dem Tsunami 2004 erhebliche Schäden zu beklagen. Die Wiederaufbauarbeiten dauern bis heute an, u. a. wird das Riverina-Hotel renoviert und es entsteht das neue riesige Chaaya-Bay-Resort (Eröffnung 2013) an der Stelle des Hotel Bayroo, das die Wellen zerstörten.

Unten: Am Strand von Bentota

Bunte Götterbilder im Hinduschrein

Unten: Eine »Echte Karettschildröte«. Die Schildkröten legen unter anderem bei Kosgoda ihre Eier ab

vernünftigen Abständen am Strand verteilen und so eine etwas entspanntere und gemütlichere Atmosphäre schaffen. Am Südende des Strandes gibt es einige der schönsten Boutiquehotels der gesamten Westküste: nette Villen, die sich zwischen Palmen verstecken (s. S. 301).

Nach einer weit geschwungenen Biegung mündet der Bentota Ganga ins Meer. Der Fluss ist hervorragend für Wassersport, wie Kanu und Wasserski, sowie für gemütlichere Bootsfahrten geeignet. Hier kommen auch Vogelfreunde auf ihre Kosten, denn über 100 Arten halten sich rund um das Gewässer auf. Bis zu 35 km ins Landesinnere hinein kann man diesen interessanten Strom erkunden.

Zwischen dem Strand und dem Fluss lässt sich im Dorf Bentota das Alltagsleben beobachten – obwohl schon ziemlich bald einer der Schlepper für alles Mögliche auftauchen wird. Zwei buddhistische Tempel laden zu einem Besuch ein, der eher kitschige **Wanawasa Raja Maha Vihara** sowie der interessantere **Galapata Vihara,** der im 12. Jh. gegründet wurde –

nach der Legende von einem Minister des Königs Parakramabahu I., der von 1153 bis 1186 in Polonnaruwa regierte. Man sagt, das einstige Kloster sei durch ein Labyrinth unterirdischer Gänge mit anderen Tempeln der näheren Umgebung verbunden. Alljährlich zum Januar-Vollmond wird hier ein großartiges Perahera veranstaltet.

Weiter den Bentota-Fluss hinauf liegt das große Landgut **Lunuganga** ❿ (tgl. 9–17 Uhr, Eintritt, s. S. 301). Es ist das Lebenswerk des Architekten Geoffrey Bawa, der die ehemalige Kautschukplantage und das Wohnhaus 1948 gekauft und über die Jahrzehnte in einen Landschaftsgarten verwandelt hat. Die neu errichteten Gebäude spiegeln seine Entwicklung als Architekt wider. Die Gärten ziehen sich, flankiert vom Wasser des Dedduwa-Sees, über zwei kleine Hügel hin. Kunstvoll angelegte Terrassen und an markanten Stellen gesetzte Kunstwerke bieten dem Besucher immer neue Blicke in die umgebende Landschaft. Das ursprüngliche Wohnhaus wurde nach und nach erweitert und umgebaut, dazu entstanden separate Gebäude, vom winzigen

Die Westküste

Hühnerhaus aus den 1970er-Jahren bis hin zum wunderschönen Cinnamon Hill House aus dem Jahr 1992.

Von Bentota aus bietet sich ein Spaziergang am Strand entlang bis hinab nach **Induruwa** ⑪ an. Dort gibt es weitere feine Strände, die sogar noch ruhiger und wesentlich sauberer sind als in Bentota. Auch hier kommen ständig neue Hotels dazu, aber bisher ist dies noch einer der schönsten Strandabschnitte der Westküste.

Kosgoda und Balapitiya

Nur 5 km südlich von Induruwa erreichen Sie den Ort **Kosgoda** ⑫, dessen Strände von fünf der weltweit sieben Meeresschildkröten-Arten zur Eiablage bevorzugt werden. Um die bedrohten Panzertiere zu schützen, haben sich hier mehrere Brutanstalten, »Turtle Hatcheries«, angesiedelt, darunter die landesweit älteste, das 1981 etablierte **Sea Turtles Research Centre**. An einem Strandabschnitt südlich der Kosgoda-Lagune ist das renommierte **Turtle Conservation Project** (TCP) aktiv. Im Gegensatz zu den Brutanstalten werden die Eier vor Ort belassen und Tag und Nacht bewacht. Bei den Brutanstalten gibt es für Besucher jedoch nicht viel zu sehen, und auch sonst werden die Schildkröten am liebsten in Ruhe gelassen.

Wenig südlich, in **Balapitiya** ⑬, sehen Sie zwei bemerkenswerte buddhistische Tempel: den holländisch beeinflussten **Ambagahapitiya Vihara** und den benachbarten **Sri Pushparama Vihara** mit interessanten Wandmalereien. In Balapitiya überqueren Sie den Madu Ganga, auf dem Sie per Boot eine der vielen kleinen Flussinseln sowie den Randombe-See ansteuern können. Die Wasserlandschaft wurde wegen der intakten Mangrovenwälder 2003 zum Ramsar-Schutzgebiet erklärt.

Ambalangoda

Die malerische Küstenstraße führt nun nach **Ambalangoda** ⑭, 86 km von Colombo entfernt und Heimat der berühmten Kolam- und Sanni-Masken. Zahlreiche Souvenirläden entlang der Hauptstraße haben die Holzmasken mit den knalligbunten Fratzengesichtern im Angebot – leider in oft minderer Qualität.

>>

Im April ist Hochsaison für **Meeresschildkröten**: Bis zu zehn Tiere kommen pro Nacht an den Strand von Kosgoda, um dort ihre Eier abzulegen. Während des restlichen Jahres können mehrere Nächte hintereinander vergehen, ohne dass eine Schildkröte zu sehen ist.

Unten: Am Strand von Hikkaduwa – einem noch relativ günstigen Badeort

180 ◆ Unterwegs

> **TIPP**
>
> Qualitativ hochwertige Batikgemälde bietet **Dudley Silva** an, der seine von Picasso inspirierten Werke schon in Europa ausstellte. Der Künstler lebt und arbeitet in seinem kleinen portugiesischen Haus in 53, Elpitiya Road. (Der Weg dorthin ist ausgeschildert, wenn man vom Maskenmuseum Richtung Stadtmitte läuft.)

Unten: Teufelsmasken sollen Touristen anlocken und Dämonen vertreiben

Am informativsten sind zwei Museen, die am nördlichen Stadtrand an der Hauptstraße einander gegenüber liegen. Sie sind beide in der Hand des Ariyapala-Klans, der sich bereits seit Generationen der Schnitzkunst verschrieben hat. Das größere und interessantere ist das **Ariyapala & Sons Mask Museum** (426, Patabendimulla, tgl. 8.30–17.30 Uhr; Eintritt, s. S. 15), das in seiner Ausstellung die faszinierende Geschichte und Tradition der einzelnen Masken erklärt. Im Laden darüber kann man manchmal Schnitzern bei der Arbeit zusehen und sich aus der großen Auswahl an Schnitzwerken etwas aussuchen.

Direkt gegenüber zeigt das bescheidenere **Ariyapala Traditional Masks** (432, Galle Rd., tgl. 8.30–18 Uhr, Spende erwünscht) im Keller einige beeindruckend große Masken und in den oberen Räumen eine ähnliche Sammlung wie die Kollegen gegenüber. Es gibt noch weitere Werkstätten im Ort, in denen man den lokalen Schnitzern bei der Arbeit zusehen kann.

Gute Qualität bietet zudem **Southland Masks** (353, Main Rd.), nur wenige Minuten zu Fuß von den Museen gelegen. Andere Holzarbeiten werden ebenfalls im Ort durchgeführt, so haben sich einige Werkstätten darauf spezialisiert, koloniale Möbel nachzubauen und zu verkaufen.

Unweit der Maskenmuseen liegt die **Bandu Wijesuriya Dance Academy,** wo Sie sehen können, wofür die Masken ursprünglich gedacht waren. In den Monaten November bis April werden manchmal Aufführungen veranstaltet, bei denen die traditionellen Kandy-Tänze und die Tieflandtänze gezeigt werden. Wenn es keine Veranstaltung geben sollte, kann man Glück haben und montags bis freitags einigen der 250 Schüler ab etwa 15 Uhr beim Üben zuschauen.

Der **Galagoda Sailathalaramaya Vihara** (Spende erbeten) bei Karandeniya liegt 6 km landeinwärts von Ambalangoda. Allerdings ist der Aufstieg etwas mühsam: 208 Treppen führen hinauf zum Tempel. In einem langen, schlichten Gebäude verbirgt sich die Hauptattraktion, der mit 35 m längste liegende Buddha Sri Lankas. Er entstand Anfang des 18. Jahrhunderts.

Die Westküste 181

Hikkaduwa

Genau 100 km von Colombo entfernt liegt **Hikkaduwa** ⓯, einst Ziel zivilisationsmüder Hippies und nach wie vor ein populärer Badeort für Rucksackreisende. Unkontrollierte Bautätigkeit aufgrund von Korruption hat in den 1970er- und 1980er-Jahren zu sehr unansehnlichen Folgen geführt, vor allem im nördlichen Bereich des Strandes nahe der Stadt. Im Süden, in der Umgebung von Wewela, ist es nicht ganz so schlimm, hier blieb ein breiter Strand mit preiswerten Gästehäusern und rustikalen Restaurants und Bars erhalten, in denen es bis spät in die Nacht lebhaft zugeht.

In der Umgebung kann man an einigen Stellen gut surfen und ein wenig tauchen – insgesamt eine Alternative zu den klassischen und teuren Resorts in Bentota, Beruwala und Kalutara. Ein ausgelassenes, lautes und alkoholgeschwängertes Strandfest dröhnt im Juli oder August drei Tage lang ins Ohr.

Noch am interessantesten in Hikkaduwa ist das **Korallengebiet** unmittelbar vor dem Strand in der Mitte des Orts Hikkaduwa. Allerdings haben die Korallen während des Tsunami (und vorher schon durch lokale Fischer) erheblich gelitten. Sehr langsam wachsen sie jetzt nach und bieten tropischen Fischen wieder Schutz. Wenn man in einem der Glasbodenbodenboote hinausfährt, stehen die Chancen gut, ein wenig von den Korallen und den Fischen sehen zu können. Man kann auch schnorcheln, aber die zahlreichen Boote, die hier unterwegs sind, machen dies zu einer nicht ungefährlichen Angelegenheit.

Eine Abwechslung zu Hikkaduwas Strandleben ist ein Ausflug zur beschaulichen Ratgama-Lagune bei **Dodanduwa** ⓰. Dort warten eine reiche Vogelwelt und eine stille buddhistische Einsiedelei auf einer kleinen Insel. Der **Kumarakanda Vihara** zeigt sich mit einer eindrucksvollen Treppe, die eher einer barocken portugiesischen Kirche zustehen würde als einem buddhistischen Tempel. Ein willkommenes Stück Kultur in der sonst eintönigen Umgebung von Hikkaduwa. Bootsfahrten auf der Lagune sind von Dodanduwa möglich, werden aber auch von vielen Schleppern angeboten. ■

> **TIPP**
>
> Hikkaduwa ist, ebenso wie die Bucht von Arugam und Midigama, bei Surfern sehr beliebt. Die besten Wellen gibt es südlich von Hikkaduwa-Stadt in Wewala. Im **A-Frame Surf Shop** bekommt man hier neben Surfausrüstung auch viele gute Tipps. Zudem können Surftrips in ganz Sri Lanka gebucht werden.

Unten: Netze flicken gehört seit Jahrhunderten zum Alltag der Fischer

Die Südküste

Die Südküste ist touristisch weniger entwickelt als die Westküste, bietet aber einige herausragende Orte, wie etwa die nette Kolonialstadt Galle und erholsame Nationalparks.

NICHT VERPASSEN!

Galle
Unawatuna
Weligama
Mirissa
Mulgirigalla
Bundala-Nationalpark
Yala-Nationalpark
Kataragama

Links: Stelzenfischer an der Küste bei Weligama **Unten:** Die holländische Groote Kerk im Fort von Galle

Die Südküste ist wie das Land im Kleinen: herrliche Strände, Orte im Kolonialstil, Stelzenfischer, Tierparks und jede Menge buddhistische Tempel – und nicht zu vergessen einige der besten Unterkünfte des Landes, von luxuriösen Strandhotels bis zu atmosphärischen Villen aus der Kolonialzeit. Wer sich auf Aktivitäten konzentriert, wird hier genug zu tun finden, wem mehr nach Ruhe gelüstet, wird in den stillen Dörfern inmitten ländlicher Atmosphäre die Langsamkeit des Lebens genießen.

Galle

Die alte Hafenstadt **Galle** ❶ mit dem berühmten, 1988 zum UNESCO-Welterbe erklärten Fort gilt als Tor zur Südküste. Die Uhren scheinen hier stillzustehen, wenn man durch die engen Gassen und vorbei an den Villen aus der holländischen Kolonialzeit spaziert. Neben den Tagesbesuchern hat in den letzten Jahren die Zahl jener zugenommen, die sich hier länger aufhalten oder ganz niederlassen. Denn heute ist Galle Sri Lankas beliebtester Wohnsitz betuchter Europäer, vorwiegend aus dem angelsächsischen Raum. Einige haben historische Villen liebevoll renoviert und in Hotels umgewandelt, darunter das Galle Fort Hotel (s. S. 184) und The Fort Printers (s. S. 295). Dies hat dem alten, verschlafenen Festungsareal neues, internationales Leben eingehaucht. Besucher werden zudem von modischen Läden und schönen Cafés angelockt. Auch die Kulturszene hat sich ausgebreitet, am klarsten zu erkennen am Galle Literary Festival (s. S. 101), das Autoren und Besucher aus aller Welt hierher bringt.

Rund um das Fort

Galle besteht aus zwei Teilen, der geschäftigen und optisch nicht weiter bemerkenswerten Neustadt mit Bahnhof und Busbahnhof und dem in der Nähe gelgenen, von mächtigen Bastionen umgebenen Fort, in dem sich die alte holländische Stadt befindet.

> Die Holländer errichteten die Mauern der Festung von Galle zum Schutz vor feindlichen Kanonenkugeln. 2004, mehr als 300 Jahre später, hielten die Mauern dem Tsunami stand und verhinderten, dass das Wasser alles verwüstete.

Der Kontrast könnte nicht größer sein: Wenn man durch die gewaltigen Mauern des Forts spaziert, scheint sich die Vergangenheit wieder aufzufächern, das Tempo des Lebens verlangsamt sich. Seit 200 Jahren hat sich hier äußerlich nicht viel verändert. Stille, kaum von Verkehr belastete Straßen sind gesäumt von alten Villen, Kirchen und anderen Bauten aus niederländischer Zeit. Gehen Sie zunächst durch die Church Street, die wichtigste Straße des Viertels. Gleich am Anfang sehen Sie rechts das **Galle National Museum A** (Di–Sa 9–17 Uhr, Eintritt) in einem der gut erhaltenen Kolonialgebäude mit weiß gekalkten Wänden und einer großen Veranda. Die Ausstellung ist allerdings kaum bemerkenswert. Nur wenig weiter folgt das **Amangalla Hotel B** im einstigen New Oriental House, in dem ab 1684 der niederländische Gouverneur wohnte (s. S. 295).

An der nächsten Straßenecke steht die **Dutch Reformed Church C** (Niederländisch-Reformierte Kirche, auch Groote Kerk genannt), die älteste protestantische Kirche Sri Lankas; sie wurde 1755 geweiht, während das Gebäude eigentlich schon hundert Jahre früher errichtet wurde. Der Innenraum ist relativ schlicht gehalten, wirkt jedoch sehr atmosphärisch. Auf dem Boden befinden sich zahlreiche Grabplatten wohlhabender Mitglieder, die einst der Orgel oder den Predigten von der fein geschnitzten Kanzel lauschten. Einige Wandtafeln beschreiben auch das Leben und den Tod späterer britischer Siedler.

An der nächsten Kreuzung befindet sich die mit ihrem quadratischen, massigen Turm weniger elegante **All Saints' Church D** (Allerheiligenkirche) aus der britischen Ära. Nach weiteren wenigen Schritten ist wieder ein Bauwerk erreicht, in dem man den angenehmeren Dingen des Lebens frönt, das **Galle Fort Hotel E** (s. S. 295), das in brillanter Weise von einem alten holländischen Lagerhaus in ein stilvolles Hotel mit vergleichsweise günstigen Preisen verwandelt wurde.

Kehren Sie zur All Saints' Church zurück, und biegen Sie dann rechts in die Queen's Street ein, in der das großartigste Kolonialgebäude Galles steht, das ocker gestrichene **Great Ware-**

Die Südküste

house, ein einstiges Lagerhaus der Niederländer für wertvolle Exportwaren wie Zimt und Pfeffer. Heute ist das Lagerhaus eine ansprechende Umgebung für das **National Maritime Museum** F (tgl. 9–16.30 Uhr, Eintritt), aber wieder ist es so, dass das Gebäude interessanter ist als die wenigen Ausstellungsstücke.

An der nächsten Kreuzung geht rechts die Leyn Baan Street ab, die an einem großen Park und einigen kleineren Büros vorbeiführt, die ihr Gewerbe immer noch mit handgemalten Schildern anzeigen. Dann kommt auf der linken Seite das **Historical Mansion Museum** G (tgl. 9–17 Uhr, Fr zum Gebet von 12–14 Uhr geschl., Spende erbeten) in Sicht. Das private, von Herrn Gaffar betriebene Museum stellt alte Dinge aus, die er in den letzten 30 Jahren gesammelt hat. Im Laden gibt es nachgebaute Kolonialwaren. Auf der anderen Straßenseite befindet sich mit dem **Olanda Warehouse** ein weiteres holländisches Kolonialhaus mit Laden und ähnlichem Angebot (s. S. 305).

Die Straße führt weiter Richtung Süden und Meer, das von der mächtigen Befestigungsmauer zurückgehalten wird. Ganz im Süden befindet sich die Moschee **Meeran Jumma** H im Herzen des muslimischen Viertels und auf der Mauer der **Leuchtturm** der Stadt. Von hier kann man auf bzw. neben der Mauer mit dem Meer auf der einen Seite und der Stadt auf der anderen die Seeluft und die immer neuen Blicke in die historischen Straßen genießen. Vor allem am späten Nachmittag kommen viele Bewohner aus ihren Häusern und verbringen hier ein wenig Freizeit im letzten Tageslicht.

Umgebung von Galle

Als schöner Kontrast zu den Kolonialbauten bietet sich 15 km von Galle auf der Straße nach Udugama das **Kottawa Rainforest and Arboretum** I (tgl. 8–17 Uhr, Eintritt) an. Das Landschaftsschutzgebiet ist nicht so beeindruckend wie Sinharaja (s. S. 221), zeigt aber auf seinem 1 km langen Spazierweg eine gute Einführung in die Flora und Fauna der Region. Affen, wie z. B. der Weißbartlangur, Großhörnchen, Muntjaks und anderes Dammwild sind hier zu Hause, ebenso wie Vögel und Reptilien.

Eine kleine Fläche Regenwald ist im 8 km von Kottawa entfernten **Hiyare Rainforest Park** J (tgl. 8–17 Uhr, Eintritt) erhalten geblieben. Im Zentrum des Parks befindet sich das historische Hiyare-Reservoir, während im umliegenden Wald Millionen von Vögel herumflattern und -schreien.

Biodiversität einer anderen Art kann man bei einem bemerkenswerten Ökotourismusprojekt in **Samakanda** K (www.samakanda.org, s. S. 306) erleben. Wie der britische Umweltschützer Rory Spowers seine Bio-Farm erworben und aufgebaut hat, erzählt er in seinem unterhaltsamen Buch *A Year in Green Tee and Tuk-Tuks*. Besuchern bietet er ein Aktivitätenprogramm an, zu dem Naturerkundungen und Fahrradausflüge gehören; wer länger bleibt,

Im Fort von Galle wird die Vergangenheit lebendig

Unten: Weißbartlangur

Die Bucht von Unawatuna schützen der Küste vorgelagerte Felsen und ein schmales Korallenriff.

Unten: Dieses Boot hat der Fischer mit Holzstangen seinen Bedürfnissen angepasst

kann auch Yoga machen, Tee pflücken oder etwas über organische Landwirtschaft lernen.

Unawatuna und Umgebung

Die traumhaft schöne Bucht von **Unawatuna** ❷ liegt nur 5 km von Galle entfernt. Einst Zufluchtsort holländischer Soldaten und Kaufleute, ist die Stadt inzwischen der beliebteste Strandort des Südens. Früher haben hier vor allem Rucksackreisende Halt gemacht, doch inzwischen ist die Stadt Opfer ihres Erfolgs geworden. In die einst pittoreske Bucht wurden zahllose Betonklötze gesetzt, während Horden von Touristen nachts am Strand Partys feiern und mit ihrer lärmenden Musik jeglichen Charme des ehemaligen Fischerortes vertreiben. Noch kann man einigermaßen schwimmen, und in einem geschützten Teil der Bucht gibt es ein paar Korallen. Das Angebot an Übernachtungsmöglichkeiten, Restaurants und Kneipen ist groß, aber wer auf der Suche nach Ruhe und unberührter Natur ist, ist hier fehl am Platz.

Hinter der Stadt führt die Küstenstraße durch die Orte Thalpe und Dalawela, Alternativen zu Unawatuna. Die ganze Küste entlang gibt es eine Reihe von meist einsam gelegenen Boutiqueresorts, Villen, schicken Restaurants und Bars, meist hinter hohen Mauern verborgen, so dass man sie von der Straße kaum sieht. Dazu gehört auch die schöne **APA Villa** (www.villa-srilanka.com/apathalpe, s. S. 296), die dem Gründer der APA-Reiseführer, dem Deutschen Hans Höfer, gehört.

An dieser Küste sind auch die berühmten Stelzenfischer aktiv, wenngleich man meist nur die Stelzen, nicht aber die Fischer sieht.

Koggala

Ein Flugfeld an der Hauptstraße erinnert daran, dass das einige Kilometer weiter gelegene **Koggala** ❸ im Zweiten Weltkrieg ein Luftwaffenstützpunkt war. Heute befindet sich an der großen Lagune von Kogalla eine kleine Industrie-Freihandelszone. Die Stadt selbst macht nicht viel her, allerdings gibt es hier die luxuriösen Boutiquehotels The Fortress (s. S. 295) und Kahanda Kanda (s. S. 295). Einzige Sehenswürdigkeit des Ortes ist das **Martin**

Die Südküste

Wickremesinghe Folk Art Museum (tgl. 9–17 Uhr, Eintritt). Eingebettet in den schönen Garten des hier beheimateten Schriftstellers, zeigt es viel Folkloristisches wie Tanzkostüme, Masken, Puppen und Musikinstrumente.

Auf der ins Inselinnere führenden Straße gelangt man 4 km hinter Koggala im Dorf **Kataluwa** zum **Purvaramaya Vihara** mit schönen, im Jahr 1880 geschaffenen Wandmalereien. Einige davon sind recht ungewöhnlich, etwa die von Kaffringha-Tänzern mit westlichen Musikern oder einer etwas derangierten Königin Viktoria, die wenig amüsiert in die Landschaft schaut.

Während der kleine unansehnliche Fischerort **Ahangama** vorwiegend ein Fotostopp für Stelzenfischer-Fotografen ist – so sich diese denn zeigen –, locken die Wellen vor dem weiter östlich gelegenen **Midigama** die Surfergemeinde an.

Weligama

Das sympathische Städtchen **Weligama** ❹, etwa 23 km östlich von Galle, gehört zu den nettesten Orten an der Südküste. Seine verschlafenen Straßen sind von altertümlichen Kolonialhäusern mit Holzverzierungen gesäumt. Die Küstenstraße folgt der herrlichen Bucht, die über Kilometer von goldenem Sand geziert wird, auf dem zahllose bunte Fischerboote liegen, während andere im flachen Wasser vor sich hin dümpeln.

Bekannt ist die Bucht wegen ihrer kleinen, markanten Insel, **Taprobane Island** (lokal als Yakinige-duwa oder »Insel der Teufelin« bekannt). Den Felsen im Wasser bedeckt üppiges Grün, aus dem eine weiße Villa hervorlugt. Gebaut wurde sie in den 1930er-Jahren durch den französischen Comte de Mauny-Talvande, der hier seinen privaten Garten Eden schuf. Heute kann dort jeder mit dem nötigen Kleingeld – etwa 2000 US-Dollar pro Nacht – ein paar paradiesische Tage verbringen (www.taprobaneisland.com).

Wer die landeinwärts führende Strecke wählt, erreicht westlich des Zentrums von Weligama einen kleinen Park, in dem die 3 m hohe Figur des legendären **Kustaraja** (Leprakönig) in den Fels gemeißelt ist. Er soll leprakrank in Sri Lanka angekommen und

Strandidyll an der Südküste

Unten: Die wunderschöne Insel Taprobane bei Weligama

An frischem Fisch gibt es keinen Mangel

geheilt worden sein, nachdem er sich drei Monate lang nur vom Saft der Königskokosnuss ernährt hatte.

Mirissa

Am östlichen Ende der Bucht liegt **Mirissa ❺**, früher sehr still und eher ein Geheimtipp an der Südküste. Doch wie in Unawatuna sind diese Zeiten vorbei, es wird heftig gebaut, und die Zahl der Besucher steigt. Allerdings ist die Natur hier noch sichtbar, der Strand unbeschädigt und einer der schönsten der Gegend – auch wenn er oft sehr voll ist.

In den letzten Jahren hat sich Mirissa zur Hauptstadt der Walbeobachter gemausert (s. S. 139). Zahlreiche Meeressäuger sind recht häufig relativ dicht vor der Küste zu sehen. Im Ort bieten in der Saison (Dez.–April, besonders im Dezember und im April) verschiedene Veranstalter Bootsausflüge an.

Matara und Dondra

Die 160 km von Colombo entfernte Stadt **Matara ❻** ist mit rund 50 000 Einwohnern das wirtschaftliche Zentrum des Südens und die zweitgrößte Stadt an der Südküste. Der geschäftige Ort hat für Touristen wenig zu bieten – abgesehen von ein paar Spuren der Kolonialmächte. Portugiesen, Holländer und Briten eroberten die alte Siedlung. Aus der holländischen Zeit sind neben Resten der Wallanlage in der Altstadt, die Matara Fort genannt wird, noch einige Villen und die Niederländisch-Reformierte Kirche aus dem Jahr 1686 erhalten geblieben. Viel mehr als in Galle Fort haben aber hier der Tsunami und Neubauten das Gesamtensemble zerstört. Auf der anderen Seite des Flusses Nilwala gibt es mit dem winzigen **Star Fort** (»Sternenfestung«) ein weiteres Überbleibsel der Holländer. Der achteckige Turm entstand 1763 unter Gouverneur van Eck und war von einem schmalen Wassergraben umgeben, in dem einst Krokodile die Festung bewachten. Sie ist heute Privatbesitz und selten zugänglich.

Einige Kilometer westlich des Stadtzentrums gibt es im Vorort **Polhena** ein Riff und ein nettes Stück Strand. Östlich der Stadt trifft sich die Surfergemeinde in Medawatta.

Nur 5 km südöstlich von Matara liegt **Dondra ❼**, zuweilen auch »Devi

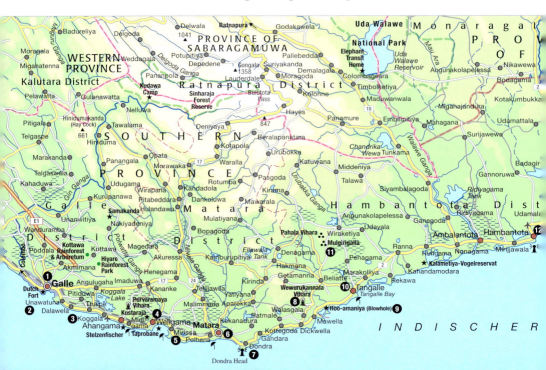

Die Südküste

Nuwara«, Stadt der Götter (s. Randspalte rechts) genannt. Hier markiert seit 1889 ein achteckiger, 54 m hoher Leuchtturm Sri Lankas südlichsten Zipfel. Sie können ihn erklimmen und Ihre Blicke in die Ferne schweifen lassen. Zwischen Ihnen und der Antarktis gibt es nun nichts als das Meer.

Buddhas und Blaslöcher

Weiter geht die Reise entlang der Küste durch Dickwella. Etwa 2 km nördlich der Stadt liegt an der Straße nach Beliatta der in den 1960er-Jahren erbaute **Wewurukannala Vihara** ❽ (tgl., Eintritt), der eine der größten Buddhastatuen des Landes beherbergt. Hinter der 50 m hohen Statue ragt ein achtstöckiges Gebäude auf, das wohl als Maßstab für den sitzenden Buddha dienen soll. Der ausgedehnte Tempelkomplex besteht aus mehreren Bauten, einige mit szenenhaften Wandmalereien, die das Leben Buddhas oder die buddhistische Hölle beschreiben, einschließlich Hinweisen, wie man es vermeiden kann, dorthin verbannt zu werden.

Am Kilometerstein 188 zweigt 6 km hinter Dickwella eine Straße zum **Hooamaniya Blowhole** ❾ (Eintritt) in Mawella ab. Bei dem spektakulären Naturschauspiel wird bei Flut das Wasser 23 m weit durch einen natürlichen Felskamin gepresst, um anschließend bis zu 20 m hoch in die Luft zu schießen – während des Monsuns ein atemberaubendes Schauspiel, bei ruhiger See eher enttäuschend. Die Einheimischen nennen das Spektakel »Hooamaniya«, Blasebalg.

Tangalle und Umgebung

Mit pittoresken Felsformationen und einladenden Buchten weisen die Strände im Ort Goyambokka westlich von **Tangalle** ❿ eine besondere Schönheit auf. Doch steiles Gefälle und starke Strömungen können gefährlich sein. Wie in so vielen Orten an der Südküste wurde auch hier in den Tourismus investiert: Die eher rudimentären Unterkünfte wurden aufgewertet und durch einige Luxusvillen in den Hintergrund gedrängt, z. B. liegt an einem herrlichen Strand das herausragende Amanwella Resort (www.amanresorts.com).

Gut 16 km nördlich von Tangalle thront hinter Beliatta auf einem 211 m

> **TIPP**
>
> Der an der Hauptstraße von Dondra gelegene **Devinuwara Raja Maha Vihara** mit dem zweistöckigen Vishnu Devale ist ein wichtiges Pilgerziel. Hier finden auch die wohl spektakulärsten religiösen Feste der Südküste statt: Jedes Jahr im Juli/August gibt es – parallel zu den Feierlichkeiten in Kandy – einen zehntägigen Jahrmarkt mit einer feierlichen Prozession *(perahera)* zu Ehren des Hindu-Gottes Vishnu.

Unten: Stelzenfischer bei Galle

Hambantota wurde 2004 besonders schwer von dem Tsunami getroffen. Die Wiederaufbauarbeiten schritten ungewöhnlich schnell und gründlich voran, was wohl hauptsächlich daran lag, dass der sri-lankische Präsident Mahinda Rajapaksa von hier stammt. Ihm wurde vorgeworfen, große Summen von den Spendengeldern abgezweigt zu haben, um seine Heimatstadt wieder aufzubauen.

Unten: Altwelt-Schlangenhalsvogel *(Anhinga melanogaster)* im Bundala-Nationalpark

hohen, nahezu senkrecht aufragenden Felsen das buddhistische Heiligtum **Mulgirigalla** ⓫ (tgl. 6–18 Uhr, Eintritt). Der »Felsengipfel«, so die Bezeichnung, war möglicherweise bereits im 1. Jh. v. Chr. eine Einsiedelei. Nach dem mühevollen Erklimmen der 700 Stufen können Sie oben die auf fünf Ebenen gelegenen Nischen, Höhlen und Schreine besuchen. Die meisten sind mit gut erhaltenen Wandmalereien aus dem 19. Jh. ausgeschmückt. In einer Höhle befindet sich ein 10,5 m langer liegender Buddha.

Auch einige sehenswerte Naturreservate befinden sich in der Nähe. Etwa 10 km östlich von Tangalle wurde bei dem Ort **Rekawa** ein Strandabschnitt zum Schutzgebiet erklärt, da hier fünf der weltweit sieben Arten von Meeresschildkröten ihre Eier ablegen. Täglich gehen mehrere Schildkröten an Land. Von dem Turtle Conservation Project (TCP) permanent bewacht, können die kleinen Panzertierchen ungehindert schlüpfen. Allnächtlich können Touristen das Naturereignis beobachten. Treffpunkt ist gegen 20 Uhr an einer einfachen Hütte am Strand. Um die Tiere nicht zu stören, sollten Sie dunkle Kleidung tragen. Das Fotografieren ist nur ohne Blitz erlaubt. Januar bis April sind am besten geeignet.

Wer gerne Vögel beobachtet, sollte auch einen Ausflug in das Vogelreservat **Kalametiya** in Erwägung ziehen. Sowohl Rekawa als auch Kalametiya weisen zudem gute Strände auf, hinter denen mäandernde Lagunen liegen. Einige Boutiquehotels bieten gepflegte Unterkunft.

Hambantota und Bundala

Weiter die Küste entlang gelangt man in die wenig ansehnliche Stadt **Hambantota** ⓬, eine der größten an der Südküste. Hier befindet sich die wichtigste Salzproduktion der Insel. Das Salz wird von den riesigen Salzfeldern rund um die Stadt gewonnen, in denen das Meerwasser verdunstet und das Salz zurücklässt. Außerdem macht man hier Joghurt aus Büffelmilch, der in Tontöpfen an Straßenständen verkauft wird.

Durch verschiedene Infrastrukturmaßnahmen wurde Hambantota in den letzten Jahren stark verändert. Be-

KATARAGAMA-FESTIVAL

Wer gerne solche abartigen japanischen Fernsehprogramme verfolgt, in denen sich Leute Stricknadeln in die Nase stecken oder ihre Lippen an die Wand nageln, wird auch das alljährliche Kataragama-Fest genießen. Für sensiblere Naturen ist es weniger zu empfehlen. Es ist ein Fest der Selbstverstümmelung, bei dem extreme Gefolgsleute des Gottes grausame Dinge tun, um ihren Glauben zu demonstrieren. Sie rammen Spieße durch ihre Zungen, laufen über glühende Kohlen oder hängen sich mit Fleischerhaken an Gerüste. Hier fließt das Blut in Strömen. Die Fanatiker behaupten zwar, die Gläubigen machten alles dies freiwillig in einem Zustand religiöser Ekstase, aber einige Einpeitscher drängen Religion hier in eine besonders menschenunwürdige Form. Schon aus diesem Grund sollte man das Fest boykottieren.

Die Südküste

merkenswert ist der neue internationale Flughafen, der nach Colombo erst der zweite Auslandsflughafen des Landes ist. Er wurde Ende 2012 eröffnet. Das zweite Großprojekt ist der gigantische Hafen, den die Chinesen zu einem Preis von 1 Mrd. US$ nicht ganz uneigennützig gebaut haben und der die Wirtschaft im Süden beleben soll. Für die Kricket-Weltmeisterschaft 2011 wurde darüber hinaus noch das Mahinda-Rajapaksa-Stadion errichtet.

Nur wenig östlich von Hambantota liegt der **Bundala-Nationalpark** ⓭ (Eintritt), ein einzigartiger Platz für Vogelbeobachtungen. In dem 6216 ha großen Küstenstreifen tummeln sich rund um die Lagunen Zigtausende von Wasservögeln, darunter Flamingos und Graupelikane. Zu ihnen gesellen sich von August bis April zudem zahlreiche Zugvögel – sowie ganzjährig Krokodile, Affen und Elefanten.

Tissamaharama und Yala-Nationalpark

Der Ort **Tissamaharama** ⓮ wird kurz Tissa genannt und gehört zu den wirklich historischen Orten des Südens. Unter dem Namen Mahagama diente er zur Zeit Anuradhapuras als Hauptstadt des Königreiches Ruhuna, weshalb noch zwei große Stupas und einige künstliche Teiche erhalten sind. Interessant sind vor allem die Wasserreservoirs Tissawewa und Wirawala an der Straße nach Wellawaya (Km 260). Die ruhigen Gewässer sind wahre Vogelparadiese.

Die meisten Besucher kommen jedoch wegen des **Yala-Nationalparks** ⓯ (tgl. 6–18 Uhr, 1. Sept.–15. Okt. geschl.). Das sich an der Küste erstreckende Schutzgebiet (s. S. 7, 135) ist das älteste und populärste. Hauptattraktion sind Elefantenherden und die große Zahl von Großwild. Zudem sollen hier viele Leoparden leben. Die Tiere, darunter auch Lippenbären, Affen und Krokodile, finden im Park eine Vielzahl an Lebensräumen vor: Dschungel, Steppen, Reservoirs, Flüsse, Lagunen, Mangroven und Strände.

Die Pilgerstätte Kataragama

Etwa 30 km nördlich von Tissa liegt idyllisch am Menik Ganga das hübsche **Kataragama** ⓰ – eine wahrlich multireligiöse Stadt. Zu ihr pilgern tamilische Hindus ebenso wie singhalesische Buddhisten und muslimische Moors, um den Namengeber der Stadt, Kataragama Deviyo, zu verehren. Den im Hinduismus als Kriegsgott Skanda (Tamil: Murugan) bekannten zwölfarmigen und kriegerischen Sohn Shivas erkoren sich die sri-lankischen Buddhisten zum Schutzgott der Insel.

Nördlich des Menik liegen die Haupttheiligtümer, allen voran der **Maha Devale**, wo sich zu den Puja-Zeiten um 4.30, 10.30 und 18.30 Uhr besonders viele Gläubige einfinden, sowie der buddhistische **Kiri Vihara** und die schmucke **Masjid-ul-Khizr**.

Manche Gläubige begeben sich zur jährlichen Pilgerreise, dem in Jaffna startenden Pada Yatra, um rechtzeitig zum Vollmond im Juli/August das Esala Perahera zu feiern. Dann wird zu schriller Musik die zwölfarmige, sechsköpfige Statue herumgetragen. ∎

> Hambantota ist Heimat vieler Muslime, deren Vorfahren von der Halbinsel Malaya einwanderten. Davon zeugen die vielen Moscheen. Der Name der Stadt soll von dem Wort *sampan*, der Bezeichnung für die Boote der malaiischen Einwanderer, und von *tota*, was so viel wie »Hafen« bedeutet, kommen.

Unten: Elefanten im Yala-Nationalpark

Unterwegs 195

Kandy und Umgebung

In Kandy schlägt das kulturelle Herz Sri Lankas. Nirgendwo sonst geben Geschichte, Religion und Feste einen solchen Einblick in die Seele des Landes. Die Fahrt dorthin führt durch spektakuläre Landschaften.

NICHT VERPASSEN!

Zahntempel, Kandy
Königspalast, Kandy
Die vier Devales
Peradeniya
Elefantenwaisenhaus von Pinnawela
Tempel im Westen

Weder die Portugiesen ab dem frühen 16. Jh. noch die Niederländer ab Mitte des 17. Jhs. vermochten das Königreich von Kandy zu unterwerfen. Selbst die Briten hatten große Mühen, sich **Kanda Uda Pas Rata**, das von Höhenzügen geschützte »Königreich der fünf Berge« in ihr Empire einzuverleiben. Dichter Dschungel, steile Abgründe und tosende Flüsse erwiesen sich als natürlicher Schutzschild gegen die fremden Armeen. Uda Rata, so die verkürzte Bezeichnung, bestand weiter, nachdem die Kolonialmächte den Rest der Insel längst unterworfen hatten. So wurde Kandy zum Bollwerk der singhalesischen Kultur. Erst durch Intrigen vermochten die Briten den letzten König 1815 zum Abdanken zu zwingen.

Diese lange Geschichte der Unabhängigkeit wirkt in Kandy bis heute nach. Die Stadt ist eine Bastion der singhalesischen Kultur und Religion, Heimat des wichtigsten Tempels des Landes mit der berühmten Zahnreliquie und einem großen Tempelfest – und dazu lassen die berühmten Trommler ihre Rhythmen durch die ganze Stadt erschallen.

Von Colombo nach Kandy

Am schönsten ist es, mit dem Zug von Colombo nach Kandy zu fahren. Mit gemächlicher Geschwindigkeit keuchen die Loks rund drei Stunden lang die Hänge hinauf durch die umgebende Hügellandschaft.

Entlang der 120 km langen Autofahrt nach Kandy warten einige reizvolle Sehenswürdigkeiten auf ihre Entdeckung. So liegt auf einem steilen Hügel beim Dorf **Sapugaskande,** nur 11 km von Colombo entfernt, eine buddhistische Tempelanlage mit weißen Gebäuden und roten Dächern sowie attraktiven Wandmalereien.

Ein geschichtsträchtiger Ort ist der üppige **Botanische Garten Henaratgoda** (tgl., Eintritt). Er liegt bei Gampaha wenig nördlich von Miriswatta. Hier nämlich gelang es zum ersten Mal au-

Vorhergehende Seiten: Warten auf den Beginn des Maha Perahera **Links:** Im Zahntempel **Unten:** Tänzerin in Kandy

196 ◆ Unterwegs

Nach der letzten Serpentine durchbricht ein kleiner Straßentunnel den massiven Fels (die neue Autobahn führt an ihm vorbei). Die Volksmythologie berichtet, dass das Königreich Kandy uneinnehmbar sei, solange die Felsmassive um die Stadt nicht von eindringenden Heerscharen durchhöhlt würden. Die Briten entsprachen nachträglich der Legende, als sie 1825, zehn Jahre nach der Unterwerfung von Kandy, den Tunnel bohrten.

ßerhalb Südamerikas, den 1876 aus dem brasilianischen Amazonasgebiet in Baumwollballen geschmuggelten Kautschukbaum *(Hevea brasiliensis)* zu kultivieren. Mit den Ablegern wurden später in Süd- und Südostasien riesige Plantagen angelegt, die den wirtschaftlichen Aufstieg der dortigen Kolonien ermöglichten. Am Abend wird die Rinde des Baums eingeritzt, so dass sich in der kälteren Nacht die milchige Flüssigkeit in am Stamm aufgehängten Schalen sammeln kann, die am frühen Morgen ausgeleert werden.

Einige Kilometer weiter bieten Ihnen junge Mädchen am Straßenrand von **Cadjugama** ❶ frisch geröstete Cashewnüsse *(cadju)* an. Diese verliehen dem Ort seinen Namen. Die köstlichen Nüsse sind eine luxuriöse Zutat vieler einheimischer Gerichte.

Bei **Ambepussa** zweigt die Nationalstraße 6 Richtung Norden und Kurunegala ab. Weiter Richtung Osten und Kandy ist bald **Nelundeniya** erreicht, von wo aus eine Nebenstraße in das Dorf **Dedigama** ❷ führt. Unter der Herrschaft Parakramabahus V. (1344 bis 1359) war das gemütliche Dorf in einer Phase politischer Instabilität für einige Jahre das Zentrum eines eigenständigen Reiches. Erhalten geblieben sind die Reste einer gewaltigen Dagoba. Funde aus deren Reliquienkammer werden im benachbarten Museum ausgestellt, wie eine Reihe kleiner goldener oder vergoldeter Buddhas. Dedigama war auch der Geburtsort des berühmten Königs Parakramabahu I., der viele Bauwerke Polonnaruwas in Auftrag gab.

Je mehr Sie sich Kandy nähern, desto spektakulärer wird die Landschaft. Nachdem Sie **Kegalla** passiert haben – kurz danach zweigt die Straße zum Elefantenwaisenhaus in Pinnawela (s. S. 203) ab –, erhebt sich südlich der Straße der 798 m hohe Batgala, auch »Bible Rock« (Bibelfels) genannt, zudem die ebenfalls nach ihrem Aussehen »Camel Hill« (Kamelhügel), »Ship Rock« (Schiffsfels), »Lion Rock« (Löwenfels) und »Tuber Rock« (Knollenfels) genannten Felsen. Die heutige Zufahrt nach Kandy führt vom **Kadugannawa-Pass** auf nur 5 km Länge über Serpentinen mit spektakulären Ausblicken wieder 250 m tief hinab.

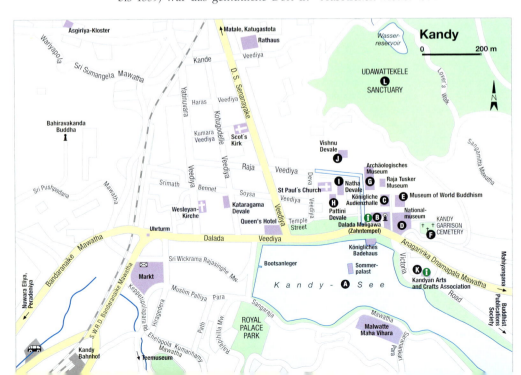

Kandy und Umgebung **197**

Kandy – Sri Lankas letzte Königsstadt

Obwohl sie nach Colombo die bedeutendste Stadt ist, überrascht **Kandy** ❸ mit einem entspannten Ambiente. Im Zentrum finden sich noch eine ganze Reihe charaktervoller Kolonialbauten, die trotz des dichten Verkehrs einen altmodischen, fast ländlichen Charme verbreiten. Der Name »Kandy« ist die anglisierte Form des singhalesischen Wortes *kanda* (Berg). Die Alteingesessenen nennen die Stadt zumeist »Maha Nuwara«, die große Stadt.

Das angenehme Klima in der auf etwa 500 m über dem Meeresspiegel gelegenen Stadt, die Sehenswürdigkeiten in und um Kandy sowie das reizvolle Umland garantieren einen abwechslungsreichen Aufenthalt.

Kandy hat die richtige Größe, um es zu Fuß zu erkunden. Mit seinen Gebäuden voller Charakter und belebten Gassen hat es dem Auge viel zu bieten. Der Markt nordöstlich des Bahnhofs lockt mit einem breiten Sortiment an Obst, Gemüse, Stoffen und Kleidung, und der See ist ein attraktives Ziel für Spaziergänge. Wenn Ihre Beine schwer werden, bietet sich das altehrwürdige **Queen's Hotel** mit einem gepflegten Pool und der Bar zur Entspannung an. Kühles Bier schenkt auch »The Pub« an der geschäftigen Dalada Veediya aus.

Herausragendes Merkmal der Stadt ist der von eleganten weißen Balustraden eingefasste künstliche **See** Ⓐ, an dessen Nordufer die historischen Gebäude liegen. Vom Südufer bietet sich ein schöner Blick über das spiegelnde Wasser, die cremefarbenen Gebäude und den grünen Hintergrund des **Udawattekele Sanctuary**.

Tempel der Zahnreliquie

Nördlich der Uferstraße, doch nur von einem zentralen Eingang im Westen zu begehen, liegt der **Sri Dalada Maligawa** Ⓑ (tgl. 5.30–20.00 Uhr, Eintritt). Der »Ehrwürdige Tempel der Zahnreliquie«, birgt die heiligste Reliquie (s. S. 200) des Buddhismus, die zugleich das kostbarste Symbol des singhalesischen Nationalstolzes darstellt.

Eine Bombe der Tamiltentiger zerstörte 1998 die Fassade des Tempels weitgehend, die jedoch inzwischen restauriert wurde. Als Konsequenz gibt es

Kandy ist Sri Lankas zweitgrößte Stadt

Unten: Der Schrein für die hoch verehrte Zahnreliquie

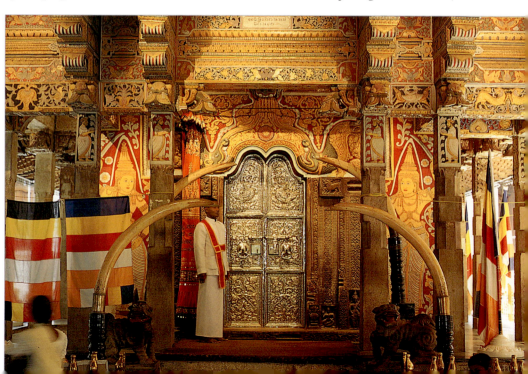

TIPP

Auf mehreren Wandgemälden im Zahntempel werde Sie einen in einem Mond sitzenden Hasen entdecken. Dieses Motiv bezieht sich auf eine bekannte Episode aus einem der früheren Leben Buddhas, in welchem er als Hase wiedergeboren worden sein soll. Als ein heiliger Mann den Hasen um Essen gebeten hatte, soll das Tier, das ihm nichts geben konnte, sich ins Feuer geworfen haben, um sich selbst zum Verzehr anzubieten.

Unten: Für das Perahera geschmückte Frauen in festlichem Gewand

bis heute strenge Sicherheitsmaßnahmen am Eingang, was zu langen Schlangen führen kann. Beim Warten kann man die wohlproportionierten Gebäude mit ihren roten Fußwalmdächern bewundern. Das vergoldete Dach direkt über dem Raum mit der Reliquie wurde 1987 von Präsident Premadasa gespendet. Das nutzte ihm aber wenig, denn kurz darauf fiel er einem Bombenanschlag zum Opfer.

Im Innern wirkt der Tempel, der sich um einen einzigen engen Innenhof gruppiert, überraschend klein. Die Reliquie wird im oberen Stockwerk in einem Raum aufbewahrt, dessen Türen nur während der Pujas dreimal am Tag geöffnet werden. Doch auch dann erhascht man nur einen Blick auf die große versilberte Kiste, in der sich weitere Kisten befinden und in der kleinsten schließlich der Zahn. Während der drei Pujas kommt etwas Unruhe in den Tempel. Schon vorher haben sich viele Gläubige und Neugierige im Vorraum versammelt und warten auf das Öffnen der Türen. Dann setzen die Trommeln ein und die Puja beginnt. Die Menschen ziehen in einer langen Schlange

an den geöffneten Türen vorbei. Um 9.30 und 18.30 Uhr drängen sich viele Besucher, um 5.30 Uhr am Morgen geht es wesentlich ruhiger zu.

Im hinteren Gebäudebereich illustrieren im **Aluth Maligawa** (Neuer Schrein) Wandmalereien die Geschichte der Reliquie. Zudem sind zahlreiche Buddhafiguren, die von ausländischen Besuchern gespendet wurden, ausgestellt. Im zweiten Stock ist das **Sri Dalada Museum** (kein Extra-Eintritt) mit Fotodokumentationen untergebracht.

Nördlich des Tempelkomplexes gelangt man zur **Königlichen Audienzhalle ❸**, einem offenen Pavillon im klassischen Kandy-Stil mit zahlreichen geschnitzten Teaksäulen und einem attraktiven Fußwalmdach. An diesem Ort übergaben die einheimischen Häuptlinge 1815 den Briten jene Urkunde, die das Ende des unabhängigen Kandy besiegelte. Direkt daneben steht das **Raja Tusker Museum,** in dem der Elefant Raja, der 1988 verendete und anschließend ausgestopft wurde, zu sehen ist. 50 Jahre hatte der Elefant mit den mächtigen Stoßzähnen während des Perahera die Reliquie getragen.

ESALA PERAHERA

Im Mondmonat Esala – Juli oder August – feiert Kandy zu Ehren des Buddhazahns das Esala Perahera. Tage und Uhrzeiten der über 15 Tage gehenden Feiern werden von Astrologen zuvor exakt berechnet. Zu den nächtlichen Peraheras (Prozessionen) paradieren Dutzende von prächtig ausstaffierten Elefanten, Tänzer, Trommler und zahllose, reich kostümierte Gläubige mit Fackeln durch die Straßen der Stadt. Am prachtvollsten sind die Prozessionen an den letzten fünf Tagen des Festes. Flankiert von zwei Dickhäutern und unzähligen Begleitern, schreitet im Zentrum der kostbar geschmückte Ehrenelefant (Maligawa Atha, s. S. 207) mit dem Behälter der Zahnreliquienkopie auf dem Rücken dahin. Seiner Gruppe folgen die Abteilungen der vier Devales, ebenfalls mit Musikern und Tänzern rund um den Ehrenelefanten.

Der königliche Palastbereich

Der Zahntempel gehört zum Areal des einstigen Königspalasts. In einigen Gebäuden tagte bis 2005 das Gericht. Der einstige Palast der Königin beherbergt in seinen Kreuzgängen das **Nationalmuseum** D (Di–Sa 9–17 Uhr, Eintritt). Hier werden viele Gegenstände aus der Königszeit und der Kolonialzeit ausgestellt. Obwohl das Gebäude unmittelbar neben dem Zahntempel liegt, gibt es keinen direkten Zugang. Die Besucher müssen außen herumgehen und am Königlichen Badehaus vorbei in den Palastkomplex zurückkehren.

Wenn Sie der schmalen Straße zwischen Rückmauer des Zahntempels und dem Nationalmuseum weiter folgen, gelangen Sie zu einem neoklassizistischen Kolonialgebäude, in dem einst das oberste Gericht tagte und in dem heute das **Museum of World Buddhism** E (tgl. 8–19 Uhr, Spende) beheimatet ist. Zu sehen sind Exponate zur Geschichte, Kunst und Kultur des Buddhismus in 16 asiatischen Ländern, von Afghanistan bis Japan.

Hinter dem Nationalmuseum führt ein Weg zum schön restaurierten **Kandy Garrison Cemetery** F (Mo–Sa 8–13, 14–18 Uhr, Spende). Hier liegen viele britische Siedler begraben, und ihre Grabsteine beschreiben die unzähligen Arten, wie man im 19. Jh. in den tropischen Kolonien ums Leben kommen konnte. Ganz im Norden des Komplexes befindet sich noch das wenig interessante **Archäologische Museum** G (Mi–Mo 8–17 Uhr, Spende) in einem schönen alten Gebäude, das Teil des Königspalastes war.

Die vier Devales

Drei Devales liegen westlich des Zahntempels, ein vierter – der **Kataragama Devale** – an der Kotugodelle Veediya im Stadtzentrum. Sie sind je einem der vier Schutzgottheiten Sri Lankas gewidmet und spielen während des Esala Perahera (s. links) eine Rolle, wenn dort an den ersten vier Tagen Zeremonien und Prozessionen abgehalten werden. Nominell sind die Tempel buddhistisch, doch tatsächlich werden hier Götter verehrt, die eigentlich dem Hinduismus entstammen, was an die Zeit erinnert, als die Könige von Kandy Tamilen aus Südindien waren.

Brunnen im königlichen Palastbereich von Kandy

Unten: Der Zahntempel und das Königliche Badehaus vom See aus gesehen

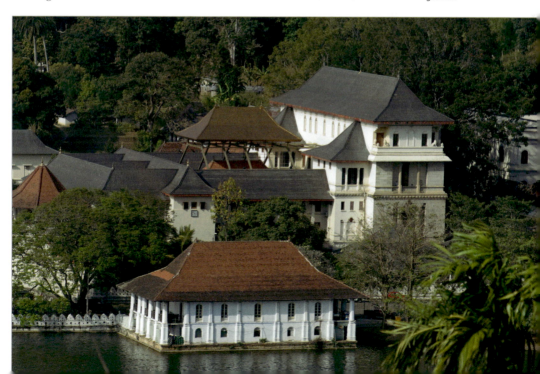

DIE ZAHNRELIQUIE

Viele Buddhisten glauben, das wertvollste Objekt der Welt sei die Zahnreliquie des Buddha, wegen der schon Schlachten geschlagen wurden. Die Reliquie wird in sieben Kisten, die jeweils ineinander stehen, im Zahntempel von Kandy aufbewahrt. Der äußere, 1,2 m hohe Kasten besteht aus Silber, die weiteren aus getriebenem Gold, und nicht zuletzt wegen des unschätzbaren Werts wird das Objekt sehr selten gezeigt.

Der Körper des historischen Buddha wurde nach seinem Tod eingeäschert, doch der Legende nach sollen einige seiner Anhänger Teile des Körpers aus dem Feuer gezogen haben, darunter den Zahn. Auch in anderen Tempeln der buddhistischen Welt werden Reliquien aufbewahrt, zum Beispiel zahlreiche Knochen oder sogar Haare und, über die buddhistische Welt verteilt, wesentlich mehr Zähne als ein normaler Mensch im Mund hat. Unter den ursprünglichen Anhängern Buddhas gab es keine derartige Reliquienverehrung. Diese setzte erst viele Jahrhunderte später nach diversen Schismen ein. Sie steht in Verbindung mit der Heiligenverehrung der Bodhisattvas, die im Mahayana-Buddhismus den Gläubigen helfen, den Weg der Erlösung zu finden. So wurden im Volksbuddhismus zahlreiche Wege gesucht und gefunden, den einfachen Menschen Hilfen für ihr Leben zu geben. In der mehr philosophischen Ausrichtung der tatsächlichen Lehren des Bud-

dhismus gibt es das alles nicht. Und mit großer Sicherheit existieren keinerlei echte Reliquien Buddhas.

Die Legendenbildung aber nahm überhaupt kein Ende mehr. Erst soll der Zahn acht Jahrhunderte lang in Indien aufbewahrt worden sein, dann bei einem Aufstand militanter Hindus in deren Hände gefallen sein. Nachdem diese versucht hatten, ihn mit einem Hammer zu zerstören, was jedoch nur den Hammer zerbröselte, gaben sie den Zahn zurück. König Guhusiva von Kalinga (im heutigen Orissa) fürchtete einen Sieg seiner Gegner, wollte aber in Besitz des Zahns bleiben und versteckte ihn deshalb im Haar seiner Tochter, die er anschließend nach Sri Lanka bringen ließ, wo der Zahn in Anuradhapura in einem speziell dafür gebauten Tempel aufbewahrt wurde. Zur Einweihung des Tempels wurde die erste große Prozession veranstaltet und der Zahn auf dem Rücken eines Elefanten durch die Stadt getragen. Sie ist das Vorbild für das spektakuläre heutige Esala Perahera in Kandy.

Fünf Jahrhunderte blieb der Zahn in Anuradhapura, kam dann nach Dambadeniya und Yapahuwa, bis er 1284 von einer Pandya-Armee zurück nach Indien gebracht wurde. Aber nur für vier Jahre, dann eroberte Parakramabahu III. ihn und stellte ihm fortan einen Wächter zur Verfügung.

Das Recht zu herrschen

Da sich Herrscher immer die Interpretation der Geschichte aneignen, wurde der Glaube verbreitet, wer den Zahn besitze, habe auch das Recht, Sri Lanka zu regieren, wodurch der Zahn eine ungeheure politische Bedeutung gewann. Also brachten ihn spätere Herrscher nach Kurunegala, Gampola und Kotte.

Im 16. Jh. eroberten Portugiesen den Zahn und verschifften ihn nach Goa, wo er vor dem Vizekönig, dem Bischof und zahlreichen Würdenträgern zu Staub geschlagen, verbrannt und die Asche ins Meer geworfen wurde. Doch das Ende des Zahns war damit keineswegs besiegelt, da er sich am Meeresgrund wieder zusammensetzte und aus eigenem Antrieb nach Kandy flog, wo er seit 1592 verblieb.

Kurz fiel er 1815 nach der Eroberung Kandys den Briten in die Hand, die das Objekt untersuchten und dabei feststellten, dass es sich in der Tat um einen Zahn handelt, aber mit 5 cm Größe eher um den eines Krokodils. Sie vergaßen dabei jedoch, dass der angebliche Fußabdruck Buddhas auf dem Adam's Peak (s. S. 217) ja auch ca. 1 m lang ist. ∎

Links: Entspannte Pilger im Zahntempel von Kandy

Kandy und Umgebung

Der Haupteingang zu den Devales befindet sich nördlich des Zugangs zum Zahntempel. Von dort gelangt man direkt zur Umfassungsmauer um einen mächtigen Bodhi-Baum und den **Pattini Devale** ❿ zur Verehrung der gleichnamigen Göttin der Keuschheit. Der eigentliche Schrein ist klein, aber reich verziert und meist von vielen betenden Frauen umlagert.

Der benachbarte **Natha Devale** ❶ nimmt wesentlich mehr Raum ein und ist dem Buddha der Zukunft, Maitreya, gewidmet. Gläubige sehen in ihm den Bewahrer und Förderer der Großherzigkeit und Liebe. In rund 3000 Jahren soll er die Menschen endgültig vom Leid erlösen. Dieses älteste Heiligtum der Stadt wurde im 14. Jh. gestiftet, als Kandy noch keine Königsresidenz war. Der kuppelförmige Dachabschluss (Shikhara) weist Ähnlichkeiten mit den südindisch beeinflussten Hinduschreinen in Polonnaruwa auf.

Der **Vishnu Devale** ❶ – oder Maha Devale – an der Raja Veediya ist dem hinduistischen Gott des Bewahrens geweiht. Als Patron des Buddhismus spielt Vishnu auch bei Anhängern Buddhas eine wichtige Rolle. Treppen führen zu dem erhöht liegenden Schrein, der sich durch ein Walmdach und eine attraktive Säulenhalle auszeichnet.

Wenn man in der Gegend ist, lohnt auch ein Blick in die innen recht rustikal gehaltene **St. Paul's Church,** die die Briten 1843 mitten in den buddhistischen Tempelbezirk rammten und die einen Kontrast zu den leichten Dächern der Devales und Stupas bildet.

Rund um den See

Einen Spaziergang um den See sollten Sie sich nicht entgehen lassen, auch wenn der Verkehr auf der parallel zum Südufer verlaufenden Sangaraja Mawatha recht stark ist. Die sehr holprigen Wege bieten schöne Ausblicke auf Berge und Stadt. Den See ließ 1807 Sri Wikrama Rajasinha (reg. 1798–1815) von Zwangsarbeitern anlegen. Wer nicht gut zu Fuß ist, kann auch von Joy Motor Boat Service (tgl. 9–18 Uhr) am Westufer des Sees ein Boot leihen. Mitten im See befindet sich auf einer Insel der königliche **Sommerpalast,** der nicht, wie oft beschrieben, der Harem war, aber in dem der König oder die

Die Königliche Audienzhalle mit ihren geschnitzten Säulen aus Teakholz

Unten: Im Pattini Devale

In Pinnawela wird Elefantendung in wohlriechende Papierprodukte verwandelt, u. a. in hübsche Papierschachteln

Prinzen sich schon mit ihren Hofdamen vergnügten. Die Briten verwandelten ihn – das ist bezeichnend – in ein Munitionslager.

Das **Königliche Badehaus** (Ulpenge) am nördlichen Seeufer ist ein hübscher Pavillon mit einem Dach im traditionellen Kandy-Stil, das von weißen Säulen getragen wird. Dahinter verwandelt sich die Promenade zu einem Parkweg, auf dem man alsbald die **Kandyan Arts and Crafts Association** Ⓚ erreicht. In ihren verstaubten Räumen wird schönes Kunsthandwerk angeboten. Die Verlängerung der Victoria Road, der Seeuferstraße, mündet in den Sangaraja Mawatha, und bald haben Sie die **Buddhist Publication Society** (Haus Nr. 54) erreicht. In dem dortigen Buchladen finden Sie eine große Auswahl buddhistischer Schriften, u. a. auch in deutscher Sprache.

Udawattekele

Gleich hinter dem Tempel- und Palastbezirk, von dort jedoch nur über eine lange, staubige Straße erreichbar, liegt das **Udawattekele Sanctuary** Ⓛ (tgl. 6–18 Uhr, Eintritt), ein 104 ha großes Schutzgebiet im Norden der Stadt. Bis 1815 war das Waldgebiet dem Herrscherhaus vorbehalten, dann öffneten es die Briten für die Allgemeinheit. Seit 1938 ist der unberührte Dschungel geschützt. Ein Baldachin aus Blättern, aus dem das Singen und Pfeifen exotischer Vögel schallt, siebt das Sonnenlicht. Affen kreuzen die Wege. Inmitten der Vielfalt exotischer Flora und Fauna – dazu zählen bei Regen auch Blutegel – schauen Sie auf die Dächer des Zahntempels und die Stadt hinab.

Teemuseum

Am anderen Ende von Kandy, rund 4 km südlich der Stadt Richtung Hatana, bietet das **Teemuseum** (tgl. 8.15 bis 16.30 Uhr, Eintritt) einen Überblick über den bekanntesten Industriezweig des Landes. In der einstigen Teefabrik aus viktorianischer Zeit sind Maschinen aus den Fabriken des Hochlandes ausgestellt, dazu gibt es Informationen zu den bekanntesten Teepionieren. Zu diesen gehörten auch James Taylor, der die erste Teeplantage eröffnete, sowie Thomas Lipton, dessen Teemarke in ganz Asien bekannt ist.

Unten: Elefanten im Pinnawela-Waisenhaus

Kandy und Umgebung

Peradeniya – botanisches Schmuckstück

Etwa 6 km südwestlich des Zentrums von Kandy liegt in einer Schleife des Mahaweli Ganga der **Botanische Garten Peradeniya** ❹ (tgl. 7.30–17.45 Uhr, Eintritt). Mit 62 ha ist er der größte des Landes. In den fruchtbaren Schwemmböden gedeihen über 4000 Pflanzenspezies und 10 000 Bäume, darunter ein gigantischer Javanischer Banyanbaum, dessen Krone 1600 m² überspannt. Am Sri-Lanka-Teich, im Orchideenhaus, rund um den Great Circle oder entlang der Palmenalleen treffen Sie auf Pflanzen aus aller Welt. Nördlich hiervon wird der Wald wilder, die Herrschaft haben längst große Rudel von Makaken übernommen, während Tausende von Fliegenden Hunden mit den Köpfen nach unten in den Bäumen hängen.

Das Elefantenwaisenhaus von Pinnawela

Etwa 10 km nordöstlich von Kegalla und 40 km westlich von Kandy gewährt das 1975 gegründete staatliche **Elefantenwaisenhaus Pinnawela** ❺ (tgl. 8.30–18 Uhr, Eintritt, Videokameras kosten extra) rund 100 Dickhäutern Schutz. Verlassene oder verwundete Elefanten werden hier betreut, manche zu Arbeitselefanten ausgebildet. Unter ihnen ist »Sama«, ein Elefantenweibchen, das 1995 ein Bein durch eine Landmine verlor. Mit Erfolg werden aber auch Elefantenbabys geboren, die besonders gerne in den Fluten des Ma Oya plantschen. Die Fütterungszeiten (9.15, 13.15 und 17 Uhr) und das Bad im Fluss bieten Gelegenheit, die Dickhäuter aus der Nähe zu beobachten.

Nur wenige Kilometer entfernt können Sie in der **Millennium Elephant Foundation** ❻ (tgl. 8–17 Uhr, Eintritt) die derzeit neun Rüsseltiere waschen, füttern oder auf ihnen reiten. Eine kleine Ausstellung bietet allerlei Wissenswertes rund um *aliya* oder *yanai*, wie die Dickhäuter auf Singhalesisch bzw. Tamil genannt werden.

Tempel westlich von Kandy

Im Bergland rund um Kandy liegen eine Reihe historisch interessanter Tempelanlagen verstreut. Drei von ihnen können Sie bequem im Rahmen eines halbtägigen Ausflugs besuchen

1821 angelegt, dienten die »Royal Botanic Gardens« zunächst der Erforschung tropischer Nutzpflanzen. So experimentierten die Briten ab 1824 in Peradeniya mit den ersten aus China importierten Teesträuchern. Heute gibt es hier ca. 10 000 Teesträucher.

Unten: Riesiger Feigenbaum im Botanischen Garten Peradeniya

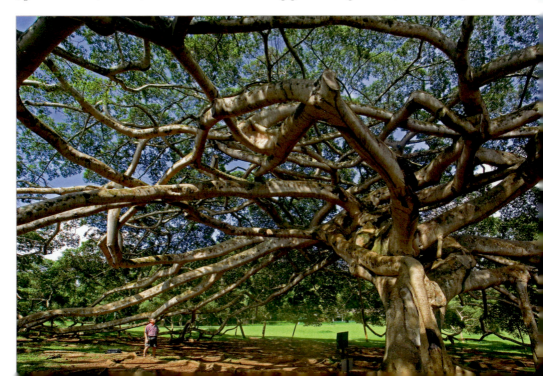

Holzschnitzerei im Tempel von Embekke

Unten: Kandy-Fluss

(ca. 45 Min. Autofahrt von Kandy). Sie entstanden in den politisch unruhigen Jahrzehnten des 14. und 15. Jhs., als die Könige über 70 Jahre lang vom 20 km entfernten Gampola aus regierten.

Ungefähr 14 km südwestlich von Kandy, nicht weit von der A1, thront seit 1344 auf einem Felsrücken der **Gadaladeniya Vihara** ❼ (tgl. 7.30–18 Uhr, Eintritt). Der quadratische Hauptbau mit Vorhalle zeigt südindische Einflüsse. Die Außensockel der Vorhalle sind mit Musikanten und Tänzern verziert, im Inneren der Haupthalle des Tempels sind Reste von Wandmalereien zu sehen, u. a. an einer Säule ein tanzender Shiva. Dem Hindugott Vishnu ist ein Devale gewidmet.

Im gleichen Jahr entstand der im traditionellen singhalesischen Stil errichtete, auf einem Felshügel imposant gelegene **Lankatilake Vihara** ❽ (tgl. 7.30 bis 18 Uhr, Eintritt), den man über eine lange Felsentreppe erreicht. Während die mit einem schmucken Torbogen verzierte, blau getünchte Haupthalle Buddha gewidmet ist, werden im westlich angebauten Devale in separaten Schreinen Hindugötter verehrt, darunter Vishnu, Saman, Kataragama (Skanda) und Ganesh.

Nur drei Kilometer entfernt steht der aus dem 14./15. Jh. stammende **Kataragama Devale** ❾ (tgl. 7.30–18 Uhr, Eintritt) im Dorf **Embekke**. Hauptattraktion des Kataragama geweihten Hindutempels sind die mit Figuren verzierten Säulen in der Trommelhalle. Möglicherweise waren die Säulen aus ceylonesischem Eisenholz einst Teil der königlichen Thronhalle in Gampola. Zu den schönsten geschnitzten Figuren gehören ein Tänzer, ein doppelköpfiger Adler, Schwäne und Soldaten.

Ausflüge in den Osten Kandys

Falls Sie sich an Tempeln noch nicht sattgesehen haben, können Sie im Osten der alten Königsstadt weitere historisch interessante Sakralbauten bewundern, etwa den **Degaldoruwa Vihara** ❿. Hier zählen die gut erhaltenen Wandmalereien des im 18. Jh. an einen Granitmonolithen gebauten Tempels zu den Hauptattraktionen. Zu den gelungensten Werken gehören eine Szene mit Buddhas Kampf gegen Mara (eine ähnliche Darstellung gibt es in den Höhlentempeln von Dambulla, s. S. 230), Szenen aus dem Leben Buddhas (Jataka) sowie Abbildungen von Tempeln aus anderen Landesteilen.

Nachdem Sie Kandy über die A26 gen Osten verlassen haben, dominiert bald die bis zu 1863 m hohe **Knuckles Range** das Panorama. »Dumbara Kanduvetiya«, von Nebel eingehüllte Berge, nennen sie die Singhalesen, denn die teilweise noch mit unberührten Nebelwäldern bedeckten Bergspitzen verbergen sich häufig in den Wolken.

Die Abgeschiedenheit dieser wie Fingerknöchel (engl. *knuckles*) geformten Bergkette diente nicht selten als Zufluchtsort von Kandys Königen. Mit ihren Untertanen zogen sie sich bei Gefahr in die Zitadelle **Medamahanuwara** südlich von **Hunnasgiriya** ⓫ zurück und nahmen dabei alle wichtigen Dinge mit, natürlich auch den angeblichen Buddhazahn. Die dortige Aus-

Kandy und Umgebung

Karte auf Seite 210

sicht ist heute noch überwältigend und der Gang durch die Ruinen der Zitadelle eindrucksvoll.

Guter Ausgangspunkt für verschiedene Wanderungen an der Ostseite der Knuckles Range ist Gorbett's Gap unweit des Dorfes **Looloowatta**. Für einen Kurztrip lohnen sich die Hunas Falls an der Westseite des Bergmassivs, wo es auch einige schöne Unterkünfte gibt. Sie liegen unweit des sehenswerten Hunnasgiriya Estate, einer staatlichen Tee- und Nelkenbaum-Plantage.

Die Straße entlang der südlichen Ausläufer der Knuckles Range führt zum Fluss Mahaveli und dem **Victoria Reservoir** mit seinem gigantischen Damm zur Stromversorgung. Allerdings lebten hier bis zu ihrer Vertreibung die Ureinwohner. Dieses Land der Veddha (s. S. 70) heißt »Bintenna«.

Falls Sie gern Golfen, dann können Sie recht preisgünstig ein paar Stunden im **Victoria Golf & Country Resort** (s. S. 15, 305) verbringen. Sri Lankas beste Golfanlage liegt reizvoll am nördlichen Rand des Victoria-Stausees. Die Golfausrüstung können Sie sich selbstverständlich vor Ort leihen. Zudem bestehen mit den Victoria Chalets und der Villa Clingendael (www.theclingendael.com) komfortable Übernachtungsmöglichkeiten.

Mahiyangana

Noch etwas weiter östlich, etwa 70 km von Kandy entfernt, erreicht man den Verkehrsknotenpunkt **Mahiyangana** ⑫ nach einer serpentinenreichen Abfahrt in die Ebene. Er ist der erste von drei Orten, die Buddha der Legende nach auf der Insel besucht hat. Daran erinnert heute ein 30 m hoher Stupa im weitläufigen Gelände des **Mahiyangana Raja Maha Vihara**.

Von der Stadt können Sie auch den nordöstlich gelegenen **Maduru Oya National Park** besuchen, an dessen Rand Angehörige der Veddha siedeln. Einen guten Einblick in das Leben der Ureinwohner bietet etwa das Dorf **Dambana** unweit der Straße nach Ampara, 22 km östlich von Mahiyangana. Hier leben noch etwa 350 Familien. Ein informatives Museum dokumentiert mit Fotos und Exponaten die Lebensgewohnheiten und die Geschichte dieser ersten Inselbewohner. ■

> Die Knuckles Range wurde 2010 in das UNESCO-Welterbe aufgenommen. Aufgrund der Vielfalt der endemischen Flora und Fauna gilt die Bergkette zusammen mit anderen Regionen der zentralen Bergwelt Sri Lankas als wichtiger Ort der Artenvielfalt.

Unten: Der reich verzierte Lankatilake Vihara

Elefanten – sanfte Giganten

Der sri-lankische Elefant, lateinisch Elephas maximus maximus, ist eine Unterart des asiatischen Elefanten, Elephas maximus.

Obwohl die Singhalesen nach dem Löwen benannt sind, ist es doch der Elefant, dem eine besondere Bedeutung zukommt. Die meisten religiösen Feste sind ohne die Dickhäuter gar nicht denkbar, denn sie tragen wertvolle Figuren, hohe Würdenträger und sogar die Zahnreliquie beim Esala Perahera in Kandy. Auch sonst machten sich Elefanten nützlich. Die Könige von Anuradhapura ließen sie den Boden festtreten als Fundament für die großen Stupas, zu deren Schutz sie bis heute beitragen, wie dies durch die Elefantendarstellungen auf der Umfassungsmauer der Ruwanweli-Seya-Stupa symbolisiert wird. Von den Königen in Kandy wurden Elefanten dazu benutzt, die Todesstrafe durch Zertrampeln auszuführen, während es umgekehrt strengstens verboten war, einen Elefanten zu töten. In jüngerer Zeit mussten die Elefanten für die Holländer Kähne durch die Kanäle ziehen, den Briten bei der Rodung von Wald helfen, damit sie Tee anbauen konnten, und bis heute werden sie eingesetzt, wenn es großer Muskelkraft bedarf, z. B. beim Baumfällen. ■

Oben: Nach dem Bad im Wasser bewerfen sich Elefanten mit Erde, um sich vor Insektenstichen zu schützen.
Unten: Wenn man auf einem Elefanten reiten möchte, empfiehlt sich die Millennium Elephant Foundation bei Pinnawela (s. S. 203). Aber auch in Habarana gibt es einige Reisebüros, die Ausritte mit Elefanten organisieren.

Links: Ein Straßenschild warnt vor querenden Elefanten. Die Dickhäuter sind sehr kurzsichtig und können herannahende Fahrzeuge nur an deren Vibrationen erkennen, die sie in den Beinen spüren oder indem sie den Rüssel auf den Boden legen.

Elefanten ◆ 207

Der »Maligawa Tusker«

Aus den großen religiösen Prozessionen, den Peraheras, sind Elefanten gar nicht wegzudenken. Das gilt besonders für das Esala Perahera in Kandy, an dem jeden Abend mehr Elefanten teilnehmen. Am letzten Abend sind es mehr als einhundert, die vom »Maligawa Tusker«, einem Elefanten mit großen Stoßzähnen, angeführt werden. Vom Rüssel bis zum Schwanz ist er in eine bestickte, mit Lämpchen verzierte Decke gehüllt. Dieser Elefant allein darf den ebenfalls beleuchteten Howdah (Sattel) tragen, auf dem sich die Reliquienkiste in Form einer Dagoba befindet. Die Buddhisten des Landes verehren die »Maligawa Tuskers« ganz besonders. Einer, der den Namen Raja trug, ist ausgestopft auf dem Gelände des Zahntempels ausgestellt. Als er 1998 starb, ordnete die Regierung einen nationalen Trauertag an.

Oben rechts: Bei den religiösen Prozessionen führt ein ganz in kostbaren Stoff gehüllter Elefantenbulle, der »Maligawa Tusker«, die Prozession an. Beim Esala Perahera kommt ihm die Ehre zu, die kostbare Zahnreliquie zu tragen.
Links: Geschnitzte Elefantenfiguren, am besten aus Ebenholz, sind ein beliebtes Souvenir. Oft werden sie gleich in ganzen Herden gefertigt.
Unten links: Auf diesem Wandgemälde im Kataluwa-Tempel nahe Galle ist ein reich geschmückter Elefant dargestellt.
Unten rechts: Ein »Mahout« – so heißen die Führer von Arbeitselefanten – hat sein Tier perfekt unter Kontrolle. Oft sind beide ein ganzes Elefantenleben zusammen. Der Mahout schafft es sogar, den Dickhäuter ohne den Einsatz der Stimme zum Hinsetzen zu bewegen.

Das Hochland

Hier ist das Land unvergleichlich. Nebel und Wolken hängen in den Bergen, hinter engen Kurven tauchen bunte Kolonialhäuser auf, und die Teepflückerinnen gehen ihrer harten Arbeit nach.

NICHT VERPASSEN!

Nuwara Eliya
Adam's Peak
Nationalpark Horton Plains
Lipton's Seat
Ella
Buduruwagala
Sinharaja
Nationalpark Uda Walawe

Links: Devon Falls
Unten: Junge Mönche

Hermann Hesse beschrieb das Bergland bei seinem Ceylon-Besuch 1911 sehr anschaulich: »Soeben hatte der Wind das ganze weite Tal von Nerelia klargefegt, ich sah tiefblau und riesig das ganze Hochgebirge von Ceylon in mächtigen Wällen aufgebaut, inmitten die schöne Pyramide des uralt-heiligen Adam's Peak. Daneben in unendlicher Ferne und Tiefe lag blau und glatt das Meer, dazwischen tausend Berge, weite Täler, schmale Schluchten, Ströme und Wasserfälle, mit unzähligen Falten die ganze gebirgige Insel, auf der die alten Sagen das Paradies gefunden haben.«

In der Tat besticht das Hochland durch seine landschaftlichen Reize: Ein Wasserfall scheint den anderen übertreffen zu wollen. Düfte von wilder Minze und Eukalyptus erfüllen die Luft. Anheimelnde Orte schmiegen sich an den Hang. Botanischer Bergzauber lockt die Wanderer. Teesträucher bedecken die Hügel, soweit das Auge blickt. Ratnapura lässt das Herz der Edelsteinfreunde höher schlagen und der Adam's Peak jenes der Pilger. Dazu kommen eine faszinierende Flora und Fauna in Sinharaja sowie geheimnisvolle Statuen in Buduruwagala.

Die Briten und der Tee

Das Hochland ist aber vor allem für seine Teeplantagen berühmt. Wie ein grünes Tuch ziehen sich die endlosen Reihen von Teesträuchern über die Hügel. Dazwischen leuchten die vielen Farbtupfer der nelken-, fuchsien- und kirschfarbenen Saris der tamilischen Pflückerinnen, die allerdings für einen Hungerlohn »zwei Blätter, eine Knospe« zupfen, damit das Getränk nur in seiner edelsten Form in die Teetasse der anspruchsvollen Kunden gelangt.

Die ersten Rodungen der einst bewaldeten Hänge gehen auf Kaffeepflanzer im frühen 19. Jh. zurück. Als innerhalb von zehn Jahren die 1869 erstmals auftretende Pilzkrankheit *Hemileia vastatrix* fast alle Kaffeesträucher vernichtete, gingen viele Pflanzer

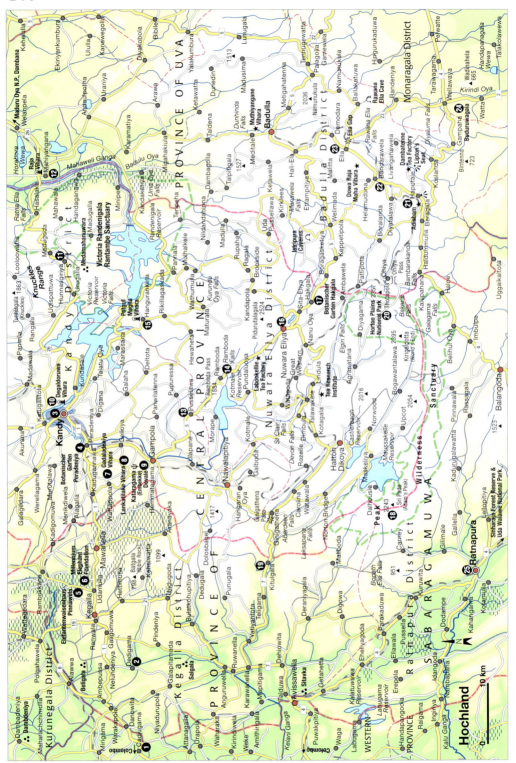

Das Hochland

pleite. Einige Mutige sattelten um, pflanzten Tee und wurden reich, darunter Sir Thomas Lipton, dessen Name zum Synonym für Tee geworden ist. Reichlicher Niederschlag, intensiver Sonnenschein, kalte Nächte und feuchte Nebel sind das perfekte Klima für die in Hochlagen wachsenden aromatischen Teesorten. Sie begründen den Ruf des weltberühmten Ceylon-Tees.

Die Kultivierung des Tees katapultierte das Hochland von einem wirtschaftlich unterentwickelten Gebiet zum ökonomischen Schwerpunkt der kolonialen Plantagenwirtschaft und brachte weitreichende Konsequenzen. Die Hügel wurden vom Baumbestand gerodet und mit der Monokultur der Teebüsche bepflanzt, wie man sie heute noch sehen kann. Tausende Tamilen wurden als billige Arbeitskräfte angeworben, die die Zusammensetzung der Bevölkerung grundlegend änderten. Obwohl die Teepflückerinnen mit ihren bunten Saris ein malerisches Bild inmitten der grünen Landschaft abgeben, verdienen sie doch kaum genug zum Leben. Ihre Dörfer blieben von den britischen Kolonialherren wie den unabhängigen singhalesischen Regierungen weitgehend unbeachtet und vernachlässigt – trotz des Reichtums, den sie für andere geschaffen haben.

Dennoch wartet das Hochland weiter mit besonderen Reizen auf. An einigen Ecken fühlt man sich noch wie im alten Großbritannien mit altertümlichen Eisenbahnen, neogotischen Kapellen und verschrobenen Fachwerkhäusern. Dies alles kontrastiert mit bunten Hindutempeln, Teepflückerinnen in Saris und tamilischen Arbeitern, die ob der feuchten Kühle dicke Wollmützen tragen und in riesigen Säcken sehr britisch erscheinendes Gemüse transportieren, das einst von Herrenhausbesitzern wie Samuel Baker (s. S. 212) eingeführt wurde. Letztendlich verführt aber der Kontrast zwischen den fein manikürten Teehügeln und den dahinter endlos aufragenden schroffen Bergen die Besucher immer wieder, hierher zu kommen.

Von Kandy nach Nuwara Eliya

Von Kandy führt Sie die 80 km lange A5 bis Nuwara Eliya auf fast 1400 m Höhe hinauf – vorbei an überwältigenden Panoramen, steilen Abgründen, tosenden Wasserfällen und dem allgegenwärtigen Teegrün der *Camellia sinensis*. Auf halber Strecke gibt Ihnen das schön gelegene Rasthaus von **Pusselawa** ⓭ Gelegenheit zur Pause. Ein Stopp lohnt auch nach 58 km bei den **Ramboda Falls** ⓮. Der Wasserfall stürzt sich in zwei Strängen fast hundert Meter eine Klippe hinunter. 15 km vor Nuwara Eliya ragt auf etwa 1500 m Höhe die **Labookellie Tea Factory** (tgl. geöffnet) auf, mit über 1000 ha Sri Lankas zweitgrößte Teeplantage. Man kann die Fabrikanlage besuchen und im »Labookellie Tea Centre« Souvenirs rund um den Tee kaufen sowie in rustikalem Ambiente speisen.

Eine alternative Route von Kandy nach Nuwara Eliya, die B 39, verläuft südlich des Victoria Reservoir über **Hanguranketa** ⓯, das Kandys König Rajasimha II. im 17. Jh. als Zufluchtsort nutzte. Der dortige **Potgul Magila**

Voll beladener Reistransporter

Unten: Luxuriöse Unterkunft inmitten von Teefeldern bietet das Hotel »The Tea Factory«

Dieses Straßenschild in Nuwara Eliya weist auf eine Höhenstraße hin

Unten: Der Briefkasten ist ein Relikt der britischen Herrschaft

Vihara ist wegen seiner in Silber und zisieliertem Messing eingefassten kostbaren Sammlung antiker Manuskripte auf Palmblättern sehenswert. Die Außenwände der Dagoba schmücken schöne Wandmalereien, wie sie sonst nur im Inneren von Tempeln zu finden sind.

Wenige Kilometer südlich, wo heute in **Rikillagaskada** die B 39 und B 40 zusammentreffen, liegt die Wiege des Ceylon-Tees: **Loolecondera Estate.** Hier legte ein Schotte namens James Taylor 1867 auf knapp 8 ha die erste kommerzielle Teeplantage Sri Lankas an. Als 16-Jähriger war Taylor 1852 nach Ceylon gekommen, um auf einer Kaffeeplantage zu arbeiten. Bald stieg er zum Leiter der Plantagen von Loolecondera auf und begann mit Teesträuchern aus dem indischen Assam und Chinarindenbäumen *(Chinchona)* zu experimentieren. 1873 konnte der Teepionier die ersten 23 Pfund Ceylon-Tee nach London verschiffen. Mit dem Niedergang des Kaffees infolge der Pilzerkrankung begann der Aufstieg des Tees. Die Plantage steht Besuchern offen und bietet Gelegenheit zum Einkauf und zu einem Spaziergang durch die Teegärten. Der Blick über das Tal des Mahaweli Ganga bis nach Hunnasgiriya und die Knuckles Range ist spektakulär.

An der Brücke bei Mulhalkele stürzen sich die **Kurundu-Oya-Wasserfälle** 189 m weit in die Tiefe. Einige weitere Teeplantagen befinden sich entlang der gewundenen Straße in Richtung **Ragala.**

Nuwara Eliya

Die an schönen Ausblicken reiche Anreise erhöht die Erwartung auf **Nuwara Eliya** ❶ (sprich: Nurelia), und es ist leicht nachvollziehbar, warum sich die Briten von dem durchschnittlich 1890 m hoch gelegenen Ort angezogen fühlten. Nach Colombos Hitze und Schmutz wirken das wohltuende Klima und die erfrischend grüne Landschaft wie Balsam. Bekannt wurde das 6,5 km lange Hochtal erstmals 1818, als der Beamte Dr. John Davy zur Elefantenjagd vorbeikam und darüber be-

SAMUEL BAKER IN NUWARA ELIYA

Nuwara Eliya verdankt seinen langsam verblassenden britischen Charme zu einem beträchtlichen Teil dem Abenteurer Samuel Baker (1821–1893), der durch die spätere Entdeckung der Quelle des Nils bekannt wurde.

In den 1840er-Jahren verbrachte Baker einige Zeit hier und wollte den Ort »zu einer richtigen Siedlung machen ... zu einem kleinen englischen Dorf rund um mein Haus«. Ohne weiter nachzudenken importierte er Hereford-Kühe aus seiner Heimat und pflanzte Erdbeeren, Möhren und Lauch, die in dem feuchten und gemäßigten Klima gut gediehen.

Außerdem wollte er eine Brauerei eröffnen, bestellte auch dafür alles aus England, dazu Arbeiter, Handwerker, einen Gutsverwalter, einen Schmied mit Esse, landwirtschaftliche Maschinen, eine Kutsche mit Pferden und eine Sammlung von Jagdgewehren. Man wundert sich, weshalb er nicht auch die Füchse gleich mitbesorgt hat.

Zu dieser Zeit konnte man Nuwara Eliya nur auf Ochsenkarren oder per Elefant über den Ramboda-Pass erreichen. Doch bis auf die Kutsche ist tatsächlich alles in unversehrtem Zustand angekommen.

In gebrochenem Englisch informierte der Kutscher seinen Auftraggeber darüber, dass das Gefährt einschließlich der Pferde einen Unfall hatte, von einem Felsen stürzte und zertrümmert wurde.

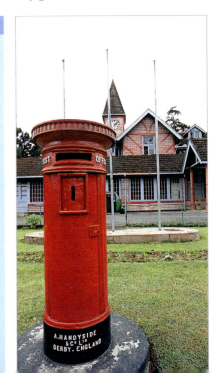

Das Hochland

richtete. 1828 eröffnete Gouverneur Sir Edward Barnes dann ein Sanatorium für seine hitzegeplagten Landsleute, und nachdem die Straße anlegt war, avancierte der Ort zu einem beliebten Höhenkurort. Zudem machte sich das Tal nach den Erfahrungen von Samuel Baker als Anbaugebiet für europäische Gemüsesorten einen Namen. Als die umgebenden Berge immer weiter für die Teeplantagen gerodet wurden, entwickelte sich Nuwara Eliya zu einem Zentrum für Tee. Die reich gewordenen Plantagenbesitzer vergnügten sich in ihrer Freizeit auf der 1875 angelegten Pferderennbahn und dem 1889 gegründeten Golfklub. Oder sie tranken frischgezapftes Bier aus der von Baker 1849 am Fuß des Lover's Leap gegründeten Ceylon Brewery.

Heute hat die früher einmal recht hübsche Kleinstadt, deren Name »Stadt des Lichts« bedeutet, viel von ihrem Charme eingebüßt. Gesichtslose Häuser ersetzen die alten Kolonialvillen im Tudorstil, die Straßen sind chronisch verstopft, Autoabgase verschmutzen die Luft. Zudem können tagelange Regenfälle und tief hängende Wolken sowie kalte Nächte die Urlaubsstimmung trüben.

Grüne Oasen bilden der **Victoria Park** (tgl. 7–18.30 Uhr, Eintritt) und der **Golfplatz** (s. S. 305), die sich durch die graue Ortsmitte winden. Übrigens ist der Golfplatz einer der höchstgelegenen Asiens und besitzt einen hohen Schwierigkeitsgrad. Tatsächlich findet man in der Stadt noch einige Fachwerkhäuser, in denen sich Hotels und Pensionen befinden, und immer noch gibt es die großen Haufen englischen Gemüses, das inzwischen aber nicht mehr von britischen, sondern von tamilischen Hilfskräften geerntet und zum Markt transportiert wird.

Wer unbedingt an diesem abgelegenen Ort eine Ahnung des alten britischen Lebensstils der Landedelmänner, Pflanzer und Kolonialisten zu prüden viktorianischen Zeiten erleben will, sollte sich in eins der alten Kolonialhotels begeben. Am besten hat sich der **Hill Club** (s. S. 297) gehalten, ein gräuliches Gebäude aus Granit und Fachwerk oberhalb des Ortszentrums. Drinnen findet man, wie zu erwarten, alte Ledermöbel, Hirschgeweihe an der

TIPP

Trotz seiner Lage in der verkehrsreichen Stadtmitte ist der **Victoria Park** ein lohnendes Ziel für Vogelliebhaber, denn hier kann man seltene endemische Vogelarten wie den Schmuckbülbül und den Ceylonschnäpper sehen.

Unten: Bahnlinie von Nuwara Eliya nach Kandy

> Die **Hakgala-Bergkette** soll laut dem *Ramayana* ein Bruchstück eines Himalaya-Gipfels sein, den der Affengott Hanuman über Sri Lanka verstreut hat.

Unten: Teeplantage

Wand und angebräunte Bücher im Regal. Wer hier nicht wohnen möchte, kann auch einfach zum Dinner kommen. Herren tragen dabei Krawatte.

Nicht weit entfernt liegt das **Grand Hotel,** ein massiges altes Gebäude, das aussieht, als hätte es schon als Klubhaus auf einem Golfplatz in England gedient. Es entstand aus einem vielfach umgebauten Bungalow von Sir Edward Barnes und weist heute einen Ballsaal, eine original viktorianische Lounge und eine holzverkleidete Bar mit offenem Kamin auf. Man kann auch auf dem Rasen einen Tee zu sich nehmen (s. S. 297).

Am Nordrand der Stadt steht das luxuriöse **St. Andrews Hotel** am anderen Ende des Golfplatzes. Es wurde im frühen 20. Jh. errichtet und hält durch seine akkurat kurz geschnittenen Rasenflächen diskreten Abstand von der Stadt. Auch hier kann man gepflegt Tee trinken (s. S. 297).

Abwechslungsreicher sind jedoch Wanderungen in die Umgebung. Etwa zu Sri Lankas höchster Erhebung, dem 2524 m hohen **Pidurutalagala** weiter nördlich, den die Briten angesichts der beim Aussprechen drohenden Zungenverrenkungen schlicht »Mount Pedro« tauften. Die Bergspitze ist allerdings unzugänglich, da sich oben militärische Anlagen befinden. Schöne Ausblicke bis zum Gregory's Lake und Hakgala bieten sich vom Gipfel des **Single Tree Mountain,** der am anderen Ende der Stadt liegt. Der etwa einstündige Aufstieg beginnt an der Badulla Road südlich der Pferderennbahn beim Clifton Inn. Er führt durch die schönen Teeplantagen von Shantipura und zu einem Aussichtspunkt bei Uda Radella, wo man einen weiten Rundblick bis zum Adam's Peak genießen kann.

Die Umgebung Nuwara Eliyas

Nuwara Eliya dient hauptsächlich als Basis für Ausflüge in das umgebende Bergland, vor allem zum Nationalpark Horton Plains, dem Botanischen Garten Hakgala und zu diversen Teeplantagen und Wasserfällen, zu denen landschaftliche schöne Straßen führen. Am nördlichen Rand des Pidurutalagala liegt das 267 ha große **Pedro Tea Estate** (tgl. 8.30–18 Uhr, Eintritt), das

Das Hochland

Sie nach einer nur 3 km langen Panoramastraße erreichen. Seit 1885 wird hier Tee geerntet und weiterverarbeitet. Besucher sind willkommen und können nach einem Rundgang die als »Lovers Leap« und »Mahagastotte« gehandelten Teepackungen erwerben.

Falls Sie immer schon einmal auf einer Teeplantage übernachten wollten, können Sie dies beim Dorf **Kandapola** tun, etwa 14 km östlich von Nuwara Eliya. Dort liegt inmitten herrlicher Berglandschaft auf etwa 2000 m Höhe **The Tea Factory,** ein Luxushotel ersten Ranges (s. S. 12, 296). Es ist im einstigen Fabrikgebäude des Hethersett Estate untergebracht, wo die alten Gerätschaften liebevoll integriert wurden, und erlaubt Ausblicke in die dramatische Landschaft und über die gepflegten Teegärten.

Botanischer Garten Hakgala

Südöstlich von Nuwara Eliya, entlang der Straße nach Badulla, erstreckt sich die markante Gipfelkette von **Hakgala,** zu deren Füßen der **Botanische Garten Hakgala** ⓱ liegt (tgl. 8–17 Uhr, Eintritt). 1861 ließ ihn der damalige Direktor von Peradeniya als Versuchsstation für den am Fuß der Anden heimischen Chinarindenbaum *(Chinchona)* anlegen. Das daraus gewonnene Chinin wird vorrangig als Antimalariamittel eingesetzt. Heute ist die 27 ha große Gartenanlage für ihre Rosengewächse und Farne, ein Orchideen- und ein Sommerhaus sowie ein herrliches Bergpanorama bekannt. Neben den Botanischen Gärten bietet das **Hakgala Strict Nature Reserve** wilden Tieren wie Bärenmakaken und Sambarhirschen sowie zahlreichen Vogelarten Lebensraum. Das Schutzgebiet ist jedoch nicht zugänglich.

Auf Ihrem Wege nach Hakgala kommen Sie im Dorf **Sita Eliya** am **Sita Amman Kovil** vorbei. An der Stelle dieses farbenfrohen und figurenreichen kleinen Hindutempels lag der Legende nach der im *Ramayana* erwähnte Ashoka-Hain, in welchem Ravana, der Dämonenkönig, Sita, die Frau seines Widersachers Rama, gefangen hielt. Der Affenkönig Hanuman, der Sita mit seiner Armee befreien wollte, erzürnte Ravana derart, dass dieser den Schwanz des Affen in Brand setzte, der

Baumfarne können so groß werden, dass man darunter hindurchspazieren kann

Unten: Spiegelglatter See auf den Horton Plains

TEE – ARBEIT UND GENUSS

Der Tee als Getränk soll vor langer Zeit in China per Zufall »erfunden« worden sein, als einige Blätter eines wilden Strauches in kochendes Wasser wehten. Sparsam wie der Chinese ist, schüttete er das sich grün färbende Wasser nicht weg, sondern trank es.

So soll China die Existenzgrundlage für Sri Lanka gelegt haben. Und noch ein merkwürdiges Ereignis kam hinzu, nämlich eine Seuche, die in den 1860er-Jahren die ausgedehnten Kaffeeplantagen des Landes zerstörte. Die schlausten Kaffeepflanzer wandten sich dem Tee zu, führten Pflanzen aus Indien ein und schufen so in der kühlen, feuchten Luft des Hochlandes ein neues Wirtschaftswunder. Der schnelle Erfolg brachte zahllose britische Siedler hierher, die die fruchtbaren Hügel rodeten, um dort das »grüne Gold« der Insel anzupflanzen. Viele machten in kurzer Zeit ein Vermögen, und einige verloren es in ähnlich kurzer Zeit wieder. Doch innerhalb von nur 20 Jahren war die Landschaft grundlegend verändert worden, denn wo einst dichter Dschungel mit einer unglaublichen Vielfalt an Flora und Fauna stand, breitet sich nun ein endloser Teppich von fein zurechtgeschnittenen Teesträuchern aus – nur eine weitere Monokultur. Die ersten Teefabriken bestanden aus wenig mehr als gut belüfteten Scheunen, die in England gebaut und dann Stück für Stück nach Sri Lanka transportiert wurden.

Vom Strauch in die Tasse

Jede der tamilischen Teepflückerinnen, von denen es Tausende gibt und die zu den Ärmsten in der Verwertungskette des Tees gehören, startet den Weg des Teeblatts in die Tasse mit einem Knipsen von Zeigefinger und Daumen. Sie haben Säcke auf den Rücken gebunden und gehen so von Strauch zu Strauch. Nur die oberste Knospe und zwei Blätter werden jeweils abgeknipst, damit der Tee frisch und sauber wird. Haben die Pflückerinnen einen Sack gefüllt, so wird dieser gewogen und zur Teefabrik gebracht. Dort müssen die Blätter sofort in heißer Luft getrocknet werden, um alle überflüssige Feuchtigkeit zu entfernen. Dann werden sie gerollt und gestoßen, ein Prozess, der früher von Experten von Hand vorgenommen wurde. Dadurch tritt Saft aus und die Fermentation beginnt. Diese muss bezüglich der Umgebung und Dauer genau kontrolliert werden. Dann werden die nun wesentlich kleineren Blätter in großen Gefäßen erneut erhitzt und schließlich nach Größe sortiert. In weniger als einem Tag ist so aus einem Blatt am Strauch ein fertiges Teeblatt geworden.

Die Teeblätter werden nach Größe und Qualität bewertet und mit Qualitätskennzeichnungen belegt. Die bekanntesten sind: »Pekoe«, »Orange Pekoe«, »Broken Orange Pekoe«, »Broken Orange Pekoe Fannings«. Der Rest ist Staub und wird in Teebeutel minderer Qualität gepackt. In Sri Lanka wird der Tee auch noch nach der Höhe des Ortes, in dem er gewachsen ist, unterschieden. »High Grown« ist der feinste Ceylon-Tee mit dem delikatesten Geschmack, der in Höhenlagen in der Umgebung von Nuwara Eliya wächst. Der »Mid Grown« mit vollerem Geschmack und der »Low Grown« werden in den Ausläufern des Hochlandes angebaut. Als Nächstes kommen die Teekoster zu ihrem Recht und unterteilen das Produkt nach Geschmack, Stärke und Farbe in »malty« (malzig), »pointy« (hell und sauer), »bakey« (rauchig), »thick« (stark), »coppery« (kupferig), »dull« (farblos) oder »bright« (farbintensiv). Derart eingeordnet wird der Tee schließlich versteigert. Der größte Teil geht in den Export, doch auch im Land selbst schätzt man das feine Produkt zunehmend und kann es in Läden und besseren Supermärkten kaufen. Um eine authentische Tasse Ceylon-Tee zu genießen, sollten Sie ungemischten Tee einer Teefabrik im Hochland auswählen. Und guten Tee trinkt man natürlich nur pur, also ohne Milch und Zucker – auch wenn der Engländer es nicht glauben mag. ■

Links: Teepflückerin beim Abwiegen der Teeblätter

Das Hochland

damit wiederum wild um sich schlug und so den Wald verbrannte. Ein dunkler Fleck beim Tempel soll den Wahrheitsgehalt der Legende belegen.

Adam's Peak
Nuwara Eliya ist zudem der beste Ausgangspunkt für die Besteigung des **Adam's Peak** ⓲, den man per Straße über die Stadt Hatton Dikoya erreicht, von wo aus es weiter geht nach **Dalhousie** (sprich: Delhaus, das auch oft mit seinem tamilischen Namen Nallatanniya bezeichnet wird) an der Nordseite des Berges. Obwohl er mit 2243 m nur der fünfthöchste Berg der Insel ist, ragt er doch besonders dramatisch aus den umliegenden Hügeln empor.

Der Bergkegel ist eines der ältesten Pilgerziele Sri Lankas, weil in der Nähe des Gipfels ein merkwürdiger Eindruck zu erkennen ist, der allgemein als Fußabdruck Buddhas (Sri Pada) bezeichnet wird und bei einem der angeblichen drei Besuche des Religionsgründers auf der Insel entstanden sein soll. »Die Szenerie ist unglaublich«, notierte ein Europäer 1896, »Männer, Frauen, Alt und Jung, manche schon altersschwach und manche, die am Wegrand sterben, viele, die geführt oder getragen werden müssen, Menschen aus Indien, China, Japan, Burma, Spanien, Siam, Ceylon und Afrika, Priester und Laien, Prinzen und Bettler sieht man sich mühend und schwitzend bergauf streben.« Ähnliches erleben Sie auch heute noch beim drei- bis vierstündigen Aufstieg, wenn sich während der Pilgersaison zwischen Dezember und Mai an manchen Wochenenden bis zu 20 000 Menschen über die 5000 Stufen quälen. Oben angelangt, können Sie beim Sonnenaufgang das berühmte Phänomen des »Gipfelschattens« beobachten, bei dem der Schatten des Bergkegels auf die unten schwebenden Nebelwolken projiziert wird – während die Gläubigen die Glocke schlagen und dreimal *sadhu* (»heilig«) rufen.

Kitulgala
Das 40 km nördlich des Adam's Peak gelegene Dörfchen **Kitulgala** ⓳ wurde 1957 als Drehort von David Leans Film »Die Brücke über den Kwai« berühmt. Der mit einem Oscar ausgezeichnete

TIPP

Unmittelbar hinter Adisham erstreckt sich das **Tangamalai Nature Reserve**. Das landschaftlich schöne Vogelschutzgebiet inmitten des Dschungels ist u. a. das Zuhause von unzähligen Affen und endemischen Vogelarten wie den Schmuckkittas, Paradiesschnäppern und Pirolen.

Unten: Traumhafte Bergwelt: Ella Gap

Im Morgenlicht erstrahlt das Hochland in seiner ganzen Schönheit

Unten: Die Skulpturen von Buduruwagala

Film spielt angeblich in Thailand, doch die Einheimischen hier wissen genau, welche Szene wo aufgenommen wurde, bis hin zu der gerade noch zu erkennenden Stelle, an der die Betonfundamente der Brücke selbst standen, die zum Schluss in die Luft gesprengt wurde. Meistens beschäftigt man sich in Kitulgala heutzutage aber mit Whitewater Rafting auf dem Fluss Kelani, dessen wilde, von Steilhängen eingegrenzte Wasser Stromschnellen der Schwierigkeitsgrade 2 und 3 aufweisen. Abfahrten können vor Ort von verschiedenen Veranstaltern organisiert werden.

Am Ende der Welt

Rund 30 km südlich von Nuwara Eliya, am südlichen Ende des Hochlandes, liegt der **Nationalpark Horton Plains** ⓴, ein auf 2100 m gelegenes Hochplateau, das nach Süden hin steil abfällt. Namensgeber ist Gouverneur Sir Robert W. Horton, der in den 1830er-Jahren hier gern auf Jagd nach Leoparden und Elefanten ging. Die Dickhäuter sind heute aus dem Gebiet verschwunden, die Wildkatzen stark dezimiert. Seit 1988 stehen 3160 ha unter Naturschutz. Von Sri Lankas zweit- und dritthöchstem Berg, **Kirigalpotta** (2389 m) und **Thotupola** (2357 m), überragt, entspringen in diesem regenreichen Gebiet drei der wichtigsten Flüsse der Insel: Mahaweli, Kelani und Walawe.

Das oft in Wolkendunst gehüllte Grasland mit kalten Bachläufen und den markanten Kina-Bäumen bietet exzellente Wandermöglichkeiten. Der etwa 10 km lange Rundweg führt vom Parkeingang (Eintritt) etwa 4 km Richtung Süden und teilweise durch Bergnebelwald – bis jählings ein fast 1000 m tiefer Abhang erreicht wird, **World's End** genannt. Auf dem Rückweg kann man einen Abstecher zu den **Baker's Falls** machen, einem Wasserfall, an dem man sich gut abkühlen kann.

Haputale

Nach Südosten führt die Reise durch eine abwechslungsreiche Gebirgslandschaft nach **Haputale** ㉑, das sich oft wolkenverhangen an einem Berghang entlang zieht. Bei klarer Sicht aber reicht der Blick fast bis zur Küste.

Der gemütliche Ort eignet sich für Ausflüge in die Umgebung, etwa zum 10 km östlich gelegenen **Dambatenne** (tgl. 8–18 Uhr, Eintritt). Mit dem Erwerb dieser Teeplantage legte der Glasgower Thomas Johnstone Lipton 1890 den Grundstein für sein Tee-Imperium. Durch modernes Marketing verknüpfte er seinen Namen mit dem Produkt Tee – noch heute denken in Südostasien viele an Tee, wenn sie Lipton hören. Bis zu seinem Tod 1931 erklomm der Hoflieferant den nach ihm benannten **Lipton's Seat.** Mit der entsprechenden Kondition können auch Sie den 7 km langen Aufstieg von der Teefabrik zum 1935 m hoch gelegenen Aussichtspunkt mit herrlichem Panoramablick schaffen.

Weniger strapaziös ist die einstündige Wanderung von Haputale zum 3 km entfernten Benediktinerkloster **Adisham** (Sa–So, Fei 9.20–12.30 und 13.30–16 Uhr, Eintritt). Das aufgrund des grauen Granitsteins finster wirkende Haus geht auf den britischen Pflanzer Sir Thomas Villiers zurück, der es nach seinem Geburtsort in Kent benannte. Seit den 1960er-Jahren ist das massige Gebäude ein Kloster und kann an Wochenenden und Feiertagen besichtigt werden. Im Klosterladen und in einem Geschäft an der Straße nach Bandarawela verkaufen die Ordensleute Produkte aus eigener Herstellung, darunter Guavenmarmelade und Honig.

Bandarawela

Die von Haputale 10 km entfernte Marktstadt **Bandarawela** ㉒ liegt über 1200 m hoch und ist klimatisch sehr angenehm. Das empfanden wohl auch die Teepflanzer so, als sie hier 1893 ein Klubhaus erbauten, um Billard zu spielen und Neuigkeiten auszutauschen. Heute ist es als **Bandarawela Hotel** (s. S. 15, 296) eine der stilvollsten Unterkünfte in der Region. Da das Klima trockener und milder als in Nuwara Eliya ist, gedeihen hier neben duftendem Tee auch Gemüse und Obst – vor allem Erdbeeren.

Nur 6 km östlich liegt unweit der Straße nach Badulla hinter Bäumen versteckt der **Dowa Raja Maha Vihara.** Das Kloster ist in erster Linie für eine etwa 10 m hohe, aus dem Granitfelsen

Edelsteine aus Ratnapura

Unten: Auf Edelsteinsuche

TIPP

Es gilt als unhöflich, beim Aufstieg auf den Adam's Peak danach zu fragen, wie weit es noch bis zum Gipfel ist. Am besten grüßt man andere Wanderer mit »Karuvanai« (»Frieden«).

Unten: Der Adam's Peak zeigt sich oft wolkenverhangen

geschlagene Buddhastatue bekannt. Bereits im 1. Jh. v. Chr. soll sie gestiftet worden sein. Sie stellt entweder den historischen oder den zukünftigen Buddha dar, Maitreya. Sehenswert sind auch die Malereien neueren Datums im dazugehörigen Vihara.

Ella

Eine halbe Autostunde nordöstlich von Bandarawela finden Sie den auf durchschnittlich 1000 m Meereshöhe gelegenen Flecken **Ella** ❷❸. Eingebettet in eine pittoreske Berglandschaft am südöstlichen Rand des Hochlandes, entwickelte sich das beschauliche Dorf zu einem beliebten Urlaubsziel, auch wenn jetzt intensiv gebaut wird.

Lauschige Unterkünfte, das traumhafte Panorama und die reizvolle Umgebung machen Ella zum optimalen Ausgangspunkt für ausgedehnte Wanderungen, etwa entlang des sich nach Süden ziehenden **Ella Gap** zu den **Little Rawana Ella Falls** oder durch die allseits präsenten Teeplantagen. Anstrengender, aber lohnend sind die Besteigungen des 1350 m hohen **Ella Rock** (hin und zurück 4 Std.) und des **Little Adam's Peak** (hin und zurück 2 Std.). Einige Orte beziehen sich zumindest ihrem Namen nach auf das indische *Ramayana*-Epos. So soll Ravana die entführte Sita in einer Höhle südlich von Ella gefangen gehalten haben – was aber auch der Sita Amman Kovil bei Hakgala für sich beansprucht.

Rund um Ella

Südlich von Ella windet sich die Straße in dramatischen Haarnadelkurven bis zu den sich direkt neben der Straße 100 m in die Tiefe stürzenden **Rawana Ella Falls.** Selbst Hunderte von Touristen, die sich dort versammeln, können vom Spektakel nicht ablenken.

Durch herrlich grüne Landschaften führt die A23/A2 weiter in Richtung Süden. Nach 30 km kreuzt sie in Wellawaya die bis nach Pottuvil an der Ostküste verlaufende A4. 5 km weiter entlang der A2 liegt eine eigentümliche Stätte: **Buduruwagala** ❷❹. An einer Lichtung erhebt sich eine schroffe Granitfelswand, aus der im 9. und 10. Jh. sieben kolossale Statuen gehauen wurden. Ein fast 17 m hoher stehender Buddha wird von jeweils drei Figuren flankiert. Im Zentrum der linken Dreiergruppe befindet sich der Bodhisattva Avalokiteshvara, in der Dreiergruppe rechts sind der zukünftige Buddha Maitreya und der Bodhisattva Vajrapani zu sehen.

Einige Kilometer entfernt liegt der künstliche **Handapanagala-See,** von dem aus man einen schönen Blick auf die Hügel hat und vielleicht sogar Elefanten zu Gesicht bekommt, die am späten Nachmittag zum Trinken hierher kommen.

Von Wellawaya aus können Sie auch die etwa 12 km weiter westlich in Richtung Haputale gelegenen **Diyaluma Falls** besuchen. Über 170 m stürzt hier das Wasser in die Tiefe. Um zu Sri Lankas höchsten Wasserfällen, den 241 m hohen **Bambarakanda Falls,** zu gelangen, fahren Sie die A4 gen Westen bis nach Kalupahana und biegen rechts ab. Als Übernachtungsstopp auf Ihrer Weiterreise nach Ratnapura durch eine

Das Hochland

schöne hügelige und bewaldete Landschaft bieten sich die Unterkünfte in der gemütlichen Kleinstadt **Belihul Oya** an.

Edelsteinstadt Ratnapura

Die lebhafte Provinzstadt **Ratnapura** liegt 100 km von Colombo entfernt mitten im Herzen einer Ebene südlich des Hochlandes, wo Kautschuk wächst und seit Jahrhunderten in Reisfeldern und in Flussbetten Edelsteine gefunden werden. So verwundert es nicht, dass der bereits den alten Griechen bekannte Ort den aus dem Sanskrit stammenden Namen »Stadt der Edelsteine« erhielt. In diesem von Geologen »Ratnapura-Graben« genannten Gebiet zwischen Kalu Ganga und Amban Ganga finden sich in den Kies- und Lehmschichten so ziemlich alle Edelsteinarten – von Diamanten, Topasen und Rubinen bis zu Saphiren. Große Mengen der Steine werden hier gefördert, geschnitten und verkauft. Am lebhaftesten ist die Saviya Street, in der jeden Tag zahlreiche Einheimische mit ungeschliffenen Steinen handeln. Die Chancen, hier ein Schnäppchen zu machen, sind minimal, diejenigen, hier die Taschen geleert zu bekommen, hingegen sehr hoch.

Auch wenn die privaten Sammlungen in erster Linie Verkaufsausstellungen sind, lohnt ein Besuch, um mehr über die Prunkstücke zu erfahren. Zu empfehlen ist die Besichtigung des **Gem Bureau Museum** ein wenig außerhalb der Stadt (tgl. 9.30–16 Uhr, Spende). Hier bekommen Sie nicht nur verschiedene Edelsteinarten zu Gesicht, sondern lernen anhand von Infotafeln und Modellen einiges über das Schürfen. Durchaus bescheidener sind das kleine **Gem Museum** in der Pothgul Vihara Road (tgl. 9–17 Uhr) und das **Sapphire Centre** im Rest House.

Das **National Museum** (Di–Sa 9–17 Uhr, Eintritt) mit seinen staubigen Fossilien, ausgestopften Tieren, eingelegten Schlangen und einigen Kunsthandwerkstücken ist hingegen von begrenztem Interesse.

Weitaus sehenswerter ist der **Maha Saman Devale,** knapp 4 km westlich von Ratnapura. Von Parakramabahu II. im 13. Jh. zur Verehrung des Schutzgottes Saman gestiftet und im 16. Jh. von den Portugiesen zerstört, wurde der Tempel stetig vergrößert. Mit seinen attraktiven Bauten im Kandy-Stil spiegelt er den Reichtum dieser Stadt wider. Ein Perahera wird am Tag des Esala Poya abgehalten, im späten Juli oder frühen August.

Sinharaja

Ratnapura ist zudem der beste Ausgangspunkt für einen Besuch des **Sinharaja Forest Reserve** (tgl. 7–18 Uhr, Eintritt), dem größten zusammenhängenden Gebiet mit tropischem Regenwald. Diese Landschaft stellt sich ganz anders dar als der Rest des Landes, denn hier sind verwachsene Bäume, riesige Farne und lange Lianen zu sehen, aus denen allzeit Wasser tropft und der Lärm der Zikaden und Vögel erschallt. Im Reservat finden sich 830 Arten endemischer Flora und Fauna, darunter seltene Bäume, Vögel, Reptilien und Insekten.

> »
>
> Sri Lankas Buddhisten, Hindus, Muslime und Christen haben alle ihre eigene Erklärung für den Fußabdruck auf dem **Adam's Peak:** Für die einen ist er der Fußabdruck Shivas, für die anderen der Buddhas oder Adams bzw. des hl. Thomas. Vor allem aber ist der Gipfel ein bedeutendes buddhistisches Pilgerziel.

Unten: Der »Schatten des Peak«

Regenwald in Sinharaja

Der dichte Wald besteht vorwiegend aus tropischen Harthölzern, die breite Kronen ausbilden, durch die die Sonne weitgehend ausgeschlossen ist. Auch Regen fällt nicht direkt, sondern tropft stetig von den Blättern, die zudem die Luftfeuchtigkeit einschließen, so dass man sich am Boden wie in einer Sauna fühlt. Neben Vögeln wird man vor allem Affen sehen, es gibt zudem Eichhörnchen, Frösche und Schlangen und natürlich Milliarden von Insekten. Leider gibt es im Park auch viele Blutegel. Hohe Schuhe und feste Hosen schützen Sie vor den Blutsaugern. Mit Feuer, Zitrone und Salz können sie wieder entfernt werden, nur herausziehen empfiehlt sich nicht.

Der übliche Zugang zum Reservat erfolgt über Kudawa, wo sich auch das Büro des Kudawa Forest Department befindet. Dort können Sie Naturführer engagieren, deren Englischkenntnisse aber oft nicht die besten sind. Es lohnt sich jedoch hier besonders, einen sachkundigen Führer mitzubringen, der in dem dichten Wald Pflanzen und Tiere zeigen und erklären kann. Die lokalen Guides, deren Begleitung im Eintrittspreis enthalten ist, wissen oft wenig über die Tierwelt und sprechen kaum Fremdsprachen. Palitha Ratnayake vom Sinharaja Guest House in Deniyaya (Tel. 041 / 227 3368) ist ein erfahrener Guide und bietet Tagesausflüge durch das Reservat an.

Nationalpark Uda Walawe

Von Ratnapura oder von der Südküste aus können Sie einen Abstecher zum **Uda Walawe National Park** (Eintritt) machen, auf dessen 308 km² neben Krokodilen, Sambarhirschen, Lippenbären, fliegende Riesenhörnchen und vereinzelten Leoparden über 500 Elefanten in freier Wildbahn leben. Die größte Chance, die Dickhäuter zu sehen, ist morgens und spätnachmittags rund um den Stausee – oder im einige Kilometer außerhalb des Parks gelegenen **Elephant Transit Home,** wo, anders als in Pinnawela, Elefantenwaisen bis zu ihrem fünften Lebensjahr aufgezogen werden. Danach werden sie in den Nationalpark in Freiheit entlassen. Für Besucher gibt es aber nur während der Fütterungszeiten viermal am Tag etwas zu sehen.

Unten: Gummistiefel – wichtiges Utensil für die Arbeit auf dem Land **Rechts:** James Taylor legte die erste kommerzielle Teeplantage Sri Lankas an

Unterwegs

Das Kulturelle Dreieck

Als Kulturelles Dreieck wird die Region der alten Hauptstädte Kandy, Anuradhapura und Polonnaruwa bezeichnet, in der sich die herausragenden historischen Monumente der Insel befinden.

NICHT VERPASSEN!

Aluvihara
Ridi Vihara
Yapahuwa
Nalanda Gedige
Dambulla
Buddhas von Aukana und Sasseruwa

Vorhergehende Seiten: Goldener Tempel in Dambulla **Links:** Aukana-Buddha **Unten:** Buddhastatue in Dambulla

Die relativ trockenen Ebenen nördlich von Kandy waren das Kerngebiet der alten Zivilisation, in dem die bedeutendsten Relikte errichtet wurden und als Ruinen heute noch zu sehen sind. Die Großregion wird oft als Kulturelles Dreieck bezeichnet, ein erfundener Begriff, der die ehemaligen singhalesischen Hauptstädte Kandy, Polonnaruwa und Anuradhapura zusammenführen soll, in denen eine bedeutende Sammlung buddhistischer Kunst und Architektur zu finden ist.

In **Anuradhapura** (s. S. 236), das mehr als tausend Jahre Inselhauptstadt war, schufen zahllose Könige über die Jahrhunderte immer größere Monumente für Buddha, darunter die drei größten buddhistischen Stupas der Welt. Das nahe **Mihintale** (s. S. 246) gilt als der Ort, in dem der Buddhismus ins Land gebracht wurde, und weist einige faszinierende Tempelbauwerke auf einem schönen Hügel auf.

Südöstlich besitzt die zweite bedeutende Hauptstadt, **Polonnaruwa** (s. S. 251), glänzend erhaltene Bauwerke und kolossale Steinskulpturen. In der Mitte der Region liegt **Sigiriya** (s. S. 261), wo ein Usurpator seinen Königspalast auf einem gewaltigen Felsen erbauen ließ.

Als Ausgangspunkt für Exkursionen bietet sich der Ort **Habarana** ❶ an. Alternativ stehen auch an den einzelnen Stätten Hotels und Rasthäuser bereit, so dass Sie Ihren jeweiligen Aufenthalt durch zusätzliche Übernachtungen verlängern und die Atmosphäre der Orte erleben können.

Von Kandy nach Norden

Nach 30-minütiger Autofahrt erreicht man nördlich von Kandy das Höhlenkloster **Aluvihara** ❷ (wechselnde Öffnungszeiten, Spenden erbeten). Für Buddhisten in aller Welt spielt der Ort eine wichtige Rolle, denn hier wurde im 1. Jh. v. Chr. der buddhistische Kanon erstmals auf Palmblättern (singhalesisch *ola*) niedergeschrieben. All die

228 ♦ Unterwegs

> In der **Bibliothek von Aluvihara** kann man noch sehen, wie die Palmblattmanuskripte (ola-Blätter) entstehen. Mönche zeigen den Herstellungsprozess: Zuerst werden die Buchstaben mit einem metallenen Griffel in das Blatt geritzt. Dann wird Tinte darauf gerieben, die die vorher unsichtbaren, eingeritzten Buchstaben hervortreten lässt.

Jahrhunderte zuvor gaben die Gläubigen Buddhas Lehre nur mündlich weiter. 500 Mönche sollen den Text – wegen der drei Teile »Tipitaka« genannt (s. S. 90) – in sieben Monaten in die geglätteten und zugeschnittenen Blätter der Talipotpalme geritzt haben. Tragischerweise zerstörten die Briten große Teile der Textsammlungen, als sich hier 1848 ein Rebellenführer verschanzt hatte. In den vergangenen Jahren fertigten daher Mönche zwei Abschriften an. Dabei ritzten sie jeweils 9 464 000 Zeichen in 10 360 Palmblätter.

In den verschiedenen, aus dem Felsen gehauenen Grotten befinden sich teilweise schöne Wandmalereien sowie eine bunt bemalte liegende Buddhafigur. Eine weitere Figur stellt den indischen Mönchsgelehrten Buddhaghosa dar, der sich hier im 5. Jh. aufhielt. In der sonderbarsten Höhle zeigen bizarre Darstellungen die Höllenstrafen für Lebewesen, die entsprechend schlechtes Karma angesammelt haben. So wird eine Frau in Stücke geschlagen, während einem Mann die Schädeldecke geöffnet wird, damit die Dämonen sein Gehirn auslöffeln können.

Gut 17 km nordwestlich von Aluvihara liegt an einer Nebenstraße nach Kurunegala unweit des Dorfes **Ridigama** das sehenswerte Höhlenkloster **Ridi Vihara** ❸ (wechselnde Öffnungszeiten, Spende). Der Name bedeutet »Silberkloster«, da einer Legende zufolge im 2. Jh. v. Chr. hier Silber gefunden worden sein soll, das der ebenfalls

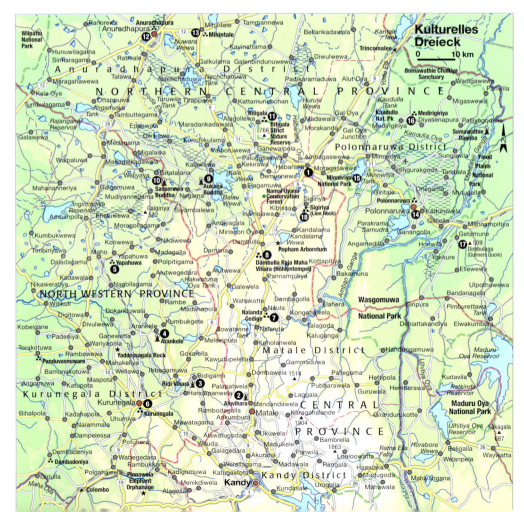

Das Kulturelle Dreieck

legendäre König Dutugemunu für den Bau des Ruwanweli-Seya-Stupa in Anuradhapura verwendet haben soll; zum Gedenken wurde auch dieser Tempel errichtet. Der Hauptraum, der teilweise aus dem Fels herausgearbeitet wurde, bewahrt historische Buddhastatuen auf, die auf interessante Weise mit niederländischen Bildkacheln kontrastieren. Auf dem Gelände findet sich auch der kleine **Varakha Valandu Vihara,** ein Hinduschrein, der im 11. Jh. in einen buddhistischen umgewandelt wurde.

Arankele

Die Waldeinsiedelei **Arankele** ❹ (tgl. 6–18 Uhr, Eintritt frei) ist weniger bekannt als die anderen Monumente und liegt auch etwas versteckt an einer engen Seitenstraße 24 km nördlich von Kurunegala. Der größte Teil des Klosters entstand im 6. Jh., einiges ist auch älter. Früher kamen asketische *pamsukulika*-Mönche hierher und lebten ein einsames Leben der Meditation in einer der zahlreichen Höhlen, die sich hier im Wald verbergen, doch heute leben die Mönche in einem kleinen Gebäude im hinteren Teil der Anlage. Ähnlich wie in Ritigala liegen auch hier die Ruinen mitten im Wald am Fuß eines Bergzugs. Archäologen legten hohe, doppelte und ummauerte Plattformen frei, die entlang einer Ost-West-Achse ausgerichtet und von kleinen Wassergräben umgeben waren. Sie alle waren durch einen schnurgeraden Steinweg miteinander verbunden, der einst auch zur Meditation im Gehen genutzt wurde.

Kurzlebige Hauptstädte

Als im Jahr 1236 die Hauptstadt Polonnaruwa fiel, flohen die singhalesischen Könige vor den fortgesetzten Angriffen der Inder nach Süden und errichteten eine Reihe von vorübergehenden Hauptstädten und Palästen an zunehmend abgelegenen und unzugänglichen Orten. Dabei nahmen sie immer die Zahnreliquie und Ableger des originalen Bodhi-Baums mit. Erste Station war Dambedeniya, von wo aus sie weiterzogen nach **Yapahuwa** ❺ (tgl. 8–18 Uhr, Eintritt), wo König Bhuvanekabhu I. (reg. 1272–1284) eine neue, aber nur kurzlebige Hauptstadt gründete, weil die Pandya ihm bereits wieder auf den Fersen waren und ihn weiter nach Süden drängten. Von der einstigen Königsstadt, die durch zwei halbkreisförmige Wälle und einen Graben geschützt war, blieb wenig erhalten, außer der spektakulären Steintreppe, die von zwei Steinlöwen bewacht wurde und durch allerlei geschnitztes Rankwerk verziert war. Friese zeigen Frauen mit Opfergaben, Musiker und Tänzer. Die Treppe führt zu einem gewaltigen Felsen, auf dem der Palast stand, von dem sich bis heute ein atemberaubender Rundumblick bietet. Nach dem schlichten Stil des klassischen Anuradhapura ist der stilistische Wandel auffallend – er reflektiert den Einfluss von Pandya, dem zu jener Zeit mächtigen tamilischen Königreich in Südindien.

Trotz der massiven Befestigungsanlagen diente Yapahuwa nur gerade einmal zwölf Jahre als Hauptstadt. Einer

Kurunegala ist ein möglicher Ausgangspunkt für die Erkundung der Sehenswürdigkeiten des Kulturellen Dreiecks

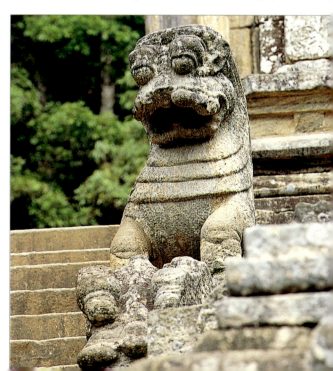

Unten: Wächterlöwe an der Treppe zur Felsenfestung Yapahuwa

TIPP

Wer **Dambulla** besucht, sollte die Grotten in umgekehrter Reihenfolge besichtigen, d. h. mit Grotte fünf beginnen. Die Höhlen werden dann nämlich immer größer und prächtiger. So hebt man sich das Beste für den Schluss auf.

Unten: Die Vorbauten der Höhlentempel von Dambulla

kurzen Rückkehr nach Polonnaruwa folgte der Umzug nach **Kurunegala** ❻, wo die Könige 48 Jahre lang residierten. Aus dieser Zeit ist fast nichts erhalten – nur der Aufstieg zur weithin sichtbaren Buddhafigur auf dem **Athagala** (»Elefantenfels«) lohnt sich. Die lebendige Stadt mit etwa 90 000 Einwohnern wird vom Kurunegala Wewa dominiert, dessen Ufer sich für eine Mittagsrast eignen.

Nalanda Gedige

Nördlich von Aluvihara steht inmitten von üppig grünen Hügeln ganz in der Nähe des majestätischen Flusses Mahaweli der **Nalanda Gedige** ❼ (tgl. 8–18 Uhr, Eintritt). Dieses buddhistische Statuenhaus ist für die Zeit und die Bauart typisch, ein rechteckiges Gebäude ganz aus Stein, dessen Stil sehr stark von der südindischen Architektur beeinflusst ist, die mit den Siedlern zur Polonnaruwa-Zeit vom Subkontinent hierher gelangte und ein klassisches Beispiel für die Vermischung von Stilen darstellt: Ein buddhistischer Tempel wurde im Stil eines hinduistischen erbaut. Zum Haus mit dem Sanktuarium gehören noch ein von Säulen geprägtes Mandapa (Vorraum) und ein kaum noch zu erkennendes Wandgemälde des tantrischen Buddhismus.

Dambulla

Dort, wo sich im Zentrum der historischen Region die Straßen kreuzen, liegen Sri Lankas eindrucksvollste Höhlentempel: die **Dambulla Raja Maha Vihara** ❽ (tgl. 7–19 Uhr, Eintritt). Die ersten Höhlen wurden zur Zeit des Königs Valagambahu I. im 1. Jh. geschaffen, als dieser hier Zuflucht suchte und 14 Jahre blieb, nachdem tamilische Invasoren ihn aus Anuradhapura vertrieben hatten. Nachdem er seinen Thron erfolgreich zurückerobern konnte, baute er hier aus Dankbarkeit einen Tempel. Erneuert und weiter ausgebaut wurde die Anlage im 17. und 18. Jh. von den Königen von Kandy, vor allem Kirti Sri Rajasinha (1747–1782), der viele der Wandgemälde und Statuen in Auftrag gab.

Die Tempel befinden sich etwa in der Mitte der Felswand und können über einen steilen Aufstieg aus Treppen und

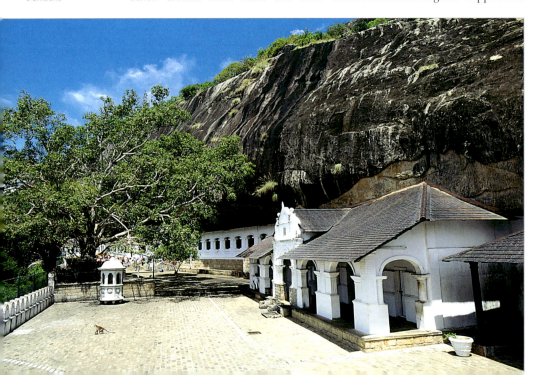

Betonblöcken erreicht werden. Von oben hat man zudem einen schönen Blick über die Ebenen und die Hügel der Umgebung.

Die Höhlen

In der ersten Höhle, dem **Devaraja Viharaya** (»Tempel des Königs der Götter«), befindet sich eine 15 m lange, aus einem Felsstück gemeißelte liegende Buddhafigur, an deren Fußende der Buddha-Schüler Ananda wacht. Möglicherweise bezieht sich der Name Devaraja auf eine Vishnufigur, die hier in der Reihe der Buddhafiguren steht. Diese Hindugottheit soll der Legende nach beim Bau des Höhlenklosters mitgewirkt haben. Viele der Figuren sind kaum noch zu erkennen, da ihre Farben leider durch die Ausdünstungen der Besucher und die vielen Räucherstäbchen verblasst sind.

Die größte und mit Abstand schönste Höhle ist der aus dem 18. Jh. stammende **Maharaja Vihara** (»Kloster des Großen Königs«). Schon die Ausmaße der Höhle sind eindrucksvoll, über 50 m in der Länge, 25 m in der Breite und 7 m in der Höhe. Der Name bezieht sich auf die Statuen zweier Könige, die wesentlichen Anteil am Bau des Klosters hatten: Vattagamani Abhaya (links der Eingangstür) und Nissanka Malla (rechts in der Ecke versteckt hinter der großen Figur des liegenden Buddha).

Eine weitere wichtige Buddhastatue ist jene direkt gegenüber der Eingangstür, ein lebensgroßer stehender Buddha, der die rechte Hand im Abhaya-Mudra erhebt (Gefahrenabwehr). Obwohl er übermalt wurde, ist das Blattgold unter der Farbe noch zu erkennen. Außerdem finden sich in dem Raum neben einem Stupa, umringt von zehn sitzenden Buddhas, weitere 60 lebensgroße Buddhastatuen sowie die Schutzgottheiten Sri Lankas – Natha, Vishnu, Kataragama und der zukünftige Buddha Maitreya.

Besonders eindrucksvoll sind die Wandmalereien aus dem 18. Jh., welche nahezu komplett die Decke und Wände ausfüllen. Zu den eindrucksvollsten gehört das **Mara Parajaya** (»Der Sieg über Mara«), eine Serie von drei Wandgemälden, die darstellen, welchen Versuchungen und Prüfungen

Steinerner Buddha in Meditationshaltung

Unten: Sonnenuntergang in Habarana

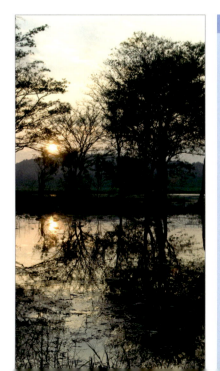

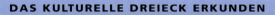

DAS KULTURELLE DREIECK ERKUNDEN

Das sogenannte Kulturelle Dreieck bietet eine Vielfalt an Routen zur Erkundung an. Um alles zu sehen, sollte man eine Woche einrechnen. Im räumlich gut gelegenen Habarana kann man in einer ganzen Reihe vernünftiger Hotels übernachten (s. S. 297), um von dort aus die verschiedenen Stätten zu erkunden. Vor Ort gibt es allerdings auch sehr gute Hotels, die sich durchaus anbieten, wenn man nicht ständig zu einem Ort zurückfahren will. Der öffentliche Personennahverkehr ist kaum ausgebaut, so dass man ein eigenes Auto mit Fahrer und Führer dabeihaben sollte, um die teilweise abgelegenen Orte zu finden und erklärt zu bekommen.

Woran wohl niemand vorbeifahren wird, ist die Felsenfestung von Sigiriya, doch auch die wunderbaren Höhlentempel von Dambulla sollte man nicht auslassen, zumal die Hauptstraße (Nationalstraße 9) durch das Dreieck direkt daran vorbeiführt. Die historisch wichtigsten Stätten sind zweifellos Polonnaruwa und Anuradhapura, aber zumindest einige der kleineren Attraktionen lohnen auch ein paar Stunden Zeit.

Sie müssen inzwischen mit recht teuren Eintrittspreisen rechnen: Sigiriya kostet ca. 23 Euro, Polonnaruwa und Anuradhapura kosten jeweils ca. 19 Euro, die Höhlentempel von Dambulla ca. 9 Euro, die kleineren Stätten jeweils etwa 4 Euro.

> Ein kleines, aber bedeutendes Detail in der zweiten Grotte ist ein Topf, in dem heiliges Wasser aufgefangen wird. Das Gefäß wird von den Mönchen immer noch für rituelle Handlungen benutzt. Die Buddhisten glauben, dass das Wasser nie aufhören wird, in den Topf zu tropfen, auch nicht während einer schlimmen Dürreperiode.

Unten: Liegender Buddha in der dritten Grotte von Dambulla

der Buddha ausgesetzt war, bevor er in der Nacht im Garten von Bodhgaya die Erleuchtung erlangte. Auf dem ersten Bild wird der Buddha von Horden haariger Dämonen angegriffen, während er auf dem zweiten den Avancen zahlreicher attraktiver Damen widersteht. Sein Triumph wird im dritten Bild dargestellt, denn hier predigt er seine Erkenntnisse vor einer Versammlung reich kostümierter Gottheiten.

Im **Maha Alut Viharaya** (»Großes Neues Kloster«), der dritten Grotte, sind ebenfalls attraktive Wandmalereien zu finden. Sie wurden im 18. Jh. auf Initiative des Königs von Kandy, Kirti Sri Rajasinha, angefertigt, der sich umgeben von vier Dienern in Form einer Statue verewigen ließ. Die Höhle wird von einem sitzenden Buddha in Meditationshaltung beherrscht, den ein *makara torana* umgibt, ein dekorativer Bogen, der von zwei *makara* gebildet wird, einem mythischen Monster, das aus Elementen von Fisch, Löwe, Elefant und Krokodil zusammengesetzt ist. Der zentrale Buddha wird von 50 anderen umgeben, zudem gibt es noch einen aus einem einzigen Stein gemeißelten 9 m langen liegenden Buddha dort. Andere Gemälde an der Decke zeigen zum Beispiel den Buddha der Zukunft, Maitreya, bei der Predigt vor Göttern und Asketen, während rechts von der Tür eine Darstellung aus dem 19. Jh. einen Garten mit kleinen Elefanten, Schlangen und Buddhas zeigt.

Die Höhle Nr. 4, **Pacchima Viharaya** (»Westlicher Tempel«), enthält entlang der Wände mehrere fein herausgearbeitete Statuen des sitzenden Buddha. In der Mitte steht ein Stupa, der den Schmuck von Königin Somawathie, der Frau des Königs Valagamba, enthalten soll. Als Diebe die Wertgegenstände erbeuten wollten, stellte sich auch diese Legende als unwahr heraus.

Die Höhle 5, der **Devana Alut Viharaya** (»Zweiter Neuer Tempel«), wurde später als die anderen vier erstellt. Es ist jedoch unbekannt, wann genau und von wem sie in Auftrag gegeben wurde. Auch in ihr befindet sich ein großer liegender Buddha, der von fünf kleineren Statuen umgeben wird, die aus Ziegelstein und Putz bestehen, anders als die Statuen in den anderen Höhlen, die aus dem Fels gemeißelt wurden.

Das Kulturelle Dreieck

Am Fuß des Felsens befindet sich der bunte, mehr wie ein Kirmesplatz aussehende moderne **Goldene Tempel,** der eindrucksvoll belegt, wie groß die Unterschiede zwischen den früheren Handwerkern und den Geschmacksverirrungen der heutigen Zeit sein können. Aus der kitschigen Umgebung ragt ein 30 m hoher, schlicht gestalteter, vergoldeter Buddha auf, der zwar eindrucksvoll groß ist, aber nicht zu den schönen Darstellungen in den Höhlen passt.

Rund 100 m südlich des Goldenen Tempels befindet sich das ausgezeichnete **Dambulla Museum** (Mi–Mo 7 bis 17 Uhr, Eintritt), das sich dem faszinierenden, aber vernachlässigten Thema der Malerei in Sri Lanka widmet. Allerdings reihen sich hier nur Kopien aus allen Ecken der Insel auf, von den Höhlenmalereien der Veddha bis zu den Tempelmalereien aus Kandy und den Werken des Künstlers George Keyt aus dem 20. Jahrhundert.

In der Umgebung von Dambulla

Etwa 3 km von den Höhlentempeln entfernt, an der Straße zum bekannten Kandalama Hotel (s. S. 12, 297), befindet sich das **Popham Arboretum** (tgl. 6–18 Uhr, Eintritt), ein 14 ha großes Areal tropischen Waldes, das einige gut gepflegte Wanderwege durchqueren. Das Waldschutzgebiet wurde 1963 von dem Briten Sam Popham angelegt, der damit dagegen protestierte, dass die Hartholzwälder Sri Lankas weitgehend planlos gerodet wurden. Popham kaufte eine abgeholzte Fläche, beseitigte das Gestrüpp, das nachgewachsen war, und überließ das Gebiet der Natur. Nach fast 50 Jahren wachsen hier wieder mehr als 70 wertvolle Baumarten, wie Ebenholz, Palisander und Zitronenholz; Vögel und andere Tiere leben hier, und man kann herrlich spazieren gehen.

Andere tropische Bäume finden sich im **Namal Uyana Conservation Forest** (tgl. 6–18 Uhr, Eintritt), etwa 15 km nördlich von Dambulla. Hier wächst der größte noch erhaltene Wald aus Eisenholz, zudem gibt es das größte Vorkommen an Rosenquarz in Südasien, das auf merkwürdige Weise wie eine Miniaturkette violetter Hügel aus dem Dschungel wächst.

Aus dem Fels gemeißelte Skulpturen

Etwa 30 km nordwestlich von Dambulla befindet sich mit dem isoliert stehenden, etwa 13 m hohen und 80 t schweren **Aukana-Buddha** ❾ die am besten erhaltene antike Statue Sri Lankas. Die Entstehungszeit ist nicht leicht festzustellen. Lange wurde der Buddha von Aukana dem im 5. Jh. regierenden König Dhatusena zugeschrieben, aber der Stil deutet auf eine spätere Epoche hin. Trotz der aufrechten Stellung wirkt der Körper graziös. Diesen Effekt unterstützt noch das wundervoll weich fließende Gewand, das nahezu durchsichtig wirkt. Die gewaltige rechte Hand des Buddha ist zum Segnen erhoben, während seine linke anmutig die Schulter berührt, als wolle sie den Sitz der Robe prüfen. Das Gesicht ist entspannt, und aus seinen Haarlocken

Der goldene Buddha ist die Hauptattraktion im Goldenen Tempel

Unten: Der Tempel des Aukana-Buddhas

Viele Legenden ranken sich um **Ritigala**. Im Ramayana ist beispielsweise die Rede vom Berg Aristha, und man glaubt, dass es sich dabei um Ritigala handelt. Von diesem Berg aus soll der Affenkönig Hanuman einen großen Satz nach Indien gemacht haben, um dem Fürsten Rama die Nachricht zu überbringen, dass dessen Frau Sita von Ravana, dem Dämonenkönig von Lanka, gefangengenommen wurde.

Unten: Bei der Arbeit auf den Reisfeldern

entwächst als Zeichen der Erleuchtung eine Flamme. Aukana bedeutet »Sonne essend«, und der frühe Morgen, wenn das Licht in sein Gesicht scheint, ist die beste Zeit für einen Besuch.

Wem es um die Atmosphäre geht, dem mag der monumentale Buddha im 10 km entfernten **Sasseruwa** ❿ besser gefallen. Die unvollendet gebliebene Statue befindet sich auf dem Gelände des Höhlenklosters Rasvehera. Die stehende Buddhafigur ist fast genauso groß (12 m) wie jene von Aukana und möglicherweise zeitgleich entstanden. Nach einer Legende soll die Statue von einem Schüler vorgearbeitet worden sein, der dann den Aukana-Buddha sah und angesichts der Vollkommenheit des Werkes seine eigenen Bemühungen aufgab. Wahrscheinlicher ist aber eine andere, prosaischere Erklärung: Tatsächlich war wohl ein Bruch im Stein dafür verantwortlich, dass die Statue nicht vollendet wurde. Den Mangel an Grazilität wiegt der Buddha von Sasseruwa aber durch seine Lebendigkeit auf. Er steht in einer Felsnische, die durch die Abtragung des Gesteins um sie herum entstand.

Ritigala – verlorene Einsiedelei

Ein eindrucksvolles Dschungelerlebnis erwartet Sie beim Besuch der alten, längst in Ruinen gefallenen Einsiedelei **Ritigala** ⓫ (tgl. 8–18 Uhr, Eintritt). Das Kloster am Fuß des 766 m hohen Bergs gleichen Namens wurde 1872 von dem britischen Landvermesser James Mantell wiederentdeckt, und natürlich soll auch dieser Berg von Hanuman als Teil des Himalaya verstreut worden sein. Damit erklärt man auch die ungewöhnliche Ansammlung von Pflanzen und Kräutern, die in der Umgebung wächst. Die eher nüchterne botanische Erklärung stellt allerdings heraus, dass das relativ kühle Mikroklima der Region eine größere Artenvielfalt zulässt als die heiße Ebene.

Die Bedeutung des Namens – »Fels der Sicherheit« – könnte ein Hinweis darauf sein, dass das dichte Dschungelgebiet einst den Herrschern Sri Lankas als Versteck diente. Sicher ist jedoch, dass sich hier spätestens seit dem 9. Jh. Einsiedlermönche aufgehalten haben. König Sena I. (reg. 833–853) stiftete für die streng asketische Mönchs-

Das Kulturelle Dreieck

gemeinschaft Pamsukulika (der Name bedeutet »rote Roben«) ein Kloster namens »Arittha Vihara«. Die Pamsukulika lebten in Grotten und übten sich vor allem in Meditation. Da sie jede Art von Pomp ablehnten, sind keine großen Gebäude zu finden. Möglicherweise wurde die Einsiedelei im 12. Jh. verlassen und blieb im Dschungel versunken, bis Mantell die Ruinen wiederentdeckte.

Ruinen

Vom Bungalow des Archäologischen Dienstes (Eintritt) führt der Weg zu einem riesigen Bassin mit fein herausgearbeiteten Treppenstufen, **Banda Pokuna** genannt. Die Mönche nutzten es als Badeplatz. Zudem versorgte es das Kloster mit Wasser, und sein Weg diente der Meditation.

Wenn Sie dem Pfad folgen, kommen Sie, an Ashoka- und wilden Mangobäumen vorbei, zu einer ganzen Reihe von »doppelten Plattformen«, die typisch für die alten Waldklöster waren. Zwei angehobene Plattformen im Osten und im Westen sind durch eine schmale Brücke miteinander verbunden. Man nimmt an, dass die größere Plattform als Basis für ein Holzgebäude diente, in dem die Mönche lebten, die kleinere hingegen für die Meditation im Freien. Man kann auch noch die schmalen Wassergräben erkennen, die einst wohl Tiere abhielten und Kühle verbreiteten.

Weiter den Weg entlang kommen Sie zur Ruine des Kranken- oder Badehauses des Klosters mit Liegen und Wannen aus Stein. Dahinter befinden sich die Uriniersteine, auf denen sich die einzigen Steinmetzarbeiten von Ritigala finden. Hier lautet die Theorie, dass die Eremiten auf diese schön verzierten Steine urinierten, um damit gegen den Luxus und die Exzesse der Mönche in Anuradhapura zu protestieren.

Wenn Sie sich weiter nach Westen wenden, erreichen Sie zwei kleine »Kreisverkehre« (siehe Randspalte) auf dem Weg. Vor dem ersten führt ein Pfad durch gigantische Baumwurzeln zu einem Gebäude, welches im Volksmund »die Festung« heißt. Was es tatsächlich war, weiß man nicht, sicher ist, dass man von hier eine schöne Aussicht genießt. ■

»

Es gibt verschiedenste Vermutungen, welche Funktion die »Verkehrskreisel« auf den Spazierwegen in den Waldeinsiedeleien wie Ritigala und Arankele ursprünglich hatten. Manche glauben, dass sie angelegt wurden, um die Mönche bei der Meditation vor Zusammenstößen zu bewahren. Wahrscheinlicher ist eine profanere Erklärung: Vermutlich waren sie früher mit kleinen Pavillons überbaut, die in der Mittagshitze Schatten spendeten.

Unten: Die Stufen führen auf den Gipfel des Bergs Ritigala

Unterwegs

Anuradhapura

In langer Folge schmückten singhalesische Könige ihre antike Hauptstadt mit Palästen, Lustgärten, künstlichen Seen, Klöstern und Monumenten des buddhistischen Glaubens.

NICHT VERPASSEN!

Hl. Bodhi-Baum
Ruwanweli Seya
Thuparama
Jetavanarama
Abhayagiri Vihara
Samadhi Buddha
Kutam Pokuna
Mirisaweti-Dagoba
Isurumuniya

Links: Der Thuparama
Unten: Gebetsfahnen wehen an einem Bodhi-Baum

Im ersten Jahrtausend war **Anuradhapura** ⓬ die leuchtende Metropole der buddhistischen Welt. Zu ihrer Blütezeit lebten hier Tausende Mönche in Dutzenden Klöstern, die von unzähligen Laien unterstützt wurden. Insgesamt, so vermuten manche Forscher, könnten hier rund zwei Mio. Menschen gelebt haben. Die blühende buddhistische Kultur und die architektonischen Errungenschaften brachten der Stadt Ruhm in Asien und sogar Europa ein, und bis heute erstaunt die Fülle und Vielfalt der Ruinen.

Die alte Hauptstadt

Anuradhapura diente einer Abfolge von 113 Königen und vier Königinnen als Hauptstadt, die für Höhepunkte in der Kunst sorgten und glorreiche Paläste, vortreffliche Skulpturen, zauberhafte Lustgärten und nicht zuletzt die großen Dagobas hervorbrachten. Dagobas sind jene kuppelförmigen Bauwerke, welche die heiligsten Reliquien des Buddhismus aufbewahren. Die drei großen Dagobas gehören zu den umfangreichsten Bauwerken, die in der antiken Welt errichtet wurden. In der toleranten Grundhaltung des Buddhismus gewährten die Könige des antiken Lanka nicht nur Glaubensfreiheit, sondern ließen auch Krankenhäuser errichten. Für ihre Untertanen nicht menschlicher Gestalt bauten sie Tierkliniken. Ihre wohl bedeutendste Leistung aber war die Anlage von Bewässerungssystemen mit Staubecken

(wewa), welche die Monsunregen speicherten; Schleusen garantierten die kontinuierliche Bewässerung der Nassreisfelder.

Der Ruhm der Stadt breitete sich aus. Griechenlands Indien-Botschafter Megasthenes bewunderte Edelsteine, Gewürze und die »Limousinen« des antiken Königreichs: prächtig herausgeputzte Elefanten, die zugleich ein wichtiges Exportgut waren. Die in großer Zahl gefundenen römischen Münzen belegen, dass die Insel regen Handel trieb und vermutlich Besuch von

Dieser Steintrog im Refektorium von Mahapili fasste genug Reis, um tausend Mönche zu speisen

Unten: Ein Affe stillt seinen Durst an einem Wasserhahn

frühen Weltenbummlern hatte. Anfang des 5. Jhs. kam, so berichtet das *Mahavamsa*, der buddhistische Pilger Fa Hsien aus China, um zu der Zeit, als der Buddhismus in Indien seinen Niedergang erlebte, in Anuradhapura nach heiligen Schriften zu forschen.

Nach der gängigen, aber nicht gesicherten Geschichtsschreibung wurde Anuradhapura im Jahr 377 v. Chr. vom dritten König der Vijaya-Dynastie, Pandukabhaya (reg. 380–367 v. Chr.), gegründet, der eine neue Hauptstadt an der Stelle erbaute, an der der Palast seines Großonkels, eines gewissen Anuradha, gestanden hatte. Nach dem Onkel wurde auch die Stadt benannt. 161 v. Chr. einte König Dutugemunu die Insel und wählte Anuradhapura zu seiner Hauptstadt. Sie war oft umkämpft und wurde erst 1073 aufgegeben, nachdem sie über 1400 Jahre als Hauptstadt (die damals nach Polonnaruwa verlegt wurde) gedient hatte. Dschungel überwucherte die langsam zerfallenden Paläste und Tempel.

Die britischen Forscher, die im 19. Jh. auf die Ruinen stießen, hatten zu Recht den Eindruck, eine »verlorene« Stadt wiederzuentdecken. Den späteren Archäologen war mit der *Mahavamsa* ein unschätzbares Hilfsmittel an die Hand gegeben – die berühmte Chronik erzählt in Pali-Versen von der Stadtgründung und vom Bau der Monumente.

Noch immer wird weiter restauriert, zuweilen neu aufgebaut. Anuradhapura ist keine tote Stadt mehr, sondern lebendiges Pilgerziel. Aus unterschiedlichen Motiven kommen Touristen, Gläubige – und Affenhorden.

Der heilige Bodhi-Baum und der Kupferpalast

Am belebtesten ist der Bezirk um den heiligen **Bodhi-Baum** Ⓐ *Sri Maha Bodhi*, wo besonders zum Juni-Vollmond *Poson* dichtes Gedränge herrscht. Der Sri Maha Bodhi ist den Pilgern heilig, weil er angeblich aus einem Schössling desjenigen Baumes gezogen wurde, unter dem Buddha im indischen Bodhgaya zur Erleuchtung gelangte. Der ursprüngliche Ableger soll von Mahindas Schwester Sanghamitta bei ihrer Missionsreise nach Sri Lanka mitgebracht worden sein. Er gilt dokumentarisch belegt als ältester Baum der Welt,

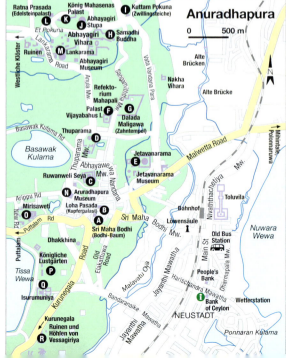

Anuradhapura 239

denn er wurde 23 Jahrhunderte lang andächtig gepflegt – selbst als die Stadt in tamilischer Hand war.

Ableger von diesem Baum wurden in zahlreichen Tempeln des Landes und auf der ganzen Welt gepflanzt und gelten somit auch als Ableger des indischen Originals. Heute muss der Baum durch eiserne Stützen gehalten werden. Sein goldfarbenes Gitter ist mit zahllosen Gebetsfahnen von Pilgern aus aller Welt geschmückt.

Ganz in der Nähe steht *Loha Pasada*, der **Kupferpalast** B – ein erhabener Name für einen heute wenig beeindruckenden Wald aus kurzen Steinsäulen, die dort überwiegend grob behauen in unterschiedlicher Schräglage stehen. Von der im *Mahavamsa* beschriebenen Pracht ist nichts erhalten. Die Chronik erzählt von einem neunstöckigen Palast, 100 Räumen in jedem Stockwerk und einem Elfenbeinthron mit einer Sitzfläche aus Bergkristall. Der Kupferpalast war kein Königspalast, sondern ein Wohnheim für Mönche (benannt nach seinem Kupferdach). Da der prachtvolle Palast vollständig aus Holz errichtet war, brannte er wiederholt ab. Es sind nur noch diese 1600 Säulen von König Parakramabahus Bauwerk aus dem 12. Jh. erhalten geblieben.

Die Dagobas

Die Kernform der buddhistischen Architektur war ursprünglich ein Erdhügel, der zu Indiens *Stupa*, Thailands *Chedi* sowie Chinas und Japans *Pagode* weiterentwickelt wurde. In Sri Lanka wuchs sie unter dem Patronat von Anuradhapuras eifrigen Königen zu beispielloser Größe. Das grundlegende Schema der Dagoba besteht aus einer viereckigen Basis, auf der ein Kuppelbau mit Spitze steht.

Ruwanweli Seya

Die gigantische weiße Kuppel östlich des Staubeckens Basawak Kulama heißt **Ruwanweli Seya** C oder einfach *Maha Thupa* (»Großer Stupa«). Sie wurde von Dutugemunu (reg. 161–137 v. Chr.) erbaut, dem Heldenkönig des *Mahavamsa*.

Der Versuch, die gewichtslose Beschaffenheit einer Luftblase in so großem Maßstab nachzubilden, mag aussichtslos scheinen, doch irgendwie ist

» Der Name »Kupferpalast« bezieht sich auf das Kupferdach, welches das Gebäude einst schmückte.

Unten: Wandmalereien im Ruwanweli Seya

Ein schützender Zwerg *(gana)* ist der Diener von Kuvera, dem Gott des Reichtums

Unten: Elefanten bewachen den Großen Stupa

es gelungen. Man bemerkt nichts von den Tausenden Tonnen Füllstoff, die nötig waren, um die Kuppel auf ihre Höhe von 55 m zu bringen, sondern gewahrt nur den Mantel aus weißer Farbe, der einen leeren Raum zu umhüllen scheint.

Die Dagoba wird von einer Armee lebensgroßer Steinelefanten umringt (fast alle sind erst in jüngerer Zeit wieder hinzugekommen), die Ohr an Ohr die weiße Umfassungsmauer zieren. Sie scheinen das Bauwerk auf ihren Rücken zu tragen. Die Kuppel repräsentiert den Himmel oder nach anderer Interpretation Buddhas Haupt. Die konische Spitze ist als kunstvolle Abfolge von *chatra* (Königtum symbolisierende Schirme) gestaltet und erinnert zugleich an die Erleuchtung – symbolisierende Erhöhung auf dem Kopf vieler Buddhastatuen.

Im Inneren der Kuppel befindet sich in der Regel eine Kammer mit heiligen Reliquien des Buddha. An der Außenwand kennzeichnen vier Torhäuser die Kardinalpunkte. An der südöstlichen Mauer steht ein Modell-Dagoba mit »Blasenkuppel«. Bei der Umrundung der Dagoba (immer im Uhrzeigersinn) stößt man auf vier große Buddhastatuen aus Kalkstein. Links von ihnen steht eine Statue Maitreyas, des Buddhas der Zukunft. Durch einen Glaskasten geschützt schaut eine Figur das Meisterwerk an: Vermutlich handelt es sich dabei um Dutugemunu selbst.

Thuparama-Dagoba

Nördlich des Ruwanweli Seya ließ König Devanampiya Tissa die kleine **Dagoba Thuparama** ❼ bauen, die Buddhisten heilig ist, denn sie soll Buddhas rechtes Schlüsselbein enthalten.

Was heute hier zu sehen ist, ist eine Rekonstruktion aus dem 19. Jh., allerdings nicht einmal korrekt nachgestaltet, denn man ist sich ziemlich sicher, dass sie einst nicht einer Glocke, sondern einem Reishaufen ähnelte. Die sie umgebenden Steinsäulen, die wie vom Wind gebeugte Palmen aussehen, sind die Reste eines nur in Sri Lanka in dieser Form verbreiteten *vatadage* (Rundtempel). Ihre Kapitelle sind mit *hamsa* (Gänse, die als Schutzvögel gelten) verziert. Die monolithischen, in der Höhe gestaffelten Säulen nehmen

Anuradhapura

nach oben an Höhe ab. Sie sind in vier konzentrischen Kreisen angeordnet und trugen einst ein die Dagoba schützendes konisches Dach, das, von außen betrachtet, einem Zirkuszelt glich.

Jetavanarama-Dagoba

Östlich des Ruwanweli Seya steht die gewaltige **Jetavanarama-Dagoba** . Die Basis dieses größten Stupas Anuradhapuras ist heute in ein gewaltiges Betonbett gefasst und steht auf einem massiven Ziegelfundament. Er misst im Durchmesser 113 m, erhebt sich zu einer Höhe von 122 m, und die Umfassungsmauern umschließen drei Hektar Land. In Richtung der vier Himmelsrichtungen befinden sich Schreine *(vahalkada)*, wovon der östliche mit so schönen Frauenabbildungen geschmückt ist, dass man den Eindruck gewinnen kann, die Frauen tanzten.

Der Stupa war das Herzstück des großen Klosters Jetavanarama, das von König Mahasena gegründet worden war, der auch für das große Minneriya-Becken verantwortlich zeichnete. Im umliegenden Park finden sich diverse Reste der Klosteranlage, darunter ein gut erhaltenes Badebecken und ein Steinzaun.

Nicht weit entfernt davon zeigt das **Jetavanarama-Museum** (tgl. 8.30 bis 17.30 Uhr, Zutritt nur mit Eintrittskarte für die Gesamtanlage) eine interessante Sammlung von wertvollen Objekten, die aus der Anlage stammen.

Paläste und Tempel

Nördlich des Thuparama gelangt man zum **Palast Vijayabahus I.** , der Lanka aus der Knechtschaft von Chola befreite. Die königliche Residenz war sein Provinzsitz. Etwa 100 m nördlich liegen die Ruinen des **Refektoriums Mahapali,** dessen kolossale Bottiche mit gespendetem Reis gefüllt waren.

Hier befindet sich auch der **Dalada Maligawa** (»Zahntempel«), der die erste Herberge des heiligen Zahns war, als er im 4. Jh. nach Lanka gebracht wurde. Der chinesische Reisende Fa Hsien, der die Stätte besuchte, als die Reliquie noch gezeigt wurde, hinterließ der Nachwelt eine anschauliche Beschreibung: »Der Zahn des Buddha wird herausgebracht und mitten auf der Straße getragen. Überall stehen Menschen und bringen Opfergaben, bis er die Buddha-Halle des Abhayagiri Vihara erreicht.«

Nicht weit entfernt befindet sich die rätselhafte rechteckige Dagoba **Nakha Vihara,** die mit Stuckfiguren verziert ist und wie eine unförmige Anhäufung von Ziegelsteinen wirkt, in deren leeren Nischen einst Statuen standen.

Der Bereich um Abhayagiri

Historiker sind von den Ruinen des **Abhayagiri Vihara** fasziniert. Das Kloster beherbergte einst 5000 Mönche und war nach dem König die mächtigste Institution. König Vattagamani gründete es 88 v. Chr. und schenkte es dem Abt des Klosters Vessagiri. In seinem äußeren Bereich lagen die Wohnräume der Mönche, das Refektorium sowie die Badehäuser und Latrinen, die einen inneren Bereich mit einer erhöhten Plattform umschlossen, wo sich die religiösen Hallen, der Bodhi-Baum

> » Mönche badeten in der prächtigen Anlage des **Kuttam Pokuna** unter einer fünfköpfigen, Glück bringenden Kobra. Das Wasser ergießt sich aus einem Löwenkopf, nachdem es durch ein Filtersystem geflossen ist.

Unten: Einer der Zwillingsteiche namens Et Pokuna

Vielköpfige Kobra *(naga)*

Unten: Eine der vielen von Schatten spendenden Bäumen gesäumten Straßen rund um Anuradhapura

und die Dagoba befanden. Die Abhayagiri-Schule lehrte den Mahayana-Buddhismus und den Tantrismus. Das Mahayana führte die Boddhisattvas ein, Erleuchtete, die auf den Einzug ins Nirwana verzichten, um anderen auf ihrem Weg dorthin zu helfen.

Unter der Herrschaft König Mahasenas (276–303) entstanden während einer kurzen Blütezeit zahlreiche Paläste, Badebecken und Skulpturen von höchstem künstlerischem Wert. Zunächst begegnet einem die verwitterte Kalksteinstatue des **Samadhi Buddha** ❽. Sie ist in entspannter Samadhi-Haltung (Buddha in tiefer Meditation) dargestellt.

Wenig nördlich liegt die Anlage **Kuttam Pokuna** ❾, die Zwillingsteiche (s. S. 241). Ein Baumeister mit erlesenem Geschmack und dem nötigen Selbstvertrauen, um sie schlicht zu halten, muss sie erbaut haben. Die beiden Stufenbecken zeigen keinen aufwendigen Schmuck und wirken dennoch äußerst eindrucksvoll. Die Zwillinge sind jedoch nicht identisch: Ein Teich ist 12 m länger als der andere – die Relation ist sorgfältig berechnet.

Weiter westlich finden sich die Ruinen des Klosters, das sich um den **Abhayagiri-Stupa** ❿ gruppierte. Er ist der dritte große Stupa, der jetzt noch rund 70 m aufragt. Anders als bei den beiden anderen wird hier noch weiter restauriert.

Juwelen der Steinmetzkunst

Vor der Schwelle zum Pavillon der Königin in **König Mahasenas Palast** ⓚ befindet sich ein schöner Mondstein (s. S. 111). Die Motive symbolisieren den Weg vom Samsara zum Nirwana. Vom Palast selbst ist praktisch nichts übriggeblieben, nur einige Säulenstümpfe und Figurenteile liegen verstreut im Gras.

Im Norden stehen die hohen Säulen des »Edelsteinpalastes« **Ratna Prasada** Ⓛ, in dem das Kollegium der Mönche wohnte. Um ihren Wohlstand zu schützen, errichteten die Mönche am Eingang Sri Lankas vollkommenste Wächterstatue. Die mit Steinen besetzte Figur stellt einen *nagaraja* (Kobrakönig) dar; schützend thront eine siebenköpfige Kobra über seiner prächtigen Krone. Jedes Detail der Kleidung ist erlesen

Anuradhapura **243**

gestaltet. Der Körper wurde in einer eleganten Pose eingefangen, und seine Füße scheinen den Boden nur noch gerade zu berühren. Der Kobrakönig bietet das Symbol des Wohlstands an: *purna ghara*, die Vase des Überflusses (ein Äquivalent des Füllhorns) mit einem blühenden Zweig. Er wird von einem Makara-Bogen eingefasst, der aus vier solchen mythologischen Tieren besteht, die sich aus dem Körper eines Fisches, den Augen eines Affen, den Ohren eines Schweins, den Füßen eines Löwen, dem Rüssel und Stoßzahn eines Elefanten, dem Schwanz eines Pfaus und dem Maul eines Krokodils zusammensetzen. Die Kreaturen verschlingen mit Rankwerk auch kleine menschliche Wesen und Elefanten sowie vier fliegende Zwerge.

Nur wenig südlich befindet sich das **Abhayagiri Museum** (tgl. 7.30 bis 16.30 Uhr, Eintritt nur mit Kombi-Ticket), welches die Chinesen zu Ehren des buddhistischen Gelehrten Fa Hsien errichteten. Es zeigt gute Fundstücke aus den umliegenden Anlagen und veranschaulicht in einem Modell die Größe des Klosters.

Daneben erhebt sich die im 1. Jh. v. Chr. erbaute Dagoba **Lankarama** , die in der Folgezeit aber häufiger verändert wurde. Der Stupa ist quadratisch und wird von drei Säulenreihen umgeben, die einst ein Dach trugen.

Die Stätten im Süden

Im Stadtzentrum ist in einem britischen Kolonialgebäude das **Anuradhapura Museum** (tgl. 8.30–16.30 Uhr, Eintritt nur mit Kombi-Ticket) untergebracht, das einzigartige Funde ausstellt. Für Archäologen war eine in Mihintale gefundene Reliquienschatulle in Form einer Dagoba sehr hilfreich. Ein Modell zeigt im kleinen Maßstab, wie der *vatadage* des Thuparama mit Dach ausgesehen hat. Zu den Kuriositäten gehören ein steinernes Urinal mit einem Relief, das den Gott des Reichtums zeigt, der Geld in die Öffnung wirft, sowie zahlreiche Steintoiletten, die mit dem Motiv eines rivalisierenden Klosters versehen wurden. Nahebei steht das **Folk Museum** (Di–Sa, 9–17 Uhr, Eintritt) dessen Sammlung ein Bild vom ländlichen Leben in der Northern Central Province gibt.

> In den Wäldern rund um den Abhayagiri Vihara lebten einst **Pamsukulika-Mönche** in Einsiedeleien. Sie legten ein besonderes Gelöbnis ab und verpflichteten sich damit, es dem Buddha gleichzutun und die alten Kleider von Toten einzusammeln. Sie wuschen die Lumpen, um sie dann selbst zu tragen.

Unten: Ein kleiner Schrein inmitten von Feldern

Detail eines Reliefs in Anuradhapura

Entlang der Tissa Wewa Road gelangt man zur Dagoba **Mirisaweti** O, die Dutugemunu in nur drei Jahren errichten ließ. Seit ihrer umfassenden Renovierung ragt sie 60 m in die Höhe. Weiter nördlich steht ein Refektorium, dessen Bottich Vorräte für tausend Speiseportionen fasste. Die Mönche durften zwischen den Mahlzeiten nichts essen und mussten das letzte tägliche Mahl spätestens um 12 Uhr mittags eingenommen haben. Diese Regel gilt für gesunde erwachsene Mönche übrigens bis heute.

Die königlichen Lustgärten

Südlich der Mirisaweti-Dagoba wurden die **Königlichen Lustgärten** P angelegt, die sich über etwa 160 ha erstrecken und auch »Park des Goldfisches« genannt werden und in denen sich die Herrscher Anuradhapuras entspannten. Ein Netz von Rohren leitete Wasser in alle Teile des Parks. In Flachrelief und Skulptur scheinen Elefanten, die den Rüssel heben und fröhlich trompeten, zum Sprung ins Nass anzusetzen. Erst nach den gewaltigen Anstrengungen der verlässlichen Dickhäuter konnte Wasser die Teiche speisen, und so war es angemessen, sie an den Früchten der Arbeit teilhaben zu lassen.

Der Felsentempel der Liebenden

Südlich der Gärten liegt der Felsentempel **Isurumuniya** Q (tgl. 8–18 Uhr, Eintritt). Er wurde im 3. Jh. v. Chr. unter König Devanampiya Tissa errichtet. Um den markanten Felsen herum sind über die Jahre eine überdachte Vorhalle, eine glockenförmige Dagoba und andere architektonische Besonderheiten entstanden, die durch Steintreppen und Pfade miteinander verbunden sind. Der Felsentempel kann sich im kleineren Rahmen an Sigiriya messen, ohne (wie jenes) Schwindelgefühle zu verursachen.

Das **Museum** präsentiert eine Sammlung schöner Steinmetzarbeiten. Die berühmteste Skulptur sind die Liebenden von Isurumuniya, die im 6. Jh. im indischen Gupta-Stil entstanden. Die Volksüberlieferung verknüpft das junge Paar mit Dutugemunus Sohn Saliya und dem Mädchen aus einer niederen Kaste, für das er auf den Thron

Unten: Sonnenuntergang am Mahakanadarawa Wewa, das heute zum Fischfang genutzt wird

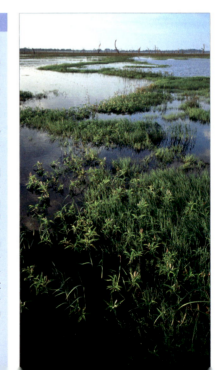

ZIVILISATION DURCH BEWÄSSERUNG

Die großen Städte der alten Zivilisation Sri Lankas lagen in den nördlichen Ebenen. Das Land ist hier karg, die meiste Zeit gibt es keinen Niederschlag, und wenn es regnet, dann in heftigen Schauern während der kurzen Zeit des Nordostmonsuns. Um für große Ansiedlungen genügend Reis produzieren zu können, war es überlebensnotwendig, den Monsunregen aufzufangen und in die Landwirtschaft zu leiten. Und so gehörten die Bewässerungssysteme Anuradhapuras zu den besten der Region – sie sind wahre technische Meisterwerke der antiken Welt.

Der Regen wurde in großen Becken *(wewa)* aufgefangen und durch Wasserkanäle und Schleusen dorthin transportiert, wo er gebraucht wurde. Die größten Becken gleichen schon künstlichen Seen mit bis zu 10 km Länge, auch die präzisen Verbindungen zwischen den Kanälen sind bewundernswert. So brachte etwa der Jaya-Ganga-Kanal durch ein gleichmäßiges Gefälle über eine Strecke von 90 km Wasser vom Kalaweka-See nach Anuradhapura. Damit wurden große Teile der trockenen Ebenen in grüne Reisfelder verwandelt, auf denen zwei Ernten im Jahr möglich waren, wodurch nicht nur die zahlreichen Stadtbewohner ernährt werden konnten, sondern noch ein Überschuss erzielt wurde, der zum Erhalt der vielen Tempel und Klöster beitrug.

Anuradhapura

verzichtete. Der Legende zufolge soll sich Saliya bei einem Bummel durch die Königlichen Lustgärten in die schöne Ashokamala verliebt haben. Manche Experten sind aber der Ansicht, dass es sich bei der Darstellung um einen Hindugott und seine Gefährtin handelt.

Unermüdlichen steht die Option offen, die weiter südlich gelegenen **Ruinen und Höhlen von Vessagiriya** ⓡ zu erkunden, wo einst in drei großen Felsen 500 *vessa* (Angehörige der *vaisya*-Kaste, der Händler und Bauern) lebten, die ihre Ordination von Mahinda erhielten. Hier sind noch einige in Stein gemeißelte Inschriften in der sehr alten Brahmi-Schrift zu sehen.

Wewa – die grandiosen Wasserbecken

Da Anuradhapura die jährlichen Niederschläge nur während des Nordostmonsuns zwischen November und Februar erhält, wurden im Laufe seiner langen Geschichte drei Staubecken angelegt, um jeden Tropfen Regenwasser für die Bewässerung der Nassreisfelder nutzen zu können. Das System war so erfolgreich, dass Sri Lanka »Kornkammer des Ostens« genannt wurde. Viele der antiken Bewässerungskanäle führen den Bauern in den Trockenzonen bis heute Wasser zu.

Das westlich des Kupferpalastes gelegene Becken *(wewa)* **Basawak Kulama** wird König Pandukabhaya zugeschrieben und hieß deshalb in antiker Zeit Abhaya Wewa. Im 4. Jh. v. Chr. angelegt, wurde es mehrmals vergrößert und verbessert.

Weiter südlich überschaut das Rasthaus das hübsche Staubecken **Tissa Wewa,** das König Devanampiya Tissa anlegen ließ. Das Becken umfasst 65 ha; sein Wasser kommt vom 85 km entfernten Kala Wewa und speist unterwegs 70 weitere Becken. Der Uferbereich ist angenehm kühl und ein beliebter Platz, um den Sonnenuntergang anzuschauen.

Das größte Becken Anuradhapuras ist das im 2. Jh. gebaute und mehrfach vergrößerte **Nuwara Wewa.** Mit seinen 7 km Breite und 12 m Tiefe findet ein solches Irrigationsprojekt in den Annalen der antiken Zivilisationen nur wenige Parallelen. ∎

> » Die Königlichen Lustgärten hießen auch »Park des Goldfisches«, denn einst wurden Goldfische in den Wasserbecken gehalten.

Unten: Der Felsentempel Isurumuniya

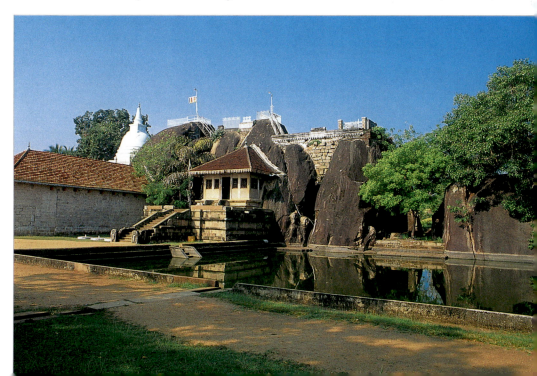

Mihintale

Die Klosterstadt aus Höhlen, Tempeln und Ruinen gilt als die Wiege des sri-lankischen Buddhismus. Die Monumente rund um den Bergzug geben Zeugnis von einer 2300 Jahre währenden Geschichte.

NICHT VERPASSEN!

Kantaka Cetiya
Ambasthala-Dagoba
Mahindas Bett
Krankenhaus
Kaludiya Pokuna

Unten: Der Buddha von Mihintale

Mihintales Geschichte ist die Geschichte des sri-lankischen Buddhismus, die mit einem sagenumwobenen indischen Missionar namens Mahinda beginnt, nach dem die Stadt benannt ist, denn Mihintale heißt »Mahindas Berg«. Hier hatte König Devanampiya Tissa nach Legenden ein Jagderlebnis, das zu seiner Bekehrung führte. Eines Tages, im Jahr 247 v. Chr., jagte er einen Hirsch, doch das Beutetier war plötzlich verschwunden. Statt seiner sah er einen Mann im Mönchsgewand: den indischen Prinz Mahinda. Sein Vater, König Ashoka, der als erster Herrscher den Buddhismus zur Staatsreligion erhoben hatte, hatte seinen Sohn ausgesandt, um den Buddhismus auf der benachbarten Insel zu verkünden. König Tissa übernahm den Glauben und erklärte den Übertritt auch gleich für seine 40 000 Untertanen. Doch kaum hatten die Singhalesen den Buddhismus angenommen, nahm sein Einfluss in seinem Heimatland Indien ab.

Die Legende berichtet zudem, dass der Buddha persönlich den Felsen drei Jahrhunderte vor Mahindas Ankunft heiligte. Ob man dies nun glaubt oder nicht: Die herrlichen Schreine, Dagobas und Höhlen in einer wunderschönen Lage machen **Mihintale** ⓑ zu einem unvergesslichen Erlebnis.

Kantaka Cetiya

Fast überall auf der Welt haben hoch gelegene Orte religiöse Bedeutung – mit der Folge, dass Gläubige Treppen steigen müssen, zuweilen sogar auf Knien. In Mihintale bringen drei Treppenfluchten mit 1840 Stufen, die auf König Bhathika Abhaya (reg. 22 v. Chr. bis 7 n. Chr.) zurückgehen, den Pilger aus dem Schatten der Tempelbäume hinauf zum Gipfel. Inzwischen kürzt eine asphaltierte Straße den Weg ab.

Am Ende des ersten Treppenabschnitts befindet sich rechts eines der ältesten religiösen Monumente der Insel: Das **Kantaka Cetiya** stammt aus dem 2. Jh. v. Chr. und wurde 1934 frei-

Mihintale

gelegt. Auf der 130 m breiten Basis erheben sich drei hohe Ebenen aus behauenem Stein, ein Charakteristikum singhalesischer Stupas, das als Symbol für die »drei Edelsteine« des Buddhismus steht: Buddha, seine Lehre und die Mönchsgemeinde. Das Mauerwerk der Kuppel ist abgetragen und erreicht statt der ursprünglichen 30 m heute nur noch 12 m Höhe. An ihren Achsenpunkten befinden sich Altarbauten mit Reliefverzierungen.

Glanzpunkt des Bauwerks sind die verzierten Stirnseiten *(vahalkada)* an den vier Kardinalpunkten. Die Ostseite, an der sich horizontale bearbeitete Felder mit Streifen glatten Gesteins abwechseln, ist am besten erhalten. Zwischen symbolischen Mustern sieht man schöne Friese mit Zwergen und Elefanten. Auf großen behauenen Säulen thronen stark verwitterte Löwen. Auch die südliche Stirnseite ist kunstvoll mit symbolischen Tieren und Pflanzen verziert. Das kleine Relief einer *naga* zählt zu den ältesten figürlichen Darstellungen der Insel. Trotz des verwitterten Zustands ist zu erkennen, dass die mythische Schlange die Last in graziöser Pose auf eine Seite verlagert – schon die frühesten Bildhauer bewiesen ausgeprägten Geschmack.

Südlich der antiken Dagoba befindet sich unter einem felsigen Unterstand, wo Mönche im 3. Jh. v. Chr. nächtigten, etwas noch Älteres: eine Steininschrift in großen Brahmi-Lettern (Vorläufer der Pali-Schrift). Derartige Unterstände enthielten nur das Notwendigste. Eine Rille im überhängenden Gestein diente als Tropfenfänger, um das Regenwasser abzuführen. Wer in die Öffnung hineinkriecht, gelangt zu einem jähen Abgrund, über dem die Mönche auf einer schmalen Kante in Meditation versanken.

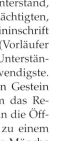

Ein Wächterstein

Der zweite Treppenabschnitt

Die zweite Treppenflucht führt Sie zu den Überresten ehemaliger Klosterbauten. Am Eingang von **Dhatu Ghara** stehen die Verhaltensregeln für Mönche auf zwei Steinplatten. Man nennt sie »Mihintale-Tafeln«. Alle wichtigen Angelegenheiten wurden in der **Versammlungshalle** *(Sannipata Sala)* diskutiert, und die gemeinsamen Mahl-

Unten: Ein einsam gelegener buddhistischer Tempel

Steinmetzarbeit an der Kantaka Cetiya: liegender Elefant

zeiten nahmen die Mönche im zentralen Hof, dem **Refektorium** (Dana Salawa), ein. Nebenan liegen ausgehöhlte Gefäße, die wegen ihrer Form »Reiskanus« (bat oru) genannt werden. Sie waren mit von Pilgern gespendetem Reis gefüllt.

Zum Gipfel

Die dritte Treppenflucht ist schmal und steil. Je näher das spirituelle Ziel, desto härter die körperliche Anstrengung. Der Aufstieg führt zu einem Plateau, auf dem die schöne **Ambasthala-Dagoba** jene Stelle kennzeichnet, an der Mahinda König Devanampiya Tissa bei der Jagd überraschte und ihm Fragen über den Mangobaum stellte, um sein Denkvermögen zu prüfen. Die »Mangobaum-Dagoba« soll genau über der Stelle errichtet worden sein, an der Mahinda stand, und in respektvoller Distanz zeigt eine Statue des Königs dessen Platz.

Ein großer sitzender Buddha schaut von einem Felsen herab. Steile Stufen führen hinauf zu diesem »Fels der Versammlung« (Aradhana Gala), von dem aus Mahinda seine erste Predigt hielt.

Unten: Schulkinder in Mihintale

Ein anderer Pfad führt durch einen Hain zu einem großen Felsen, der **Mahindas Bett** (Mihindu Guha) genannt wird. Das Bett ist eine glatte Steinplatte, der Felsen darüber das Dach. Solche spartanischen Bedingungen bezeugen die Kraft des Buddhismus, der selbst einen Prinzen dazu trieb, unter einem kahlen Felsen zu leben.

Von der Ambasthala-Dagoba aus führt ein Weg zur **Mahaseya-Dagoba** aus dem 1. Jh. v. Chr., die Mihintales größte ihrer Art ist und angeblich ein Haar Buddhas birgt. Ein anderer Pfad windet sich nach **Mihindu Seya,** wo eine Bronzestatue und eine goldene Reliquienschatulle in Form der frühesten indischen Stupas mit chattra (Dachschirm) gefunden wurden.

Ein weiterer Pfad führt im Schatten eines großen, niedrigen Felsens, der mit einem Flachrelief mit einer mythischen fünfköpfigen Kobra verziert ist, an einem langen Teich vorbei. Dies ist **Naga Pokuna,** der Teich der Schlange. Die naga gilt als Wächterin der Schätze, Beschützerin des Wassers und Spenderin des Regens. Das Relief auf Naturgestein hebt den Bezug zum Wasser hervor. Die Schwanzspitze der naga soll bis auf den Grund des Teiches reichen.

Vom Süden des Teichs führt die letzte Treppe zum höchsten Punkt von Mihintale, auf dem sich noch einige Ruinen eines kleinen Ziegelstupas finden, des **Et Vihara** (»Tempel des Elefanten«). Ein herrlicher Blick über Mihintale und die Ebene belohnt für den steilen zehnminütigen Aufstieg.

Antike Medizin

Am Fuß des Berges liegen die Ruinen eines **Krankenhauses** (Vedathala). Im 9. oder 10. Jh. zur medizinischen Versorgung der Mönche errichtet, gibt es einen Einblick in die damalige Heilkunst. Aufgrund von Inschriften ist sogar bekannt, wie viel die Arzneimittelhersteller, Astrologen, Krankenpfleger, ja sogar die Barbiere für ihre Dienste bekamen. Zu den Überresten von Mauern und Säulen gehören monolithische Becken zum Baden der Kranken, die

Mihintale

den Namen *beheth oruva* (Medizinboote) tragen. Wie die »Reiskanus« sind auch sie aus einzelnen Quadern gehauen. Die Hohlräume nahmen liegende Körper auf, ohne kostbare Kräuteröle zu vergeuden. So entstanden schlichte menschliche Umrisse. Das Museum auf dem Gelände (zurzeit wegen Renovierung geschlossen) zeigt ausgegrabene Mörser, mit denen Kräuter zermahlen wurden, und Gefäße, deren blaue Glasur auf Beziehungen zwischen Lanka und Persien hinweisen.

Abseits der ausgetretenen Pfade

Eine fünfminütige Fahrt vom Haupteingang bringt Sie zum waldigen **Kaludiya Pokuna** (»Teich des schwarzen Wassers«). Dieser künstliche Teich am Westhang von Mihintale gehörte im 10. und 11. Jh. zu einem Kloster. Einzelne Ruinen stehen am Seeufer, zu denen auch ein merkwürdiges kleines Gebäude gehört, dessen Fassade und Dach in einen natürlichen Felsüberhang integriert wurden. Einfachste Steine wurden hier verwendet, die keinerlei Verzierungen aufweisen. Doch die minimalistische Ausstattung täuscht, denn die Mönche führten nicht das entbehrungsreiche Leben der Höhlen bewohnenden Pioniere des Buddhismus. Sie schufen Skulpturen und genossen den Komfort von Toiletten- und Badehäusern. Den Luxus ermöglichte ein ausgefeiltes hydraulisches System mit künstlichen Gräben und Leitungen, die durch die Gebäude führten.

Rund 500 m entfernt liegt **Rajagiri Kanda** (»Berg der Könige«). In seiner Wand befinden sich Eremitenklausen. Am Fuße des westlichsten Hügels steht die **Indikatuseya-Dagoba** (»Dagoba der Nadel«). Die erhaltene Basis aus behauenem Stein erinnert an den Sockel einer kolossalen dorischen Säule. Die Kuppel, die einst darüber schwebte, ist nur noch ein Haufen Ziegelsteine, soll aber restauriert werden. Die Wächtersteine am Fuß der Treppe fehlen, doch bei einem Streifzug durch die Ruinen stoßen Sie auf eine Treppenflucht mit Mondstein und einem steinernen Wächterpaar, das vermenschlichte Naga-Skulpturen zeigt. Das Gebäude, das sie einst zierten, ist auf einige Steinsäulen reduziert. ∎

> Die Stätte der **Indikatuseya-Dagoba** bescherte buddhistischen Gelehrten einen aufregenden Fund: Sanskrit-Texte der Mahayana-Schule, die im 8. oder 9. Jh. in singhalesischen Lettern auf Kupferplatten übertragen wurden.

Unten: Die Ambasthala-Dagoba, im Hintergrund ragt die Mahaseya-Dagoba empor

Polonnaruwa

Im 11. Jahrhundert wurde die Stadt zur Hauptstadt des Reiches, und trotz späterer Kämpfe um die Vorherrschaft blieben großartige Zeugnisse buddhistischer Kunst und Kultur erhalten.

NICHT VERPASSEN!

Archäologisches Museum
Vatadage
Rankot Vihara
Lankatilaka
Gal Vihara
Minneriya-Nationalpark
Medirigiriya

Links: Der Sathmahal Pasada **Unten:** Blick auf die königlichen Bäder

Die heutige Stadt **Polonnaruwa** ⓮ ist wenig aufregend. Doch dieser provinzielle Ort war vom 11. bis 13. Jh. Lankas mittelalterliche Hauptstadt, geprägt von vielen Anleihen aus der indischen Kunst und Kultur. Heute noch bietet er zahlreiche archäologische Attraktionen. In ihrer Blütezeit war die Stadt durch einen 6 km langen Umfassungswall vor Feinden geschützt. Ihre strategische Position erlaubte die Überwachung der einzigen Furt durch den Mahaweli Ganga, der die Grenze zur mächtiger werdenden Südprovinz Ruhuna bildete. Als Außenposten der Armee erhielt die Stadt den Namen Kandavuru Nuvara (»Garnisonsstadt«), und nur Anuradhapura konnte je ihrer Bedeutung gleichkommen.

Eine streitbare Hauptstadt

Nachdem die südindischen Chola 993 Anuradhapura geplündert und niedergebrannt hatten, nahmen sie sich Polonnaruwa als Militärbasis. Während dieser 77 Jahre dauernden Fremdherrschaft entstand eine interessante Mischung zwischen südindischer Hindukultur und buddhistisch-singhalesischer Kunst und Architektur.

1073 besiegte der heldenhafte Vijayabahu I. (reg. 1055–1110) die Chola, und Lanka erlebte unter dem singhalesischen Herrscher die Ausbreitung des Buddhismus, da Mönche aus Burma, die unter der Hinduherrschaft dort gelitten hatten, sich hier ansiedelten.

Nach Vijayabahus Tod brach ein blutiger Bürgerkrieg aus, der 40 Jahre anhielt. 1161 wurde Polonnaruwa vom Helden der *Culavamsa* (der kleineren Chronik, die Lankas Geschichte festhält) und letztem großen König Lankas, Parakramabahu, erobert, der von hier aus die gesamte Insel unter seine Kontrolle brachte und in seiner Hauptstadt ein großes Bauprogramm in Bewegung setzte.

Auch sein Neffe und Nachfolger, Nissanka Malla, zierte die Stadt mit vielen Bauwerken. Zahlreiche der be-

stehenden Gebäude ließ er jedoch mit nur wenigen Ziegeln verändern, um sich sodann selbst ihres Baus zu rühmen. Als die Hauptstadt um 1293 nach einem Angriff aus Südindien nach Süden verlegt wurde, ergriff der Dschungel wieder Besitz von Polonnaruwa.

Museum von Polonnaruwa

Die meisten Ruinen von Polonnaruwa befinden sich innerhalb einer abgetrennten archäologischen Stätte nördlich der heutigen Stadt (Zugang tgl. 7.30–18 Uhr, Eintritt). Andere Teile der historischen Stadt, vor allem der Inselgarten und die südlichen Ruinen, sind rund um die Uhr frei zugänglich. Eintrittskarten müssen beim **Archäologischen Museum** A gelöst werden (tgl. 9–17.30 Uhr, Ticketschalter ab 7.30 Uhr geöffnet). Die klimatisierten Räume des hervorragenden Museums sind unterschiedlichen Themen gewidmet. Modelle des Königspalastes oder der Klöster veranschaulichen die einstige Pracht. Die Bronzeplastiken, darunter ein tanzender Shiva, zeugen von höchster künstlerischer Schaffenskraft.

Die Zitadelle

Das Verwaltungszentrum von Parakramabahus Hauptstadt war von Mauern umgeben, die noch deutlich zu erkennen sind. Zwischen ihnen beeindruckt noch immer der königliche Palast **Vejayanta Pasada** B. Die massiven Ziegelmauern der Haupthalle stehen inmitten der Ruinen von 40 angeschlossenen Räumlichkeiten. Der *Culavamsa* zufolge hatte der Palast sieben Etagen, doch von den oberen Stockwerken, die komplett aus Holz bestanden, ist nichts erhalten geblieben. Lediglich Einbuchtungen in den Wänden belegen, wo sich Balken befanden. Auch der ursprüngliche Putz ist an einzelnen Stellen noch zu erkennen.

Die östlich gelegene **Audienzhalle,** in der der König Berater, Beamte und Bittsteller empfing, besitzt herausragende Steinmetzarbeiten. Elefantenreliefs stützen die Basis des Gebäudes. Den Eingang bilden zwei Treppen-

Polonnaruwa

fluchten mit Mondsteinen, die von *makara* (mythischen, an Krokodile erinnernde Wesen) flankiert werden. Hinter den östlichen Mauern der Zitadelle nahmen die Hofdamen ihr abendliches Bad im **Kumara Pokuna** (»Königliches Bad«).

Dalada Maluwa

Das Zentrum der historischen Stadt, **Dalada Maluwa** C (Terrasse der Zahnreliquie), war der wichtigste Bezirk der Stadt mit zwölf herausragenden Bauwerken. Vor dessen Betreten mussten die Gläubigen in heute noch vorhandenen Wasserbecken ihre Hände und Füße reinigen. Auffälligstes Bauwerk war der fantastische **Vatadage** D, ein ursprünglich von Parakramabahu errichteter und von Nissanka Malla ausgebauter Rundbau. Er gehört zu Polonnaruwas ältesten Monumenten. Sein konisches Dach ist ebenso verloren wie der größte Teil der Dagoba, die einst das Herzstück des Gebäudes war, denn in ihr wurde die Zahnreliquie aufbewahrt. Auch einer der Wächtersteine am Treppenaufgang ist abhanden gekommen. Diese Steine zeigten die *naga*-Könige mit einer siebenköpfigen Kobra als Schutzhaube. Zusammen mit Mondsteinen, welche die einzelnen Phasen von Buddhas Weg ins Nirwana symbolisieren, sind sie ein allgegenwärtiges Merkmal singhalesischer Bauwerke.

Gegenüber dem Vatadage steht der wesentlich bescheidenere **Hatadage** E, der wohl zumindest zeitweise Hort der Zahnreliquie war. In seine einfachen, dicken Steinwände, die noch drei Buddhastatuen beherbergen, ist Nissanka Mallas Name eingraviert, doch das bedeutet nicht zwingend, dass er unter dessen Herrschaft entstand. Im Obergeschoss, ebenfalls aus Holz, wurde die Reliquie aufbewahrt.

Neben dem Hatadage befindet sich die wuchtige Steinplatte **Gal Potha** F – das »Buch aus Stein«. Mit glühender Verehrung verfasste Inschriften preisen das Werk des eitlen Nissanka Malla und lassen keine Zweifel offen, auf wen sie zurückgehen. Man schrieb damals eigentlich auf *ola*-Pergamente, doch da die rechteckigen Palmblätter klein und leicht zu übersehen waren, hielt es der selbstbewusste König für

Die friedvollen Gesichtszüge eines Buddhas

Unten: Der Rundtempel Vatadage

Der Name Sathmahal Pasada bedeutet so viel wie »siebenstöckiges Gebäude« – mehr ist über den Bau auch nicht bekannt

Unten: Ein Mondstein am Vatadage

angebracht, diese mit 8 m Länge gigantische Version auf einem 25 t schweren Stein zu verewigen, der aus dem 100 km entfernten Mihintale stammt. Der 4300 Zeichen lange Text spart nicht mit Lobhudeleien auf den König.

Neben dem Gal Potha befindet sich das augenfällige **Sathmahal Pasada** G. Das siebenstöckige Gebäude, von dem nur sechs Stockwerke übrig sind, weist einen einfachen Stufenaufbau vor, über den sich die Historiker den Kopf zerbrechen. In den Chroniken wird es nicht erwähnt, und auch die Archäologen können ihm keine Funktion zuordnen. Sie erklären, dass es auf dieser Insel einzigartig sei, und stricken Theorien um babylonische Zikkurats (gestufter Tempelturm). Die Stockwerke haben seitlich eine Nische für Statuen, von denen Reste erhalten sind.

Nur wenige Ruinen sind von dem gegenüber gelegenen **Atadage** H erhalten. Das »Haus der Acht Reliquien«, wurde im 11. Jh. von Vijayabahu als neuer Tempel für die Zahnreliquie gebaut. 54 teils verschlungen gemeißelte, teils in Ziegel eingebettete Säulen trugen ein Obergeschoss aus Holz, in dem die Reliquie aufbewahrt wurde. Zwischen den Säulen zieht das fast 3 m hohe Bildnis eines stehenden Buddhas die Blicke auf sich.

Hinter der einsamen Statue eines Bodhisattva erreicht man die schwankend wirkenden Säulen der »verschnörkelten Lotoshalle«, **Lata Mandapaya** I, die Nissanka Malla für buddhistische Zeremonien erbauen ließ. Die Säulen symbolisieren Lotosstengel und entstammen einer vorübergehend »barocken« Periode der singhalesischen Kunst, in der die Schlichtheit des Stils einer überladenen Ornamentik wich.

Das letzte bedeutende Bauwerk der Terrasse ist der **Thuparama** J. Er gehört zu den ältesten Gebäuden hier, ist aber mit am besten erhalten und trägt als einziger noch sein originales Dach. Die dicken Ziegelwände und die geschnitzten Fensternischen weisen auf den südindischen Stil hin. Das Bilderhaus wurde zur Verehrung Buddhas errichtet, heute sind noch acht Statuen zu sehen.

Der indische Einfluss ist noch deutlicher im **Shiva Devale 1** zu erkennen,

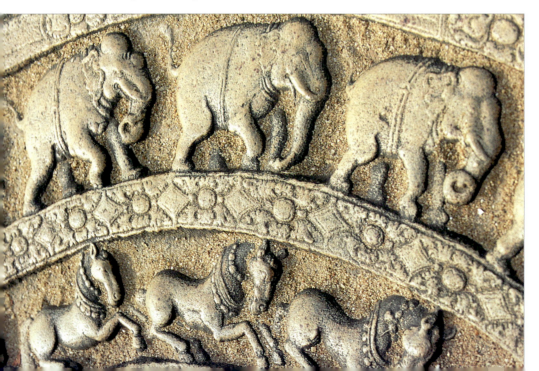

Polonnaruwa

einem kleinen Hinduschrein direkt südlich der Terrasse. Er stammt aus der Zeit der Pandya-Okkupation im frühen 13. Jh. und ist einer der vielen Shiva-Tempel, die damals in der ganzen Stadt errichtet wurden.

Jenseits der Stadtmauern

Nördlich der einstigen Königsstadt lagen die großen buddhistischen Klöster und hinduistischen Devales, deren Ruinen auch heute noch Respekt einflößen. Zwischen den Mauerresten und Baumriesen tummeln sich jetzt Touristen, Makaken und Languren, die sich zeitweise um ihre Reviere streiten.

Biegt man an der Kreuzung rechts ab, gelangt man zur Ziegel-Dagoba **Pabulu Vihara** K, die vermutlich auf Rupavati zurückgeht, eine von Parakramabahus Königinnen. Am Ende der Straße steht der einzige völlig aus Stein gebaute, teilweise eingestürzte Tempel **Shiva Devale 2** L. Er dürfte im 11. Jh. von Rajaraja I., König von Chola und Eroberer Polonnaruwas, errichtet worden sein, denn sein alternativer Name Vanam Madevi Isvaram erinnert an dessen Gemahlin. Er unterscheidet sich deutlich von den singhalesischen Bauwerken, denn trotz seiner zurückhaltenden Größe wirkt er eher überschwänglich als gelassen. Einige der schönsten Bronzefiguren des Landes wurden hier gefunden. Sie sind im Archäologischen Museum ausgestellt (s. S. 252).

Zurück an der Kreuzung, führt die Straße gen Norden an einem Hindutempel vorbei und durch das Nordtor hinaus. Links taucht dann **Menik Vihara** M auf, eine kleine Ziegel-Dagoba, vor deren Sockel Terrakottalöwen stehen; im Bilderhaus finden sich noch zwei Buddhas.

Nur wenig nördlich erreicht man das erste Klostergelände: **Alahana Pirivena.** Neben der Einäscherungsstätte für Könige ließ Nissanka Malla hier nach dem Vorbild des Ruwanweli Seya die »Goldene Spitze« **Rankot Vihara** N bauen. Nur dieser Bau kommt in den Ausmaßen an die großen Stupas von Anuradhapura heran.

Am höchsten Punkt des Geländes steht die Versammlungshalle **Buddha Sima Pasada** O, wo die Mönchsgemeinde über ihre Ordnung entschied.

> Zwei brahmanische Inschriften, die nahe der Überreste des Klosters Alahana Pirivena am **Gopata Pabbata** (»Hügel der Kuhhirten«) – einer pittoresken Klippe mit natürlicher Höhle – gefunden wurden, sind die ältesten Zeugen menschlicher Besiedlung Polonnaruwas. Sie gehen auf das 2. Jh. v. Chr. zurück.

Unten: Der Lankatilaka

PARAKRAMA SAMUDRA

»Kein Tropfen Wasser soll ins Meer fließen, ohne zuvor dem Menschen genutzt zu haben«, erklärte der große Herrscher Parakramabahu und ließ das 2430 ha große Staubecken Parakrama Samudra *(Topa Wewa)* bauen, auch »See des Parakrama« genannt. Im Rahmen dieser monumentalen Großtat des Bauwesens entstanden elf Kanäle, die Wasser in alle Richtungen führten, um ein gewaltiges Netzwerk von Bewässerungskanälen und kleineren Becken zu speisen. Das **Polonnaruwa Resthouse** steht am Westufer dieses gewaltigen, 5 km langen Beckens im ehemaligen königlichen Garten. Die Zimmer, in denen 1954 die junge Königin Elisabeth II. mit Gefolge nächtigte, haben Veranden mit herrlichem Ausblick. Man kann aber auch einfach auf der Terrasse mit einem Sundowner den Sonnenuntergang genießen (Tel. 027/222 2299).

256 ◆ Unterwegs

Um seine großen Leistungen und Wohltaten festzuhalten, ließ König Nissanka Malla die 8 m lange Steinplatte Gal Potha herbeischaffen und gravieren

Unten: Der liegende Buddha des Gal Vihara

Die mit eindrucksvollen und vielfältigen Fresken überzogenen Wände des Bilderhauses **Lankatilaka** ❶ streben 16 m in die Höhe. Innen steht zwischen sehr schönen Wandmalereien die kopflose Statue eines Buddhas. Das Gebäude übertrifft den Thuparama an Größe und scheint auch sorgfältiger geplant zu sein. Die Außenwände sind horizontal in fünf Stockwerke unterteilt und mit Reliefs verziert, die architektonische Einzelheiten zeigen und somit einen Hinweis auf das einstige Kuppeldach geben. Der große, freie Innenraum ist sehr eindrucksvoll, obwohl sein Dach zum Himmel offen ist.

Weiter nördlich steht die gut erhaltene Dagoba **Kiri Vihara** ❶. Sie wurde nach ihrem milchweißen Stuck benannt, der einst die gesamte Fassade bedeckte und jüngst restauriert wurde.

Die Felsskulpturen von Gal Vihara

Gal Vihara ❶ übertrifft alles, was Sie in Sri Lanka an künstlerischer Qualität zu sehen bekommen – das jedenfalls behaupten die Bewohner Polonnaruwas. Für die Besichtigung – am besten frühmorgens – sollten Sie sich auf jeden Fall genügend Zeit nehmen.

Unbekannte Künstler meißelten vier Buddhastatuen und eine Gebetskammer aus einer Granitwand heraus. Die größte Figur ist ein 14 m langer liegender Buddha, dessen Perfektion hunderte Jahre singhalesischer Kunst beeinflusste und niemals wieder erreicht worden ist. Die farblichen Unterschiede des Gesteins wirken wie ein gekräuseltes Schleiergewand, das Buddhas Gestalt beim Einzug ins Nirwana überdeckt. Der Fels hat es den Künstlern nicht einfach gemacht: Eine hellere Ader zieht eine Narbe über die untere Gesichtspartie; doch die Ehrfurcht gebietende Anmut aller Details – bis hin zum »Polsterkissen« –, die von der Hingabe und Kunstfertigkeit des Schöpfers zeugt, lässt vergessen, wie schwierig dessen Aufgabe gewesen sein muss. Die Statuen des Gal Vihara verströmen emotionale Kraft und bestechen durch ihre vollkommene Ruhe.

Die älteste Statue (am Fuße des liegenden Buddhas) stellt Buddha auf einem Lotossockel stehend in der »Segensspruchhaltung« dar; die Arme

Polonnaruwa **257**

sind verschränkt, die Augen halb geschlossen. Wahrscheinlich spricht sie für Buddhas großes Mitgefühl *(Maha Karuna)*.

Als der große Parakramabahu im 13. Jh. hier das »Nordkloster«, Uttarama, stiftete, erhielt diese Statue Gesellschaft. Der 4,6 m große sitzende Buddha meditiert mit übereinander geschlagenen Beinen vor einem interessanten Relief, das ein Gebäude zeigt und damit einen weiteren Hinweis auf das ursprüngliche Aussehen von Polonnaruwas Tempeln gibt. Die in den Fels gehauene Gebetskammer beherbergt einen sitzenden Buddha, der von Schülern mit Fliegenwedeln und anderem Zierrat umgeben ist; es sind Farbspuren erhalten.

Stätten weiter nördlich

Die **Demala Maha Seya** ⓢ ist eine gescheiterte Kopie der gigantischen Dagoba von Anuradhapura – in Auftrag gab sie Parakramabahu I., der den alten Königen ansonsten mit Erfolg nacheiferte. Im fertigen Zustand wäre sie mit 191 m Höhe die größte ihrer Art gewesen. Tamilische Gefangene des Reichs Pandya, gegen das Parakramabahu auf dem Festland zu Felde gezogen war, schütteten den riesigen Wall aus Ziegeln auf. Nach ihnen *(demala* bedeutet »tamilisch«) wurde die Anlage benannt. Die Ziegelstrukturen sind von Rankwerk bedeckt.

Weiter nördlich sind linker Hand die wenigen Ruinen des **Klosters Jetavana** erhalten. In diesem Bereich standen einst zirka 500 Gebäude, die zum größten Teil noch nicht freigelegt sind. Das zierliche **Lotosbad** ⓣ ist stufenweise in der Form achtblättriger Lotosblumen angelegt – eine originelle Idee, wenngleich die Kanten recht scharf gerieten. Es war gewiss ein läuterndes Erlebnis, hier im Kreise der Mönchsgemeinschaft im Wasser zu sitzen.

Das wichtigste Gebäude des Klosters Jetavana ist das Bilderhaus **Tivanka Patamaghara** ⓤ, das den Stil des Thuparama und des Lankatilaka erkennen lässt. Die dicken Steinmauern sind mit Stuckarbeiten verziert, die kleine Tempel und Figuren zeigen. Der Name leitet sich vom Bildnis des Buddhas ab, der in der engen Vorkammer in der dreifach gebeugten Tivanka-Haltung

> Im Gegensatz zu zeitgleichen indischen und späteren singhalesischen Malereien sind die Fresken von **Tivanka Patamaghara** im klassischen Stil gehalten. Die Farben beschränken sich auf Rotbraun, Ockergelb, Grün und Weiß.

Unten: Schon über 800 Jahre alt ist das Lotosbad

Die Statue des »Weisen« stellt vermutlich König Parakramabahu I. dar

Unten: Der Pothgul Vihara

dargestellt ist: Abwinkelungen an Knien, Hüfte und Schultern bilden fließende Schrägen und bezeugen Unbefangenheit und Grazie – gewöhnlich ein Merkmal weiblicher Bildnisse.

An den Innenwänden des Tivanka wurden die bedeutendsten Malereien der Polonnaruwa-Periode gefunden, doch leider waren sie nach der Freilegung mangels angemessener Schutzmaßnahmen dem Verfall ausgesetzt.

Thematisch greifen die Malereien Szenen aus dem Leben Buddhas und seiner früheren Wiedergeburten auf, wie sie in den Jatakas geschildert werden. In der Vorhalle etwa illustrieren die einzelnen Abschnitte Buddhas letzte zehn Inkarnationen als weiser Prinz, der sich durch gute Taten auszeichnet.

Der Inselgarten

Südlich des Stadtzentrums, am Seeufer, erstreckt sich Parakramabahus königlicher Zufluchtsort **Dipuyyana**, der »Inselgarten«, der in **Nissanka Mallas Palast** ⓥ umgewandelt wurde. Ein Geschichtswerk vergleicht seine Pracht mit dem Versailles Ludwigs XIV. Das angrenzende Gewässer spendete dem Garten im gesamten Jahresablauf kühle Frische.

Zu den Annehmlichkeiten gehörten die **Bäder** mit runden und rechteckigen Becken, die über unterirdische Leitungen aus dem Stausee gespeist wurden. Parakramabahus exzentrischer Nachfolger ließ nebenan aus Stein das fensterlose **Mausoleum** bauen, vielleicht der Ort, an dem er kremiert werden wollte. Es sieht heute unattraktiv aus, obwohl vom rot-weiß-blauen Putz noch einiges erhalten ist.

Weitaus weniger erhalten blieb leider von einer **Audienzhalle** mit Holzsäulen. Dieses Bauwerk Nissanka Mallas weist eine hohe Bedeutung auf – allerdings nicht wegen der Architektur. Inschriften auf den Säulen seines königlichen Ratssaales verkünden die Plätze der Mitglieder des Königlichen Rats; das strenge Protokoll gibt wertvolle Einblicke in die damalige politische Machtverteilung. Die höchsten Würdenträger saßen dem König am nächsten, der wahrscheinlich auf einem Thron neben der großen Löwenskulptur Platz nahm.

Die Ruinen im Süden

Ein schöner Spaziergang führt am Ufer des Sees entlang weiter nach Süden. Dort befindet sich das »Südliche Kloster«, **Pothgul Vihara** Ⓦ. Vier kleinere Dagobas umringen einen runden Ziegelbau. Die Akustik der Anlage ist auch ohne das einstige Balkendach exzellent, und so wird spekuliert, dass sich hier eine Rezitierbühne befand, auf der buddhistische Schriften intoniert wurden. Vielleicht handelte es sich auch nur eine Bibliothek.

Ein wenig weiter nördlich lässt die 3,5 m hohe steinerne **Statue des Parakramabahu/Agastaya** Ⓧ eine hohe künstlerische Qualität erkennen. Sie stammt aus dem 12. Jh. Die barfüßige Figur trägt nur einen Sarong und scheint aus dem Fels hinauszutreten zu wollen. Ihr breites Gesicht mit Bart schaut ernst und spirituell. In den Händen hält Parakramabahu ein heiliges Manuskript, aus dem er laut zu lesen

Polonnaruwa 259

scheint. Auch hier streiten sich die Gelehrten: Der shivaistische Mönch Agastaya ist der beliebteste Kandidat, aber auch der König wird in dieser Figur gerne gesehen.

Rund um Polonnaruwa

In der Gegend zwischen Polonnaruwa und Habarana leben noch recht viele Elefanten. So ist der 8889 ha große **Minneriya-Nationalpark** ⓯ ein Refugium für Elefanten, Sambarhirsche und Weißbartlanguren. Rund um den Stausee, der bereits im 3. Jh. angelegt wurde, halten sich in den späten Nachmittagsstunden größere Herden auf (s. S. 138). Während der Trockenzeit, vor allem in den Monaten August und September, können bis zu 300 Dickhäuter gezählt werden. Ein Elefantenkorridor erlaubt den Tieren die Wanderung zwischen verschiedenen Nationalparks. Sie entwickeln dabei besondere Vorlieben, die den lokalen Führern jedoch bekannt sind. Neben Elefanten werden Besucher eine große Zahl von Vögeln zu Gesicht bekommen.

Wenn Sie der Straße von Polonnaruwa Richtung Norden und Habarana 38 km folgen, finden Sie in der Kleinstadt **Medirigiriya** ⓰ die Ruinen des **Klosters Mandalagiri**. Es wird nur selten besucht, obwohl der sehr schöne Vatadage aus dem 8. Jh. zwar von den Schnitzereien her nicht so fein gearbeitet wurde wie der in Polonnaruwa, jedoch besser erhalten ist. Der Vatadage steht auf einer hohen Terrasse und besteht aus drei konzentrisch angeordneten Säulenreihen, die vier sitzende Buddhas in den Kardinalrichtungen umgeben. Die anderen Bauwerke der Stätte sind stärker verfallen, darunter mehrere kleine Tempel, Wasserbecken und Dagobas sowie Buddhastatuen.

Etwa 16 km südöstlich von Polonnaruwa überragt die markante Erhebung von **Dimbulaga** ⓱ die Umgebung. Seit der Kolonialzeit ist sie auch als »Gunners Quoin«, Jägerstand, bekannt. Spätestens seit dem 4. Jh. dient der bis zu 545 m hohe Bergrücken Einsiedlermönchen als Rückzugsgebiet. Neue Mönche werden im Fluss Mahaweli ordiniert, nach dem Vorbild von Buddhas Lieblingsschüler Kasyapa, der den buddhistischen Mönchsorden reformierte. ■

> Ein typisches Merkmal singhalesischer Bauten sind Mondsteine vor den Eingangstoren und Treppen. Ihre Dekorationen symbolisieren die verschiedenen Stufen auf dem buddhistischen Weg zum Nirwana.

Unten: Das konische Dach des Vatadage existiert längst nicht mehr

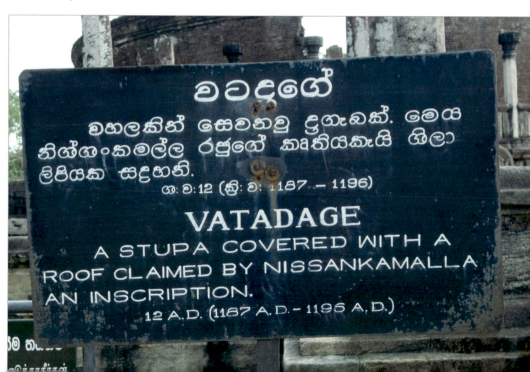

Unterwegs 261

Sigiriya

Massiv und mächtig erhebt sich der Felsen von Sigiriya über die umliegende Ebene. Von manchen als Weltwunder betrachtet, gibt der einstige Königssitz heute noch viele Rätsel auf.

NICHT VERPASSEN!

Königliche Gärten
Felsengarten
Wolkenmädchen von Sigiriya
Spiegelmauer
Gipfelbesteigung
Pidurangala-Höhlentempel

Der Gipfel des schier uneinnehmbaren Felsens war ein prachtvoller Königspalast mit eleganten Pavillons, Gartenanlagen und Teichen – und dies alles 200 m über ausgedehnten Dschungelgebieten. Der gigantische Monolith wurde am Eingang von einem steinernen Löwen bewacht, von dem nur noch die kunstvoll gestalteten Pranken erhalten sind. Doch auch das, was übrig ist, lässt darauf schließen, dass die Wirkung des Löwenfelsens Ehrfurcht gebietend gewesen sein muss. Einer umstrittenen, aber faszinierenden These des sri-lankischen Archäologen Senarath Paranavitana zufolge handelt es sich bei der Felsenfestung von **Sigiriya** ⓲ um ein Abbild des mythischen Alakamanda – jenes im Himalaja gelegenen Reiches, in welchem Kuvera, der Gott des Reichtums, residieren soll. Er begründet es unter anderem damit, dass Kuveras Diener, die Zwerge *(gana)*, zahllose Gebäude zieren. Kassapa habe sich als Manifestation des Hindugottes Kuvera verstanden und wie ein Gottkönig regiert, so der Gelehrte.

Dass diese religiöse Selbsterhöhung in der buddhistischen Bevölkerung keine Unterstützung fand, mag erklären, warum spätere Herrscher Sigiriya nicht einmal zur Zweitresidenz oder Zufluchtsstätte machten. Mogallana regierte nach seinem Sieg über Kassapa, wie seine Vorgänger, von Anuradhapura aus und überließ die Felsenfestung den buddhistischen Mönchen.

Möglicherweise blieb Sigiriya bis ins 14. Jh. eine religiöse Stätte. Erst im 16. und 17. Jh. gewann es als ferne Garnison des Königreichs Kandy erneut an Bedeutung. Die Ausführung in diesem gigantischen Maßstab wirft die Frage auf, welche Vision dahinter stand.

Kassapas Palast

Kassapa (Kasyapa, reg. 455–473), der Erbauer von Sigiriya, ist auf seine Weise einer der bemerkenswerten Herrscher Lankas: Der Sohn von König Dhatusena und einer Kurtisane machte

Links: Löwenterrasse
Unten: Aufstieg auf den Löwenfelsen

Die Stufen des Terrassengartens

seinem jüngeren Halbbruder und rechtmäßigen Thronerben Mogallana den Thron streitig. Als König Dhatusena nicht seinem Erstgeborenen Kassapa, sondern dem jüngeren Sohn Mogallana den Thron versprach, ließ der machthungrige Kassapa seinen Vater bei lebendigem Leibe einmauern und trieb den Halbbruder ins Exil. 18 Jahre später trat Mogallana ihm mit einer südindischen Armee gegenüber. Die Schlacht in der Ebene blieb lange unentschieden. Doch als Kassapa auf seinem Elefanten einem Sumpfgebiet auswich und seine Soldaten dies als Zeichen des Rückzugs deuteten und flohen, war er plötzlich auf sich allein gestellt. Nun chancenlos, richtete der Vatermörder sich selbst und durchschnitt seine Kehle mit dem Schwert.

Sieben Jahre nachdem Kassapa die Herrschaft an sich gerissen hatte, bezog er seinen wundervollen Palast in Sigiriya, der auf die Verteidigung im Falle des erwarteten Vergeltungsschlags ausgerichtet war. Die natürliche Uneinnehmbarkeit des Felsens wurde durch einfallsreiche Anlagen noch erhöht. Breite Wassergräben und Steinwälle wurden angelegt, deren Größe auf der Insel unerreicht blieb. Ein äußerer Wassergraben war so konstruiert, dass bei einem feindlichen Angriff das gesamte Gebiet zwischen zwei Gräben geflutet werden konnte. Um die Wachsamkeit der Spähposten zu erhöhen, waren sie so nah am Abgrund platziert, dass selbst ein kurzes Einnicken einen tödlichen Sturz zur Folge haben konnte. Am Fuße des Felsen standen Katapulte bereit, um Steinbrocken auf eventuelle Angreifer zu schleudern.

Sigiriya war aber nicht bloß die Festung eines paranoiden Usurpators, sondern der Palast eines Herrschers, der seinen Anspruch auf die Macht symbolisch geltend machte, indem er ihn durch künstlerische Großtaten belegte. Innerhalb der Befestigungsanlagen entstanden verschiedene Gärten und Parks, fabelhafte Skulpturen dienten dem Schmuck, und eine Galerie himmlischer Frauengestalten zierte den lotrecht abfallenden Felsen. Kassapa mag, wie die meisten anderen Könige auch, ein Mörder und Intrigant gewesen sein, und seine Herrschaft

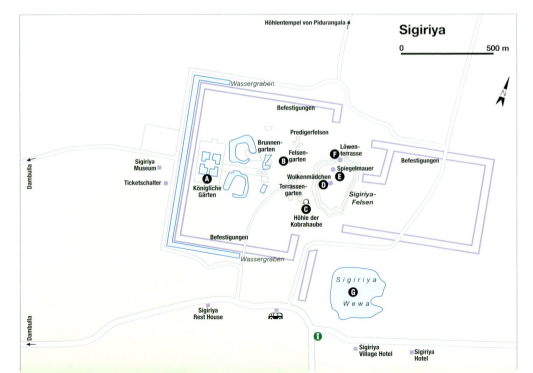

Sigiriya

dauerte nur achtzehn Jahre, doch das, was er erschaffen hat, überlebte bereits fünfzehn Jahrhunderte.

Museum und Königliche Gärten

Direkt neben dem Zugangstor befindet sich das neue **Sigiriya Museum** (tgl. 8.30–17.30 Uhr, am ersten Montag des Monats geschlossen, Eintritt, www.sigiriyamuseum.com). Mit modernen Mitteln beleuchtet es die lange und komplizierte Geschichte der Stätte und der Umgebung, zeigt prähistorische Funde und anderes Material, das hier gefunden wurde, und erläutert anhand eines Modells die Konstruktion der Anlage.

Die **Königlichen Gärten** A breiteten sich bis zu den Felsengärten aus und gipfelten in den geometrisch angelegten Wasserspielen an der Westseite. Der gesamte Bereich war von einem Wall umschlossen. Mit ihren Wasserläufen und Springbrunnen, Bädern und Teichen, Wasserpflanzen und prächtig gefiederten Vögeln muss die Parklandschaft eine Oase des Friedens und der Fantasie gewesen sein.

Noch heute beeindrucken die ausgegrabenen Reste der Anlage. Gleich neben dem westlichen Eingang legte man die einstigen Wasserspiele frei. Die gewundenen Wasserläufe, flachen, glitzernden Teiche, ummauerten Becken und marmornen Böden sowie Gebäudegruppen erstrecken sich fast über die Fläche eines halben Fußballfeldes. Umgeben von vier L-förmigen Wasserbecken folgt eine Insel, die einer großen Halle oder einem Pavillon Raum bot. Die Becken dienten wahrscheinlich als Bäder und hatten – ähnlich wie ein moderner Swimmingpool – glatte Wände, Treppenfluchten und umlaufende Terrassen. In Richtung des Löwenfelsens verleihen zu beiden Seiten des Gehwegs vier größere, von Wassergräben umgebene Inseln der symmetrischen Anlage Nachdruck.

Die Springbrunnen am Inselufer wurden vom künstlichen Sigiriya Wewa unter Ausnutzung der Gesetze des Wasserdrucks gespeist. Da die Speirohre aus symmetrisch gelöchertem Kalkstein bestehen, funktionieren diese Springbrunnen bei Regenwetter heute noch. Ein achteckiger Teich versetzt in Erstaunen. Das von einer weiten Terrasse umgebene Gewässer liegt im Schatten eines gigantischen Felsblocks, der die Höhe eines sechsstöckigen Gebäudes hat – ein verwegenes Beispiel der Harmonie zwischen Wasser und Stein. Dieser Teich bildet den Übergang zum Felsengarten.

Felsen- und Terrassengarten

Gleichzeitig Kontrast und Ergänzung zu der klassischen Symmetrie der Königlichen Gärten: Wie von einem Riesen platziert schmücken die mächtigen Monolithe verschiedener Größe den **Felsengarten** B mit seinen sich windenden Pfaden, gepflasterten Passagen, steinernen Bögen und Kalksteintreppen. In einigen der Felsen erkennt man Löcher, die einst zur Befestigung kleiner hölzerner Pavillons dienten.

Zwischen diesen Felsen lebten vor und nach der kurzen Regierungszeit Kassapas die Mönche, so dass sich

> **TIPP**
> Wenn irgend möglich, sollten Sie Sigiriya entweder frühmorgens oder am Spätnachmittag besuchen. Dann ist es nicht so heiß, und Sie vermeiden die Besuchermassen. Zudem bringt die niedrig stehende Sonne die schöne, ocker bis rötliche Färbung des Felsgesteins besser zur Geltung.

Unten: Höhle der Kobrahaube

Künstler malten die Wolkenmädchen im 5. Jh. Ob diese barbusigen Schönheiten nun Kassapas Hofdamen auf einer Prozession darstellen, himmlische Nymphen *(apsara)* oder Wolkenmädchen und Blitzprinzessinnen symbolisieren, tritt beim Betrachten der Malereien in den Hintergrund. Auch heute verzaubern die Mädchen durch ihre Natürlichkeit und Farbigkeit.

Unten: Blick vom Löwenfelsen

zahlreiche Mementos dieser archaischen Religionsgemeinschaft auf den Felsen und in Höhlen finden. Einige der Höhlen waren zu dieser Zeit wohl bereits verputzt und bemalt, und mehrere farbenfrohe abstrakte Muster blieben erhalten.

Zu den interessantesten Felsen zählt die auch aufgrund ihrer Form so bezeichnete **Höhle der Kobrahaube** C. Bereits im 3. Jh. v. Chr. war sie von Einsiedlermönchen bewohnt. Die bemalte Decke aber wird Kassapas Zeit (5. Jh.) zugeschrieben.

Der dem achteckigen Teich zugewandte **Predigerfelsen** diente vermutlich den Mönchen für ihre Belehrungen. Er entstand wohl dadurch, dass man den oberen Teil eines gewaltigen Felsens abtrug und den unteren Teil dann blank polierte. Auf dieser Plattform befand sich einst eine Empfangshalle, von der allerdings nichts erhalten blieb. Lediglich ein 5 m langer gemeißelter Thron steht noch an einer Seite. Manche Forscher meinen, dass auch König Kassapa hier Hof gehalten habe, andere sehen eine rein religiöse Funktion, bei der der leere Thron als symbolischer Sitzplatz für Buddha angesehen wurde. Auch in andere Felsen der Umgebung wurden ähnliche Throne geschlagen.

Der Felsengarten geht in den **Terrassengarten** über, in dem wie in Babylons Hängenden Gärten eine Terrasse über der anderen liegt. Bruchsteinmauern sichern die Erdmassen. Eindrucksvolle Ziegeltreppen mit Kalksteinstufen überwinden die Höhenunterschiede und führen weiter zum Herzstück der Anlage, dem Sigiriya-Felsen.

Die Wolkenmädchen

Vom Terrassengarten führt zuerst eine Steintreppe an den Fuß des Felsens, von dort geht es über eine alte schmiedeeiserne Wendeltreppe nach oben. An einer geschützten, leicht überhängenden Stelle findet sich die berühmteste Sehenswürdigkeit Sigiriyas, die **Wolkenmädchen** D. Faszinierendstes Beispiel lokaler Kunst sind die bezaubernd sinnlichen Gemälde weiblicher Schönheiten, die König Kassapa im 5. Jh. in Auftrag gab. Die Grazien – manche golden und andere dunkel, manche allein, andere in Paaren –

Sigiriya

scheinen geradewegs aus den Wolken zu kommen. Sie sind etwas weniger als lebensgroß im Dreiviertel-Profil dargestellt. Man muss die Gemälde im Detail studieren, um ihre Lieblichkeit zu erfassen: Die Vielfalt der Stimmungen, die Individualität, die Gesichts- und Körpermerkmale, die Kleidung und Ausstattung sind verblüffend. Blumen unterstreichen die Schönheit des weiblichen Gesichts, die Zartheit der Haut und die Ästhetik des Körpers.

Etwas Ähnliches gibt es in Sri Lanka nicht noch einmal. Vielmehr konzentrierte sich die Kunst immer auf religiöse Darstellungen, die in der Regel hoch stilisiert sind. Die Mädchen wirken hingegen sehr individuell und sinnlich und ähneln mehr indischen Gemälden, etwa denen in den Höhlen von Ajanta.

Wen die Malereien darstellen, bleibt ungeklärt. Einige halten sie für Portraits von Kassapas Konkubinen, andere für himmlische Tänzerinnen *(apsara)*, wie man sie auch in Südindien und Kambodscha findet. Eine ausgefallene Meinung ist, dass sie die Wolken über dem heiligen Berg Kailash in Tibet symbolisieren.

Einst schmückten etwa 500 Bilder die Steilwand des Felsens von Sigiriya – eine gigantische Gemäldegalerie. Da sie vorwiegend auf den freien Felsen gemalt und nur durch Traufrinnen geschützt waren, sind nur 21 Bildnisse erhalten. Diese einzigartigen Überbleibsel aber sind hervorragend geschützt. Sie befinden sich an einer Felswand über der Löwenterrasse. Reste des mehrschichtigen Putzes, auf den die Bilder aufgetragen wurden, sind unter anderem an der Westfront des Felsens noch zu sehen.

Sri Lankas älteste Graffiti

Oberhalb der Löwenterrasse erstreckt sich unter den Malereien die **Spiegelmauer** E, die mit glatt poliertem Kalkstein überzogen ist und nach 1500 Jahren noch immer wie Glas spiegelt. Frühe Sigiriya-Besucher kritzelten über eintausend Gedichte und Prosatexte auf die Mauer. Die Verse bezeugen ihre Wertschätzung für Kunst und Schönheit. Da sie zwischen dem 7. und 13. Jh. niedergeschrieben wurden, gelten sie als Sri Lankas älteste Graffiti. Der größte Teil ist in Singhalesisch verfasst,

» Archäologische Grabungen förderten kleine Terrakottafiguren der Wolkenmädchen zutage. Sie sind zwischen 10 und 20 cm groß und dürften als leicht transportable Souvenirs für Sigiriyas Besucher produziert worden sein.

Unten: Jahrhundertealte Graffiti schmücken die Spiegelmauer

KÖNIG DHATUSENA

Die Geschichte der Ermordung König Dhatusenas gehört zu den interessantesten Legenden der Geschichte Sri Lankas. Nach einer weit verbreiteten Erzählung drohte dessen Sohn Kassapa seinem Vater den Tod an, falls er nicht verrate, wo der Staatsschatz des Landes verborgen sei. Dhatusena erwiderte, er werde es ihm nur unter der Bedingung sagen, dass er noch einmal im großen Kalawewa-See bei Aukana baden dürfe. Dieser gehörte zu den wichtigen Errungenschaften seiner friedvollen Herrschaftszeit. Als er in dem See stand, deutete er auf das weite Wasser um ihn herum und rief seinem Sohn zu, dass dies allein der Schatz sei, den Kassapa suche. Dieser war von der symbolischen Geste seines Vaters allerdings nicht beeindruckt und sorgte dafür, dass dieser eingemauert und dem Tod überlassen wurde.

Eine der unzähligen Treppen in Sigiriya

doch es gibt auch einige Gedichte in Sanskrit und Tamil.

Die Verfasser waren nicht nur von der unvergleichlichen Schönheit der Malereien inspiriert, sondern auch vom königlichen Löwen und vom schönen See, von der majestätischen Festung und den herrlichen Teichen der Königlichen Gärten. Die Graffiti zeichnen ein lebendiges Bild von Sigiriyas Größe unter und nach Kassapas Herrschaft. Sigiriya war und ist bis heute Andachtsstätte, Ausflugsstätte, Treffpunkt von Liebespaaren und Ziel von Vergnügungsreisenden. Die vielen Verse sind eine wahre Schatzkammer für das Studium von Geschichte, Kultur und Sprache.

Die Löwenterrasse

Von der Spiegelmauer geht es weiter über Eisenplatten, die direkt am Felsen befestigt sind. Tiefer unten ist ein gewaltiger Felsbrocken auf Steinstützen erkennbar. Man sagt, bei einem Angriff wären die Stützen weggeschlagen worden und der Brocken wäre auf die Angreifer gestürzt. Andere sind genau der gegensätzlichen Meinung, dass die Stützen dazu dienen, den Felsen in seiner Position zu halten.

Von hier führt nun wieder eine Steintreppe zur **Löwenterrasse** ❻ hinauf. Dies ist ein abgeflachtes Stück des Felsens, auf dem man ein wenig nach außen treten kann, um den verbleibenden Weg bis hinauf auf das Felsplateau in Augenschein zu nehmen.

Die beiden riesigen Löwenpranken sind die einzigen Überreste des gigantischen Raubtiers, das dem Felsen den Namen gab. Die gesamte Front des Monolithen hatte einst das Aussehen eines berggroßen Löwen, denn sie war mit Vorderteilen des Tieres aus Ziegeln und Stuck verziert und wahrscheinlich bemalt. Ursprünglich führten die Stufen zwischen den Pranken hindurch ins Maul des Löwen.

Der Aufstieg wird zuweilen durch Wespen erschwert – auf dem Plateau mit den Löwenpranken wurden mit Fliegengitter versehene Verschläge eingerichtet, in die man sich im Notfall flüchten kann.

Der Palast auf dem Gipfel

Die Besteigung von Sigiriyas Gipfel (366 m), der hoch über den Pranken des königlichen Löwen fünfzehn Jahrhunderte lang Wolkenbrüchen und Sturmböen getrotzt hat, ist ein schweißtreibendes Bravourstück. Wieder führen am Felsen befestigte Eisentreppen in die Höhe, die derjenige nicht betreten sollte, der unter Höhenangst leidet. Zahlreiche Löcher im Felsen belegen, dass es in der Vergangenheit mehrere andere Treppen gegeben hat. Zu Kassapas Zeit, dem selbst Angst vor großen Höhen nachgesagt wird, gab es wohl eine Holztreppe.

Nach dem mühsamen Aufstieg betritt man plötzlich ein überraschend weites, luftiges und kühles Gelände mit weitem Blick über das Land.

Der Grundriss der einzigartigen Anlage, die sich stark von Anuradhapuras und Polonnaruwas Königshäusern unterscheidet, ist klar zu erkennen. Der innere Palast erstreckt sich über den westlichen Gipfelbereich, der äußere

Unten: Palastruinen auf dem Gipfel von Sigiriya

Sigiriya

über den niedrigeren Osten. Im Süden sind die Palastgärten auf ein großes, aus dem Fels gehauenes Becken (27 × 21 m) ausgerichtet, das wohl als Wasserspeicher diente. Die verschiedenen Ebenen der weiten Anlage sind mit Hunderten Marmorstufen verbunden. Den besten Ausblick hat man von der niedrigsten Stelle, die im Vergleich zum Aufstieg ganz auf der anderen Seite des Plateaus liegt.

Sigiriya Wewa

Vom Terrassengarten führt ein Weg zum **Sigiriya Wewa** G, das die Gartenanlagen speiste und heute nur noch einen Bruchteil seiner damaligen Fläche bedeckt. Frühe Besucher würdigten nicht nur Sigiriyas Wandmalereien, sondern auch den künstlichen See: Inschriften überliefern, dass der See durch klares Wasser und bunte Wasserlilien bestach.

Das durchdachte Netzwerk des unterirdischen Leitungslabyrinths führt in sämtliche Bereiche Sigiriyas und verfügt über Kontrollklappen, Ringleitungen, Einstiegsöffnungen, Auffangvorrichtungen für Schlamm, Umgehungskanäle usw. – ganz wie ein modernes Netzwerk. Mit Ton ummantelte Steinröhren beförderten das Wasser ebenerdig, und Fallrohre aus zwei halbkreisförmigen Steinteilen, die von Metallbändern gehalten wurden, transportierten es senkrecht. Auffallend sind die vielen offenen Kanäle, die in den Stein gehauen wurden, um das vom Felsen abfließende Wasser zu sammeln – die Energieerhaltung war das höchste Gebot für Sigiriyas Bauherren.

Der Höhlentempel von Pidurangala

Knapp zwei Kilometer nördlich von Sigiriya erhebt sich dessen »kleine Schwester«, der **Höhlentempel von Pidurangala**. Ein kleinerer Felsen direkt gegenüber der Löwenterrasse bietet einen guten Blick auf Sigiriya. Diese Tempelanlage legten die Mönche an, nachdem Kassapa sie aus ihren Felsen vertrieben hatte. Er soll allerdings dafür gespendet haben. Der Aufstieg erfolgt über einen schmalen Pfad, vorbei an Höhlen und einem aus Backsteinen erstellten liegenden Buddha. ■

> Mit dem Bau der riesigen Löwenskulptur auf der Löwenterrasse wollte Kassapa sicher seine Feinde abschrecken, gleichzeitig erhob er aber auch Anspruch auf die Königswürde über die »Löwenhaften« – die Singhalesen.

Unten: Wahrhaft beeindruckend: der Löwenfelsen

Ayurveda

Das westliche Bedürfnis, dem Körper Wohltaten zukommen zu lassen, passt gut zu den Erkenntnissen der traditionellen asiatischen Medizin.

Der Legende nach wurde den Menschen das Ayurveda, übersetzt das »Wissen über ein langes Leben«, von Brahma, dem obersten Hindugott, als Zeichen seines Mitgefühls übermittelt. Die Kenntnis von Kräutern und Pflanzen hat eine lange Tradition auf Sri Lanka. Die Ursprünge werden 5000 Jahre zurück in den indischen Veden gesucht, und auch zur traditionellen Medizin Chinas und Tibets, selbst zur westlichen Chirurgie, gibt es Verbindungen.

Die Grundannahme besteht darin, dass unser allgemeines Wohlbefinden sich stark nach unserer Lebensweise richtet, während Krankheit ein Zeichen von Stress, Giften und mangelnder Balance in der Ernährung ist. Die ayurvedische Philosophie postuliert, dass alle Lebewesen aus verschiedenartigen Kombinationen der fünf Grundelemente bestehen: Luft, Feuer, Wasser, Erde und Äther. Alle Menschen unterliegen den drei Lebenskräften *(dosha)*: *vatta* (Luft und Äther), *pitta* (Feuer und Wasser) und *kapha* (Wasser und Erde), wobei Krankheit die fehlende Balance dieser Kräfte anzeigt. Ziel ayurvedischer Behandlungen wie Ölmassagen und Kräuteranwendungen ist es somit, die Ausgewogenheit wieder herzustellen. ■

Oben links: Die Shirodhara-Behandlung dient dem Stressabbau und wird auch bei Hörbeschwerden angewendet.

Ganz oben: Ayurvedische Präparate enthalten oft bis zu zwölf verschiedene Inhaltsstoffe. Sie werden u. a. für die Herstellung von Tabletten, Tonika, Massage- und Wärmepackungen benötigt. Die Schubladen sind in Sinhala beschriftet.
Oben: Eine Ayurveda-Massage mit heiß gemachtem Kräuterschlamm wird oft von zwei Therapeuten durchgeführt.
Links: Zutaten für ein Marma-Körperpeeling, das für einen besseren Energiefluss sorgen soll.

Ayurveda ◆ 269

Wo soll man sich behandeln lassen?

Ayurveda wird überall angeboten, in ayurvedischen Kliniken und Apotheken, als Ölmassage am Strand, in Hotels und spezialisierten Zentren. Doch bevor man sich dem hingibt, sollte man zunächst klären, welches Ziel man mit einer Behandlung erreichen will. Wer Wellness und eine entspannende Massage sucht, kann in einem Hotel mit einer gut ausgestatteten Wellness-Abteilung (wie auch immer sie heißen mag), gut bedient sein. Man sollte sich aber vorher über die Qualität genau erkundigen, weil viele Hotels nur auf den geldbringenden Zug aufgesprungen sind. Wer Heilung von einer Krankheit oder eine ausgiebige Kur sucht, sollte sich auf jeden Fall einem anerkannten Zentrum oder einem spezialisierten Hotel anvertrauen. Nimmt man die Sache ernst, müssen für eine Kur mindestens zwei bis drei Wochen eingeplant werden. Empfehlenswerte Ayurveda-Hotels finden Sie auf S. 11 und S. 16.

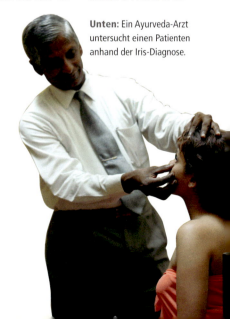

Unten: Ein Ayurveda-Arzt untersucht einen Patienten anhand der Iris-Diagnose.

Oben: Als krönender Abschluss eines Ayurveda-Tages sorgt ein aromatisches Blütenbad für absolute Entspannung.
Rechts oben: Schon vor Jahrhunderten wurden in Sri Lanka Ayurveda-Kuren durchgeführt, wie diese Malerei beweist.

Unterwegs Karte auf Seite 274 **273**

Die Ostküste

Die 300 Kilometer lange Ostküste erholt sich gerade vom Bürgerkrieg und dem Tsunami, doch sie bietet genauso viele buddhistische Stätten wie wunderbare Sandstrände an.

NICHT VERPASSEN!

Trincomalee
Uppuveli
Nilaveli
Arugam Bay
Lahugala-Nationalpark
Maligawila

Vorhergehende Seiten: Pigeon Island **Links:** Thiru Koneswaram Kovil **Unten:** UNESCO-Warnschild vor Landminen

Zweifellos weist die Ostküste sehr schöne Landschaften auf, doch schien sie in letzter Zeit unter keinem guten Stern zu stehen. Weil sie eine bunte und interessante Mischung aus singhalesischer, tamilischer und muslimischer Bevölkerung aufweist, hat sie im Bürgerkrieg durch die Kämpfe zwischen Armee und Rebellen stark gelitten. Kaum hatte sie nach dem Waffenstillstand von 2002 einmal tief Luft geholt, kam 2004 der Tsunami und traf sie in voller Breite. Erst 2007 kehrte erneut Ruhe ein, als die Armee die Gegend erstmals seit zwei Jahrzehnten wieder kontrollierte. Seitdem wird wieder aufgebaut, doch geht dieser Aufbau wesentlich langsamer voran als in den mehrheitlich singhalesisch bewohnten Gebieten an der Westküste und in jenen Städten, aus denen die jetzt führenden Politiker stammen. In den großen Städten der Ostküste, Trincomalee und Batticaloa, haben Handel und Verkehr wieder eingesetzt, und langsam kehrt auch der Tourismus zurück. Doch damit geht auch die Zeit der einsamen Strände zu Ende.

Trincomalee

»Wenige Orte übertreffen die tropische Schönheit des Hafens von Trincomalee, der vollkommen von Land umschlossen ist und wie ein schimmernder See erscheint, dessen hügelige Ufer von den wogenden Wedeln der Kokospalme und anderer Palmenarten gesäumt sind.« So beschrieb der britische Forscher Samuel W. Baker im 19. Jh. begeistert den Hafen von **Trincomalee ❶**, der drittgrößten Stadt Sri Lankas. Bis heute ist man sich einig: Hier an der Ostküste Sri Lankas liegt einer der am besten geschützten und schönsten Naturhäfen der Welt, weshalb alle großen Seefahrernationen, also auch Portugiesen, Holländer und Briten, ein begehrliches Auge auf ihn warfen. Im Zweiten Weltkrieg diente er als Marinebasis der alliierten Flotte, weshalb er am 9. April 1942 von den Japanern bombardiert wurde.

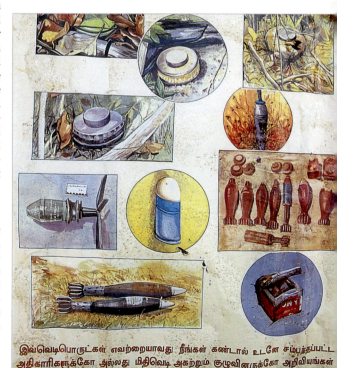

274 ◆ Unterwegs

Trincomalee war ein sicherer Hafen für den »Problembruder« der englischen Schriftstellerin Jane Austen, Sir Charles. Der Hobby-Astronom entdeckte einen roten Fleck auf dem Jupiter. Begraben ist er auf dem Friedhof von St. Stephen neben P.B. Molesworth, dem ersten Direktor von Ceylon Rail.

Das Herzstück von Trincomalee (oder »Trinco«, wie die Stadt meist genannt wird) ist **Fort Frederick**, das 1623 von den Portugiesen erbaut wurde. Durch das 1676 errichtete Tor mit britischem Wappen und dem Motto »Mon Dieu et Mon Droit« gelangen Besucher in das von Mauern umgebene einstige holländische Fort, das sich auf einer Landzunge erstreckt. Seit 1803 trägt es den Namen des zweiten Sohnes Georges III., Prinz Frederick (1763 bis 1827). Heute werden weite Teile vom Militär genutzt, doch man darf hindurchschlendern, um den Swami Rock zu sehen. Ein ansteigender Weg führt vorbei am schönen **Wellington House,** benannt nach dem Herzog von Wellington. Diesen Titel erhielt der englische Feldmarschall Arthur Wellesley später nach ruhmreichen Schlachten. In diesem schönen Gebäude erholte er sich noch unter seinem Geburtsnamen im Jahr 1799 angeblich von der Malaria, nachdem er erfolgreich in Südindien gegen den Sultan von Mysore gekämpft hatte. Er fand seinen Aufenthalt so komfortabel, dass er das Boot verpasste, das ihn zurück nach Großbritannien bringen sollte, konnte sein Glück jedoch nicht fassen, als er hörte, dass das Schiff im Golf von Aden versunken war, mit allen Passagieren und der gesamten Besatzung.

Weiter geht es bis zum Ende der Landzunge, wo der berühmte **Thiru Koneswaram Kovil** steht. Der mit unzähligen Figuren geschmückte Hindutempel zählt zu den fünf bedeutendsten Shiva-Heiligtümern Sri Lankas. Von den Portugiesen 1624 zerstört, wurde er später immer wieder erweitert. Nicht weit entfernt erhebt sich der **Swami Rock** aus dem Meer. Seit sich dort im Jahr 1687 die holländische Beamtentochter Francina van Rheede aus Verzweiflung in die Tiefe stürzte, weil ihr Liebster von dannen segelte, heißt er im Volksmund auch »Lover's Leap«. Ihr Selbstmordversuch misslang, und sie vermählte sich später noch zweimal.

Die moderne Stadt breitet sich westlich und südlich der Festung aus; sie ist an vielen Stellen heruntergekommen, wirkt aber dennoch recht charaktervoll. Immer wieder tauchen kleine, sehr bunte Hindutempel für die vorwiegend tamilische Bevölkerung auf, und man hat Durchblicke zu einer der drei Buchten, die das Zentrum umgeben, und auf Fischerboote und größere Frachter, die im inneren Hafen an den Piers festgemacht haben. Am späten Nachmittag versammeln sich hier Besucher, aber auch einige Bewohner, um den Sonnenuntergang zu betrachten, während im nahen **Kali-Tempel** und im **Pillaiyar-Tempel** die Glocken angeschlagen werden.

Ostküste

Die Ostküste

Uppuveli und Nilaveli

Die meisten Urlauber zieht es an die schönen Strände 5 bzw. 10 km nördlich von Trincomalee, etwa an jene von **Uppuveli** ❷ und **Nilaveli** ❸. Selbst während der Kriegszeit kamen Touristen hierher und genossen die menschenleeren Sandstrände. Die meisten Einrichtungen sind bis heute in ähnlichem Zustand wie zu Kriegszeiten. In Uppuveli gibt es nur einige Billigherbergen, während es in Nilaveli etwas besser aussieht. An Hotels haben sich allein das **Chaaya Blu** (s. S. 298) in Uppuveli und das **Nilaveli Beach Hotel** (s. S. 298) in Nilaveli irgendwie über Krieg und Tsunami gerettet.

Die meisten Besucher genießen die langen weißen Sandstrände, einige nehmen auch an einer der Walbeobachtungstouren teil, die von März bis September angeboten werden und über die Hotels gebucht werden können.

Unweit von Nilaveli erstreckt sich der **Pigeon Island National Park** von der Back Bay bis zur 5 km entfernten Lagune von Salli. Unter den meist einfachen Unterkünften ragen das **Pigeon Island Beach Resort** (www.pigeonislandresort.com) und der **Club Oceanic** (Tel. 026/222 2307) heraus. Die tamilischen Fischer aus dem Dorf Salli organisieren Bootsfahrten nach Pigeon Island, wo seltene blaue Felstauben brüten und man schnorcheln kann.

Am nördlichen Ende von Uppuveli liegt der **Commonwealth War Cemetery** mit den Gräbern von 362 gefallenen Soldaten verschiedenster Nationalitäten. Viele starben beim japanischen Luftangriff am 9. April 1942.

Etwa 8 km landeinwärts liegen an der Straße nach Anuradhapura die heißen Quellen von **Kanniyai** mit Temperaturen zwischen 29 und 46 °C. Nach tamilischem Glauben wurden sie von Dämonenkönig Ravana geschaffen, der mit dem Schwert siebenmal in die Erde stach, um seine tote Mutter zu betrauern. Heraus sprudelte heißes Wasser.

Batticaloa und der Südosten

Die einzige größere Stadt an der Ostküste außer Trinco ist das vom Krieg beschädigte, aber jetzt wieder lebhafte **Batticaloa** ❹. Es liegt an einer der längsten Lagunen Sri Lankas. Diese

Fisch wird zum Trocknen am Strand in die Sonne gelegt

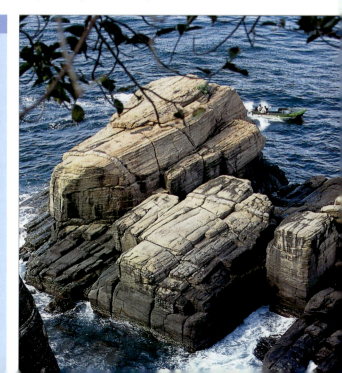

Unten: Swami Rock, auch »Lover's Leap« genannt

DER »KNOX TREE«

Viermal am Tag setzt eine Fähre von Trinco über die Bucht zur muslimischen Stadt Mutur über. In frischer Brise kann man die Aussicht genießen. Wenn Sie in Mutur Einheimische befragen, finden Sie vielleicht den Weg zum **Knox Tree**, einem Baum mit fehlerhafter Inschrift, die übersetzt etwa so lautet: »Dies ist der Baum eines weißen Mannes, unter dem Robert Knox, Kapitän des Schiffes *Ann,* 1660 gefangengenommen wurde. 19 Jahre war er in Gefangenschaft des Königs von Kandy.« Gemeint ist Robert Knox Senior, der Kapitän der »Ann« war und Vater des jungen Seemanns gleichen Namens. Letzterer beschrieb später die Geschichte seiner Gefangenschaft bei Rajasinha II. in seinem Buch *Historical Relation of Ceylon,* aus dem wiederum noch später Daniel Defoe Inspiration für seinen Roman *Robinson Crusoe* bezog (s. S. 48).

Die hohen Wellen in Arugam Bay ziehen zahlreiche Surfer an

Unten: Ein Tempel nahe Trincomalee

großartige Wasserlandschaft mit zahlreichen Kanälen und Strömen erstreckt sich zwischen Chenkaladi im Norden und Kalmunai im Süden über 50 km parallel zum Meer. Fraglos macht sie den Reiz von »Batti«, so ihre verkürzte Bezeichnung, aus. Bekannt ist die vorwiegend von Tamilen und Muslimen bewohnte Stadt auch wegen der »singenden Fische«, die man in den mondhellen Nächten zwischen April und September hören kann. Bis heute ist nicht klar, woher die zarten Töne kommen. Manche meinen, sie stammen von Katzenfischen am Grund der Lagune, andere halten die einlaufende Flut, die an Felsen oder Muscheln vorbeiläuft, dafür verantwortlich. Die Töne erinnern an jene, die beim Streichen eines Glasrands mit befeuchtetem Finger entstehen.

Die Stadt weist einige interessante historische Ecken auf. Sie wurde ursprünglich 1628 von den Portugiesen angelegt, doch kurze Zeit später von den Niederländern erobert, die hier ihre erste Siedlung auf der Insel etablierten. Neben der Lagune erhebt sich die **Festung,** die von einer Mauer aus Korallenstein und auf zwei Seiten von einem Wassergraben umgeben ist; an den zwei anderen Seiten steht die Mauer direkt am Abhang zum Meer. Im Innern findet sich noch ein schönes Bauwerk aus holländischer Zeit in einem Innenhof, der einen Hindutempel aufweist. Südlich der Festung breitet sich das alte Batticaloa aus, in dem sich noch einige Häuser aus der Kolonialzeit finden, mehrere Kirchen und das altehrwürdige **St. Michael's College.**

Nördlich von Batticaloa entsteht in der **Bucht von Passekudah** ❺ eine große Touristenanlage mit mehr als zehn Hotels entlang des Strandes. Damit soll ein Teil der Besucher von der Westküste hierher umgeleitet werden. Dabei blieb das nahe Dorf Kalkudah mit seinen wenigen einfachen Pensionen am Meer bisher weitgehend unentwickelt – wer weiß, wie lange noch.

Arugam Bay

Etwa 100 km südlich von Batticaloa liegt nahe der Stadt Pottuvil das kleine Dorf **Arugam Bay** ❻. Der Ort mit einer eklektischen Bevölkerung aus Muslimen, Singhalesen und Tamilen ist der bei Weitem beliebteste Touristenort der Ostküste, an dem man sich für ein paar Tage ganz dem Urlaub widmen kann. Zuerst kamen nur die Surfer hierher, die an den Stränden eine gute Brise vorfanden. Doch heute muss man längst nicht mehr zwangsläufig mit Brett anreisen. Da die Bevölkerung sich hartnäckig widersetzt hat, wurden bisher keine großen Hotelburgen erbaut. Stattdessen gibt es einige ungewöhnliche Unterbringungen in den zahlreichen Pensionen des Dorfes, etwa Holzhütten, etwas wacklige Baumhäuser und einige andere selbst errichtete Behausungen.

Der Strand ist angenehm, aber nicht besonders aufregend. Einige Aktivitäten werden angeboten, vor allem Surfen, aber auch interessante Ausflüge zur nahen Lagune von Pottuvil und hinaus aufs Meer, um Delfine aufzuspüren (aktuelle Informationen unter www.arugam.info).

Die Ostküste

Südlich von Arugam Bay

Von Arugam Bay führt eine unbefestigte Straße nach Süden, durch eine schöne Landschaft aus Lagune, Strand und Dschungel und erreicht nach 20 km die Walderemitage in **Kudimbigala**. Hunderte buddhistischer Mönche lebten hier einst in Höhlen versteckt im dichten Wald zwischen den Felsen. Einige Pfade schlängeln sich durch den Dschungel und zu kleinen Tempeln und Höhlen. Eine steile, in den Fels geschlagene Treppe führt hinauf auf den Gipfel des Hügels Belumgala, von dem aus man eine herrliche Aussicht bis zur Küste genießen kann.

Noch weiter südlich, etwa 30 km von Arugam Bay, beherbergt das Dorf **Okanda** ❼ einen der größten Hindutempel der Küste. Er soll an der Stelle stehen, an der der Gott Kataragama die Insel betreten hat. In diesem Dorf befindet sich zudem der Zugang zu dem eher selten besuchten **Yala East National Park,** einer sehr stimmungsvollen Alternative zum großen benachbarten Nationalpark Yala. Angeblich sollen sich hier viele Tamilenkämpfer versteckt gehalten haben, so dass der Park erst vor kurzer Zeit wiedereröffnet wurde. Die Hauptattraktion ist der von Mangroven umgebene See **Kumana Wewa,** der eine große Zahl von Wasservögeln anlockt.

Von Arugam Bay ins Landesinnere

Nach etwa 15 km auf der Hauptstraße landeinwärts von Arugam Bay breitet sich rund um den Lahugala-See der kleine **Lahugala National Park** aus. Er ist eigentlich für die Öffentlichkeit nicht zugänglich, doch die Hauptstraße führt mitten hindurch, und man kann an verschiedenen Aussichtspunkten anhalten, von denen aus man manchmal sogar Elefanten zu Gesicht bekommt.

Direkt östlich des Parks liegen die Ruinen des **Magul Maha Vihara** verstreut. Einige Schreine und Stupas aus Ziegelstein oder Sandstein sind im Dschungel noch auszumachen.

Nach zwei weiteren Stunden auf der Straße ist man in der verschlafenen Provinzstadt **Monaragala** angekommen. Von hier erreicht man über 17 km Nebenstraße das winzige Dorf **Maligawila,** in dessen Nähe sich zwei große Statuen im Urwald verstecken. Die eine zeigt einen Buddha im Abhaya-Mudra (Gefahrenabwehr), die andere soll einen Bodhisattva der Mahayana-Richtung darstellen.

Weiter landeinwärts sind die Ruinen des **Yudaganawa Raja Maha Vihara** westlich der Stadt **Buttala** zu finden. Das Bauwerk erinnert an den aus Legenden überlieferten Kampf zwischen König Dutugemunu und seinem Bruder Saddha Tissa. Die Brüder versöhnten sich schließlich wieder und errichteten eine große Dagoba, um des neu gewonnenen Friedens zu gedenken. Nur die eindrucksvolle, riesige Basis der Dagoba ist erhalten geblieben. Sie besitzt sogar größere Ausmaße als die der Ruwanweli-Seya-Dagoba in Anuradhapura. Davor steht ein im Vergleich dazu winziger Schrein aus der Kandy-Periode, in dessen Innerem sich opulente Wandgemälde befinden. ■

> Hochsaison ist an der Ostküste zwischen April und September. Der regenreiche Nordostmonsun bestimmt das Klima von Oktober bis Januar; sonst ist es hier trockener als im Westen.

Unten: Der Strand bei Nilaveli

Unterwegs | Karte auf Seite 150/151

Jaffna und der Norden

Obwohl sie immer wieder angegriffen und in Blut getränkt wurde, hat die abgelegene nördliche Stadt Jaffna ihren Stolz bewahrt. Sie ist ein lebhaftes Zentrum tamilischer Kultur geblieben.

NICHT VERPASSEN!

Wallfahrtsort Madhu
Jaffna
Nallur Kandaswamy Kovil
Jaffna-Halbinsel
Kayts, Nainativu und Delft

Der Norden Sri Lankas ist fast ein anderes Land. Historisch und kulturell sowieso, und wenn die Tamiltentiger sich durchgesetzt hätten, wäre er es auch politisch geworden. Er unterscheidet sich vom Rest des Landes durch Sprache, Religion und die weiten Räume der Vanni und orientiert sich mindestens so intensiv an Indien wie am singhalesischen Süden des Landes. Dadurch bewahrt der Norden seinen ganz eigenen Charakter.

Doch dies war nicht immer der Fall. In den frühen Jahrhunderten der Geschichte Sri Lankas lebten Tamilen und Singhalesen Seite an Seite, wie sie es heute noch in Colombo und anderen Teilen der Insel tun. Mit dem Fall von Anuradhapura und Polonnaruwa und der Migration hinaus aus den nördlichen Ebenen entstand ein Bruch zwischen den beiden Gemeinschaften. Die Singhalesen orientierten sich nach Süden, die Tamilen errichteten im Norden ein neues Königreich – Jaffnapatnam, Ursprung des modernen Jaffna.

Der Bürgerkrieg hatte eine weitgehende Zerstörung des Nordens zur Folge. Die Kontrolle über Jaffna wechselte mehrfach, was jedes Mal Verwüstungen und Tod mit sich brachte. Doch da die Regierung die Stadt seit 1995 beherrschte, blieb ihr wenigstens die große Vernichtung der letzten Kriegsjahre 2008/2009 erspart. Die restlichen Gebiete des Nordens standen lange unter Kontrolle der LTTE, die ihre Verwaltung in der Stadt Kilinochchi errichtet hatten, das zum Ende der Kämpfe mehr oder weniger von der Landkarte getilgt wurde.

Wie zu erwarten ging der Wiederaufbau des Nordens nach dem Krieg nur langsam voran und war oft umstritten. Inzwischen gibt es jedoch erste Anzeichen von Fortschritt. Jaffna ist wieder geschäftig wie zuvor, und die Fahrt über die Hauptverbindungsstraße in den Norden, die A9, wird nun nicht mehr durch Straßensperren behindert. Nachdem die Straße ausgebes-

Vorhergehende Seiten: Kriegsruinen in Jaffna **Links:** Eine Schule wirbt für sich **Unten:** Getränkeverkauf am Straßenrand

> Ein Überbleibsel des Bürgerkriegs sind auch die schönen alten Morris Minors und Austin Cambridges. Da der Import neuer Autos während der militärischen Auseinandersetzungen verboten war, wurden die Oldtimer von ihren Besitzern liebevoll gepflegt. Zuweilen kann man noch einige von ihnen auf den Straßen erspähen.

Unten: Militärfahrzeuge auf den Straßen von Vavuniya

sert wurde, dauert die Reisezeit von Kandy nach Jaffna nur noch etwa sechs Stunden. Weiter südlich erhebt sich Kilinochchi wieder aus der Asche, und die Tamilen, die aus ihren Häusern in der Vanni vertrieben worden waren, dürfen zurückkehren. Doch der Prozess der Entmilitarisierung, Minenräumung und Umsiedlung wird noch einige Zeit in Anspruch nehmen.

Die Straße nach Jaffna

Von Anuradhapura führt die A9 geradewegs nach Norden und über Vavuniya und Kilinochchi Richtung Jaffna. Sie verbindet so die wichtigsten Orte des Nordens und bietet die einzige zuverlässige Reisemöglichkeit außer dem Flugzeug. Natürlich war diese essenzielle Lebensader im Krieg hart umkämpft und wurde damals »Straße des Todes« genannt. Die früher enge und von Kratern übersäte Straße ist jetzt breiter und neu befestigt, so dass der Verkehr schneller fließen kann – und auch die Truppen besser vorankommen, wie mancher Kritiker unkt.

Die Trennungslinie zwischen dem singhalesischen Süden und dem tamilischen Norden befindet sich in der lebhaften Stadt **Vavuniya**, und hier verlief auch lange Zeit die Front. Eine Nebenstraße führt Richtung Westen nach **Mannar Island** und in das Dorf **Talaimannar,** von wo aus man fast bis nach Indien spucken kann und wohin bis 1983 die Fähre verkehrte. Unterwegs geht eine Straße nach **Madhu** ab, wo sich die am meisten verehrte christliche Kirche des Landes befindet. In friedlichen Zeiten kamen große Pilgermengen hierher, um eine angeblich Wunder bewirkende Statue der »Jungfrau von Madhu« zu sehen. Sie soll Gläubige vor Schlangenbissen schützen, was im ländlichen Sri Lanka keine unwichtige Angelegenheit ist.

Weiter Richtung Norden führt die A9 durch endlose trockene Steppen mit Gestrüpp. Dieser Teil der Insel ist als Vanni bekannt und war wegen seiner schlechten klimatischen Bedingungen immer spärlich besiedelt. Durch den Krieg wurde er praktisch entvölkert. Nur wenige kommen jetzt zurück, so dass die ganze Region geradezu gespenstig leer erscheint. Ab und zu sieht man ein Haus oder Flächen dichten

Dschungels, wo sich die Führung der LTTE während des Krieges vielfach versteckt gehalten hat, so dass ihr Anführer Prabhakaran drei Jahrzehnte lang nicht gefasst werden konnte.

Die einzige größere Ansiedlung ist **Kilinochchi.** Dort befand sich im Krieg das offizielle Hauptquartier der Tiger. Anfang 2009 belagerte die Armee die Stadt zwei Monate lang und vernichtete sie dann fast vollständig. Der Wiederaufbau hält noch an, und überall sieht man zwischen Ruinen neue Bürohäuser und Läden aus dem Boden erstehen. Ein großer Wasserturm, der gegen Ende der Kämpfe von den Tigern gesprengt wurde, blieb so liegen und erinnert auf deutliche Weise an die Härte der Auseinandersetzung. Nicht weit entfernt steht ein anderes Kriegsdenkmal: ein großer Steinkubus, der die LTTE symbolisieren soll, in den eine Granate, Symbol der Armee, eindringt; oben erwächst ein Lotosstengel aus einem Riss.

Ein weiteres Stück Straße ohne etwas Sehenswertes führt zum **Elefantenpass.** Dieser Pass befindet sich an strategisch wichtiger Stelle an der Zufahrt zur Halbinsel Jaffna. Es verwundert somit nicht, dass in den Jahren 1991, 2000 und 2009 heftige Kämpfe darum getobt haben. Auch hier ragt ein weiteres Propagandadenkmal über der Kontrollstelle der Polizei auf, diesmal zwei Hände, die eine Karte von Sri Lanka halten, aus der dort, wo Jaffna liegt, ein Lotos wächst. Inschriften loben das Rajapaksa-Regime.

Etwas weiter die Straße hinauf gibt ein ausgebrannter gepanzerter Bulldozer der LTTE neben der Straße einen realistischeren Einblick in die Realität des Krieges. Die Tamilentiger hatten den Bulldozer bei den Angriffen von 1991 verwendet. Zerstört wurde er dann von einem jungen Soldaten namens Gamini Kularatne: Er erhielt als Erster einen hohen Orden, weil er mit selbstmörderischem Mut auf den Bulldozer sprang und zwei Handgranaten hineinwarf, die das Fahrzeug zur Explosion brachten.

Jaffna

Als Hauptstadt des Nordens ist Jaffna das lebhafte Zentrum der tamilischen Kultur. Seine Lebensgeister blieben erhalten, trotz der massiven Zerstörungen, die es vor allem zu Beginn der Auseinandersetzungen erfuhr, und trotz der Abtrennung vom Rest der Insel. Vor allem von 1989 bis 1995 tobten hier die Kämpfe, die eine breite Schneise der Zerstörung zurückließen. Doch ab 1995 kontrollierte meist die Armee die Stadt, so dass ihr die Vernichtungsorgien der späten Kriegshandlungen, die dem Norden zugefügt wurden, erspart blieben. Einzelne Kriegsschäden sind noch zu sehen, doch sie werden immer weniger.

Jaffna zeigt sich ganz anders als der Rest der Insel. Es hat eine Mischung aus altmodischem kolonialen Charme und geschäftigem tamilischem Leben. Die Stadt erinnert mindestens genauso an Indien wie an den singhalesischen Süden. Überall ragen die hohen Torhäuser ausgedehnter Hindutempel empor, zahllose Radfahrer drängeln sich auf den Straßen und überall plärrt die typisch tamilische Musik aus Cafés

Unten: Kirche in Jaffna

Das fermentierte Fruchtfleisch der Papaya findet in Wundsalben Verwendung

Unten: Im Inneren des Nallur Kandaswamy Kovil

und Läden. Wer länger im Süden war, wird auch bemerken, dass es fast gar keine Schilder in singhalesischer Sprache an den Läden gibt.

Das Holländische Fort

Unmittelbar südlich des Stadtzentrums breitet sich Jaffnas mächtiges **Holländisches Fort** aus, die größte holländische Bastion in ganz Asien. Zwischen 1680 und 1792 errichtet, beeindruckt es selbst von fern durch seine massiven, sternförmig angelegten Außenmauern. Doch schon zehn Jahre nach seiner Fertigstellung übergaben die Niederländer es an die Briten, ohne dass ein Schuss dafür abgefeuert wurde. Erst im jüngsten Bürgerkrieg war die Festung in militärische Aktionen verwickelt, als sich 1990 Armeeangehörige drei Monate darin verschanzten, nachdem sie vorher von LTTE-Einheiten bombardiert worden waren. Leider hat der Beschuss auch den größten Teil der Gebäude im Innern der Festung zerstört, einschließlich der historischen Groote Kerk. Die Festung wird derzeit restauriert, man kann aber weiterhin hineingehen und die weitgehend leeren Innenhöfe betrachten. Von der Außenmauer hat man einen schönen Blick über die umliegenden Straßen.

Östlich des Zentrums ziehen sich schattige Straßen mit gut erhaltenen Kolonialvillen dahin, dazwischen immer wieder eine der großen historischen Kirchen, denn ein Teil der Tamilen Jaffnas ist christlich. So kann man – am besten mit dem Fahrrad – am **Rosarian Convent** an der Convent Road vorbeiradeln, am **St. Martin's Seminary** und an der **St. Mary's Cathedral** in der Main Street.

Nallur Kandaswamy Kovil

Im Nordosten der Stadt liegt Jaffnas bedeutendstes Hinduheiligtum. Er zählt zu den fünf wichtigsten Shiva-Tempeln Sri Lankas und ist daher Ziel zahlreicher Pilger. Wenn am sechsten Tag nach dem Juli-Neumond das berühmte Nallur-Fest beginnt, versinkt die Tempelanlage für fast vier Wochen in einem Meer von Menschen. Fast täglich finden Prozessionen statt. Besonders mutige Männer durchstechen ihre Haut mit spitzen Gegenständen oder hängen sich an Haken auf – um unan-

Jaffna und der Norden

greifbar zu werden wie Murugan, dem der Kovil geweiht ist.

Wie viele andere Heiligtümer auch, wurde der Hindutempel im 16. Jh. Opfer der portugiesischen Zerstörungswut. Ein Großteil der heutigen Anlage ist jüngeren Datums, wie etwa die hohe rot-weiß gestreifte Umfassungsmauer von 1909. Erst 1964 kam der markante Eingangsbereich mit dem geschwungenen Dach und dem fünfstöckigen Gopuram hinzu. Innerhalb der Umfassungsmauer sind ein überdachter Hof mit Wasserbecken und das von vielen Einzelschreinen umgebene Hauptsanktuarium zu finden.

Markenzeichen des 6-köpfigen und 12-armigen Murugan – oder Skanda, wie der hinduistische Kriegsgott und Sohn Shivas auch heißt – ist sein Reittier, der Pfau. Am schönsten ist die Stimmung während der Pujas, die sechsmal täglich abgehalten werden.

Halbinsel Jaffna

Der nördliche Zipfel der Insel Sri Lanka ist sehr fruchtbar und daher bereits sehr lange besiedelt und intensiv bewirtschaftet. Er war in der Vergangenheit wegen seiner Obstplantagen und Gärten sehr bekannt, vor allem wegen der süßen Mangos.

So lohnen sich einige Ausflüge in die Umgebung Jaffnas, etwa zum 10 km nördlich gelegenen **Kantharodai.** Sehenswert ist dort der **Purana Maha Raja Vihara,** ein buddhistisches Heiligtum mit 20 halbkugelförmigen Miniatur-Stupas. Möglicherweise befand sich hier zwischen dem 2. Jh. v. Chr. und dem 13. Jh. ein Kloster. Die nur bis zu 2 m hohen Stupas liegen etwas versteckt zwischen hohen Palmyrapalmen an einer Nebenstraße bei Chunnakam. Wahrscheinlich enthielten sie die sterblichen Überreste der Mönche.

Zwei weitere bedeutende Hinduheiligtümer – von denen es in der Gegend eine Vielzahl gibt – liegen beim Küstenort **Keerimalai** mit seinen beliebten heißen Heilquellen: **Naguleswaram** und **Maviddapuram.** Ersterer zählt zu den fünf wichtigsten Shiva-Heiligtümern. Beide wurden im Bürgerkrieg schwer beschädigt, befinden sich jetzt aber in der Phase der Renovierung, bei der neue Statuen und Säulen eingesetzt werden.

> Nach Kriegsende zerstörte die sri-lankische Regierung mehrere Gedenkstätten und Sehenswürdigkeiten, die mit der LTTE assoziiert werden, z. B. das Familienhaus Prabhakarans in Velvettiturai und den Friedhof bei Kopai, auf dem 2500 gefallene LTTE-Soldaten begraben waren.

Unten: Hinduistisches Kovil-Fest in Jaffna

Palmen säumen die gesamte Küste

Unten: Gräber von Tsunami-Opfern im Sand der Dünen der Halbinsel Jaffna

Ein Leuchtturm bei **Point Pedro** markiert Sri Lankas nördlichste Stelle. Von hier bis zu einem ähnlichen Leuchtturm in Dondra bei Matara, der wiederum am südlichsten Punkt der Insel steht, sind es etwa 430 km.

Einige Kilometer westlich von Point Pedro liegt der Ort **Velvettiturai,** auch abgekürzt VVT genannt, aus dem der LTTE-Anführer Prabhakaran stammt. Seiner Familie gehörte einst der eindrucksvolle, dem Gott Shiva geweihte Amman-Tempel, das bedeutendste Gebäude der Gegend.

Etwas südlich befindet sich die merkwürdige kleine **Manalkadu-Wüste,** ein Gebiet eindrucksvoller Sanddünen an der Küste, die mittlerweile die kleine Kirche **St. Anthony's** unter sich begraben haben.

2 km nördlich davon trifft man auf **Vallipuram,** eine der ältesten Siedlungen im Norden Sri Lankas. Ausgrabungen lassen darauf schließen, dass der Ort bereits in vorchristlicher Zeit besiedelt war. Heute ist hier der zweitgrößte Kovil der Jaffna-Halbinsel sehenswert. Er ist der ersten Inkarnation Vishnus als Fisch Matsaya gewidmet.

Inseln in der Palk Strait

Im Südwesten der Jaffna-Halbinsel liegen im seichten Gewässer der **Palk Strait,** die Sri Lanka von Indien trennt, einige besuchenswerte, zumeist jedoch nur dünn besiedelte und aufgrund der geringen Niederschläge karg bewachsene Inseln.

Die größte Insel, **Kayts,** befindet sich gegenüber von Jaffna und kann über eine Dammstraße erreicht werden. Im gleichnamigen Hauptort, der sich an der von Jaffna abgewandten Seite der Insel befindet, ist die 1716 errichtete Kirche **St. James** sehenswert, die im Krieg Dach und Inneneinrichtung verloren hat. Nur wenige Mauerreste sind dort vom einstigen **Fort Eyrie** (oder Urundi) erhalten, dessen Wände aus Korallengestein langsam von der Vegetation aufgefressen werden. Auf der gegenüberliegenden Seite, mitten im Wasser, das Kayts von der Nachbarinsel Karaitivu trennt, ragt das holländische **Fort Hammenhiel** auf. Der Name bedeutet »Hammelkeule« und spielt auf Sri Lankas Form an. Das Fort diente ab dem 17. Jh. dem Schutz der schmalen Durchfahrt nach Jaffna.

Von den Holländern einst »Amsterdam« genannt, hat sich die Insel **Karaitivu,** die durch unregelmäßige Fähren mit Kayts und durch einen Damm mit Jaffna verbunden ist, insbesondere aufgrund des an ihrer Nordseite gelegenen **Casuarina Beach** einen Namen gemacht. Der Strand mit dem etwas gräulichen Sand wurde nach den schattigen Kasuarinen-Bäumen benannt, die hier wachsen. Allerdings fehlen touristische Einrichtungen.

Südlich von Kayts führt eine reizvolle Fahrt über den 5 km langen Damm zur Insel **Punkudutivu** hinüber, von deren Hafen in Kurukadduwan (»KKD«) die Fähren nach Nainativu und Delft ablegen.

Das von den Singhalesen »Nagadipa«, (»Insel der Naga-Schlangen«) genannte **Nainativu** ist von Kurukadduwan aus nach einer 20-minütigen Überfahrt mit der Fähre erreichbar und bedeutendster buddhistischer Pilgerort auf der Jaffna-Halbinsel. Der Tradition zufolge fand hier Buddhas zweiter seiner drei legendären Besuche auf Sri Lanka statt. Nachdem es zwischen dem Naga-König Mahodara und seinem Neffen Chulodara zu Thronstreitigkeiten gekommen war, erschien Buddha, um den Streit zu schlichten. Heute erinnert der kleine **Nagadipa Raja Maha Vihara** mit einem wohlproportionierten Stupa an den Besuch. Nur wenig entfernt erhebt sich der **Naga Pooshani Ambal Kovil,** ein der Göttin Ambal geweihter Hindutempel. Sie gilt als Schutzgottheit der Fischer und jungen Eltern.

Etwa eine Stunde benötigt die Fähre, um zur Insel **Delft** (Neduntivu) überzusetzen, die auch heute noch den Namen der bekannten holländischen Stadt trägt. Auf dem 50 km^2 großen Eiland grasen zwischen den aus abgestorbenen Korallen aufgeschichteten Schutzmauern und aufragenden Palmyrapalmen die in freier Wildbahn lebenden »Delft Ponys«. Sie wurden hier einst von den Portugiesen heimisch gemacht. Südlich der Anlegestelle erregt der dicke Stamm eines Baobab die Aufmerksamkeit. Der in Afrika heimische Baum wurde möglicherweise von arabischen Seefahrern gepflanzt und fühlt sich offensichtlich in dem trockenen Klima wohl. ■

Unten: Sri-lankische Katholiken auf Wallfahrt vor der Kirche St. Anthony's

REISESERVICE

VERKEHRSMITTEL	**290**
Anreise	290
Mit dem Flugzeug/Transfer	290
Unterwegs auf der Insel	290
Mit dem Flugzeug	290
Mit der Bahn	290
Mit dem Bus	291
Mit dem Auto	291
Motorräder	292
Taxi	292
Trishaw	292
Fahrrad	292
Zu Fuß	292

UNTERKUNFT	**293**
Unterkunftsmöglichkeiten	293
Ausgewählte Adressen	293
Colombo	293
Die Westküste	294
Die Südküste	295
Das Hochland	296
Das Kulturelle Dreieck	297
Der Osten	297
Der Norden	298
Auf Plantagen und in Teefabriken	298

ESSEN & TRINKEN	**299**
Restaurants in Sri Lanka	299
Reis und Curry	299
Getränke	299
Öffnungszeiten	299
Tischsitten	299

Ausgewählte Adressen	300
Colombo	300
Westen und Südküste	301
Der Süden	301
Kandy und das Hochland	302
Der Osten	302
Der Norden	302

AKTIVITÄTEN	**303**
Nachtleben	303
Ayurveda	303
Einkaufen	304
Beliebte Souvenirs	304
Kleidung	304
Geschenke	305
Schmuck und Edelsteine	305
Bücher	305
Möbel	305
Einkaufszentren	305
Sport	305
Golf	305
Mountainbiking	305
Wassersport und Wildwasser-Rafting	305
Wal- und Delfinbeobachtung	305
Yoga und Meditation	305
Ökotourismus	306
Veranstalter	306
Übernachtungsmöglichkeiten	306
Nationalparks	306

INFOS VON A–Z	**307**
Banken	307
Behinderte	307
Bettler	307
Diplomatische Vertretungen	307
Einreisebestimmungen	307
Edelsteine	307
Elektrizität	308
Feiertage	308
FKK	308
Fotografieren	308
Frauen allein unterwegs	308
Geld	308
Gesundheit	308
Homosexualität	309
Impfungen und Krankenversicherung	309
Infoadressen	309
Internet und E-Mail	309
Kinder	309
Klima und Reisezeit	309
Literaturtipps	310
Maßeinheiten	311
Medizinische Versorgung	311
Notrufnummern	311
Öffnungszeiten	311
Post	311
Reisegepäck	311
Schlepper	311
Sextourismus	311
Shopping	311
Steuern	312
Telefon und Fax	312
Toiletten	312
Trinkgeld	312
Verhaltensregeln	313
Zeit	313
Zeitungen	313
Zoll	313

SPRACHE UND MINI-DOLMETSCHER	**314**

290 ◆ Reiseservice

VERKEHRSMITTEL

Anreise und Reisen im Land

Anreise

Mit dem Flugzeug

Derzeit gibt es nur einen internationalen Flughafen, den Bandaranaike International Airport nördlich von Colombo. In Hambantota (HIA) wurde Ende 2012 ein zweiter Flughafen eröffnet. Die Flugdauer zwischen Deutschland und Colombo beträgt ohne Unterbrechung 9–10 Stunden. Direkte Verbindungen gibt es derzeit aber nicht. Am beliebtesten sind Flüge über die Golfregion, die Emirates (www.emirates.com/de/german/index.aspx), Qatar Airways (www.qatarairways.com) oder Etihad (www.etihadairways.com) anbieten. Auch Sri Lankan Airlines (www.srilankan.com) und ihre Partner routen ihre Flüge über den Golf.
Die Lufthansa und ihre Tochtergesellschaften fliegen nicht nach Sri Lanka. Es lohnt sich, bei den Gesellschaften der Nachbarländer abzufragen, wie die aktuellen Verbindungen sind, z. B. Air France, KLM oder British Airways.
◆ Sri Lankan Airlines, 22-01, East Tower, World Trade Centre, Colombo 1, Tel. 019/733 5555 (allgemein), Tel. 1979 (24-Stunden-Hotline, innerhalb Sri Lankas), Tel. 00 94/77777 1979 (24-Stunden-Hotline für Anrufer außerhalb Sri Lankas), E-Mail: bookings@srilankan.com, www.srilankan.com
◆ Flughafen Colombo: http://airport.lk

Transfer

Der Flughafen liegt 34 km nördlich von Colombo bei Negombo. Normalerweise wird der Transfer bei einer Hotelbuchung mitgebucht. Die meisten Fluggäste fahren nach Ankunft ins nahe gelegene Negombo oder nach Colombo, um von dort die Reise fortzusetzen. Taxis warten vor dem Flughafen an ausgeschilderten Ständen und sind preiswert: rund 2500 Rs. nach Colombo (Fahrzeit 1 Std.), rund 1500 Rs. nach Negombo (Fahrzeit 20 Min.). Sie können auch einen Wagen mit Chauffeur, der als Führer agiert, mieten (s. S. 291). Die Flughafenbusse sind nicht zu empfehlen, da zu unbequem und langsam.

Unterwegs auf der Insel

Obwohl die Insel relativ klein ist, muss man für Überlandreisen genügend Zeit einrechnen. Die meisten Straßen sind schlecht ausgebaut. Oft befinden sich allerhand langsame Transportmittel an der Spitze einer Schlange, die kaum überholt werden können, beispielsweise überladene Lastwagen, Tuktuks oder sogar Ochsenkarren. Es muss auch überall mit plötzlich auf die Straße strebenden Fahrrädern, Hunden, Kühen etc. gerechnet werden. Diesem Stress sollte man sich nicht aussetzen, sondern lieber ein Auto mit einem Fahrer mieten, der solche Verkehrssituationen kennt. Im Hochland gibt es auch viele enge, gewundene Straßenabschnitte, die Fahrzeuge nur langsam vorankommen lassen.
Als erste Autobahn wurde die E1 parallel zur Westküste zwischen Colombo und Galle in Betrieb genommen. Als Nächstes soll der Flughafen angebunden werden, dann folgen Verlängerungen der E1 nach Matara und Hambantota. Als schwierigere Strecke steht anschließend eine Verbindung zwischen Colombo und Kandy an.

Mit dem Flugzeug

Reguläre Flugverbindungen gibt es je nach Sicherheitslage vom Ratmalana-Flughafen in Colombo nach Jaffna, Ampara, Arugam Bay, Tissamaharama, Hambantota, Dickwella, Koggala, Bentota, Kandy, Nuwara Eliya, Dambulla und Trincomalee. Weitere sollen folgen. Gegenwärtig bedienen zwei Inlandsfluggesellschaften die Strecken: Lion Air und Expo Aviation. Sri Lankan Airways setzt auf Anfrage Wasserflugzeuge als »Air Taxis« ein und fliegt über zehn Destinationen an. Infos über 24-Stunden-Hotline: Tel. 1979 (innerhalb Sri Lankas), Tel. 00 94/77777 1979 (für Anrufer außerhalb Sri Lankas), www.srilankan.com/de_de/flying-with-us/airtaxi.
Wer das Land einmal von oben betrachten möchte, kann von Colombo und Galle aus einen Hubschrauber mieten: Deccan Air, The Landmark, 385, Galle Rd., Colombo 3, Tel. 0777/703 703; Peddlers Jewelers, Galle Fort, Galle, Tel. 0777/069 706, www.simplifly.com. Kosten: 1500 bis 2000 Euro pro Helikopter.

Mit der Bahn

Die Bahn versorgt die Westküste bis nach Matara im Süden und Puttalam im Norden. Eine Strecke führt ins Landesinnere nach Kandy und Badulla, eine weitere nach Trincomalee an die Ostküste. Zudem gibt es ein kleineres Netz mit Colombos Außenbezirken. Colombos Hauptbahnhof ist die **Fort Railway Station**. Züge sind – bis auf den **Kandy-Intercity** – etwas langsamer als Busse. Die Bequemlichkeit bleibt – wie bei den Bussen – nach westlichen Kriterien auf der Strecke. Die Expresszüge, speziell der Intercity nach Kandy, sind ein wenig besser ausgestattet als die übrigen. Die Sitzplätze der nicht klimatisierten Intercity-Züge müssen im Voraus gebucht werden, da sie besonders an Wochenenden und offiziellen Feiertagen sehr voll sind. Informationen: www.railway.gov.lk.
Im Vergleich zu Indiens Zügen sind diejenigen Sri Lankas laut, alt und sehr schmutzig. Die Fahrpreise sind extrem niedrig – aber: Ein Sitzplatz in der 3. Klasse ist etwas für Abenteurer mit gesundem Rücken! Die Zugfahrten sind zwar anstrengend, garantieren jedoch den Genuss der Landschaft und ein Eintauchen in den sri-lankischen Alltag. Für die Zugfahrt von Colombo

Verkehrsmittel ◆ 291

nach Kandy buchen Sie am besten einen Sitzplatz im »observation saloon«; er ist zwar nicht klimatisiert, dafür ist Aussicht garantiert.
Nähere Informationen beim **Colombo Fort Reservation Office,** Tel. 011/ 243 2908.
Auch private Zuggesellschaften bieten ihre wesentlich bequemeren und reservierbaren Sitze an:
◆ **Expo Rail,** Tel. 011/522 5050, www.exporail.lk
◆ **Rajadhani Express,** über Blue Line Office, 75 A, Kynsey Road, Colombo 7, Tel. 011/574 7001, www.rajadhani.lk

Mit dem Bus

Auf der ganzen Insel gibt es in jedem Ort einen SLTB-Busbahnhof, zumindest eine SLTB-Haltestelle. (SLTB steht für Sri Lanka Transport Board.) In Colombo starten Busse in fast jedem Stadtteil; der Hauptbusbahnhof ist gleich neben der Fort Railway Station in Colombo Fort. Neben der staatlichen Busgesellschaft gibt es eine unüberschaubare Menge an privaten Busfirmen, oft mit moderneren Bussen.
Die **lokalen Busse** sind sehr langsam, halten an jeder Straßenecke und lassen so viele Passagiere wie möglich sich in das Fahrzeug quetschen. Manche der Fahrer verhalten sich ziemlich rücksichtslos oder meinen, sie wären in der Formel-1 beschäftigt.
Intercity-Busse sind etwa dreimal so teuer wie Normalbusse und lohnen sich wegen der bequemeren Sitze, besseren Stoßdämpfer und der Klimaanlage. Diese Busse nehmen nur so viele Gäste mit, wie Sitzplätze vorhanden sind, am Anfang jedenfalls. Das ändert sich unterwegs bald. Wenn Sie eine weite Reise haben, bleiben Sie am besten auf Ihrem Platz sitzen.
Im Gegensatz zu Intercity-Bussen, die nur an ausgewählten Ortschaften halten, gibt es noch die guten und schnellen gelben **Expressbusse**, die öfter anhalten. Insgesamt sind die Busse, v. a. im Landesinneren, langsam, recht unbequem und meistens überfüllt.
Auf einigen Strecken verkehren **Minibusse,** die theoretisch nur so viele Passagiere wie Sitze mitnehmen, praktisch jedoch mehr. Sie sind schneller und halten nicht so oft.
Ein paar **Tipps:** Wenn Sie auf Ihrer Busreise nicht stehen wollen, seien Sie eine Stunde vor Abfahrt an der Haltestelle. Ihr Bus ist vielleicht noch nicht da, aber nur so bekommen Sie einen guten Platz oder überhaupt einen. Und halten Sie immer Kleingeld bereit. Die hintersten Sitze sind nicht empfehlenswert. Sitze direkt hinter oder neben dem Fahrer sind für Mönche reserviert.

Auf längeren Fahrten wird üblicherweise eine Essensrast oder Toilettenpause eingelegt. Meist handelt es sich hier um arabische Trittbrett-Klos. Sichern Sie beim Hocken Ihre Tascheninhalte, auch die von Hemd und Bluse! Bis auf Wertgegenstände können Sie alles im Bus auf Ihrem Platz lassen.

Colombo
Die **Busbahnhöfe** liegen vor bzw. neben dem Bahnhof. Viele Busse starten aus allen Stadtteilen über die Insel, in manche Städte alle 15 bis 30 Minuten. Fragen Sie nach dem nächsten Intercity-Bus, Expressbus oder Public Bus.

Mit dem Auto

Mietwagen für Selbstfahrer
Davon kann eigentlich nur abgeraten werden. Westliche Weltenbummler, die dennoch unbedingt in Sri Lanka Auto fahren wollen, lernen vollkommen neue Verkehrsgesetze kennen. Verzichten Sie darauf, irgendwelche Zeichen zu geben. Wenn Sie nicht gewöhnt sind, auf der linken Straßenseite zu fahren, werden Sie anfangs das Gefühl haben, hier geht alles drunter und drüber. Dennoch herrscht tatsächlich eine Ordnung in diesen Verkehrswirren. Im Übrigen fahren sri-lankische Fahrer bedeutend besser als ihre indischen Kollegen, die vorbehaltlos erwarten, dass ihnen jedermann den Weg frei macht. Fahren Sie selbst, erwarten Sie stets das Nicht-zu-Erwartende und stellen Sie sich darauf ein, dass Ihr Fahrgeschick und Ihre Geduld ungeahnte Prüfungen erleben werden. Neben anderen Gefährten haben Sie es – vor allem außerhalb der Stadt – mit Kindern, vielen Menschen, Prozessionen, Fahrrädern, Kühen, Hunden, Waranen und vielen anderen Verkehrsteilnehmern zu tun. Höchstgeschwindigkeiten oder Schilder mit maximaler Geschwindigkeit gibt es hier nicht, das Umfeld regelt das von selbst. Selten wird es möglich sein, über 60 km/h zu fahren. In der Regel bewegt sich das ganze Land zwischen 30 und 50 km/h vorwärts. Es fühlt sich schneller an, weil die Straßen meist sehr uneben sind. Außerhalb der vom Verkehr verstopften Hauptstadt wird alles etwas leichter, doch unverzichtbar sind eine gute Straßenkarte und ein Wörterbuch. Verlassen Sie sich nie auf Wegbeschreibungen: Sri Lanker sind darauf erpicht, zu »helfen« – auch wenn sie den Weg selbst nicht kennen. Es ist kaum die Zeit und das Geld wert, bei der Wagenmiete das obligatorische Versicherungspaket abzuschließen, doch vielleicht beschert das Kopplungsgeschäft ein wenig Beruhigung. Andererseits muss gesagt werden: Passiert wirklich etwas, ist im Zweifelsfall der Ausländer schuld. Es kann dann sehr unangenehm werden, da unter Umständen hohe Schadensersatzsummen zu zahlen sind und bei Personenschäden Gefängnis drohen kann.
Wer selbst fährt, benötigt neben einem internationalen Führerschein einen provisorischen sri-lankischen Führerschein, den die **Automobile Association of Ceylon** (40, Sir Macan Markar Mawatha, Galle Face, Tel. 011/ 242 1528, www.aaceylon.lk) gegen 1500 Rs. Gebühr ausstellt.
Hinweis: Zu Recht ist es auf Sri Lanka in der Regel preisgünstiger, sich einen Wagen **mit** Chauffeur zu mieten, als selbst zu fahren.

Mietwagen mit Chauffeur
Dies ist die weitaus beste Alternative, die Insel zu erkunden. Die meisten Reiseagenturen bieten für weite Strecken von sich aus einen Chauffeur an, der gleichzeitig als Reiseführer fungieren kann. In allen Hotels, die Sie anfahren, stehen Übernachtungsmöglichkeiten und preisgünstiges Essen für Ihren Chauffeur zur Verfügung. Es fallen also

keine zusätzlichen Kosten für Ihren Fahrer an. Vergewissern Sie sich vor Reisebeginn, was alles im Preis eingeschlossen ist. Bauen Sie ein gutes Verhältnis zum Fahrer auf, er ist für Ihre Sicherheit zuständig. Gewähren Sie ihm genügend Pausen und laden Sie ihn auf ein Getränk ein. Das sorgt für gute Stimmung unterwegs.
Berichtet wurde, dass einige Fahrer ihre Passagiere in Hotels unterzubringen versuchen, von denen sie Provision erhalten. Wenn Sie also konkrete Vorstellungen von Ihrer Unterkunft haben, bestehen Sie darauf. Wenn nicht, muss die Methode kein Nachteil sein. Sie können sich an die folgenden Agenturen wenden, aber auch die meisten Hotels und viele der auf S. 309 genannten Veranstalter bieten Wagen mit Fahrer an:
◆ **Aitken Spence Travels,** Tel. 011/ 230 8308 (Hotline), Tel. 011/230 8024 (für Besucher aus Deutschland, Österreich und der Schweiz), www.aitkenspencetravels.com
◆ **Destination Sri Lanka,** 128/7, Weerakoon Walauwa, Wattegama, Tel. 0777/840 001, www.dsltours.com
◆ **Malkey Rent-a-Car,** 58, Pamankada Rd., Colombo 6, Tel. 011/236 5365, www.malkey.lk
◆ **Palm Garden Gh.,** William Gopallawa Mawatha, 18, Bogodawatte Road, Kandy, Tel. 081/223 3903, maliktsl@yahoo.com, www.palmgardenkandy.com
◆ **Quickshaws Tours,** 3, Kalinga Place, Colombo 5, Tel. 011/258 3133, www.quickshaws.com
◆ **Walkers Tours,** 130, Glennie St., Colombo 2, Tel. 011/230 6306, www.walkerstours.com

Motorräder

Motorräder sind eine schnelle, wenngleich nicht ungefährliche Alternative, das Land kennenzulernen. Die Straßenverhältnisse sind aber nur für erfahrene Fahrer geeignet. Es besteht Helmpflicht! Motorräder und Roller können in Strandorten gemietet werden, darunter Negombo, Hikkaduwa und Unawatuna. Für kleinere Roller muss man ca. 8 Euro, für Motorräder mindestens ca. 20 Euro pro Tag rechnen.
◆ Casons Rent-A-Car, 181, Gothami Gardens, Gothami Rd., Rajagiriya, Tel. 011/440 5070, info@casonscar.com, www.bikerentsrilanka.com
◆ Goldwing, 125, Nawala Rd., Colombo 6, Tel. 011/255 6206

Taxi

Es gibt nur wenige Unternehmen, die aber eine große Zahl von Taxis unterhalten, vor allem in Colombo und Kandy. Nicht alle haben Taxameter und Klimaanlage. Trotzdem sind Taxis in der Tageshitze ein bequemes Transportmittel, und bei Dunkelheit bieten sie Sicherheit. Sie sind preiswert – bei wenig Betrieb sogar preiswerter als Trishaws. Vereinbaren Sie den Preis vor Antritt der Fahrt. Der erste Kilometer kostet 50–60 Rs., jeder weitere 30 bis 40 Rs., abhängig vom Benzinpreis.
Taxifirmen in Colombo:
◆ **Ace Cabs,** Tel. 218 8818
◆ **Budget,** Tel. 729 9299
◆ **Kangaroo Cabs,** Tel. 258 8588
◆ **Quick Radio Cab,** Tel. 250 2888

Trishaw

Dreirädrige Trishaws (»motorisierte Rikschas« mit drei Rädern) auch »Three Wheelers« oder »Tuktuks« genannt, eignen sich am besten für Kurzstrecken während des Tages. Sie kommen schnell durch Colombos belebte Straßen, wenn Ihnen Fahrstil und Abgaswolken nichts ausmachen. Trishaws sind nicht nur in Colombo, sondern auf der ganzen Insel zu finden. Man kann gut 10 bis 20 km über Land fahren, aber besser nicht bei Dunkelheit. Vereinbaren Sie den Preis unbedingt vor dem Einsteigen. Die meisten Trishaws haben keinen Taxameter. Der erste Kilometer kostet in der Regel rund 50 Rs., jeder weitere 45 Rs., abhängig vom Benzinpreis.
Die meisten Fahrer sind nett und hilfsbereit, doch es gibt auch einige ausgewachsene Schlitzohren. Einige einfache Regeln sind zu beachten: Viele Fahrer behaupten, sie hätten kein Wechselgeld. Dagegen hilft insistieren, noch besser ist es aber, genügend Kleingeld dabeizuhaben. Viele Läden, Restaurants, Gewürzgärten und Hotels bezahlen Fahrern, die Kunden »anschleppen«, eine Provision, andere nicht. Deshalb versuchen manche Fahrer mit allerlei Ausreden, Kunden von den Nichtzahlern zu den Zahlern zu locken. Geben Sie dem nicht nach, sondern wechseln Sie lieber das Fahrgerät. Wenn Sie selbst die Adresse vorgegeben haben, ist eine Provision nicht angemessen.

Fahrrad

Touristen können in Feriengebieten Fahrräder mieten. In der Region von Polonnaruwa haben sich einige Fahrradverleiher niedergelassen, da die Besichtigung zu Fuß aufgrund der weit auseinanderliegenden Ruinentempel und Paläste fast unmöglich ist.
Das Sri Lanka Tourist Board in Colombo (Adresse s. S. 309) informiert Sie gerne über Mountainbikes und wo Sie diese mieten können.

Zu Fuß

In der Stadt

Bürgersteige sind in Colombo und den anderen größeren Städten zuweilen gut, zumeist aber schlecht, oft jedoch gar nicht vorhanden. Tiefe Löcher mitten auf dem Gehweg sind meist nicht abgesichert. Besonders während der Mittagshitze kann es zur Plage werden, zu Fuß unterwegs zu sein, doch während der Stoßzeiten kommt man auf diese Weise am schnellsten voran. Ein guter Straßenplan von Colombo ist beim Sri Lanka Tourist Board erhältlich.

In den Bergen

Wenn Sie in der schönen Bergwelt unterwegs sein wollen, stellen Sie sich besonders bei größerer Feuchtigkeit auf Blutegel ein. Meist spüren Sie das Kitzeln am Bein. (Ein Blutegel, mit etwas Salz bestreut, fällt sofort ab.) Deshalb sollten Sie bei größerer Feuchtigkeit im Dschungel körperbedeckende Kleidung, Schuhe und Socken tragen. Achten Sie darauf, dass Sie bei Einbruch der Dämmerung (in den Tropen wird es innerhalb von wenigen Minuten dunkel) aus dem Dschungel und wieder unter Menschen sind.

UNTERKUNFT

Hotels und Pensionen

Unterkunftsmöglichkeiten

Eine große Vielfalt an Unterkunftsmöglichkeiten, von einfachen Zimmern bei Familien bis zu luxuriösen Fünfsternehäusern in unüberbietbarer Strandlage, eröffnet sich den Besuchern. In den bekanntesten Urlaubsorten dürfte es kein Problem sein, ein einfaches Zimmer, meist bei einer Familie, zu finden. Man bekommt viel vom Alltagsleben mit und manchmal lokale Gerichte vorgesetzt. In den besseren **Guesthouses** mit mehreren Zimmern hat jeder sein eigenes Bad; oft gibt es auch heißes Wasser und Klimaanlagen. Gute Mittelklassehotels sind relativ selten. Zu ihnen gehören die von der Regierung geführten **Rest Houses**, von denen einige renoviert wurden und nun einen akzeptablen Standard bieten. Das Personal ist aber oft nicht ausgebildet und auch nicht gerade aufmerksam.

Am meisten wurde in jüngster Zeit in den Vier- und Fünfsternebereich investiert. Neben den bekannten Kettenhotels entstanden zahlreiche kleinere, aber absolut modern ausgestattete **Boutiquehotels** in herausragenden Lagen und mit exzellentem Service. Vor allem die West- und die Südküste sind mit solchen Hotels versehen worden, und es ist anzunehmen, dass in der Zukunft die Ostküste folgen wird. Dieser Luxus hat natürlich seinen Preis. Auch die **Traditionshotels** aus der Kolonialzeit oder Villen, die früher von Familien genutzt und nun zu kleinen Hotels mit wenigen Zimmern umgebaut wurden, bieten eine interessante Alternative mit viel Stil. Hier muss man genau sehen, was für den Preis geboten wird, denn in der Ausstattung kommen einige der »alten Damen« mit den neuen Hotels nicht mehr mit. Obwohl nach dem Tsunami viele Häuser renoviert oder neu gebaut wurden,

kann es durch die ebenfalls steigenden Besucherzahlen zur Hauptsaison von November bis März manchmal zu Engpässen kommen. Es empfiehlt sich also, vorher zu reservieren. Praktisch alle besseren Hotels sind im Internet vertreten und bieten entweder ein Buchungssystem oder können per E-Mail gebucht werden.
Die Hotelpreise sind in Sri Lanka inzwischen recht hoch. Einfache Zimmer bekommt man immer noch für rund 20 US$ pro Nacht, am anderen Ende werden die 200 US$ aber auch gerne einmal überschritten. In den Billigherbergen zahlt man meist mit Rupien, sonst mit Dollar. Beachten Sie genau, welcher Preis angegeben wird. Auf den Grundpreis kommen noch 17 % Steuer und 10 % Servicegebühr. In der Hochsaison gibt es kaum Verhandlungsspielraum, aber von April bis Oktober können die Preise schon einmal um ein Drittel sinken.

AUSGEWÄHLTE ADRESSEN

Preiskategorien (Doppelzimmer pro Nacht ohne Frühstück)
● = unter 30 US$
●● = 30–60 US$
●●● = 60–120 US$
●●●● = 120–200 US$
●●●●● = über 200 US$

Colombo

◆ **Casa Colombo**
231, Galle Road, Colombo 4
Tel. 011/452 0130
www.casacolombo.com
Einer der angesagtesten Übernachtungsorte in Colombo: ein altes Kolonialhaus, das stylisch renoviert wurde. Es gibt einen Pool in Pink und Sonnenliegen aus Glas. Alle 12 Suiten sind individuell designed und mit modernster Einrichtung versehen, u. a. mit iPod-Dockingstationen. ●●●●
◆ **Cinnamon Grand**
77, Galle Rd, Colombo 3
Tel. 011/243 7437
www.cinnamonhotels.com
Das Grandhotel der Stadt mit Fünfsternekomfort, und dabei gar nicht so teuer. Zu den Vorteilen gehören sehr gute Restaurants und das herrliche Angsana Spa. Die Zimmer sind attraktiv eingerichtet und bieten gute Ausblicke über Colombo. ●●●●
◆ **Galle Face Hotel**
Galle Face Green, Colombo 3
Tel. 011/254 1010
www.gallefacehotel.com

Die Atmosphäre in dem alten Kolonialhotel mit unübertreffbarer Lage am südlichen Ende des Galle Face Green ist einzigartig, auch wenn die Zimmer im alten Flügel etwas angestaubt wirken, die im neueren Regency Wing verbinden modernen Komfort mit kolonialer Eleganz. Es gibt einen Wellnessbereich. Berühmt ist die Terrasse mit Meerblick, auf der man essen oder einen Cocktail genießen kann (s. S. 160). ●●●●
◆ **Havelock Place Bungalow**
6, Havelock Place, Colombo 5, Tel. 011/258 5191
www.havelockbungalow.com

Zwei schön renovierte Bungalows aus der Kolonialzeit mit Stil und modernem Komfort in einfacher Umgebung. ●●●●
◆ **Lake Lodge**
Alvis Terrace, Colombo 3
Tel. 011/232 6443
www.taruhotels.com
Die Pension in Slave Island wurde jüngst durch den srilankischen Designer Taru stilvoll renoviert. Vorteile sind die netten Zimmer und die stille Lage; nicht übertrieben teuer. ●●●
◆ **Ramada**
30, Sir Mohamed Macan Markar Mawatha
Colombo 3
Tel. 011/242 2001
www.ramadacolombo.com

Reiseservice

Gute Lage unweit des Galle Face Green. Dieses Kettenhotel bietet Standardeinrichtung und ordentliche Zimmer zu vernünftigen Preisen. Gutes nordindisches Restaurant. ●●●

◆ **Hotel Renuka & Renuka City Hotel**
328, Galle Road, Colombo 3
Tel. 011/257 3598
www.renukahotel.com
Funktionales und komfortables Businesshotel an der Galle Road, gut gelegen für die südlichen Stadtteile. Die Zimmer nach vorne sind etwas laut. Kleiner Swimmingpool, Palmyrah Restaurant mit guter sri-lankischer Küche und Spezialitäten aus Jaffna. ●●●

◆ **Taj Samudra**
Galle Face Green, Colombo 3
Tel. 011/244 6622
www.tajhotels.com
Eines der besten Hotels in Colombo, in exzellenter Lage am Galle Face Green. Es hat großzügige öffentliche Bereiche und gute Restaurants (z. B. das Navratna mit herausragender nordindischer Küche). Die besseren Zimmer überblicken das Galle Face Green und das Meer. Health Club, Squash und Tennis. (s. S. 160) ●●●●

◆ **Tintagel**
65, Rosmead Place,
Colombo 7
Tel. 011/460 2121
www.paradiseroadhotels.com
Luxuriöses Boutiquehotel in einem schönen Kolonialhaus, das der Familie Bandaranaike gehörte. Zehn großartige Suiten, kleiner Pool und vornehmes Restaurant mit Bar. ●●●●●

Mount Lavinia

◆ **Ivory Inn**
21, De Saram Road
Tel. 011/271 5006
E-Mail: ivoryinn@hotmail.com
Gute Pension in Mount Lavinia in einem angenehmen modernen Ziegelbau in einer stillen Seitenstraße. Nette Zimmer mit Balkon. ●●

◆ **Mount Lavinia Hotel**
100, Hotel Road
Tel. 011/271 1711
www.mountlaviniahotel.com
Eines der Traditionshotels Sri Lankas aus dem 19. Jh. in einem ehemaligen Ferienhaus des Gouverneurs mit mehreren Anbauten. Ein wenig der alten Atmosphäre blieb erhalten und hebt das Haus von den anderen an der Küste ab. Schöner Privatstrand mit Restaurant (s. S. 166). ●●●●

◆ **Rivi Ras Hotel**
50, De Saram Road
Tel. 011/271 7786
www.rivirashotel.com
Das attraktive, gemütliche Hotel besteht aus mehreren Ziegelbauten, die in einem ausgedehnten Garten liegen. Die geräumigen Zimmer kann man mit oder ohne Klimaanlage buchen. ●●●

Die Westküste

Ahungalla

◆ **Heritance Ahungalla**
Galle Road
Tel. 091/555 5000
www.heritancehotels.com
Der einheimische Architekt Geoffrey Bawa hat dieses Fünfsternehotel in einer klugen Anordnung in ein Meer von Palmen gesetzt, so dass man sich durchaus zurückziehen kann. Der riesige Pool scheint mit dem Meer zu verschmelzen. ●●●●

Aluthgama

◆ **Anushka River Inn**
97, River Avenue
Tel. 034/227 5377
www.anushka-river-inn.com
Modernes Guesthouse direkt am Wasser der Lagune von Bentota. Die Zimmer (alle mit Klimaanlage ausgestattet) sind einfach, aber komfortabel. Das Restaurant ist gut. ●●

◆ **Hemadan**
25 River Avenue
Tel. 034/227 5320
www.hemadan.dk
Diese kleine Pension mit Charakter hat einfache, aber gemütliche Zimmer und befindet sich in einem kleinen Garten in der Nähe der Lagune. Es bestehen kostenlose Bootsverbindung zu einem ruhigen Strand. ●●

Ambalangoda

◆ **Sumudu Guest House**
418, Main Street
Tel. 091/225 8632
Eine schöne Kolonialvilla hinter den Maskenmuseen. Hier kann man den Massen am Strand entgehen. Die Atmosphäre ist familiär und gemütlich. ●

Bentota

◆ **Avani Bentota Resort & Spa**
Tel. 034/494 7878
www.serendibleisure.com
Das Resort, das früher Serendib Hotel hieß, befindet sich in einem eleganten weißen Gebäude am Strand von Bentota. Nach der Renovierung sehen die Zimmer und der öffentliche Bereich elegant aus; gutes Spa und entspannte Atmosphäre. ●●●●●

◆ **Club Villa**
138/15, Galle Rd.
Tel. 034/227 5312
www.club-villa.com
Schönes Boutiquehotel, das der Architekt Geoffrey Bawa designt hat. Es liegt wunderschön in einem Garten, der bis zum Strand reicht (s. S. 12). ●●●●

◆ **Saman Villas**
Aturuwella
Tel. 034/227 5435
www.samanvilla.com
Luxuriöses Boutiquehotel auf einer Landspitze zwischen den Stränden von Bentota und Induruwa. Herrliche Ausblicke, ein Infinity-Pool und ein japanisch inspirierter Wellnessbereich sorgen für Entspannung (s. S. 12). ●●●●●

◆ **Shangri-Lanka Villa**
23, De Alwis Road
Horanduwa
Tel. 034/227 1181
www.shangrilankavilla.com
Das kleine »Boutique Guesthouse« verfügt nur über drei Zimmer, einen Pool sowie einen Garten. Es herrscht eine friedliche Stimmung. ●●

◆ **Vivanta by Taj**
Tel. 034/555 5555
www.vivantabytaj.com
Dieses riesige, luxuriöse Hotel (einst Taj Exotica) liegt südlich des Bahnhofs an einem schönen Strandabschnitt. ●●●●●

Beruwala

◆ **Barberyn Reef Ayurveda Resort**
Tel. 034/227 6036
www.barberynresorts.com
Traditionelles Ayurveda-Hotel im stillen Nordabschnitt des Strands von Beruwala. Angeboten werden zahlreiche Anwendungen, auch am Strand, und das zu günstigen Preisen. (s. S. 11) ●●●●

Unterkunft ◆ 295

Hikkaduwa

◆ **Aditya**
Rathgama
Tel. 091/226 7708
www.aditya-resort.com
Versteckt an einem breiten
Strand etwas südlich von
Hikkaduwa liegt dieses luxuriöse Boutiquehotel mit
zwölf individuell gestalteten
Zimmern. Erstklassig in Service und Speisen. ●●●●●
◆ **Asian Jewel**
Baddegama Road
Tel. 091/493 1388
www.asian-jewel.com
Ein kleines Schmuckstück ist
dieses Boutiquehotel am
Bird Lake einige Minuten
landeinwärts von Hikkadu-
wa. Die Zimmer sind im Kolonialstil eingerichtet; Garten
und gutes Essen. ●●●●
◆ **Kalla Bongo Lake
Resort**
22/8K, Field View, Baddegama Road, Tel. 091/438 3234
www.kallabongo.com
Am stillen Bird Lake liegt
dieses Hotel mit 15 Zim-
mern, die hell und luftig sind
und Balkone mit Blick auf
die Lagune haben. ●●●
◆ **Suite Lanka**
Galle Road, Thiranagama
Tel. 091/227 7136
www.suite-lanka.com
Boutiquehotel an einem
breiten und stillen Strand am
südlichen Ende von Hikkaduwa. Sechs Zimmer mit Ter-
rasse oder Balkon und stil-
voller Einrichtung. ●●●●

Induruwa

◆ **Temple Tree
Resort & Spa**
660, Galle Road
Tel. 034/227 0700
www.templetreeresort
andspa.com
Schickes Designerhotel in
einem Frangipani-Garten am
Meer. Die großen Zimmer
sind im minimalistischen Stil
dekoriert; Pool und Wellnessbereich. ●●●●●

Kalpitiya

◆ **Bar Reef Resort**
Alankuda Beach
Tel. 0777/352 200
www.barreefresort.com

Das Resort gehört zu einer
Gruppe von öko-orientierten
Boutiquehotels am Alankuda
Beach, die wie ein rustikales,
aber angenehmes singhale-
sisches Dorf wirken, von
Lehmhütten bis zu größeren
Villen. Großer Pool, schöner
Strand mit Wassersport.
●●●●

Kalutara

◆ **Avani Kalutara Resort**
Kalutara South Tel. 034/494
0077
www.serendibleisure.com
Resorthotel in guter Lage
zwischen der Lagune von
Kalutara und dem Meer, mit
Aussicht auf den Ort und
den Strand. ●●●●
◆ **Royal Palms Beach
Hotel**
Kalutara North
Tel. 034/222 8113
www.tangerinehotels.com
Eins der modernen, besseren
Hotels mit großem Pool,
Kraftraum, Tennis und Ayur-
veda-Zentrum. ●●●●●

Negombo

◆ **Icebear Hotel**
103, Lewis Place
Tel. 031/223 3862
www.icebearhotel.com
Ordentliche Pension unter
Schweizer Leitung. Zimmer
in nachgemachtem Kolonial-
stil. Garten am Strand. ●●
◆ **Jetwing Ayurveda
Pavilions**
Tel. 031/227 6719
www.jetwinghotels.com
Kleines Boutique-Ayurveda-
Hotel. Die Gäste sind in Bun-
galows untergebracht. Hohe
Mauern schützen die Gärten
vor neugieren Blicken.
(s. S. 11) ●●●●●
◆ **Jetwing Beach**
Tel. 031/227 3500
www.jetwinghotels.com
Einziges Fünfsternehotel in
Negombo an einem ange-
nehmen Strandabschnitt im
Norden. Elegante Zimmer
mit dunklen Möbeln und
verglastem Bad; großer Pool.
●●●●●
◆ **Ranweli Holiday Village
Waikkal**
Tel. 031/227 7359
www.ranweli.com

Ökologisch orientiertes Resort in ländlicher Umgebung
am alten holländischem
Kanal, 10 km nördlich von
Negombo. ●●●
◆ **Silver Sands**
229, Lewis Place
Tel. 031/222 2880
www.silversands.go2lk.com
Preiswertes Haus am Südende des Strands von Negom-
bo. Die Atmosphäre ist
freundlich; es gibt ein kleines Restaurant und einen
Garten. ●

Wadduwa

◆ **The Blue Water**
Thalpitiya, Wadduwa
Tel. 038/223 5067
www.bluewatersrilanka.com
Ein weiteres von Geoffrey
Bawa minimalistisch gestal-
tetes, großes Fünfsternehotel
an einem stillen Stück
Strand in Wadduwa. Wald-
reiche Umgebung, Palmen,
großer Pool. ●●●●

Die Südküste

Galle

◆ **Amangalla**
10, Church Street, Galle Fort
Tel. 091/222 2033
www.amanresorts.com
Galles berühmtes New
Oriental Hotel wurde liebevoll restauriert und verbindet jetzt den Chic der alten
Welt mit der modernen Tech-
nik. Dieser Luxus hat seinen
Preis (s. S. 11). ●●●●●
◆ **Beach Haven**
65 Lighthouse Street
Tel. 091/223 4663
www.beachhaven-galle.com
Populäres Guesthouse mit
freundlicher Atmosphäre. ●
◆ **Closenberg Hotel**
Galle Harbour
Tel. 091/222 4313
www.closenburghotel.com
Stilvolle Villa aus dem Jahr
1858, Zimmer mit Antiquitä-
ten – alles mit dem Charme
des 19. Jhs. Der neue Anbau
erlaubt Ausblicke auf den
Strand. ●●●●
◆ **The Fort Printers**
39, Pedlar Street, Galle Fort
Tel. 091/224 7977
www.thefortprinters.com

Im Herzen des alten Galle in
einer hallenartigen ehemaligen Druckerei vermitteln die
fünf Suiten den Eindruck,
man wohne in einem holländischen Museum. Holzböden
und Balken kontrastieren mit
bunten Stoffen und Kunst-
werken. ●●●●
◆ **Galle Fort Hotel**
28, Church Street
Tel. 091/223 2870
www.galleforthotel.com
Das wunderschöne Hotel in
einem alten niederländi-
schen Lagerhaus verbindet
kolonialen Charme mit Luxus
zu gar nicht so hohen Preisen. Gutes Restaurant mit
westlicher Küche. ●●●●●
◆ **Lighthouse Dadalla**
Tel. 091/222 3744
www.jetwinghotels.com
Das von Geoffrey Bawa ge-
staltete Hotel steht an einer
windigen Stelle außerhalb
von Galle. Es hat einen einfachen Stil, aber sehr schöne
Zimmer mit lokalem Touch.
Gute Ausstattung und sehr
gutes Restaurant. ●●●●●
◆ **The Sun House**
18, Upper Dickson Road
Tel. 091/438 0275
www.thesunhouse.com
Dieses bewährte Boutique-
Guesthouse befindet sich
hoch über Galle in der ehemaligen Villa eines Pflanzers
aus dem 19. Jh. ●●●●●

Koggala

◆ **The Fortress**
Tel. 091/438 9400
www.thefortress.lk
Eines der luxuriösesten und
teuersten Hotels des Südens
in kolonialen Stil. Sehr schöner Garten, riesiger Pool,
opulente Zimmer, modernes
Spa und mehrere gute Res-
taurants. ●●●●●
◆ **Kahanda Kanda**
Angulugaha (bei Koggala)
Tel. 091/228 6717
www.kahandakanda.com
In einer 4 ha großen Tee-
plantage oberhalb des Koggala Lake liegt dieses wie
eine Villa gestaltete Boutiquehotel. Das Design im
Ethno-Stil hat mehrere Preise gewonnen. Gute Küche
aus Sri Lanka und Thailand.
●●●●●

Mirissa

◆ **Mandara Resort**
Tel. 041/225 3993
www.mandararesort.com
In ruhiger Lage im Mündungsdelta des Flusses Pollathu Modara befindet sich dieses schicke, minimalistische Hotel mit 20 individuell gestalteten Suiten mit allem modernen Komfort. ●●●●●
◆ **Palace Mirissa**
Tel. 041/225 1303
www.palacemirissa.com
Das beste Hotel nahe des Mirissa Beach auf einem Hügel über dem Meer. Die Bungalows stehen inmitten eines üppigen, tropischen Gartens. ●●●
◆ **Villa Sea View**
Mirissa, Tel. 077/604 6653
Einfache Pension mit sauberen Zimmern unweit des Strandes. ●

Tangalle

◆ **The Colony**
355, Mahawella Road
Tel. 047/224 2770
www.thecolonysrilanka.com
Schön restaurierter Bungalow aus den 1910er-Jahren, möbliert mit Antiquitäten. Gutes Essen. ●●●●
◆ **Mangrove Beach Cabanas**
Tel. 077/790 6018
www.beachcabana.lk
Gemütliches Guesthouse in guter Strandlage mit geräumigen Holzhütten in üppigem Garten. ●●

Thalpe

◆ **Apa Villa**
78, M.S. Matara Road
Tel. 091/228 3320
www.villa-srilanka.com
Gestylte Villa mit sieben großzügigen Suiten und riesigem Pool mit Meerblick. Teuer (s. S. 186). ●●●●●
◆ **The Frangipani Tree**
812 Matara Road
Tel. 091/228 3711
www.thefrangipanitree.com
Boutiquehotel an der Küste bei Thalpe mit zehn exquisit eingerichteten Suiten in vier separaten Villen, die durch einen schönen Pool getrennt werden. ●●●●●

Unawatuna

◆ **Secret Garden**
Yaddhehimulla Road
Tel. 091/224 1857
www.secretgarden
unawatuna.com
Das Hotel liegt versteckt in einem ummauerten Garten, ist daher trotz der Strandnähe ruhig. Die Zimmer befinden sich in einer Kolonialvilla und in einem Gartenbungalow. ●●
◆ **Thaproban**
Tel. 091/438 1722, www.
thambapannileisure.com
Das ungewöhnliche Hotel erhebt sich aus dem Zentrum Unawatunas wie ein exzentrischer orangener Leuchtturm, hat aber helle und freundliche Räume direkt oberhalb des Strands und ein gutes Restaurant. ●●●

Kandy

◆ **Amaya Hills**
Heerassagala
Tel. 081/447 4022
www.amayaresorts.com
Das große pinkfarbene Hotel liegt in den Hügeln einige Kilometer außerhalb von Kandy. Die Umgebung ist herrlich, die Zimmer fröhlich. Hier kann es kühl werden, aber es gibt dennoch einen Pool und ein Spa. ●●●●
◆ **Earl's Regency**
Tennekumbura
Tel. 081/242 2122
www.aitkenspencehotels.
com/earls
Großes Fünfsternehotel etwa 4 km außerhalb von Kandy in schöner Lage am Fluss Mahaweli. Üppige Zimmer, guter Service, und zu den Einrichtungen gehören Pool, Fitness- und Ayurveda-Zentrum. ●●●●●
◆ **Hunas Falls by Amaya**
Elkaduwa
Tel. 081/494 0320
www.amayaresorts.com
Rund 27 km nördlich von Kandy in den Knuckles-Hügeln liegt dieses ökologisch orientierte Hotel, das zu den nettesten in Kandy gehört. Herrliche Lage, die zu Spaziergängen einlädt, und moderne Einrichtung gehören zu den Vorteilen. ●●●●

◆ **The Kandy House**
Amunugama Walauwa, Gunnepana
Tel. 081/492 1394
www.thekandyhouse.com
Schönes Boutiquehotel in einem atmosphärischen alten Herrenhaus 5 km von Kandy. Die Zimmer sind traditionell eingerichtet; es gibt gutes Essen und einen kleinen Pool im Garten. ●●●●●
◆ **Sharon Inn**
59, Saranankara Road
Tel: 081/220 1400
www.hotelsharoninn.com
Modernes und professionell geführtes Guesthouse mit komfortablen Zimmern, gutem Essen und schönem Ausblick. ●●
◆ **Hotel Suisse**
30, Sangaraja Mawatha
Tel. 081/222 2637
www.hotelsuissekandy.com
Historisches Hotel am See, in dem Mountbatten sein Kriegsquartier hatte, mit geräumigen und bequemen Zimmern. Altmodischer Charme in der Bar und im Billardraum. ●●●

Hochland

Bandarawela

◆ **The Bandarawela Hotel**
14, Welimada Road
Tel. 057/2222 501
www.aitkenspencehotels.
com/bandarawelahotel
Atmosphärisches Hotel im Kolonialstil, das in einem Plantagenhaus aus dem 19. Jh. untergebracht ist (s. S. 15, 219). ●●●
◆ **Ella Ambiente**
Off Bandarawela Road, Ella Village, Tel. 057/222 8267
www.ambiente.lk
Die spektakuläre Lage auf einem Hügel oberhalb des Dorfes mit Blick zum Ella Gap und zu den Wasserfällen spricht für das einfache Haus. ●
◆ **Mountain Heavens Hotel**
Tel. 057/492 5757, www.
mountainheavensella.com
Eines der am höchsten gelegenen Guesthouses in Ella – mehr als 900 m hoch – garantiert herrliche Ausblicke in den Ella Gap. Die Zimmer sind hell, bequem und sauber. ●●
◆ **The Planter's Bungalow**
Wellawaya Road
Tel. 057/492 5902
www.plantersbungalow.com
Der Planter's Bungalow 10 km südlich von Ella bietet eine gute Kombination von Komfort und kolonialem Stil. Es gibt drei Zimmer in einem restaurierten Bungalow aus dem 19. Jh. und ein ausgiebiges, ländliches Frühstück. Preiswert. ●●

Haputale

◆ **Kelbourne Mountain View Cottages**
Tel. 011/257 3382
www.kelburnemountain
view.com
Drei nette kleine Häuser in grüner Umgebung bei einer Teeplantage mit gutem Blick ins Tal. Gut eingerichtet, aufmerksamer Service. ●●●●

Kandapola

◆ **Heritance Tea Factory**
Tel. 066/5555 000
www.aitkenspencehotels.
com/teafactory
Modernes Fünfsternehotel, das in einer ehemaligen Tee-

Unterkunft ◆ 297

plantage untergebracht ist (s. S. 12). ●●●●●
◆ **Rafter's Retreat**
Tel. 036/228 7598
www.raftersretreat.com
Einfaches, aber charaktervolles kleines Öko-Resort am Fluss Kelani mit 10 Hütten, die ganz aus natürlichen Materialien bestehen. Keine besonderen Einrichtungen, aber ein guter Ausgangspunkt für Wanderungen und Rafting. ●●

Nuwara Eliya

◆ **Glendower**
Grand Hotel Road
Tel. 052/222 2501
E-Mail: hotelglendower@sltnet.lk
Kleines und gemütliches Hotel in einem unechten Fachwerkhaus neben dem Golfplatz. Die Zimmer sind sauber, es gibt ein chinesisches Restaurant und bei Kühle ein Feuer im Kamin der Bar. ●●●●
◆ **Grand Hotel**
Grand Hotel Road
Tel. 052/222 2881
www.tangerinehotels.com
Dieses gewaltige alte Kolonialhotel gehört zu den markanten Gebäuden Nuwara Eliyas. Das eindrucksvolle Äußere und die etwas abgewohnten öffentlichen Bereiche erinnern an viktorianische Zeiten. Die Zimmer sind recht schlicht, aber leider zu teuer (s. S. 214). ●●●●●
◆ **Hill Club**
Grand Hotel Road
Tel. 052/222 2653
Fax 222 2654
Dieses alte Gebäude nahe dem Stadtzentrum verbreitet noch koloniale Stimmung. Das Innere ist nostalgisch, mit Billardzimmer, zwei Bars, einem Restaurant, Hirschgeweihen und alten Ledersesseln (s. S. 214). ●●●●
◆ **Jetwing St. Andrews**
10, St. Andrew's Drive
Tel. 052/222 3013
www.jetwinghotels.com
In einem kolonialen Country Club untergebracht, verzaubert das Hotel mit einem gepflegten englischen Rasen und einem Golfplatz (s. S. 12, 214). ●●●●

Das Kulturelle Dreieck

Anamaduwa

◆ **The Mud House**
Anamaduwa
Tel. 077/301 6191
www.themudhouse.lk
Dieses noch weitgehend unbekannte Dschungelcamp in der Trockenzone liegt in einer schönen Gegend mit zahlreichen Tieren. Es besteht aus Lehmhäusern – nur natürliche Materialien wurden verwendet –, doch die Zimmer sind trotzdem komfortabel. Gutes Essen aus biologisch angebauten Zutaten (s. S. 11). ●●●●

Anuradhapura

◆ **Milano Tourist Rest**
J.R. Jaya Mawatha
Tel. 025/222 2364
www.milanotouristrest.com
Ein gutes, preiswertes Hotel mit gut eingerichteten, modernen Zimmern und ordentlichem Restaurant. ●
◆ **Palm Garden Village**
Puttalam Road, Pandulagama, Tel. 025/222 3961
www.palmgardenvillage.com
Rund zwei Kilometer von den Ruinen Anuradhapuras entfernt; kolonialer Stil, großer Pool. ●●●●
◆ **Tissawewa Grand Old Town**
Tel. 025/222 2299
www.quickshaws.com
Ein atmosphärisches koloniales Rasthaus, das innerhalb des historischen Bezirks liegt (deshalb wird kein Alkohol ausgeschenkt). ●●●●

Dambulla

◆ **Amaya Lake**
Kap Ela, Kandalama
Tel. 066/446 8100
www.amayaresorts.com
Gute Lage in der Nähe des Kandalama Lake, bequeme Zimmer in Chalets mit Klimaanlage oder in Lehmhäusern. ●●●●
◆ **Heritance Kandalama Hotel**
Tel. 066/5555 000, www.aitkenspencehotels.com

Das von Geoffrey Bawa designte Hotel verbindet Natur und Architektur auf perfekte Weise. Die Aussicht auf den Kandalama-Stausee und auf Sigiriya ist spektakulär (s. S. 12, 233). ●●●●●

Giritale

◆ **The Deer Park**
Tel. 027/224 6272
Stilles Öko-Resort im tropischen Dschungel beim Minneriya National Park. Unterbringung in individuellen Chalets im Grünen; netter Pool und Ayurveda-Zentrum. ●●●●

Habarana

◆ **Chaaya Village**
Tel. 066/227 0047
www.chaayahotels.com
Dieses Resorthotel liegt in einem ausgedehntem Garten, der bis zum Habarana Lake reicht. Die Zimmer befinden sich in angenehmen, individuellen Chalets. Für Entspannung sorgt ein indonesisches Spa. ●●●●
◆ **The Lodge**
Tel. 066/227 0012
www.cinnamonhotels.com
Verkehrsmäßig günstig in Habarana gelegen, bietet The Lodge vornehme Zimmer in 137 Chalets in einem großen Garten. ●●●●●

Sigiriya

◆ **Elephant Corridor Hotel**
Kibissa
Tel. 066/228 6950
www.elephantcorridor.com
Sehr exklusives Boutiquehotel, das sich über 80 ha Grünland ausdehnt, hervorragender Blick auf das nahe Sigiriya. Jede der 21 luxuriösen Suiten verfügt über allen erdenklichen Luxus und einen eigenen kleinen Pool. Einladendes Spa. Aber das alles hat seinen Preis. ●●●●●
◆ **Jetwing Vil Uyana**
Tel. 066/228 6000
www.jetwinghotels.com
Ein bemerkenswertes Experiment im Ökotourismus: Vil Uyana ist eine herrliche Oase, ein ruhiger Ort mit vielen Vögeln und anderen Naturattraktionen. Die Zimmer befinden sich in individuellen Chalets mit traditioneller singhalesischer Dorfarchitektur, aber allen modernen Einrichtungen. Das Haupthaus mit Restaurant, Bar, Spa und Bibliothek hat eine bemerkenswerte moderne sri-lankische Architektur. ●●●●●
◆ **Hotel Sigiriya**
Tel. 066/223 1940
www.serendibleisure.com
Etabliertes Resorthotel, in dem sich zahlreiche Ziegelbauten in einem ausgedehnten schattigen Garten verteilen. Die Zimmer sind gut eingerichtet. Das Angebot für die Gäste umfasst Pool, Ayurveda-Zentrum und Wanderungen mit dem Hausbiologen. ●●●

Der Osten

Trincomalee

◆ **The East Trincomalee Welcombe Hotel**
66, Lower Road, Orr's Hill
Tel. 026/222 2378
www.welcombehotel.com
Ein modernes Gebäude erhebt sich auf einem Hügel oberhalb des Hafens. Die

Zimmer sind geräumig; es gibt ein ordentliches Restaurant, eine Bar und einen großen Pool. ●●●

Arugam Bay

◆ **Aloha Cabanas**
Tel. 063/224 8379
www.aloha-arugambay.com
Bekanntes Hotel für Surfer: In einem Garten stehen zahlreiche Hütten, ein Baumhaus und viele Hängematten zur Verfügung, in denen man sich ausruhen kann, wenn der Wind nicht weht. ●●

◆ **Arugam Bay Surf Resort**
Tel. 063/224 8189
www.arugambay.lk
Eines der ältesten und bekanntesten Guesthouses in Arugam Bay. Die Zimmer sind hell und bunt; kleiner Garten am Strand, Restaurant und zahlreiche Ausflüge und Aktivitäten. ●●

◆ **Hideaway**
Tel. 063/224 8259, www.hideawayarugambay.com
Ein nettes Hotel in Arugam Bay, das allerdings nicht direkt am Strand liegt. Elegante Zimmer im Haupthaus oder in den modernen Hütten mit Klimaanlage, die sich im üppigen Garten verteilen. ●●●

◆ **Siam View Beach**
Tel. 063/222 8195
www.arugam.com
Gehört zum berühmten Siam View Restaurant und zeichnet sich durch eine britische rote Telefonzelle aus. Die Zimmer sind modern und geräumig, haben Aircon, freies WiFi, Satellitenfernsehen und einen Kühlschrank. ●●●

◆ **Stardust Beach Hotel**
Tel. 065/224 8191
www.arugambay.com
Das edelste Hotel in Arugam Bay, direkt am Strand, mit hellen und sehr gemütlichen Zimmern oder einigen nicht ganz so guten Hütten. Gutes Restaurant und offener Yoga-Pavillon. ●●

Batticaloa

◆ **Riviera Resort**
New Dutch Bar Road
Kallady
Tel. 065/222 2164
www.riviera-online.com
Gut organisiertes, einfaches, aber sauberes Haus mit bequemen Zimmern und Hütten (mit und ohne Klimaanlage) in grüner Umgebung an der Lagune von Batticaloa. ●–●●●

Nilaveli

◆ **Nilaveli Beach Hotel**
Tel. 026/223 2295
www.tangerinehotels.com
Großes, aber sehr ruhiges Resorthotel an einem langen Strandabschnitt; nach dem Tsunami umfassend modernisiert. Schöner Pool und attraktives Restaurant am Strand. ●●●

Uppuveli

◆ **Chaaya Blu**
Sampaltive Post
Tel. 026/222 1611
www.chaayahotels.com
Dieses große Fünfsternehotel (früher Hotel Club Oceanic) ist das bekannteste Etablissement an der Küste nördlich von Trincomalee. Nachdem es jüngst renoviert wurde, bietet es nun angenehme Zimmer, eine gute Ausstattung und einen schönen Strand. Es gibt eine Tauchschule, und man kann Bootsfahrten zur Walbeobachtung arrangieren. Teuer. ●●●●●

◆ **Regish French Garden**
Nilaveli Road
Tel. 026/220 0397
Bekanntes Guesthouse (früher als Pragash French Garden bekannt) mit einfacher und preiswerter Unterkunft in sehr guter Strandlage. ●

Der Norden

Jaffna

◆ **Expo Pavilion**
40, Kandy Road
Tel. 021/222 3790
www.expopavilion.com
Eines der angesagtesten Hotels in Jaffna, das sich in einer attraktiven Kolonialvilla befindet und dessen Zimmer modern ausgestattet sind. Gutes kleines Restaurant, insgesamt etwas zu teuer. ●●●

◆ **Lux Etoiles**
34, Chetty Street Lane
Tel. 021/222 3966
www.luxetoiles.com
Professionell geführtes Hotel in einer stillen Seitenstraße nahe dem Nallur Kandaswamy Temple. In den Zimmern gibt es Klimaanlagen und Satellitenfernseher, im Garten den größten Swimmingpool Jaffnas. ●●●

◆ **Morgan's Guest House**
215, Temple Road
Tel. 021/222 3666
Bekanntes Guesthouse in einer schönen Villa aus der Kolonialzeit. Gemütliche Zimmer. Der Eigentümer bietet Ausflüge mit seinem geländegängigen Fahrzeug an. ●●

◆ **Tilko Jaffna City Hotel**
70/6, KKS Road
Tel. 021/222 5969
www.tilkojaffna.com
Das größte Hotel der Stadt besteht aus zwei großen Gebäuden mit Rasen dazwischen, die etwas von der Straße zurückgesetzt liegen. Die Zimmer sind groß, aber plüschig eingerichtet, Restaurant, Bar, Fitnesscenter und kleines Spa sind gut; kein Pool. ●●●

Auf Plantagen und in Teefabriken

Einige Tage auf einer Teeplantage zu verbringen, verschafft einen Einblick in die Landwirtschaft Sri Lankas seit der Kolonialzeit. Da diese Unterkünfte sehr beliebt sind, bucht man am besten im Voraus. Eine Auswahl:

◆ **Horathapola Estate**
Kandanagedara, landeinwärts von Negombo
Westküste
Tel. 071/533 8230
www.horathapola.com
Das komfortable Boutiquehotel befindet sich in der Villa des einstigen Plantagenbesitzers, die in einem ausgedehnten Garten steht und einen schönen Pool besitzt. Die freundlichen Angestellten bereiten sehr wohlschmeckende Mahlzeiten aus lokal angebauten Produkten zu. ●●●●●

◆ **Kirchhayn Bungalow**
Attampitiya Road
Bandarawela
Tel. 057/492 0556
www.kirchhaynbungalow.com
Charaktervoller alter Bungalow auf einer Teeplantage, die der letzten britischen Familie gehörte, die noch im Teegeschäft in Sri Lanka tätig war. Das Haus wurde liebevoll und bequem restauriert und ist Ausgangspunkt für schöne Spaziergänge durch die Teegärten. ●●●●

◆ **The Lavendar House**
Helboda Estate, Katukitula
Pussellawa
Tel. 052/225 9928
www.thelavenderhouseceylon.com
Luxuriöser, restaurierter Pflanzer-Bungalow im Bergland in einem 3 ha großen, sehr gepflegten Garten, der wiederum inmitten der Teeplantage liegt. ●●●●●

◆ **Tea Trails**
Tel. 011/230 3888
www.teatrails.com
Vier wunderschöne Bungalows auf einer Teepflanzung (Norwood, Castlereagh, Summerville und Tientsin) im idyllischen Bogawantalawa-Tal südlich von Nuwara Eliya. ●●●●●

ESSEN & TRINKEN

Restaurants, Cafés und Bars

Restaurants in Sri Lanka

In Colombo isst man, im Vergleich zu Europa, relativ günstig, selbst in den hochpreisigen Hotelrestaurants, weil diese im Vergleich zu ähnlichen Etablissements in anderen Ländern nicht so teuer sind. Trotzdem können sich nur wenige Einheimische solche Lokale leisten. Die Preis- und Qualitätsspanne ist sehr groß, von jenen Luxusrestaurants bis hin zu den nicht immer sehr hygienischen Imbissständen in beliebten Parks, an Stränden oder in Einkaufsstraßen. In der Mitte dazwischen bietet sich eine breite Auswahl mit einheimischer oder indischer Kost. Gut etabliert sind auch Thai-Restaurants und chinesische Lokale diverser Richtungen sowie italienische Restaurants. Außerhalb Colombos gibt es wenige gute, unabhängige Restaurants. Meist isst man im Hotel, doch diese tendieren dazu, immer die gleiche Mischung aus ein wenig auf westlich getrimmter sri-lankischer Küche sowie leicht srilankisch angehauchten internationalen Gerichten auf mittlerem Niveau zu servieren. Vor allem Buffets in großen Hotels sind oft völlig nichtssagend, während man in kleineren Pensionen schon einmal einfache, aber gute einheimische Hausmannskost zu moderaten Preisen vorgesetzt bekommt. In den neuen Boutiquehotels wird manchmal auf hohem Niveau gekocht. Viele Sri Lanker essen in den kleinen, schlicht eingerichteten Cafés, die überall auf den Hauptstraßen von Städten und Dörfern anzutreffen sind und sich manchmal aus nicht nachvollziehbaren Gründen »Hotel« nennen, obwohl man dort gar nicht übernachten kann. Sie bieten meist Reis und Curry sowie einige andere sri-lankische und indische Gerichte an.
Fast immer enthält die Speisekarte auch vegetarische Gerichte – oder die Restaurants sind so flexibel, dass sie ein vegetarisches Essen zusammenstellen können.

Reis und Curry

Reis und Curry sind Grundnahrungsmittel des Landes. In der Currysoße können Fleisch, Fisch oder Gemüse Hauptbestandteil sein; es gibt sogar Kartoffel-Curry. Die Soße, für die die Gewürze entscheidend sind, fertigt jeder Koch traditionell nach eigenen Vorstellungen, denn Curry ist eigentlich kein Gewürz, sondern eine Gewürzmischung, die je nach Gericht komponiert wird. Allerdings gibt es heute einige Sorten vorgefertigt im Supermarkt zu kaufen, die leider oft genug in Restaurants die Grundlage der Currys bilden.
Fertige Gewürzmischungen sind für Reis-und-Curry-Fans unter den Besuchern eine gute Möglichkeit, eine Basis für eigene Currys mit nach Hause zu nehmen. Die Bezeichnung »Curry« stammt übrigens von den wenig sprachbegabten Briten. Die Inder nennen die Gewürzsoße *masala*, und dies steht auch oft auf den Verpackungen.
Die sri-lankische Küche steht nicht als eigenständige Küche da, dafür ist sie diversen indischen Küchen zu ähnlich, und so gibt es auch keine berühmten sri-lankischen Gerichte, die man unbedingt probiert haben muss. Die meisten der schon beschriebenen typischen Gerichte (s. S. 123) sind eher Snacks, wie *Hopper* oder *Stringhopper*. Eine Spezialität zum neuen Jahr ist *kiribhat*, ein Milchreis, der aus Kokosnussmilch zubereitet und dann in rautenförmige Stücke geschnitten wird.

Getränke

Im tropischen Klima muss man viel trinken, tagsüber am besten Wasser aus versiegelten Flaschen oder das Wasser junger Kokosnüsse (*thambili*). Sie werden überall verkauft und von erfahrenen Machetenschwingern mit einigen gezielten Schlägen geöffnet. Dann kann man das erfrischende Wasser in ein Glas schütten oder mit einem Strohhalm ansaugen. Außer dem guten Geschmack hat die Kokosnuss den Vorteil, dass sie gleichzeitig hygienisch einwandfreie Verpackung ist und nicht aus Plastik besteht.
Abends steht gerne auch einmal ein lokales, nicht sehr starkes Bier auf dem Programm. Alle importierten Getränke, vom Dosenbier über Wein bis zu Hochprozentigem, sind teuer und werden über weite Entfernungen herantransportiert.

Öffnungszeiten

Kleinere Lokale sind ganztags geöffnet. Internationale Restaurants haben ihre Öffnungszeiten westlichen Essgewohnheiten angepasst. Abends isst man selten vor 20 Uhr.

Tischsitten

Traditionell essen die Sri Lanker mit den Fingern der rechten Hand. Mit dem Fladenbrot kann man die Beilagen sehr gut aufnehmen, aus Reis formt man ein Bällchen und nimmt dann Beilagen dazu. Bei der Soße bedarf dies einiger Übung. Dies ist eine sehr unmittelbare Art der Nahrungsaufnahme, der man sich durchaus einmal aussetzen sollte. In vornehmen Restaurants wird nicht mit den Fingern gegessen. Natürlich kann auch überall sonst nach Besteck gefragt werden. Geliefert werden dann Löffel und Gabel. Man nutzt die Gabel, um die Speisen auf den Löffel zu schieben, und den Löffel zum Essen.
Beim Bezahlen gilt die alte Musketier-Regel: Einer für alle. Niemals würde man Rechnungen aufteilen. Beim Trinkgeld lässt man sich das Wechselgeld herausgeben und hinterlässt dann auf dem Tisch oder in dem Behältnis, in dem die Rechnung gebracht wurde, einen entsprechenden Betrag.

AUSGEWÄHLTE ADRESSEN

Preiskategorien (für eine Person und ein Zwei-Gänge-Menü)
● = unter 750 Rs.
●● = 750–1500 Rs.
●●● = 1500–2000 Rs.
●●●● = über 2500 Rs.

Colombo

◆ **Alhambra**
Ramada, 30, Sir Mohamed Macan Markar Mawatha
Colombo 3
Tel. 011/242 2001
Eines der am längsten etablierten nordindischen Restaurants, mit vielen Standardgerichten wie Birjani und Tandoori, zudem einige vegetarische und südindische Speisen in gemütlicher Umgebung. ●●

◆ **Barefoot Gallery and Café**
706, Galle Road, Colombo 3
Tel. 011/258 9305
In diesem Café in einem schönen Innenhof gibt es die wohl besten Fruchtsäfte Colombos, dazu isst man kleine Gerichte (s. S. 14). ●●

◆ **Chesa Swiss**
3, Deal Place A, Colombo 3
Tel. 011/257 3433
Sehr gutes Restaurant in einer netten Kolonialvilla mit Schweizer Küche, australischen Steaks, Seafood und vegetarischen Speisen. Nur Dinner. Sonntagmittag geschlossen. ●●●●

◆ **Chutneys**
Cinnamon Grand Hotel, Galle Rd., Colombo 3
Tel. 011/249 7372
Schickes südindisches Restaurant. Nur abends geöffnet (s. S. 14). ●●●

◆ **Crescat Boulevard**
89, Galle Road, Colombo 3
In der lebhaften Fastfoodecke in einem Einkaufszentrum gibt es alles von Pizza über Eiscreme bis zu einheimischen und mongolischen »Spezialitäten«. Gut für einen schnellen Imbiss. ●–●●

◆ **Cricket Club**
34, Queen's Road
Colombo 3
Tel. 011/250 1384
Unter englischsprachigen Ausländern beliebte Mischung aus Bar, Café und Restaurant mit Kricket-Deko in einer alten Kolonialvilla. Zwischen den Erinnerungsstücken entdeckt man einen Bildschirm, auf dem alte Spiele laufen. Das Essen ist schlicht: Burger, Sandwiches, Pasta und Ähnliches. ●●●

◆ **Curry Leaf**
Colombo Hilton, 2, Sir Chittampalam A. Gardiner Mawatha, Colombo 2
Tel. 011/249 2492
Rustikales Restaurant im Garten des Hilton Hotel im Stil eines Dschungeldorfes. Das abendliche Buffet bietet eine auf westlich getrimmte Auswahl sri-lankischer Küche: Reis und Curry, Stringhoppers, Hoppers, Kottu Rotty, Wattalapan und frische Meeresfrüchte. ●●●●

◆ **Emperor's Wok**
Colombo Hilton, 2, Sir Chittampalam A. Gardiner Mawatha, Colombo 2
Tel. 011/249 2492
Elegantes chinesisches Restaurant mit milder kantonesischer Küche, scharfen Gerichten aus Sichuan und Peking-Ente auf knusprige Hongkonger Art, dazu Dim Sum. ●●●●

◆ **Gallery Café (Paradise Road)**
2, Alfred House Road
Colombo 3
Tel. 011/255 3075
Eines der In-Cafés Colombos, in das man geht, um gesehen zu werden. Internationale Küche, angeblich mit den besten Nachtischen der Stadt. Man kann auch einfach nur bei einem Drink den lokalen Jetset beobachten. Teuer (s. S. 165). ●●●●

◆ **Green Cabin**
453, Galle Rd., Colombo 3
Tel. 011/228 8811
Gutes kleines Café, hauptsächlich von Einheimischen frequentiert, aber auch für Besucher ein Ort, erstmals die sri-lankische Küche zu probieren, z. B. Reis und Curry, Lamprais oder Hopper. Günstige Preise. ●

◆ **Greenlands Hotel**
3/A, Shrubbery Gardens
Colombo 4
Tel. 011/258 1986
Bekanntes südindisches Café in schlichtem Gewand, aber mit einer großen Auswahl an Dosas, Idlis, Vadais and Currys zu günstigen Preisen. ●

◆ **The Lagoon**
Cinnamon Grand Hotel
77, Galle Rd., Colombo 3
Tel. 011/249 7371
Dieses helle, moderne Restaurant neben den Gärten des Cinnamon Grand ist bekannt für Fisch und Meeresfrüchte. Man wählt aus den noch lebenden Fischen in den Aquarien, dann wird alles nach Wunsch von den Chefs zubereitet, z. B. im sri-lankischen, indischen, europäischen, Thai- oder chinesischen Stil. ●●●●

◆ **Long Feng**
Cinnamon Lakeside Hotel
115, Sir Chittampalam A. Gardiner Mawatha, Colombo 2, Tel. 011/249 1053
Eines der besten chinesischen Restaurants der Stadt mit authentischer scharfer Sichuan-Küche und einigen milden kantonesischen Gerichten. ●●●

◆ **Mango Tree**
82, Dharmapala Mawatha
Colombo 3
Tel. 011/762 0620
Sehr beliebtes besseres nordindisches Restaurant mit schickem Dekor und zuverlässig guter indischer Küche. Reservierung empfehlenswert. ●●●

◆ **Navaratna**
Taj Samudra, 25, Galle Face Centre Rd., Colombo 3
Tel. 011/244 6622
Gutes indisches Restaurant mit ungewöhnlichen regionalen Spezialitäten aus allen Ecken des Subkontinents. ●●●●

◆ **Royal Thai**
Cinnamon Lakeside Hotel
115, Sir Chittampalam A. Gardiner Mawatha, Colombo 2, Tel. 011/249 1000

Essen & Trinken ◆ 301

Sehr schönes kleines Thai-Restaurant im Cinnamon Lakeside Hotel. Das exquisite Dekor passt zu den vielfach scharfen Gerichten, vor allem den grünen und roten Currys, Pad Thai sowie ungewöhnlichen regionalen Spezialitäten. ●●●

◆ **Tao**
Cinnamon Grand Hotel
7, Galle Rd., Colombo 3
Tel. 011/249 7369
Im Garten des Cinnamon Grand glitzern die Bäume in der Dunkelheit wie Feenlichter, und genauso vereinen sich in der Küche sri-lankische, andere asiatische und europäische Einflüsse, vor allem Fleisch und gute Meeresfrüchte. Nur abends geöffnet. ●●●●

Westen und Südküste

Aluthgama

◆ **Singharaja**
Bakery & Restaurant
120, Galle Road
Geräumiges Café, das unten sri-lankische Snacks sowie Kuchen im europäischem Stil serviert, oben ein Reis-und-Curry-Buffet. ●
◆ **Tropical Anushka**
River Inn
97, Riverside Road
Tel. 034/227 5377
Reis und Curry plus Seafood in guter Qualität in einem einfachen Guesthouse abseits der Hauptstraße von Aluthgama, aber mit schönem Blick auf die Lagune. ●●

Bentota

◆ **Club Villa**
138/15, Galle Rd., südliches Ende von Bentota
Tel. 034/227 5312
Die nette Atmosphäre und die gut zubereiteten internationalen Speisen werden im Garten des kleinen Hotels auch Gästen serviert, die nicht hier wohnen. ●●●
◆ **Lunuganga**
Dedduwa Lake
Tel. 091/428 7056
www.lunuganga.com

Von der Hauptstraße in Bentota führt eine 5 km lange holprige Straße zum Lunuganga. Aber es lohnt sich, denn hier befinden sich der magische Garten, das spirituelle Heim und der Landsitz des bekannten Architekten Geoffrey Bawa. Die Küche konzentriert sich auf lokale Gerichte, die auch Bawa genoss, und verwendet nur Zutaten der Saison. Nur mit Reservierung (s. S. 178). ●●●●

◆ **Malli's**
gegenüber Surf Hotel
Tel. 077/851 4894
Das durchaus hochrangige kleine Restaurant versteckt sich im Obergeschoss einer Ladenzeile bei den Eisenbahnschienen. Es ist spezialisiert auf besondere sri-lankische und asiatische Meeresfrüchte und andere neue Kreationen (auch mit Reis und Curry). Der Erfindungsreichtum führt z. B. zu pfannengebratenem Mahi-Mahi mit Rösti und einer Safransoße. ●●●●

Negombo

◆ **Alta Italia**
36, Porutota Road
Tel. 031/227 9206
Angenehmes, legeres Restaurant mit klassischer italienische Küche zu geringen Preisen: Gnocchi, Polenta, Lasagne, Risotto und Mengen an Pasta, plus italienische Desserts. ●●
◆ **Bijou**
44, Porutota Road
Tel. 031/531 9577
Eines der besseren Restaurants in Negombo. Die Schweizer Eigentümer bereiten italienische und Schweizer Küche zu, z. B. Fondue und Pasta, aber auch gute Meeresfrüchte. ●●●
◆ **King Coconut**
11, Porutota Road
Tel. 031/227 8043
Lebhaftes Strandrestaurant mit entspannter Atmosphäre und großer Auswahl an Seafood sowie Reis und Curry zu günstigen Preisen. ●●
◆ **Lords**
80B, Porutota Rd.
Tel. 077/723 4721

Attraktives modernes Café und Restaurant mit internationaler, vor allem aber asiatischer Küche. Sehr gut schmecken die Thai Currys, das Chicken Tikka Masala und ein Curry mit Pilzen, Cashewnüssen und Rosinen. ●●●

◆ **Tuskers**
83, Ethukala Road
Tel. 031/222 6999
Elegantes neues Restaurant in einem attraktiven offenen Pavillon abseits der Haupttouristenmeile. Die Karte konzentriert sich auf europäische Fleisch- und Fischgerichte, Pasta sowie einige sri-lankische und chinesische Klassiker. ●●●

Hikkaduwa

◆ **Asian Jewel**
Baddegama Road
Tel. 091/493 1388
Eklektische, aber gut zubereitete Auswahl westlicher und asiatischer Küche. Spezialität des Hauses sind Shepherd's Pie und Thai Hühnercurry. ●●●
◆ **Refresh**
384, Galle Road
Tel. 091/227 7810
Alteingesessenes Restaurant mit einem romantischen Speisesaal; sri-lankische und internationale Gerichte (s. S. 14). ●●●

Der Süden

Galle

◆ **Amangalla**
10, Church Street, Galle Fort
Tel. 091/223 3388
Dieser elegante alte Speisesaal im Kolonialstil im Amangalla Hotel (s. S. 295) wird Ihnen lange in Erinnerung bleiben. Mittags gibt es leichte Imbissgerichte und Suppen, abends eine Mischung aus sri-lankischer und internationaler Küche. Schön sind die »High Teas« auf der Veranda. ●●●●
◆ **Galle Fort Hotel**
28, Church Street, Galle Fort
Tel. 091/223 2870
Der Innenhof des Galle Fort Hotels (s. S. 295) bietet eine

wunderbare Bühne für eine Mahlzeit, die die sri-lankische Küche mit anderen asiatischen Einflüssen verbindet. Zum Lunch gibt es eine Snack-Karte mit leichten Speisen, dazu nachmittags selbst gemachte Kuchen und feine Kaffees. ●●●●

◆ **Pedlar's Inn Café**
92, Pedlar Street
Kleines, informelles Café mit leckeren Snacks, Säften, Kaffee und Tee, alles serviert auf der Veranda, die zudem ein wunderbarer Ort ist, um von hier das Leben in Galle Fort zu beobachten. ●
◆ **Serendipity Arts Café**
Leyn Baan Street
Beliebtes kleines Café, das verschiedene Frühstücksangebote, Sandwiches, Wraps, Kuchen und einige internationale Standardgerichte mit asiatischem Einschlag serviert. Kein Alkohol. ●●

Unawatuna

◆ **Thaproban Beach House**
Yaddhehimulla Road
Tel. 091/438 1722
Unawatunas lebhaftestes Restaurant bietet durchgängig gute Küche mit frischen Meeresfrüchten, guten Pizzen, Reis und Curry sowie einigen internationalen Gerichten. Guter Service und ordentliche Preise. ●●–●●●

Thalpe

◆ **Apa Villa Illuketia**
Thalpe, bei Galle
Tel. 091/228 3320
Eine der wenigen privaten Villen, die zum Dinner auch Gästen offen steht, die nicht hier wohnen. Das Drei-Gänge-Menü mit Reis und Curry, für das organisch angebaute Gemüse und roter Reis vom eigenen Feld verwendet werden, ist schon über Galle hinaus bekannt. Sehr gut ist auch die Zitronengrassuppe. Reservierung erforderlich (s. S. 186, 296). ●●●
◆ **Why House**
Mihiripenna, Thalpe, Galle
Tel. 091/222 7599
Das Why House versteckt sich zehn Minuten von Galle entfernt hinter einem mäch-

tigen Tor (halten Sie Ausschau nach dem großen »WB« neben dem Tor). In schöner Umgebung gibt es internationale Fusion-Küche. Reservierung erforderlich. ●●●●

◆ **Wijaya Beach Restaurant**
Dalawela, Galle
Tel. 091/228 3610
Dieses coole Restaurant am Strand ist bei den in Galle lebenden Ausländern sehr beliebt und deshalb meist recht voll. Das Essensangebot umfasst Pizzen aus dem Holzofen, Wraps, selbst gemachte Nachtische. Auch bekannt für Cocktails, Wein und Bier. ●●●

Kandy und das Hochland

Kandy

◆ **Devon Restaurant**
Dalada Vidiya
Ein funktionales, modernes, meist gut besuchtes Restaurant mit preiswerten Speisen, u. a. Birjani, *Lamprais*, Nudeln, Hopper. ●

◆ **Flower Song**
Kotugodelle Vidiya
Tel. 081/222 3628
Eines der besten chinesischen Restaurants außerhalb von Colombo, vor allem gibt es kantonesische Küche. ●●

◆ **The Pub**
Dalada Vidiya
Tel. 081/232 4868
Typisches Touristenlokal. Es gibt vor allem Gerichte wie Spaghetti Carbonara oder Kotelett. Vom Balkon hat man einen guten Blick auf die geschäftigen Straßen. ●●●

◆ **Sharon Inn**
59, Saranankara Road
Tel. 081/222 2416
Das allabendliche Reis-und-Curry-Buffet gilt als eines der besten auf der Insel (s. S. 13). ●●●

◆ **The White House**
Dalada Vidiya
Das seit Langem etablierte Restaurant wurde jüngst renoviert. Unten gibt es jetzt eine moderne Bäckerei mit guter Kuchenauswahl und kleinen Gerichten. Oben werden sri-lankische, indische und chinesische Küche geboten. Kein Alkohol. ●●●

Nuwara Eliya

◆ **The Hill Club**
Seitenstraße der Grand Hotel Road
Tel. 052/222 2653
Der Hill Club versetzt einen in die Zeiten der britischen Kolonialherrschaft zurück. Dementsprechend ist auch die Kleiderordnung: Jackett und Krawatte sind Pflicht (s. S. 13, 297). ●●●●

◆ **King Prawn**
Glendower Hotel
5, Grand Hotel Road
Relativ authentische chinesische Küche im gemütlichen Restaurant des Glendower Hotels, die Gewürze wirken gegen die Kühle im Hochland. ●●

◆ **Old Course Restaurant**
St. Andrew's Hotel
10, St Andrew's Drive
Tel. 052/222 2445
Ein altmodisches, holzverkleidetes Restaurant mit angelsächsischer Fleischküche (und nur wenigen Fisch- und vegetarischen Alternativen) sowie großer Weinauswahl. (s. S. 12, 297) ●●●

Ella

◆ **Dream Café**
Main Street
Noch das beste der zahllosen Cafés für Rucksackreisende in Ella. Übliche Speisekarte. ●●

◆ **Ravana Heights**
Wellawaya Road
Tel. 057/222 8888
Ganz ordentliche Thai-Küche in einem freundlichen Guesthouse. Wer nicht hier wohnt, sollte bis 16 Uhr reservieren. ●●

Der Osten

Trincomalee

◆ **Green Park Beach Hotel**
312, Dyke Street
Tel. 026/222 2369
Gut gemanagtes Hotelrestaurant mit riesiger Auswahl an nordindischen Speisen mit allen üblichen Fleisch-, Fisch- und Gemüsegerichten in großen Portionen. Abends sitzt man im ersten Stock auf einer Terrasse am Wasser. Kein Alkohol. ●●

◆ **Welcombe Hotel**
66, Lower Road, Orr's Hill
Tel. 026/222 2373
Das Restaurant mit dem besten Standard in Trinco, dazu nicht zu teuer. Die Speisekarte bietet sri-lankische und europäische Küche in begrenztem Umfang. Man sitzt entweder drinnen oder auf einer Terrasse mit Blick über den Hafen (s. S. 297). ●●

◆ **Uppuveli**
Palm Beach Resort
Uppuveli Beach
Tel. 026/222 1250
Authentische mediterrane Küche in einem freundlichen Guesthouse am Strand. ●●

Arugam Bay

◆ **Gecko**
Kleines Café mit Speisekarte: Sandwiches (mit selbst gebackenem Brot), selbst hergestelltes Eis, Kuchen, ganztägig Frühstück (auch sri-lankisch), Burger, Salate, Pasta sowie Reis und Curry, dazu zuckerfreie Säfte und fair gehandelter Kaffee. Man kann hier auch seine Wasserflasche auffüllen. In der Saison tgl. 6.30 Uhr bis spät, sonst kürzer geöffnet. ●●

◆ **Siam View Hotel**
Tel. 063/224 8195
Lange bekanntes und beliebtes Restaurant in einem hölzernen Pavillon mit roter britischer Telefonzelle. Hauptsächlich Thai-Küche mit einigen Alternativen in der Hochsaison. Gute und authentische Zubereitung. Der deutsche Besitzer bietet zudem in seiner Mikrobrauerei im Keller selbst erzeugte Biere an. ●●●

◆ **Stardust Beach Hotel**
Tel. 063/224 8191
Eine der vornehmeren Speisestätten in Arugam Bay in einem attraktiven Pavillon am Strand. Auf der Karte findet man eine Vielfalt von Snacks, Frühstücksangeboten und Hauptgerichten von Reis und Curry bis zu Pasta und Gulasch. ●●●

Der Norden

Jaffna

◆ **Bastian Hotel**
Kandy Rd., Tel. 026/222 2605
Unten befindet sich eine laute Kneipe, doch oben sitzt man auf einer luftigen Terrasse, die bei Ausländern sehr beliebt ist. Das Essen ist einfach, doch es gibt immer gut gekühltes Bier. ●

◆ **Cosy**
15, Sirambiyadi Lane
Verlässliches Lokal mit breitem Angebot an nordindischen Fleisch- und Gemüsegerichten, dazu spezielle Tandooris und Brote (nur abends, wenn der Besitzer den Tandoori-Ofen anwirft). Einige chinesische Speisen, kein Alkohol. ●●

◆ **Malayan Café**
36–38, Grand Bazaar
Indische Thalis in einem traditionellen Lokal (s S. 14).

◆ **Rio's Ice Cream**
Hinter dem Nallur Kandaswamy Temple
Eine der besten Eisdielen in Jaffna; auch Eis mit ungewöhnlichen Geschmacksrichtungen. ●

AKTIVITÄTEN

Nachtleben, Einkaufstipps und Sport

Um den Urlaub aktiv zu gestalten, bietet Sri Lanka eine breite Vielfalt an Möglichkeiten, die aus der großen Diversität von Natur und Kultur entspringen. Auf kleinem Gebiet vereint die Insel verschiedenste Landschaften und eine große Vielfalt an Tieren, die sonst in Freiheit kaum zu sehen sind. Die Nationalparks sind gut erschlossen und können mit Rangern besucht werden, auch zur Vogelbeobachtung gibt es hier viele Gelegenheiten. An verschiedenen Küsten entwickelt sich die Walbeobachtung.

Neben traditionellen Sportarten wie Schwimmen, Tauchen, Schnorcheln und dem ebenfalls aufstrebenden Mountainbiking stehen einige Abenteuersportarten auf dem Programm. Dazu gehören Wildwasser-Rafting, Surfen und Ballonfahren. Und wer unbedingt will, kann auch bei der britischen Sportart Nummer Eins zuschauen, dem Kricket, das hier die Kinder auf der Straße spielen.

Kunst, Kultur und Nachtleben konzentrieren sich auf Colombo, wo auch die meisten Geschäfte zu finden sind, sieht man einmal von Souvenirläden ab. Aktuelle Informationen finden Sie beim Fremdenverkehrsamt (www.srilanka.travel) oder dem privaten Veranstaltungskalender (www.whatsup colombo.lk).

Nachtleben

Wer nach Einbruch der Dunkelheit rauschende Partys feiern will, ist in Sri Lanka fehl am Platz. Nur in Colombo findet man ein wenig von dem, was generell unter Nachtleben verstanden wird, und für eine Drei-Millionen-Stadt ist auch dieses bescheiden. Außerhalb der Hauptstadt gibt es noch einige Touristen-Strandmeilen, auf denen es aber in erster Linie um den Konsum von Alkohol geht. Manchmal werden für Touristen Strand- und Vollmondpartys veranstaltet.

AYURVEDA

Dem Ayurveda (»ayus« – [langes] Leben, »veda« – Wissen, s. S. 268) liegt ein Körper-Geist-Seele-Konzept zugrunde, das religiöser, philosophischer und physischer Natur zugleich ist. Grundannahme ist, dass alle lebendigen Formen, auch der menschliche Körper, aus den Elementen Erde, Wasser, Feuer, Luft und Äther (Raum) zusammengesetzt sind. In einem Menschen müssen sich die fünf Elemente in drei Kanälen (dosha) einer bestimmten Ordnung unterziehen. Leben im (menschlichen) Körper ist nur möglich, wenn diese drei dosha – vata, pitta und kapha –, die die fünf Elemente kanalisieren, sich im Gleichgewicht befinden. Vata vereinigt die Elemente Äther und Luft (Steuerung aller Lebensvorgänge). Pitta vereinigt Feuer und Wasser (Verdauungsprinzip). Kapha vereinigt Erde und Wasser (Formgebung).
Ayurveda unterteilt die Disziplinen wie die westliche Schulmedizin: Innere Medizin, Toxikologie, Epidemiologie, Gynäkologie, Pädiatrie, Chirurgie, Psychiatrie, Augenheilkunde. Aber welches Leiden ein Mensch auch hat: Ayurveda schreibt vor, dass eine Krankheit erst behandelt wird, nachdem die dosha gereinigt wurden. Diese Reinigung ist Grundlage jeder ayurvedischen Behandlung, im Westen unter dem Namen Pancha-Karma-Kur (»Die fünf Handlungen«) bekannt.
In zunehmender Zahl locken die alten Heilkünste ausländische Besucher nach Sri Lanka. Doch wer einen Urlaub mit einer Behandlung verknüpfen will, sollte genau prüfen, was am Zielort angeboten wird. Wem es nur um Stressabbau, entspannende Massagen und Kräuterbäder geht, der kann getrost das Angebot seines Touristenhotels nutzen.

Wissen vom Leben

Ayurveda ist integraler Bestandteil der Inselkultur. Sie stoßen daher überall auf seinen Einfluss und seine Produkte. Viele einheimische Waren – Toilettenartikel, Make-up, Nahrungsmittel, verdauungsfördernde Mittel – enthalten ayurvedische Zutaten. Eine Mundspülung aus munamal stärkt zum Beispiel das Zahnfleisch, mit Dill gekochte Limonen sollen Kopfschuppen entgegenwirken und Bombu-Stängel helfen, die Zähne sauber zu halten.
Das singhalesische Curry enthält dreizehn Kräuter und Gewürze: Rampe (Pandanul latifolia), Karapincha (Murraya kopenigii), Sera (Cymbopogon citratus), Zwiebel, Knoblauch, Chili, Limone, Gelbwurz (Kurkuma), Kümmel, Fenchel, Koriander, Bockshornkleesamen und Ingwer. Diese Zutaten sind gesund und verdauungsfördernd.

Sorgfältige Behandlung

Eine wachsende Zahl von Luxushotels bietet Betreuung durch ausgebildete Ayurveda-Spezialisten, Ärzte und Masseure an. Die Nachfrage ist so groß, dass mittlerweile Touristenhotels diesem Trend folgen und zumindest entspannende Massagen mit pflanzlichen Ölen ermöglichen. Ist Ihr Problem schwerwiegend, muss sehr sorgfältig und professionell behandelt werden. In diesem Fall empfiehlt es sich, genügend Zeit in die Suche nach dem geeigneten Ayurveda-Hotel zu investieren. Es gibt Hotels, die neben dem Ayurveda-Arzt auch Schulmediziner zu Rate ziehen.
Einige Adressen von Hotels mit bekanntermaßen guten Kurabteilungen und langjähriger Erfahrung finden Sie auf S. 11 und S. 16.

In Colombo

◆ **Clancy's Irish Pub & Restaurant**
29, Maitland Crescent, Colombo 7,
Tel. 011/537 8017.
Beliebtes Pub mit häufiger Livemusik
und DJs, Billardtischen und dem übli-
chen Kneipenessen.
◆ **Cricket Club Café**
34, Queen's Road, Colombo 3,
Tel. 011/250 1384.
In deren kleinen Bradman's Bar treffen
sich an vielen Abenden Ausländer und
mit ihnen befreundete Einheimische.
◆ **H2O**
447, Union Place, Colombo 2,
Tel. 011/537 4444.
Der größte und modernste Klub der
Stadt zieht die jungen und reichen
Hauptstadtbewohner an.
◆ **Kama**
32B, 1/1 Sir Mohamed Macan Markar
Mawatha, Colombo 3,
Tel. 011/233 9118.
Bar und Restaurant mit stimmungsvol-
lem Dekor und einer Lasershow. Hier-
hin kommen die Selbstdarsteller der
Hauptstadt, aber erst nach 22 Uhr.
◆ **The Library**
Cinnamon Lakeside Hotel, 115, Sir
Chittampalam A. Gardiner Mawatha,
Colombo 2, Tel. 011/249 1000.
Dieser eher traditionelle Nightclub
(tagsüber eine Bibliothek) bietet de-
zente Musik und elegante Atmosphäre.
◆ **Rhythm and Blues Bar**
Daily Villa Avenue, R.A. de Mel Mawa-
tha (Duplication Road), Colombo 4,
Tel. 011/536 3859.
Altbekannte Bar mit Livemusik.
◆ **Skky Bar**
42, Sir Mohamed Macan Markar Ma-
watha, Colombo 3, Tel. 077/552 3316.
Angesagte Bar im Freien auf dem Dach
des AA Buildings unweit des Galle
Face Green mit langer Cocktail-Karte.

Einkaufen

Beliebte Souvenirs

Sri Lanka bietet einige Gelegenheiten
zum Einkaufen. Natürlich befinden sich
die meisten Läden in Colombo, aber
vor allem Kandy ist bekannt für sein
Kunsthandwerk, und auch Galle entwickelt sich zu einer beliebten Einkaufs-
stadt.
Traditionelle Kunsthandwerk-Produkte
(s. S. 129) werden am liebsten gekauft,
vor allem die bunten hölzernen Kolam-
Masken. Diese werden meist in Ambalangoda hergestellt und verkauft. Andere Schnitzereien stellen Buddhas,
Fischer oder Elefanten dar. Ein ähnliches Angebot gibt es auch in Leder,
Lack und verschiedenen Metallen.

Gerne wird auch Tee gekauft. Manche
Supermärkte haben eine ganz gute
und preiswerte Auswahl, manchmal
sogar die seltenen, nicht gemischten
(unblended) Sorten (z. B. Cargills). Der
Teeproduzent Mlesna hat seine eigene
Ladenkette. Filialen gibt es im Colombo Hilton, Majestic City und Colombo
Hilton Residence, am Flughafen und
im City Centre von Kandy.
Groß ist das Angebot bei den Gewürzen. Diese kann man gut im Supermarkt oder einfachen Geschäften im
ganzen Land kaufen, während die Gewürzgärten zwar zeigen, welche Gewürze wie wachsen, aber für ihre Pa-
ckungen mindestens das Vierfache des
Preises verlangen.
Auch Kleidung ist im Angebot, die im
Land inzwischen für viele westliche
Labels produziert wird – nicht immer
zu akzeptablen Bedingungen. Eine
Überschussproduktion wird in örtlichen Läden und Märkten angeboten
(z. B. House of Fashions und Cotton
Collection), manchmal sind es auch
kopierte oder gefälschte Waren. Lokal
entworfene Mode ist in Läden wie
Odel, Barefoot und Cotton Collection
zu vernünftigen Preisen erhältlich. Es
sei darauf hingewiesen, dass Vertrieb,
Kauf und Import von gefälschten Mar-
kenprodukten strafbar ist.
Manche kaufen auch gerne Edelsteine
in Sri Lanka, obgleich das Risiko des
Betrugs groß ist, wenn man nicht zu
einem wirklich zuverlässigen Händler
geht. Weitere Informationen s. S. 133.
Auch »Antiquitäten« sind ein heikles
Thema. Sie werden definiert als Waren,
die älter als 50 Jahre sind, und dürfen
nur mit Genehmigung exportiert werden. Auch die Ausfuhr von Tier- oder
Meeresprodukten bedarf einer Lizenz.
Dazu gehören auch Muscheln und was
man sonst so am Strand findet. Nähere
Infos beim Fremdenverkehrsamt.

Kleidung

◆ **Arena**
338, T. B. Jaya Mawatha, Colombo 10,
Tel. 011/555 5338.
Die High Society Sri Lankas kauft in
diesem Laden für Designerkleidung,
Accessoires, Schuhe und Handtaschen.
◆ **Barefoot**
704, Galle Road, Colombo 3, Tel. 011/
258 9305, http://barefootceylon.com.
Exklusive Auswahl an modischer Kleidung, entworfen von der Künstlerin
und Designerin Barbara Sansoni. Dazu
eine Auswahl an Geschenken und ein
guter Buchladen. Im Innenhof gibt es
eine Galerie und ein Café. Filialen im
Dutch Hospital in Fort und in Nr. 41,
Pedlar Street in Galle.
◆ **Cotton Collection**
143, Dharmapala Mawatha, Colombo 7, www.cottoncollection.lk.
Ansprechende und preiswerte Kleidung in bunten Farben. In der Lederab-
teilung gibt es Taschen, Gürtel und andere Accessoires. Weitere Läden in
Colombo 7, in Majestic City (s. S. 165)
und im Hilton Hotel, Colombo 1.
◆ **House of Fashions**
R.A. de Mal Mawatha (Duplication
Road), Colombo 4.
Dieses Kaufhaus verkauft auf drei Eta-
gen internationale Marken zu günsti-
gen Preisen, ähnlich einem Outlet.
◆ **Odel**
5, Alexandra Place, abseits De Soysa
Circus (Lipton Circus), Colombo 7,
Tel. 011/268 2712, www.odel.lk.
Das bekannte Kaufhaus bietet De-
signerkleidung zu günstigen Preisen,
Bücher, Tee und allerhand Souvenirs.
Läden in den größeren Orten, z. B.:
38, Dickman's Road, Colombo 4;
Majestic City (s. S. 165); Crescat Boule-
vard, Colombo 3; 5, Hotel Road,
Colombo 10; am Flughafen und im
3. Stock, Kandy City Centre, Kandy.

EDELSTEINE UND SCHMUCK

Bewahren Sie die Kaufunterlagen
auf und beachten Sie, dass zur Ausfuhr von Edelsteinen, die Sie ge-
schenkt bekommen haben, je eine
Genehmigung des Controller of Exchange der Central Bank Colombo
und des Controller of Imports and
Exports, National Mutual Building,
Chatham Street, Colombo 1, erforderlich sind.
◆ **Colombo Jewellery Stores**
1, Alfred House Gardens, Colombo 3
Tel. 011/259 7584, www.cjs.lk
◆ **Hemachandra Brothers**
229, Galle Road, Colombo 3
Tel. 011/232 5147

◆ **Laksana**
30, Hospital Street, Galle
Tel. 091/381 8000
◆ **Sifani**
Galle Face Hotel, Galle Face Green
Colombo 3, Tel. 011/239 5044
www.sifani.com
Auch Läden im Galadari Hotel
Colombo 1, und 845, Peradeniya
Road, Kandy.
◆ **Zam Gems**
81, Galle Road, Colombo 4, Tel. 011/
258 9090, www.zamgems.com.
Weitere Läden u. a. im Cinnamon
Grand Hotel, Colombo 3 und in Kan-
dy, 548, Peradeniya Road.

Aktivitäten ♦ 305

Geschenke

♦ **Barefoot**
704, Galle Road, Colombo 3,
Tel. 011/258 9305, http://barefoot
ceylon.com (s. links).
♦ **Laksala Handicraft Emporium**
60, York Street, Colombo 1,
Tel. 011/232 9247.
Hauptladen der staatlichen Kette von Souvenirläden. Die Preise sind niedrig, die Qualität ist es auch.
♦ **Paradise Road**
213, Dharmapala Mawatha,
Colombo 7, Tel. 011/268 6025,
www.paradiseroad.lk.
Das kleine, modische Kaufhaus bietet Haushaltswaren, Dekoartikel und Souvenirs. Ein vergleichbarer Laden ist The Gallery Shop nahe dem Gallery Café in Nr. 2, Alfred House Road, Colombo 3.
♦ **LUV SL**
Dutch Hospital, Bank of Ceylon Mawatha, Colombo 1, Tel. 011/244 8873.
Ein Ableger der Odel-Kette (s. oben), verkauft z. T. ungewöhnliche Souvenirs und Accessoires. Filiale: Queen's Hotel Building, Dalada Vidiya, Kandy.

Bücher

♦ **Barefoot Bookshop**
704, Galle Road, Colombo 3, Tel. 011/258 9305, http://barefootceylon.com.
Der vielleicht beste Buchladen in Colombo. Kleinere Läden im Dutch Hospital in Fort und 41, Pedlar Street, Galle.
♦ **Vijitha Yapa Bookshop**
Unity Plaza, 376, Galle Road, Colombo 3, Tel. 011/259 6960.
Ordentliche Buchladenkette, auch in: Crescat Boulevard (s. unten) und 32, Thurston Road in Colombo, sowie in Negombo, Galle und Kandy.

Möbel

♦ **Olanda Furniture**
30, Leyn Baan Street, Galle Fort,
Tel. 077/368 7644
www.olandafurniture.com.
Nachbau historischer Möbel und Lampen. Versendet weltweit.
♦ **Sujeewa Arts & Reproductions**
460, Galle Road, Ambalangoda,
Tel. 091/225 7403.
Antiquitäten und nachgemachte alte Möbel. Anfertigung auch auf Kundenwunsch und Verschickung weltweit.

Einkaufszentrum

♦ **Crescat Boulevard**
Galle Road, Colombo 3.
Modernes Einkaufszentrum mit interessanten Läden wie der Buchhandlung Vijitha Yapa oder dem Teeladen Mlesna oder dem Supermarkt Keells.

Sport

Die meisten Sri Lanker interessieren sich nur für einen Sport: Kricket. Rugby ist auch populär, vor allem in der Gegend von Kandy.

Golf

Sri Lanka hat mehrere professionell betriebene Golfplätze in Colombo, Nuwara Eliya und Kandy. Die »Green Fees« sind relativ günstig.
♦ **Nuwara Eliya Golf Club**
Tel. 052/222 2835,
E-Mail: negolf@sltnet.lk
♦ **The Royal Colombo Golf Club**
Model Farm Road, Colombo 8,
Tel. 011/269 5431, www.rcgcsl.com
♦ **Victoria Golf Club**
Rajawella, Kandy, Tel. 081/237 6376, www.golfsrilanka.com (s. S. 15)

Mountainbiking

Diese Sportart erfreut sich zunehmender Beliebtheit. Mehrere Reiseveranstalter bieten Touren mit Guides an und verleihen Ausrüstung und Räder.
♦ **Adventure Sports Lanka**
366/3, Rendapola Horagahakanda Lane, Talangama, Koswatta, Tel. 011/279 1584, www.actionlanka.com
♦ **Eco-Team**
14, 1st Lane, Gothami Road,
Colombo 8, Tel. 011/583 0833,
www.srilankaecotourism.com
♦ **RideLanka**
7A, N.J.V. Cooray Mawatha, Rajagiriya, www.ridelanka.com

Wassersport und Wildwasser-Rafting

Das größte Wassersportzentrum ist Bentota, wo alles Mögliche von Bananenbooten über Jetskis bis zum Surfen geboten wird. Wildwasser-Rafting lohnt sich vor allem in Kitulgala am Fluss Kelani, im Bergland. Auch Kitesurfen wird beliebter, wobei Kalpitiya als bester Ort gilt.
♦ **Adventure Sports Lanka**
Tel. 011/279 1584,
www.actionlanka.com
♦ **Bar Reef Resort**
Alankuda Beach, Kalpitiya, Tel. 077/106 0020, www.barreefresort.com, www.alankuda.com
♦ **Ceylon Adventure**
Belilena Junction, Kitulgala,
Tel. 077/360 3723,
www.ceylonadventure.com
♦ **Rafters Retreat**
Kitulgala, Tel. 036/228 7598,
www.raftersretreat.com
♦ **Sunset Araliya Water Sports**
Galle Road, Kaluwamodara, Aluthgama, Tel. 034/227 2468, www.sunsetaraliyahotel.com
♦ **Sunshine Water Sports**
River Avenue, Aluthgama,
Tel. 077/794 1857

Wal- und Delfinbeobachtung

In den letzten Jahren hat sich Sri Lanka zu einer herausragenden Destination für das Beobachten von Walen und Delfinen entwickelt. Besonders gut sind Blauwale zu sehen. Wichtigster Ausgangsort ist Mirissa, wo die Saison von Dezember bis April reicht. Zudem kann man inzwischen auch Ausflüge in Uppuveli bei Trincomalee buchen, wo die Saison zwischen März/April und August/September liegt.
Pionier dieser Entwicklung war Mirissa Water Sports (s. unten). In Uppuveli empfehlen sich die Marinestation und das Chaaya Blu Hotel (s. S. 298).
♦ **Mirissa Water Sports**
Mirissa Harbour, Tel. 077/359 7731, www.mirissawatersports.com

Yoga und Meditation

Yoga und Meditation sind in Sri Lanka bei Weitem nicht so beliebt wie im benachbarten Indien. Hotels und Guesthouses bieten zunehmend Kurse sehr unterschiedlicher Qualität an. Rund um Kandy sind die meisten Meditationszentren des Landes zu finden.
♦ **Nilambe Meditation Centre**
Bei Galaha, etwa 22 km von Kandy, Tel. 077/780 4555 oder 077/781 1653, E-Mail: upulnilambe@yahoo.com.
Dieses etablierte Meditationszentrum liegt in den Bergen und bei Ausländern sehr beliebt. Im Preis sind einfaches vegetarisches Essen und Unterkunft enthalten.
♦ **Ulpotha.com**
Embogana, www.ulpotha.com.
In Ulpotha, einer Mischung aus Öko-Lodge und Yogazentrum, werden zwei-

wöchige Kurse mit internationalen Lehrern veranstaltet. Es gibt weder Kühlschränke noch Elektrizität; das Essen wird aus lokalen und biologischen Zutaten zubereitet. Nur die Hälfte des Jahres geöffnet. ●●●●●

Ökotourismus

Auch die Tourismusindustrie Sri Lankas hat sich nun dem Ökotourismus zugewandt und versteht darunter erst einmal die Nutzung der reichen Tier- und Pflanzenwelt, was Besucher anziehen soll. Industrie und Regierung setzen darauf, Sri Lanka als »Lunge der Erde« CO_2-neutral zu machen.
Im Zentrum des Ökotourismus befinden sich die Nationalparks und Reservate, die einen hohen Anteil an der Landfläche ausmachen. Einige der Gebiete sind für jeden Zugang gesperrt, andere sind auf Besucher eingestellt. Zu Letzteren gehören der dichte Regenwald von Sinharaja und der Nebelwald der Horton Plains genauso wie die tierreichen Savannen des Yala-Nationalparks und die von Flamingos bewohnten Lagunen von Bundala. Auch Küsten- und Wassergebiete sind geschützt, etwa die Korallengärten in Hikkaduwa und Nilaveli und die Strände von Rekawa und Kosgoda, wo Schildkröten ihre Eier ausbrüten.
Zu sehen sind z. B. Elefanten, Leoparden und Wale sowie zahllose Vögel. Einige Veranstalter haben sich auf Führungen in Wildgebieten spezialisiert. Zudem macht sich umweltfreundlicher Abenteuertourismus breit: Wandern, Radfahren, Wildwasser-Rafting, Ballonfahren und anderes.
Es gibt auch immer mehr Öko-Lodges und ökologisch orientierte Hotels, vom Fünfsternehotel Vil Uyuna (s. S. 297) bis hin zu rustikalen Herbergen.

Veranstalter

◆ **Eco-Team**
Tel. 011/583 0833,
www.srilankaecotourism.com.
Eine kleine Gruppe von Naturliebhabern bietet Wandertouren, Mountainbiking, Regenwalderkundungen, Safaris und Hilfsprogramme in Naturschutz- und Schildkrötenstationen an.
◆ **Jetwing Eco Holidays**
Tel. 011/238 1201,
www.jetwingeco.com.
Hier sitzen die Pioniere des Ökotourismus, die immer noch gute Programme und Ausrüstungen anbieten sowie kundige Führer haben.
◆ **Sri Lankan Expeditions**
Tel. 077/359 5411,
www.srilankanexpeditions.com.
Spezialisiert auf Tierbeobachtung, Abenteuerausflüge und Ökoferien.
◆ **Expeditor**
Saranankara Road, Kandy, Tel. 081/490 1628, www.srilankatrekkingexpeditor.com.
Sumane Bandara Illangantilake und sein Team bieten ausgezeichnete Wanderungen der Knuckles Range, dazu Besuche von Veddah-Dörfern, Nationalparks und anderen Orten an.
◆ **Kulu Safaris**
Tel. 037/493 1662,
www.kulusafaris.com.
Luxuriöse Übernachtungen auf Safaris in südafrikanischen Zelten mit Doppelbetten, Duschen und Toiletten. Derzeitige Ziele: Yala und Wilpattu.

Übernachtungsmöglichkeiten

◆ **Aranya**
Piliyandala, Katagarama, Tel. 011/261 5645, www.aranyayala.net.
Kleines Öko-Resort, das von dem einstigen Kricketstar Hashan Tillakaratne betrieben wird und sich nur wenig außerhalb des Yala-Nationalparks befindet. Unterbringung in vier Hütten und einem Baumhaus, guter Pool. ●●●
◆ **Boulder Garden**
Koswatta, Kalawana, bei Sinharaja, Tel. 045/225 5812,
www.bouldergarden.com.
Boutique-Ökohotel mit Freiluft-Restaurant unter einem Felsüberhang und geräumigen Zimmern mit Steinwänden und Balkondecken. ●●●●●
◆ **Kumbuk River**
Buttala, Tel. 011/452 7781,
www.kumbukriver.com.
Ein exklusives Öko-Versteck in Form eines 12 m hohen Elefanten, das einen World Travel Award als eines der besten Ökohotels der Welt erhielt. ●●●
◆ **Rainforest Edge**
Waddagala, nahe Regenwald Sinharaja, Tel. 045/225 5912,
www.rainforestedge.com.
Von der Anlage genießt man gute Ausblicke über Teeplantagen und den Regenwald von Sinharaja. Sieben rustikale Zimmer, Teich mit Wasserlilien. Energie wird durch Solarzellen erzeugt, Obst und Gemüse werden biologisch angebaut. ●●●●●
◆ **Samakanda**
Nakiyadeniya, nahe Galle, Tel. 077/742 4770, www.samakanda.org.
Das vom Naturschützer Rory Spowers geleitete Samakanda ist eine Bio-Farm mit Schule für nachhaltige Landwirtschaft. Drei rustikale Bungalows und Bio-Küche (s. S. 185). ●●●–●●●●

Nationalparks

Die Eintrittspreise in die Nationalparks reichen von 10 bis 15 US$ pro Person. Hinzu kommen eine »Service Charge« von etwa 8 US$ pro Gruppe für den Ranger, der sie begleitet, sowie Steuern, die den Gesamtbetrag auf rund 30 US$ pro Person bringen. Das Fahrzeug, meist ein Jeep, der im Park, aber auch in nahen Hotels gebucht werden kann, kostet zusätzlich: Etwa 40 US$ muss man für einen Jeep mit Fahrer für einen halben Tag rechnen. Nur an genau bezeichneten Stellen darf man im Park aus dem Jeep aussteigen. Die besten Zeiten, eine Fahrt zu beginnen, sind morgens um 6.30 Uhr und nachmittags nach 15.30 Uhr.
Im Prinzip darf man auch in Hütten oder Zelten im Park übernachten, doch die Preise, die die Parkverwaltungen dafür erheben, sind beträchtlich: über 100 US$ pro Person. Reservierungen über: Department of Wildlife Conservation (811A, Jayanthipura Road, Battaramula, Tel. 011/288 8585) oder über eine lokale Reiseagentur, die dann die Ausrüstung zur Verfügung stellt.

Infos von A–Z ◆ 307

INFOS VON A–Z

Wichtige Informationen von Banken bis Zoll

Banken

Banken sind 9–17 Uhr geöffnet. Viele verfügen über Bargeldautomaten (ATM, Automatic Teller Machine). Die günstigsten Wechselkurse erhalten Sie am Flughafen (s. auch Geld, S. 308).
◆ **Grindlays Standard Chartered Bank,** Head Office, 37, York Street, Colombo 1, Tel. 011/244 6150
◆ **Hong Kong & Shanghai Bank,** Head Office, 24, Sir Baron Jayatilaka Mw., Colombo 1, Tel. 011/232 5435
◆ **Citibank,** 65 C, Dharmapala Mw., Colombo 7, Tel. 011/479 4700 oder 244 7316
◆ **Deutsche Bank,** Head Office, 86, Galle Road, Colombo 3, Tel. 011/244 7062

Behinderte

Behinderte finden auf Sri Lanka eine schlechte Infrastruktur vor. Nur wenige Fünfsternehotels haben Einrichtungen für Rollstuhlfahrer. Es empfiehlt sich, einen Wagen mit Chauffeur zu mieten.

Bettler

Bettler gehören zum asiatischen Alltag – nicht selten organisiert von professionellen Banden, die v. a. in Colombo ihr Unwesen treiben. Bedürftige freuen sich auch über Essensspenden.

Diplomatische Vertretungen

In Deutschland

◆ **Botschaft der Republik Sri Lanka,** Niklasstr. 19, 14163 Berlin, Tel. 0 30/80 90 97 49, Fax 80 90 97 57, info@srilanka-botschaft.de, www.srilanka-botschaft.de
◆ **Generalkonsulat,** Lyoner Str. 34, 60528 Frankfurt/M., Tel. 069/66 05 39 80, Fax 66 05 39 899, info@srilanka-konsulat.de, www.srilanka-konsulat.de

In Österreich

◆ **Botschaft der Republik Sri Lanka,** Weyringergasse 33, 1040 Wien, Tel. 0431/50 37 988, Fax 50 37 993, embassy@srilankaembassy.at, www.srilankaembassy.at

In der Schweiz

◆ **Generalkonsulat der Republik Sri Lanka,** 56, rue de Moillebeau, 1211 Genf 19, Tel. 0 22/9 19 12 51, Fax 7 34 90 84, consulate@lanka mission.org, www.lankamission.org

In Sri Lanka

◆ **Deutsche Botschaft,** 40, Alfred House Avenue, Colombo 3, Tel. 011/258 0431, Fax 258 0440, info@colombo.diplo.de, www.colombo.diplo.de
◆ **Österreichisches Honorarkonsulat,** 424, Car Mart Building, Union Place, Colombo 2, Tel. 011/269 1613, 269 3494, Fax 269 8382, austriacon@sltnet.lk
Die Botschaft befindet sich in Indien (EP-13, Chandragupta Marg, Chanakyapuri, New Delhi 110 021, Tel. 00 91/11/2419 2700, Fax 2688 6929, new-delhi-ob@bmeia.gv.at, http://www.bmeia.gv.at/botschaft/new-delhi.html).
◆ **Schweizerische Botschaft,** 63, Gregory's Road, Colombo 7, Tel. 011/269 5117, Fax 269 5176, col.vertretung@eda.admin.ch, www.eda.admin.ch/colombo

Einreisebestimmungen

Deutsche, Österreicher und Schweizer benötigen seit dem 1.1.2012 für die Einreise ein kostenpflichtiges Visum. Dieses kann auf der Webseite www.eta.gov.lk, bei einer sri-lankischen Auslandsvertretung oder über den Reiseveranstalter beantragt werden. Gegen Aufpreis (5 US$) bekommt man das Visum auch bei der Einreise am Flughafen, allerdings ist mit langen Wartezeiten zu rechnen. Die Gebühr für ein Besuchs- oder Geschäftsvisum für eine Gültigkeit von 30 Tagen beträgt 20 US$. Voraussetzung: Der Reisepass muss noch 6 Monate über das geplante Ausreisedatum gültig sein. Eine Verlängerung ist in Ausnahmefällen möglich. Dazu wende man sich an das Department of Immigration und Emigration (45, Ananda Kumaraswamy Mawatha, Colombo 8, adcvisa@immigration.gov.lk). Gehen Sie drei bis fünf Tage vor Visumsablauf zur Verlängerung, nicht erst am letzten Tag. Die Angelegenheit dauert mehrere Stunden.

Edelsteine

Sri Lanka gehört weltweit zu den wichtigsten Zentren für Edelsteinfunde. Am wertvollsten sind die Saphire, die es hier in allen Farben gibt: Weißer Saphir, Blauer Saphir, Sternsaphir, Rosa Saphir. Von großem Wert sind auch Kurunde. Die Rubine können blutrot oder bordeauxrot sein. Hervorzuheben ist der Sternrubin. Mondsteine (s. S. 132) werden am häufigsten gefunden und sind oft hellblau und von hervorragender Qualität.

STECKBRIEF POLITIK

◆ **Staatsform:** Demokratische Sozialistische Republik
◆ **Staatsorgane:** Einkammerparlament mit 225 Abgeordneten (196 werden direkt vom Volk gewählt, 29 nach Parteienproporz bestimmt), Legislaturperiode 6 Jahre
◆ **Staatsoberhaupt:** Präsident, vom Volk gewählt, Amtszeit 6 Jahre

308 ◆ **Reiseservice**

Achten Sie beim Edelsteinkauf auf seriöse Beratung und kaufen Sie nicht, wenn man Sie dazu drängen will. Verlangen Sie eine Expertise und eine Rechnung. Die Echtheit der erstandenen Juwelen überprüft die staatliche **National Gem and Jewellery Authority**, 25, Galle Face Terrace, Colombo 3, www.srilankagemautho.com.

Elektrizität

50 Hertz Wechselstrom bei 230/240 Volt. Die Steckdosen sind dreipolig. Westliche Adapter sind selten und deshalb mitzubringen. Die Stromversorgung bricht relativ häufig zusammen.

Feiertage

Das **Sri Lanka Tourist Board** veröffentlicht einen Veranstaltungskalender, der die wichtigen Feiertage und Feste auflistet. Reisen über die Insel können dann beschwerlich sein, denn die Busse und Züge halten an Feiertagen die Fahrpläne nicht ein, sind überfüllt oder Verbindungen werden (häufig) gestrichen.

Poya (Vollmond-) und sonstige öffentliche Feiertage:

◆ 14. Januar: **Thai-Pongal-Fest**
◆ Januar-Vollmond **Duruthu**
◆ 4. Februar: Nationalfeiertag **Maha Sivarathri**
◆ März-Vollmond **Medin**
◆ März/April: Karfreitag
◆ April: Neujahr der Tamilen und Singhalesen
◆ April-Vollmond **Bak**
◆ 1. Mai: Maifeiertag
◆ 22. Mai: Heldengedenktag
◆ Mai: Vollmond **Vesak**; Buddhas Geburtstag, Erleuchtung und Tod
◆ Juni: **Id al-Alha** (Hadsch nach Mekka); Vollmond **Poson**
◆ Juli-Vollmond **Esala**
◆ August-Vollmond **Nikini**
◆ September: **Milad-un-Nabi** (Geburtstag des Propheten); Vollmond **Binara**
◆ Oktober-Vollmond **Vap**
◆ November: **Deepavali**; Vollmond **Il**
◆ Dezember: Vollmond **Unduvap**; 25. Weihnachten; 31. Bank Holiday

FKK

FKK und »oben ohne« sind auf Sri Lanka bei Strafe verboten. Für einheimische Mädchen und Frauen ist es undenkbar, sich am Strand im Badeanzug oder Bikini zu zeigen, sie baden voll

bekleidet im Sarong. Sie sollten sich an das FKK-Verbot halten, sonst können Sie ernste Unannehmlichkeiten bekommen: Entweder die Polizei kommt oder die Beach Boys rücken Ihnen zu Leibe.

Fotografieren

Filme und Kameras können bei der Ankunft im Duty-free-Shop des Flughafens und in Fotogeschäften Colombos gekauft werden. Speicherchips für Digitalkameras gibt es in fast jedem Fotoladen. Reparaturen führt Heladiva Camera Repairs (Cross Street, Pettah) durch, wo man auch Zubehör erwerben kann. Da hohe Temperaturen und Feuchtigkeit die Kamera strapazieren, sollte man sie mit einem Beutelchen Silica-Gel lagern.

Frauen allein unterwegs

In Sri Lankas wird man Sie nach der Art, wie Sie sich kleiden, einschätzen und behandeln. Wenn Sie davon absehen, provozierende Kleidung zu tragen, dürfte Sie eigentlich niemand belästigen. Doch an touristischen Stätten und besonders an den Stränden wird Frauen oft unerbetene Aufmerksamkeit von »Beach Boys« (s. »Sextourismus«, S. 311) zuteil. Am besten geht frau weg, meidet den Kontakt und sagt nichts. Sie sollten auch keine fremden Männer mit Blicken bedenken. Keinesfalls sollte frau im Dunkeln allein unterwegs sein. Nehmen Sie keine Trishaw, sondern ein Taxi eines verlässlichen Unternehmens. Hüten Sie sich vor privaten Angeboten, Sie irgendwohin zu fahren.
In überfüllten Bussen oder Zügen kann es geschehen, dass Sie begrapscht werden. Lenken Sie die Aufmerksamkeit auf den Täter und sein Verhalten.

Geld

Währung

Die sri-lankische Rupie (Rs.) unterteilt sich in 100 Cents. In Umlauf sind Münzen zu 1, 2, 5 und 10 Rs. sowie Scheine zu 10, 20, 50, 100, 500, 1000, 2000 und 5000 Rs.
Es empfiehlt sich, kleine Scheine und Münzen bereitzuhalten; gerade Trishaw-Fahrer oder kleinere Geschäfte sind mit einer 100-Rupien-Note oft überfordert. Oder sie geben einfach den Differenzbetrag nicht mehr heraus. Der Ausdruck *lakh* bezeichnet die Summe 100 000, häufig auf Geld bezogen: 1 Lakh = 100 000 Rupien.

Devisen

Falls Sie einen größeren Geldbetrag einführen (s. auch »Zoll«, S. 313), sollten Sie diesen deklarieren. Heben Sie das Formular gut auf. Wenn Sie Devisen in Rupien wechseln, wird die Transaktion auf dem Formular vermerkt oder Sie erhalten eine Quittung. Werfen Sie Formular oder Quittungen nicht weg, denn Rupien dürfen nicht ausgeführt werden, und ohne Nachweise werden Beträge nicht zurückgewechselt.

Kreditkarten

Die meisten großen Hotels, Restaurants und Einkaufszentren akzeptieren Kreditkarten. Vorsichtshalber sollten Sie aber auch etwas Bargeld mitnehmen. Hier und da wird versucht, eine Zuschlagsgebühr auf Ihre Karte zu erheben. Da dies illegal ist, sollten Sie sich dagegen wehren.
◆ **Zentraler Sperrnotruf:**
Tel. 00 49/116 116

Geldwechsel und Banken

In allen größeren Orten gibt es Banken mit Geldautomaten. Wo das Cirrus/Maestro-Zeichen aufgeführt ist, können Sie mit der EC-Karte Geld ziehen. Die Gebühren sind jedoch sehr hoch. Alle Geschäftsbanken und viele Hotels dürfen Geld wechseln. Hotels bieten häufig schlechtere Kurse. Reisechecks erzielen schlechte Wechselkurse als Banknoten. Ihre Einlösung dauert aber lange, so dass Reisechecks kaum noch Verwendung finden.

Gesundheit

In Sri Lanka ist die direkte Einstrahlung der Tropensonne intensiv, und die pralle Sonne sollte besonders am Nachmittag gemieden werden. Wählen Sie Sunblocker oder Sonnenschutzmittel mit hohem Schutzfaktor (von zu Hause mitbringen). Tragen Sie zur Mittagszeit einen Hut. Bei Verdacht auf einen Sonnenstich sollten Sie sofort einen Arzt aufsuchen.

Allgemeine Tipps

◆ Halten Sie Ihre Hände so sauber wie möglich. Trinken Sie nur gut abgekochtes Wasser. Greifen Sie im Zweifelsfall auf Mineralwasser in geschlossenen Flaschen zurück. Besondere Vorsicht ist bei Eiswürfeln geboten. Rohe Salate, Gemüse und Obst müssen mit abgekochtem Wasser gewaschen sein.

Infos von A–Z ♦ 309

♦ Schlangenbisse: Sri Lankas Krankenhäuser verfügen über jedes erdenkliche Gegengift.
♦ Bei einem Skorpionstich gilt: verletztes Körperteil nicht mehr bewegen und den Stich sofort kühlen, zum Arzt und ein Gegenmittel einnehmen.

Homosexualität

Homosexualität wird in Sri Lanka gesetzlich verfolgt. Wer seine Neigung diskret auslebt, wird keine Probleme haben. Zeichen der Zuneigung, ob homo- oder heterosexuell, gehören in Sri Lanka nicht in die Öffentlichkeit.

Impfungen und Krankenversicherung

Impfungen

Impfnachweise sind nicht erforderlich, sofern Sie sich in den letzten 14 Tagen vor der Einreise nicht in Infektionsgebieten aufgehalten haben. Impfungen zum Schutz vor Hepatitis A und B, Tetanus, Diphterie und Kinderlähmung sind jedoch sinnvoll.
Die vom Arzt empfohlene Malaria-Prophylaxe muss eine Woche vor der Ankunft begonnen und bis mindestens zwei Wochen nach der Rückkehr fortgesetzt werden (je nach Medikament).

Krankenversicherung

Die Kosten für eine ärztliche Behandlung sind sehr gering, manchmal ist diese sogar gratis. Lassen Sie sich eine komplette Rechnung ausstellen. Es empfiehlt sich, eine Reisekrankenversicherung inkl. medizinisch notwendigem Rücktransport abzuschließen.

Infoadressen

Zurzeit unterhält Sri Lanka keine Fremdenverkehrsämter in Deutschland, Österreich und der Schweiz. Reiseinfos:
♦ **Auswärtiges Amt**
11013 Berlin, Tel. 030/5 00 00, www.auswaertiges-amt.de

In Sri Lanka

♦ **Sri Lanka Tourist Board**
80, Galle Rd., (gegenüber Crescat Boulevard), Kollupitiya, Colombo 3, Tel. 011/242 6900, Tel. 1912 (innerhalb Sri Lankas), www.srilanka.travel
♦ **Zweigstelle** in der Lobby des Bandaranaike International Airport, Tel. 011/225 2411. Infomaterial, empfohlene Unterkünfte *(Accomodation*

Guide), Beratung, Buchung von Stadtrundfahrten und geführten Touren.
♦ **Sri Lanka Tourist Board**
16, Deva Veediya, Ende der Srimath Bennet Soysa Veediya (Colombo St.), Kandy, Tel. 081/222 2661
♦ **Sri Lanka Tourist Board**
Negombo, 12/6, Ethukala, Lewis Place, Negombo (kein Telefon)

Im Internet

♦ http://de.wikipedia.org/wiki/Sri_Lanka
Informativer Lexikoneintrag
♦ www.srilanka.travel
Informationen des Tourismusministeriums in Colombo (Englisch)
♦ www.destination-asien.de/srilanka
Rudimentäre Informationen des früheren Fremdenverkehrsamts
♦ www.sri-lanka-board.de
Internet-Forum für Sri Lanka-Freunde
♦ www.sai.uni-heidelberg.de/abt/intwep/zingel/lanka-so.htm
Landeskundliche Infos des Südasien-Instituts der Uni Heidelberg
♦ www.goethe.de/srilanka
Das Goethe-Institut in Colombo
♦ https://www.cia.gov/library/publications/the-world-factbook/geos/ce.html
CIA-World-Factbook (engl.)
♦ Englischsprachige Tageszeitungen online: www.island.lk; www.dailynews.lk; www.tamilnet.de

Reiseagenturen

♦ **JF Tours and Travel**
88, Havelock Rd., Colombo 5, Tel. 011/258 9402, Fax 258 0507, inquiriesjft@sltnet.lk, www.jftours.com. Buchung von Fahrten im Zug »Viceroy«.
♦ **Bernard Tours & Travels**
86-2/1, Chatham St., Colombo 1, Tel. 011/471 4605, bernardtours@sltnet.lk, www.bernardtours.com
♦ **Jetwing Travels**
46/26, Navam Mawatha, Colombo 2, Tel. 011/234 5700, Fax 234 5725, inquiries@jetwingtravels.com, www.jetwingtravels.com

Internet und E-Mail

Die meisten **Kommunikationsbüros** bieten einen Computer- und E-Mail-Service an; abgerechnet wird nach Kilobytes (etwa 1000 KB für 25 Rs.). Zudem gibt es viele **Cyber- und Internetcafés**. Fragen Sie im Hotel nach dem nächstgelegenen Internetcafé. Viele Hotels verfügen über ein **Business Centre**, das den Gästen Schreibdienste, Fax und E-Mail anbietet.

Kinder

Sri Lanker lieben Kinder – Reisen mit Kindern eröffnet deshalb rasche Kontakte mit Einheimischen. Restaurants und Hotels sind bestens auf Kinder eingestellt. In den Supermärkten der größeren Städte sind Babynahrung und Windeln erhältlich, Trinkflaschen hingegen sollten mitgebracht werden. Baumwollkleidung für Kinder ist in allen Größen preiswert erhältlich.

Klima und Reisezeit

Sri Lankas Klima ist tropisch, aber sehr vielfältig. Innerhalb nur eines Tages gelangt man aus tropischer Hitze in kühles, dunstiges Bergland oder in eine heiße Trockenzone. Die Einheimischen teilen ihr Land in die Feuchtzone *(wet zone)* und die Trockenzone *(dry zone)* ein. Im Norden gibt es eine dritte, die sog. Dörrzone. Die sandigen Böden dort sind unfruchtbar.

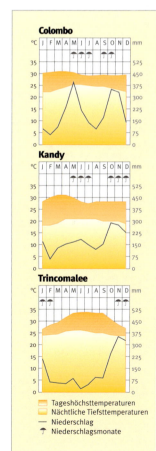

Eine klimatische Besonderheit ist, dass die Insel im Schnittpunkt von Nordost- und Südwestmonsun liegt. Der Südwestmonsun **Yala** trägt von Mai/Juni bis August/September Regen vom Indischen Ozean heran. Während dieser Zeit sind die Meeresströmungen oft sehr aufgewühlt, und Schwimmen ist nicht ratsam – selbst die Fischer fahren dann nicht hinaus.

Der Nordostmonsun **Maha** bläst in den Wintermonaten Oktober/November bis Januar/Februar aus der Bucht von Bengalen herein. Teile des Hochlands wie Nuwara Eliya liegen im Niederschlagsgebiet sowohl des Yala als auch des Maha. Wenn im Nordosten Sri Lankas Monsun herrscht, scheint auf der Südwestseite die Sonne und umgekehrt. An der niedrig gelegenen Südküstenregion steigen die Temperaturen zuweilen bis auf 36 °C, doch dank der Meeresbrise wird dort die Hitze nicht als so drückend empfunden wie in der Trockenzone des Kulturellen Dreiecks, wo 38 °C keine Seltenheit sind. In den Bergregionen sinken die Temperaturen während der Wintermonate gelegentlich sogar unter die Nullgrad-Grenze. Landesdurchschnittswerte: in den flacheren Gebieten um 27 °C. Wassertemperatur das ganze Jahr über ebenfalls 27 °C. Berg- und Hochland: Kandy (500 m ü. M.) 20 °C; Nuwara Eliya (1890 m ü. M.) 16 °C.

Literaturtipps

Sri Lankas Literatur ist überwiegend englischsprachig. In Deutsch erhalten Sie neben Reiseführern vor allem die Bücher von Michael Ondaatje.

Geschichte und Politik

◆ De Silva, K. M.: **A History of Sri Lanka** (2005). 782 Seiten dicke Darstellung der Geschichte Sri Lankas.

STECKBRIEF GEOGRAFIE

◆ **Lage:** 5°55'–9°55' nördl. Breite, 79°42'–81°52' östl. Länge, 650 km nördl. des Äquators; max. Länge 435 km, max. Breite 225 km
◆ **Fläche:** 65 525 km^2
◆ **Küstenlinie:** ca. 1330 km
◆ **Höchster Berg:** Pidurutalagala (2524 m)
◆ **Längster Fluss:** Mahaweli Ganga (335 km)
◆ **Einwohner:** 20,3 Mio.
◆ **Bevölkerungsdichte:** 323 Einw./km^2

◆ Knox, Robert: **An Historical Relation of Ceylon.** Knox' (s. S. 48) Beschreibung des Königreichs Kandy war ein großer Bucherfolg (antiquarisch).
◆ Deraniyagala, S. U.: **Prehistory of Sri Lanka I & II.** Ein wenig schwülstig, doch eines der wichtigsten Werke zur Geschichte (nur antiquarisch).
◆ McGowan, William: **Only Man is Vile** (1993). Mischung aus Geschichte, Reisebericht und Reportage; sucht die Schuld für die politischen Spannungen bei der singhalesischen Elite und den britischen Kolonialisten (antiquarisch).
◆ Meadows, Mark Stephen: **Tea Time with Terrorists: A Motorcycle Journey into the Heart of Sri Lanka's Civil War** (2010). Interessanter Bericht über eine Reise durch die Kriegszone.
◆ Ondaatje, Christopher: **The Man Eater of Punanai** (2006). Der Bruder des berühmten Autors erzählt u. a. über eine Leopardenjagd.
◆ Spowers, Rory: **A Year in Green Tea and Tuk-tuks** (2007). Unterhaltsame Darstellung über den Versuch des Autors, eine Ökofarm in den Hügeln nördlich von Galle zu etablieren.
◆ Subramanian, Nirupama: **Sri Lanka: Voices from a War Zone** (2005). Eloquente Beschreibung der Kriegsjahre.

Belletristik

◆ de Kretzer, Michelle: **Der Fall Hamilton** (Unionsverlag, Zürich 2008). Krimi aus der britischen Kolonialzeit.
◆ Ganeshananthan, Vasugi V.: **Die Liebesheirat** (btb, München 2010). Yalini, Tochter sri-lankischer Einwanderer in den USA, wird mit Familiengeheimnissen konfrontiert.
◆ Gunesekera, Romesh: **Riff** (Unionsverlag, Zürich 1998). Geschichte über das Erwachsenwerden eines Jungen in den ersten Jahren der Unabhängigkeit.
◆ Gunesekera, Romesh: **Am Rand des Himmels** (Bloomsbury Verlag eBook, Berlin 2010). Abenteuerroman.
◆ Ferrey, Ashok: **Colpetty People** (Perea, 2006). Kurzgeschichten mit großem Einblick in die Gesellschaft.
◆ Ondaatje, Michael: **Es liegt in der Familie** (dtv, München 1997). Brillanter und humorvoller Bericht über die Rückkehr des Autors nach Sri Lanka.
◆ Ondaatje, Michael: **Anils Geist** (dtv, München 2001). Ondaatjes Meisterwerk schildert die Grauen des Bürgerkriegs. Erschreckend und anrührend.
◆ Ondaatje, Michael: **Katzentisch** (Hanser, Müchen 2012). Die abenteuerliche Schiffsreise dreier Knaben von Sri Lanka nach Europa.
◆ Schmidt, Eberhard: **Liebe und Tod in Colombo** (Schardt, Oldenburg 2011). Der Journalist Robert Orlow reist nach Sri Lanka, um seine ver-

schwundene Frau Aruni zu suchen, und gerät in die Wirren der Bürgerkriegs.
◆ Selvadurai, Shyam: **Die Zimtgärten** (Goldmann, München 2002). Der Roman führt in das Ceylon der 1920er-Jahre, eine Periode des Umbruchs.
◆ Selvadurai, Shyam: **Funny Boy** (Fischer TB, Frankfurt 1999). Einfühlsame Schilderung einer Jugend in Sri Lanka.
◆ Spittel, R. L.: **Savage Sanctuary** (1941). Der Autor lebte lange Zeit mit Sri Lankas Ureinwohnern, den Veddha, zusammen (nur antiquarisch).
◆ Muller, Carl: **Colombo** (2003). Mischung aus Geschichte, Reportage und Fiktion. »Jam Fruit Tree« und »Yaka-de-Yaka« heißen die anderen Bände der Trilogie über eine Burgher-Familie.
◆ Woolf, Leonard: **Das Dorf im Dschungel** (Qumran, Frankfurt 1982). Der Roman spielt um 1900 in einem isolierten Bauerndorf (antiquarisch).

Lektüre für Touristen

◆ Kautzsch, Eberhard: **A Guide to the Waterfalls of Sri Lanka** (1985). Ein hübscher und ungewöhnlicher Reiseführer (nur antiquarisch).
◆ Trekking Unlimited of Colombo: **Trekkers Guide to Sri Lanka.** Wege durch Reisfelder und Teeplantagen, zu Tempeln und Staubecken; Stadtrundgänge in Kandy, Galle und Colombo.
◆ Lever Brothers Cultural Conservation Trust: **The Thorana Guide to Sri Lanka** (1979). Reich an interessanten Materialien zu Tempeln und alten Gebäuden (nur antiquarisch).
◆ **The Linc.** Kostenloses Magazin der Lankan International Community (linc@sri.lanka.net), das einen guten Überblick über die Feste der Insel gibt.
◆ **Travel Lanka** und **Sri Lanka entdecken** sind kostenlose Publikationen, die auf Events hinweisen.
◆ **Sri Lanka,** Polyglott-Reiseführer (München 2006/2007) zu allen Sehenswürdigkeiten der Insel.

Natur

◆ Sarath, Kotagama und Prithiviraj: **A Field Guide to the Birds of Sri Lanka** (1994). Farbig illustrierter Vogelführer.
◆ Gehan De Silva Wijeyaratna u. a.: **Birds of Sri Lanka** (2003). Handliches Vogelbestimmungsbuch.
◆ de Zoysa, Neela und Rahem, Rhyana: **Sinharaja: A Rainforest in Sri Lanka.** Beschreibung der Flora und Fauna von Sinharaja und Umgebung.

Verschiedenes

◆ Sansoni, Barbara: **Viharas and Verandas** (1980). Die Designerin hat viele Architekten inspiriert.

Infos von A–Z ◆ 311

◆ Fernando, Nihal: **A Personal Odyssey** (1997). Bildband das auf Sri Lanka spezialisierten Fotografen.
◆ Püschel, Gerd (Hrsg.): **Der schönste Ort auf Erden. Reisende erzählen von Sri Lanka** (2005). Gesammelte Reiseberichte (nur antiquarisch).
◆ Robson, David: **Geoffrey Bawa: The Complete Works** (2002). Bildband zur Arbeit des Stararchitekten.
◆ Schiller, Bernd: **Zum Tee am Teich der roten Lotusblüten. Impressionen aus Sri Lanka** (Picus Verlag, Wien 2011). Gewitzte und kenntnisreiche Reportagen über Sri Lanka.

Maßeinheiten

Seit 1981 gilt das metrische System. Die Markierungssteine der Straßen stiften Verwirrung, da in den 1980er-Jahren die meisten Hauptstraßen mit Kilometer-, doch Nebenstraßen mit Meilenangaben versehen wurden.

Medizinische Versorgung

Die meisten Hotels können Ihnen einen Arzt empfehlen, auch die Botschaften führen Ärztelisten. Ärztliche Hilfe findet man in Privatkrankenhäusern und im staatlichen **Colombo General Hospital**, Tel. 011/269 1111. Staatliche Krankenhäuser gibt es auch in Kandy, Negombo und Galle.

Notrufnummern

◆ **Polizei:** Tel. 011/243 3333
◆ **Feuerwehr und Ambulanz:** Tel. 011/242 2222
◆ **Hilfe bei Unfällen** (Accident Service): Tel. 011/269 1111

Öffnungszeiten

◆ Die meisten **Ämter** und **Verwaltungsstellen** sind Mo–Fr 8.30 bis 16.30 Uhr geöffnet.
◆ **Banken** (s. S. 307)
◆ **Geschäfte** öffnen i. A. Mo–Fr und Sa 10–18 Uhr, So z. T. bis 14 Uhr. In Colombo gibt es Läden, die rund um die Uhr offen sind.
Geschäfte und Banken sind an öffentlichen und Poya-Feiertagen geschlossen.

Post

Postämter haben werktags 7 bis 17/18 Uhr und samstags 9–18 Uhr geöffnet. Am bequemsten und sichersten verschickt man seine Post über den Hotelservice. Erkennbare Urlauberpost wird schneller bearbeitet. Alle Pakete nach Übersee sollten das grüne Zolletikett tragen, auf dem Inhalt und Wert vermerkt sind.
Das **General Post Office** in Colombo (Janadhipathi Mw., Tel. 011/242 1781) ist rund um die Uhr geöffnet. Es gibt einen Touristenschalter, der eine schnelle Abfertigung bietet.
Streckenweise ist die Post eher unzuverlässig. Wichtige Sendungen sollten daher per Einschreiben verschickt, noch besser, einem Bekannten mit dem Flugzeug mitgegeben werden.
Versanddienste:
◆ **DHL**, 148, Vauxhall St., Colombo 2, Tel. 011/230 4304, www.dhl.com.lk
◆ **FedEx**, 93 Chatham St., Colombo 2, Tel. 011/454 4357, www.fedex.com

Reisegepäck

Kleidung

In der Hitze des Flachlands ist Kleidung aus Baumwolle oder leichten Naturfasern wie Leinen ideal. Berücksichtigen Sie, dass knappe Röcke und kurze Hosen in einer konservativen Kultur nicht gern gesehen sind. Ins Gepäck gehören Sonnenhut und eine gute Sonnenbrille, außerdem Sandalen oder leichtes Schuhwerk. Wer in Hochland fährt, benötigt einen Pullover oder eine Jacke, und wer auf den landschaftlich reizvollen Pfaden von Nuwara Eliya oder den Horton Plains wandern will, braucht festes Schuhwerk und eine Windjacke. Wollkleidung ist nur für das Hochland nötig.

Für Kinder

Für Kinder sollte weite Baumwollkleidung im Gepäck sein. Windeln sind teuer. Kinderwagen sind nicht besonders nützlich, denn die Wege und Bürgersteige sind oft uneben. Gute Dienste leisten Plastikbehälter für einen kleineren Imbiss und ein Wasserzerstäuber, mit dem man den Kleinen rasch Abkühlung bescheren kann. Ein feinmaschiges Tuch dient auch zur Abdeckung von Speisen und als Mini-Moskitonetz für Babys.

Schutz vor Moskitos und Sonne

Langärmelige Hemden schützen vor Moskitostichen. Helle Kleidung hält Mücken ab. Wer einfache Unterkünfte bezieht, nimmt am besten sein eigenes Moskitonetz (mit Aufhängehaken) mit. Die wirksamsten Insektenschutzmittel bekommen Sie vor Ort. Empfehlenswert ist Zitronella-Öl.

Schutz gegen die in den Tropen extrem intensive Sonneneinstrahlung bieten Sonnenbrille und Kopfbedeckung. Das Sonnenschutzmittel sollte mindestens den Lichtschutzfaktor 20 haben.

Reiseapotheke

In die Reiseapotheke gehören Verbandsmaterial und Pflaster, Mittel gegen Durchfall und Sonnenbrand, Wunddesinfektionsmittel und Medikamente gegen Erkältungskrankheiten (die man sich bei Klimaanlagen schnell einfängt). Außerdem natürlich alle Arzneimittel, die Sie persönlich regelmäßig einnehmen müssen.

Toilettenartikel

Westliche Marken sind in Sri Lanka teuer. Doch die einheimischen Toilettenartikel sind von guter Qualität.

Schlepper

Schlepper treiben sich in allen größeren Orten vornehmlich dort herum, wo Touristen auftauchen: in der Nähe von Tempeln, Zug- und Busbahnhöfen, Sehenswürdigkeiten und Hotels. Zu den schlimmsten zählen die Trishaw-Fahrer am Bahnhof von Kandy, die auf Touristenzüge lauern und die Ankömmlinge zu einem Hotel oder Gästehaus bringen wollen, von dem sie eine Kommission beziehen. Hier hilft nur ein entschiedenes »No!«.

Sextourismus

Kinderprostitution beginnt auf Sri Lanka schreckliche Formen anzunehmen. Jahrelang wurden die betroffenen Kinder und Jugendlichen angeklagt und in Heime eingewiesen, während die Päderasten ungeschoren davonkamen. Man schätzt die Zahl der Jungen zwischen 9 und 14 Jahren, die sich meist unfreiwillig prostituieren, auf zwischen 10 000 und 30 000. Die »Beach Boys« werden von einem Organisationsring, hinter dem oft reiche Ausländer stehen, ausgebeutet.
Es gibt anonyme Meldestellen. Strandrazzien und Beamte in Zivil kontrollieren die Strände. Sri Lanka tut alles, um dieses Treiben zu beenden.

Shopping

Sri Lanka ist ein Einkaufsparadies (s. S. 129 und S. 304). Kleidung, Gewürze und Haushaltsartikel sind preiswerter als in Europa. Es gibt einen blü-

312 ◆ Reiseservice

henden Markt für Designer-Imitate, deren Einfuhr in Europa verboten ist, aber auch echte Designermode zu deutlich günstigeren Preisen.
Andere lohnende Produkte sind Tee, Gewürze, Webereien, Masken, Holzschnitzereien und Juwelen. Halten Sie außerhalb von Colombo nach traditionellen lokalen Handarbeiten Ausschau. In Galle wird schöne, handgefertigte Spitze angeboten. Wer nach Kandy unterwegs ist, kann in Wewelbeniya handgeflochtene Körbe kaufen. Geschnitzte Masken findet man überall, doch schöne Stücke zu fairen Preisen bietet Sri Lankas Maskenschnitzer-Zentrum Ambalangoda an (s. S. 179). Die Duty-free-Shops von Colombos **Bandaranaike International Airport** führen ein breites Sortiment an Kleidung, Uhren, Schmuck, Alkohol, Tabak usw. Bei der Ausreise können Inhaber eines ausländischen Passes im Goldgeschäft in der Transithalle Gold erwerben. Wer hier landet und den Flughafen auch nur für eine Stunde verlässt (der Stempel im Pass beweist die Einreise), ist dazu berechtigt. Man darf bei der Ankunft und bei der Abreise in den Duty-free-Shops einkaufen.

Steuern

◆ **Flughafensteuer:** Bei der Ausreise am Bandaranaike International Airport in Colombo werden für jeden Fluggast 1500 Rs. Flughafensteuer erhoben.
◆ **Mehrwertsteuer:** Es gibt keine Erstattung der »Sales Tax«.
◆ **Service Tax:** Achten Sie in Restaurants und Hotels darauf, ob 10 % Bedienung und 10 % BTT-Steuer *(Business Turnover Tax)* im Betrag enthalten sind oder auf den Preis aufgeschlagen werden.

Telefon und Fax

Telefon

Die Landesvorwahl von Sri Lanka lautet 00 94.
Im gleichen Ort wählen Sie im Festnetz den Anschluss ohne Vorwahl; bei nationalen Anrufen wählt man die Null vor der Ortskennzahl (s. rechts) und bei Auslandsanrufen die Landesvorwahl, Ortsnetzkennziffer ohne die Null und den Anschluss.

Private Telefongesellschaften

Etwas schwieriger ist es zu erkennen, ob es sich um eine normale Ortsvorwahl oder die Nummer einer privaten Telefon- oder Handygesellschaft handelt. Auf Sri Lanka mehren sich private

Telefonanbieter, die mit besserem Service als die staatliche Telefongesellschaft aufwarten. Die Vorwahlen privater Anbieter müssen vor jeder Rufnummer gewählt werden.
◆ 071: Mobitel
◆ 072: Etisalat
◆ 075: Lanka Bell
◆ 0777: Dialog
◆ 078: Hutchison

Handys

Sri Lanka besitzt eine gute Infrastruktur und ein gut ausgebautes Mobilfunknetz, das ständig erweitert wird. Noch nicht abgedeckt ist der Nordosten, lückenhaft ist der Südosten. Vor der Abreise sollten Sie sich bei Ihrem Provider über seine Partner in Sri Lanka und deren Kosten informieren. Sie können auch Handys mieten. Die wichtigsten Handygesellschaften sind:
◆ **Dialog,** www.dialog.lk
◆ **Etisalat,** www.etisalat.lk
◆ **Mobitel,** www.mobitel.lk
◆ **Hutchison,** www.hutch.lk

Telefonkarten

Die meisten großen Hotels bieten internationale Direktdurchwahl an, doch ihre Preise, regional wie international, liegen selten unter 5 Euro pro Minute. Wenn Sie unliebsame Überraschungen vermeiden wollen, erkundigen Sie sich vor dem Telefonat nach den Gebühren. Preiswertere Alternativen sind Telefonkarten. Verlangen Sie die Telefonkarten der internationalen **Lanka Payphones** (gelbe, offene Telefonhäuschen, der Name steht darauf). Fürs Ausland benötigen Sie die 500-Rupien-Karte. Mit der **Metrocard** kann man nur Inlandsgespräche führen.
Dann gibt es noch die **Sri Lanka Telecom.**

Am besten und billigsten telefonieren Sie in einem der **Kommunikationsbüros,** die als **Fax Office** werben.

Fax

In allen Orten der Insel – in Colombo alle 250 m – bieten Kommunikationsbüros einen guten und fairen Telefon-, Fax- und Fotokopier-Service an. Diese Läden sind sehr empfehlenswert und auch für Touristen leicht erkennbar. Ein Tipp: Wenn Sie ein Fax auf Thermopapier erhalten, lassen Sie sofort eine Fotokopie davon anfertigen, denn nach einer Woche ist die Schrift so verblasst, dass sie unlesbar ist.

Toiletten

Bessere Hotels und Restaurants in den Touristengebieten sind mit westlichen Toiletten ausgestattet. In weniger besuchten Gebieten werden Sie gemäß östlicher Gewohnheit hocken müssen. Da dort statt Toilettenpapier bestenfalls Wasser zur Verfügung steht, sollten Sie etwas Toilettenpapier im Tagesgepäck haben. Es empfiehlt sich, öffentliche Toiletten nur in äußersten Notfällen aufzusuchen.

Trinkgeld

Trinkgelder werden nicht immer erwartet, aber sie werden gern entgegengenommen. Fungiert ein Mietwagen-Chauffeur gleichzeitig als Führer, so sollte man ihm unbedingt ein Trinkgeld zukommen lassen. Zimmermädchen erhalten in der Regel pro Woche etwa 500 Rs., Gepäckträger in etwa. 100 Rs. pro Gepäckstück.

VORWAHLNUMMERN IM FESTNETZ

◆ Landesvorwahl Sri Lanka: 00 94	◆ Hikkaduwa: 091
◆ Ahungalla: 091	◆ Jaffna: 021
◆ Aluthgama: 034	◆ Kalutara: 034
◆ Ambalangoda: 091	◆ Kandy: 081
◆ Anuradhapura: 025	◆ Kataragama: 047
◆ Badulla: 055	◆ Kurunegala: 037
◆ Bandarawela: 057	◆ Matara: 041
◆ Bentota: 034	◆ Mount Lavinia: 011
◆ Beruwela: 034	◆ Negombo: 031
◆ Colombo: 011	◆ Nuwara Eliya: 052
◆ Dambulla: 066	◆ Polonnaruwa: 027
◆ Dehiwela: 011	◆ Ratnapura: 045
◆ Ella: 057	◆ Sigiriya: 066
◆ Galle: 091	◆ Tangalla: 047
◆ Giritale: 027	◆ Tissamaharama: 047
◆ Habarana: 066	◆ Trincomalee: 026
◆ Hambantota: 047	◆ Unawatuna: 091
◆ Haputale: 057	◆ Weligama: 041

Infos von A–Z ◆ 313

Verhaltensregeln

Höflichkeit ist ein unverzichtbares Element der Kultur Sri Lankas – schon immer haben die Liebenswürdigkeit und Gastfreundschaft der Inselbewohner die Besucher fasziniert.
Da sich an kulturellen Stätten heutzutage moderne Verhaltensweisen und antike Glaubensvorstellungen begegnen, sollten die ausländischen Gäste sich einiger Dinge bewusst sein: Vor heiligen Bezirken zieht man die Schuhe aus, um die bezeichneten Bereiche barfuß zu betreten. Frauen sollten einen langen Rock oder eine weite Hose, sittsame Oberbekleidung oder ein weites Baumwollkleid tragen. Für Männer empfiehlt sich eine lange Hose. Auch Tempel(ruinen) sind heilig und sollten angemessene Würdigung finden.
Einen buddhistischen Mönch *(bikkhu)* oder hinduistischen *swami* grüßt man in traditioneller Weise, indem man die Handflächen vor der Stirn zusammenführt. Händeschütteln ist nicht üblich. Wer einem Mönch eine Gabe überreicht, sollte es mit beiden Händen tun. Mönche sollte man nicht berühren. Für Geldgeschenke steht ein Spendenkasten im Tempel bereit.
Im gesellschaftlichen Umgang stellen Sri Lanker oft persönliche oder sehr direkte Fragen. Fragen nach Alter, Familienstand und Zahl der Kinder und Geschwister sollen ein Gespräch in die Wege leiten – sie sind hier normal. Auch Fragen nach dem Glauben sind üblich, da die Religion in der Kultur Sri Lankas einen hohen Rang einnimmt. Manche Besucher aus dem Westen fügen sich leicht in den trägen Ablauf des Lebens, während anderen der ungewohnte Umgang mit der Zeit eine Last ist. Bessere Hotels und Unternehmen bemühen sich, westliches Zeitgefühl zu demonstrieren.
Gestik, Mimik und Verhaltensweisen spielen bei der Kommunikation eine große Rolle. Das berühmte »Kopfwackeln«, das auf dem indischen Subkontinent und auf Sri Lanka Brauch ist, verwirrt so ziemlich alle ausländischen Besucher. Während das Kopfschütteln fast überall eine Verneinung und das Nicken eine Bejahung kenntlich macht, bekundet das Kopfwackeln auf Sri Lanka keine konkrete Antwort. Wenn das Kinn nach außen geworfen wird, heißt das »Ja« oder »Okay«. Sri Lanker tun sich schwer, »Nein« zu sagen.
Es ist auch üblich und gesellschaftlich angemessen, mit der Hand zu essen. Benutzt werden darf dazu allerdings nur die rechte, da die linke Hand »unrein« ist. Gegenstände überreicht man entweder mit rechts oder mit beiden Händen.

Außerdem starren Sri Lanker Fremde mit unverhohlener Neugierde an. Dies gilt nicht als unhöflich, wie etwa im Westen. Es bekundet das Interesse an Ihnen und Ihrer Andersartigkeit.

Zeit

Der Zeitunterschied zwischen Deutschland und Sri Lanka beträgt + 4,5 Stunden, während der europäischen Sommerzeit + 3,5 Stunden.

Zeitungen

Tageszeitungen sind mittags meist ausverkauft. Sonntags erscheinen zahlreiche Sonderausgaben. Die englischsprachigen **Daily News** (jeweils morgens, www.dailynews.lk) und der **Sunday Observer** (wöchentlich, www. sundayobserver.lk) sind regierungsnahe Blätter. Zu den unabhängigen privaten Zeitungen gehören **Island** (www. island.lk), **Sunday Times** (www. sundaytimes.lk) und **The Sunday Leader** (www.thesundayleader.lk). Sehr zu empfehlen ist auch das monatlich erscheinende Wirtschaftsmagazin **LMD** (Lanka Monthly Digest; http://lmd.lk). Die meisten Hotels und guten Buchläden haben internationale Publikationen wie **Newsweek, Time, The Economist** und diverse deutsche Zeitungen und Zeitschriften im Sortiment. Einige der führenden Hotels bieten die englischen Tageszeitungen **International Herald Tribune** und **The Daily Telegraph,** manche auch die **Frankfurter Allgemeine Zeitung** vom Vortag an.

Zoll

Einreise

Wer über 10 000 US$ einführt, muss dies bei der Einreise deklarieren, ebenso alle Wertgegenstände, Edelsteine und Schmuck. Der Zoll erlaubt die Einfuhr von 1 l hochprozentigem Alkohol, zwei Flaschen Wein sowie Parfüm in vernünftiger Menge für den persönlichen Gebrauch. Die Einfuhr ausländischer Tabakwaren ist nicht gestattet. Erlaubt ist die Einfuhr persönlicher Gegenstände wie Radio, Sportartikel, Laptop und Fotoausrüstung.
Strafbar ist der Import von Drogen, Feuerwaffen und Pornografie. Bei Ankunft und Ausreise werden alle Gepäckstücke durchleuchtet und viele Taschen geöffnet.
Wer sein Haustier mitnehmen möchte, muss vor der Abreise eine Einfuhrer-

laubnis einholen. Diese Genehmigung kann entweder über die sri-lankische Botschaft in Berlin oder direkt beim Department of Animal Production and Health beantragt werden (P. O. Box 13, Peradeniya 204000, Tel. 00 94/81/ 238 8189, 00 94/91/238 8195, Fax 081/238 8619). Haustiere ohne Einfuhrerlaubnis werden kostenpflichtig zurücktransportiert.

Ausreise

Bis zu 3 kg Tee dürfen zollfrei ausgeführt werden, größere Mengen sind zollpflichtig (5 Rs. pro kg).
Sie können an Souvenirs ausführen, soviel Sie tragen können. Batiken, Kunsthandwerk, Flechtwerk oder Lackarbeiten sind allesamt sehr günstig und bergen auch keine Probleme bei der heimischen Einreise in sich, soweit die Einfuhrgrenzen (s. unten) nicht überschritten werden. Vorsichtiger hingegen muss sein, wer Edelsteine mitbringt. Wer Edelsteine eingekauft hat, muss den Kaufbeleg vorweisen.
Die Ausfuhr von Antiquitäten ist nur bedingt erlaubt. Wenn Sie Antiquitäten mitnehmen möchten, die älter als 50 Jahre sind, wie Palmblatt-Manuskripte, Schnitzereien usw., benötigen Sie die Genehmigung des **Archeological Commissioner**, Sir Marcus Fernando Mawatha, Colombo 7. Eine Ausfuhrerlaubnis für Edelsteine erhalten Sie beim **Controller of Exchange**, Central Bank in Colombo.
Wilde Tiere, Vögel und Reptilien dürfen nur mit Lizenzen der zuständigen Behörden ausgeführt werden.
Bei der Ausfuhr von Elfenbein und Schildpatt machen Sie sich auf der ganzen Welt strafbar. Auf dem Flughafen in Sri Lanka warten saftige Geldstrafen von bis zu 10 000 Rs. auf Sie. Kurioserweise wird beides auf Sri Lanka hergestellt und verkauft, obwohl es verboten ist. Sogar die staatliche Ladenkette für Kunsthandwerk Laksala verkauft Schildpatt-Produkte. Denken Sie auch daran, was Sie bei Ankunft zu Hause am Zoll erwartet (siehe unten).

Wiedereinreise in Europa

Bei der Wiedereinreise nach Deutschland, Österreich und in die Schweiz sind zollfrei: 3 kg Tee, 200 Zigaretten, 1 l Hochprozentiges oder 2 l Wein sowie Geschenke im Gesamtwert von 175 Euro bzw. 200 Schweizer Franken. Streng verboten ist die Einfuhr von Produkten, die aus geschützten Tieren hergestellt sind. Derlei Gegenstände werden rigoros beschlagnahmt, es drohen saftige Geldstrafen, ggf. sogar Gefängnisstrafen.

Reiseservice

SPRACHE UND MINI-DOLMETSCHER

Kleiner Sprachführer Singhalesisch

Die meisten Sri Lanker werden Sie nicht dazu kommen lassen, Ihre mühsam erlernten singhalesischen Wörter auszusprechen, denn sie sind darauf erpicht, ihr Englisch oder Deutsch zu praktizieren. Selbst in ländlichen Gegenden wird jemand zur Stelle sein, um zu übersetzen.
Es lohnt sich aber, einige Begrüßungs- und Höflichkeitsformeln auswendig zu lernen. Dies sorgt immer für einen freundlichen Gesprächsauftakt.

Grüße und Phrasen

Ja	Ou
Nein	Naa
Hallo/Guten Tag	Ayubowan
Danke	Istuti
Herzlichen Dank	Bohoma istuti
Wie geht es Ihnen?	Kohomode?
Gut	Varadak neh
Bitte	Karunakerela
Wie heißen Sie?	Nama mokadhdha?
Ich heiße …	Mage nama …
OK/Sehr gut	Hari hondai
Köstlich	Hari rasai
Ich verstehe nicht	Mata terinneh neh
Sehr teuer	Hari ganan
Ohne Zucker, bitte	Seeni netuwa
Bitte hier anhalten!	Metana nawaththanna
Was?	Mokadhdha?
Wo?	Kohedha?
Wo ist das Hotel?	Hootale kohedha?
Wo ist der Bahnhof?	Stesemeta kohedha?
Was ist das?	Mekeh mokadeh?
Darf ich telefonieren?	Mata call ekak gand poluwandeh?
Wieviel (kostet es)?	(Meeka) kiyadha?

Wochentage

Montag	Sanduda
Dienstag	Angahauwada
Mittwoch	Badada
Donnerstag	Brahaspathinda
Freitag	Sikurada
Samstag	Senesurada
Sonntag	Irida

Ortsnamen

Singhalesische Ortsnamen sind oft lang, doch sehr logisch aufgebaut. Es handelt sich meist um Zusammensetzungen.

Insel	duwa
Dorf	gama
Fluss	ganga
Straße	mawatha
Stadt	nuwara
Strom	oya
Kleinstadt	pura
Hafen	tota, tara
Tempel	vihara
See	wewa

Nützliche Vokabeln

Bank	bank eka
Frühstück	udee tee
sauber	pirisidu
Kaffee	kipi
Abendessen	paa kaama
schmutzig	kilutu
Lebensmittel, Essen	kaama
Hotel	hotela
Mittagessen	dawal kaama
klein	punchi
Apotheke	bet sappuwa
Restaurant	apana sala
Zimmer	kaamare
Seife	saban
Tee	tey
dies/jenes	mee/oya
Wasser	watara
eins	eka
zwei	deka
drei	tuna
vier	hatara
fünf	paha
sechs	haya
sieben	hata
acht	ata
neun	namaya
zehn	daaha

REGISTER

Orts- und Sachregister

A

Adam 87
Adam's Bridge 27, 94
Adam's Peak 9, 16, 25, 27, 29, 70, 87, 92, 96, 200, 209, 214, **217**, 220, 221
Adisham 219
Affen 136
Ahangama 187
Ahungalla 294
Aktivitäten 15, **303**
Akuressa 97
Aluthgama 97, **176**, 294, 301
Aluvihara 88, 90, 115, **227**
Ambalangoda 15, 107, 119, 130, **179**, 294, 304
Amban Ganga 221
Ambepussa 196
Ampara 27
Anamaduwa 11, 297
Anreise 290
Anuradhapura 7, 29, 32, 36, 38, 57, 76, 109, 115, 149, 200, 206, 227, 231, **237**, 251, 281, 297
◆ Abhayagiri Museum 243
◆ Abhayagiri-Stupa 242
◆ Abhayagiri Vihara 110, 111, 241
◆ Anuradhapura Museum 243
◆ Basawa Kulama 239, 245
◆ Bodhi-Baum (Sri Maha Bodhi) 238
◆ Dalada Maligawa (Tempel der Zahnreliquie) 241
◆ Folk Museum 243
◆ Isurumuniya 244, 245
◆ Jetavana-Dagoba 110
◆ Jetavanarama-Dagoba 32, 241
◆ Jetavanarama-Museum 241
◆ Königliche Lustgärten 244
◆ König Mahasenas Palast 242
◆ Kupferpalast (Loha Pasada) 239
◆ Kuttam Pokuna 241, 242
◆ Lankarama 243
◆ Mahakanadarawa Wewa 244
◆ Mirisaweti 244
◆ Nakha Vihara 241
◆ Nuwara Wewa 245
◆ Palast Vijayabahus I. 241
◆ Ratna Prasada 242
◆ Refektorium Mahapali 241
◆ Ruwanweli Seya Dago-ba 110, 229, 239, 255, 277
◆ Samadhi Buddha 242
◆ Thuparama-Dagoba 110, 240
◆ Tissa Wewa 245
◆ Vessagiriya 245
◆ Wewa (Wasserbecken) 245
Arankele 11, 115
Architektur **109**, 114, 116, 117
Arrak 126, 127
Arugam Bay 10, 16, 149, 298, 302
Astrologie 75, 100, 198, 248
Aturuwella 12
Aukana 8, 98, 114, 227, **233**
Ayurveda 11, 16, 28, **268**, 303

B

Badulla 290
Baker's Falls 218
Balapitiya 179
Bambarakanda Falls 28, 220
Bandarawela 12, 79, 116, 219, 296
Banken 307, 308
Batgala (Bible Rock) 196
Batticaloa 11, 80, 116, 273, **275**, 298
Beach Boys 308, 311
Behinderte 307
Bentota 10, 12, 117, **177**, 294, 301
Bentota Ganga 178
Beruwala 11, 79, 97, 175, **176**, 177, 294
◆ Kichimalai-Moschee 97
Bettler 307
Bewässerungssysteme 40, 57, 237, **244**, 245, 267
Bodhi-Baum 28, 32, 37, 98, 114, 167, 201, 237
Brief Garden 177
Buddhismus 32, 36, 71, 73, **87**, 100, 102, 109, 135, 200, 221, 227, 237, 242, 246, 251
Buduruwagala 114, 209, 218, **220**
Bundala 306
Bundala National Park 8, 136, 141
Bürgerkrieg 10, 11, 33, 59, 60, 69, 73, 78, 80, 83, 135, 149, 251, 273, 281
Buttala 277

C

Cadjugama 196
Calvinismus 47, 96
Chilaw 173
Christentum 78, 87, **96**, 174, 221

Colombo 13, 14, 32, 33, 46, 50, 55, 58, 61, 76, 77, 82, 100, 129, 149, **155**, 281, 290, 291, 292, 293, 299, 300, 304, 307
◆ Bambalapitiya 103, 164, **165**
◆ Bandaranaike Memorial International Conference Hall (BMICH) 164
◆ Bank of Ceylon 157, 158
◆ Barefoot Café & Gallery 14, 300
◆ Beira Lake 139, 156
◆ Cinnamon Gardens 155, **163**
◆ Colombo University 164
◆ Dehiwala 139, 164, **166**
◆ Devatagaha-Moschee 162
◆ Dutch Hospital 158
◆ Dutch Period Museum 159
◆ Electric Peacock Festival 101
◆ Fort 156
◆ Fort Railway Station 117, 158, 290, 291
◆ Galle Face 83
◆ Galle Face Green 158, **160**
◆ Galle Face Hotel 160
◆ Galle Road **164**
◆ Gallery Café 117
◆ Gangaramaya 99, 155, 161, 162
◆ General Post Office 157
◆ Geoffrey Bawas Wohn-haus 165
◆ Gordon Gardens 157
◆ Grand Oriental Hotel 158
◆ Independence Commemora-tion Hall 164
◆ Jami ul-Alfar, Moschee 155, 159
◆ Janadhipathi Mandira-ya 157
◆ Kathiresan Kovil 103, 159
◆ Kelaniya Raja Maha Vihara **167**
◆ Kollupitiya 164, **165**
◆ Kunstbiennale 101
◆ Lighthouse Clock Tower (Uhrturm) 157
◆ Lionel Wendt Theatre 163
◆ Mount Lavinia 164, **166**, 294
◆ National Art Gallery 163
◆ National Museum 116, 163
◆ Natural History Museum 163
◆ Pettah 15, 77, 103, 133
◆ Presidential Secretariat 158
◆ Royal College 164
◆ Saint Anthony 160
◆ Saint Lucia, Kathedrale 160
◆ Sapumal Foundation 163
◆ Saskia Fernando Gallery 164
◆ Sea Street 159
◆ Seema Malaka, Tempel 161
◆ Slave Island **161**
◆ Subhodrama-Tempel 119
◆ Town Hall 162
◆ Viharamahadevi Park 139, **162**
◆ Wellawatta 103, 164
◆ Wolvendaal Kerk 159
◆ World Trade Centre 62, 157, 158
◆ Zoo **166**
Culavamsa 251, 252
Curry 7, 123, 124

D

Dalawela 186
Dalhousie 16, 217
Dambadeniya 41, 200
Dambana 71, 205
Dambatenne 10, 219
Dambulla 8, 12, 91, 114, 115, 116, 117, 118, 149, 204, 227, **230**, 297
Dedigama 196
Degaldoruwa Vihara 116, 204
Delfine 7, 135, 174, 276, 305
Delft (Neduntivu) 287
Devon Falls 209
Dickwella 131, 189
Dimbulaga 259
Dipavamsa 35
Diplomatische Vertretungen 307
Diyaluma Falls 220
Dodanduwa 181
Dondra 188, 286
Dowa Raja Maha Vihara 219
Duhinda Falls 29

E

East India Company 45, 49
Edelsteine 132, **133**, 219, 221, 304, 307, 312, 313
Einkaufen 14, 304
Einreisebestimmungen 307
Elefanten 7, 8, 15, 100, 102, **135**, 138, 141, 191, 198, 200, 203
Elefantenpass 41, 283
Elektrizität 308
Ella 9, 94, **220**, 302
Embekke 204
Essen und Trinken 9, **123**, **299**

F

Fahrradfahren 292
Fauna **135**, 141, 185, 202, 205, 209, 221

316 ◆ **Register**

Feiertage 100, 308
Feste **100**, 308
◆ Aluth Avurudu **100**
◆ Deepavali **103**, 308
◆ Duruthu Perahera **103**, 167, 308
◆ Esala Perahera 9, **102**, 107, 191, 198, 199, 200, 206, 207, 221
◆ Esala Poya 93, 221, 308
◆ Id-ul-Fitr 97, **103**
◆ Kataragama 9, **102**, 190
◆ Nallur-Festival 9, 284
◆ Navam Perahera 162
◆ Poson 93, **102**, 308
◆ Poya 93, 99, 101, 114, 221, 308, 311
◆ Pujas 95, 104, 198, 285
◆ Thai Pongal **103**, 308
◆ Vel 96, 100, **102**, 159
◆ Vesak 88, 93, 100, **101**, 308
FKK 308
Flamingos 191, 306
Flora 28, 141, 185, 202, 203, 205, 209, 221
Fort Hammenhiel 286
Fotografieren 308
Frauen allein unterwegs 308

G

Gadaladeniya Vihara 204
Galle 10, 11, 14, 64, 65, 97, 129, 131, 133, 149, **183**, 290, 295, 301
◆ All Saints' Church 184
◆ Amangalla Hotel 11, 184, 295
◆ Dutch Reformed Church (Groote Kerk) 183, **184**
◆ Fort 6, 116, **183**
◆ Galle Fort Hotel **184**, 295
◆ Galle National Museum 184
◆ Great Warehouse 184
◆ Historical Mansion Museum 185
◆ Hiyare Rainforest Park 185
◆ Kottawa Rainforest and Arboretum 185
◆ Leuchtturm 185
◆ Lighthouse Hotel 117
◆ Literaturfest 101
◆ Meera-Moschee 117
◆ Meeran Jumma, Moschee 185
◆ National Maritime Museum 185
◆ Samakanda 185
Gampola 97, 200, 204
Gangatilaka Vihara 175
Geld 308
Geografie 310
Geschichte 32
Gesundheit 308

Gewürze 124, 304, 312
Giritale 297
Golf 15, 305

H

Habarana 227, 231, 297
Hakgala 141, 214, **215**
Hambantota 27, 63, 82, 97, **190**, 191, 290
Handapanagala Wewa 220
Hanguranketa 211
Haputale 9, 10, 296
Haustiere 313
Henaratgoda, Botanischer Garten 195
Henawela 130
Hikkaduwa 14, 64, 101, 171, 174, **181**, 295, 301
Hikkaduwa Coral Sanctuary 141
Hinduismus 78, 87, **94**, 199, 221
Hochland **209**, 296, 302, 310, 311
Homosexualität 309
Hoo-amaniya Blowhole 189
Horton Plains 7, 9, 15, 137, 141, 214, 215, 218, 306
Hotels 12, **293**
Hunnasgiriya **204**, 212

I

Impfungen 309
Indian Peace Keeping Force (IPKF) 60, 62
Induruwa 10, 130, 179, 295
Infoadressen 309
Internet 309
Islam 87, **97**

J

Jaffna 10, 14, 33, 41, 44, 46, 77, 95, 97, 98, 100, 116, 281, 282, **283**, 298, 302
◆ Holländisches Fort 284
◆ Nallur-Festival 9, 284
◆ Nallur Kandaswamy Kovil 95, 103, 284
◆ Rosarian Convent 284
◆ St. Martin's Seminary 284
◆ St. Mary's Cathedral 284
Jaffna-Halbinsel 11, 96
Janatha Vimukthi Peramuna (JVP) 33, 59, 61
Jaya Ganga 244

K

Kachimalai-Moschee 176
Kadugannawa-Pass 196
Kaffee 29, 53, 127, 209, 216
Kalametiya 141, 190
Kala Wewa 38, 245
Kalpitiya 116, 140, 295, 305

Kalpitiya-Halbinsel 174
Kalu Ganga 29, 175, 221
Kalutara 131, 295
Kandapola 12, 215, 296
Kande Vihara 177
Kandy 6, 12, 13, 28, 33, 43, 49, 50, 79, 88, 100, 102, 104, 106, 115, 118, 129, 131, 133, 149, **197**, 200, 206, 207, 227, 261, 290, 296, 302
◆ Archäologisches Museum 199
◆ Esala Perahera 9, **102**, 107, 198, 199, 200, 206, 207
◆ Kandyan Arts and Crafts Association 202
◆ Kandy Garrison Cemetery 199
◆ Kandy-See 197, **201**
◆ Kataragama Devale 199
◆ Königliche Audienz- halle 198, 115, 201
◆ Königliches Badehaus 199, **202**
◆ Museum of World Buddhism 199
◆ Natha Devale 201
◆ Nationalmuseum 199
◆ Pattini Devale 201
◆ Queen's Hotel 116, 197
◆ Raja Tusker Museum 198
◆ Saint Paul's Church 201
◆ Sommerpalast 201
◆ Teemuseum 202
◆ Tempel der Zahnreliquie (Dalada Maligawa) 8, 51, 89, 104, 107, 115
◆ Udawattekele Sanctuary 141, 197, 202
◆ Vier Devales 8, **199**
◆ Vishnu Devale 91, 107, 201
Kanniyai, Quellen 275
Kantharodai 285
Karaitivu 286, 287
Kastensystem 74, 78, 96
Kataluwa 118, 187
Kataragama 11, 9, 87, 95, 100, **102**, 136
Kataragama Devale (Embekke) 204
Kaudulla National Park 141, 135
Kayts **286**, 287
Keerimalai 285
Kegalla 196
Kelani Ganga 16, 43, 103, 167, 218
Kelaniya 8, 103
Kelaniya Raja Maha Vihara 118
Kilinochchi 281, 282, **283**
Kinder 309, 311
Kirigalpotta 218
Kitulgala 16, 217
Kleidung 304, 311
Klima 27, 277, 309

Knuckles Range 9, **204**, 205
Koddiyar Bay 29
Koggala **186**, 295
Korallenriffe 141, 181, 186, 306
Kosgoda 178, **179**, 306
Kottawa Rainforest and Arboretum 185
Kotte 41, 43, 44, **167**, 200
Krankenversicherung 309
Kricket 9, 303
Kudimbigala-Walderemi- tage 277
Kulturelles Dreieck 27, 36, 141, 149, 175, **227**, 297, 310
Kunst **109**, 118
◆ Wandmalereien 115, **118**, 167, 187, 189, 198, 204, 230, 231, 232, 233, 257, 264
Kunsthandwerk **129**, 202, 304, 312, 313
◆ Batik 131, 173, 180
◆ Holzschnitzereien 130
◆ Keramik 131
◆ Korb- und Mattenflech- ten 130, 312
◆ Lackarbeiten 131, 304
◆ Maskenschnitzerei **130**, 179, 304, 312
◆ Metallarbeiten 131, 304
◆ Schmuck 133, 304
◆ Spitzenklöppeln 131, 312
Kurundu Oya Falls 212
Kurunegala 41, 200, 229, **230**

L

Labookellie Tea Factory 211
Lahugala National Park 277
Lankatilake Vihara 204, 205
Leoparden 7, 8, 135, **136**, 141, 191
Liberation Tigers of Tamil Eelam (LTTE) 33, 59, 60, 61, 77, 78, 80, 157, 174, 197, 281, 283, 285
Lion Rock 196
Lippenbären 136, 141, 222
Lipton's Seat 9, 219
Literatur 310
Loolecondera Estate 212
Looloowatta 205
Lunuganga 117, **178**, 301

M

Madhu 282
Maduru Oya National Park 71, 205
Magul Maha Vihara 277
Mahavamsa 25, 32, 35, 70, 72, 103, 167, 238, 239
Mahaweli Ganga 29, 39, 48, 203, 212, 218, 230, 251, 259
Mahiyangana 71, 205
Maligawila 11, 114

Register ◆ 317

Malwatu Oya 29
Manalkadu-Wüste 286
Mannar 27, 80
Mannar Island 282
Ma Oya 203
Marawila 173
Maßeinheiten 311
Matale 132
Matara 116, 117, 188, 290
Mawanella 97
Medamahanuwara 204
Medirigiriya 110, 115, **259**
Meditation 305
Medizinische Versorgung 311
Menik Ganga 191
Midigama 187
Mietwagen 291
Mihintale 36, 99, 149, 227,
  246, 254
◆ Ambasthala-Dagoba 248
◆ Dhatu Ghara 247
◆ Et Vihara 248
◆ Indikatuseya-Dagoba 249
◆ Kaludiya Pokuna 249
◆ Kantaka Cetiya 246
◆ Krankenhaus
  (Vedathala) 248
◆ Mahaseya-Dagoba 248
◆ Mahindas Bett (Mihindu
  Guha) 248
◆ Mihindu Seya 248
◆ Naga Pokuna 248
◆ Rajagiri Kanda 249
◆ Refektorium (Dana
  Salawa) 248
◆ Versammlungshalle
  (Sannipata Sala) 247
Millennium Elephant Founda-
tion **203**, 206
Minneriya National Park 8,
  135, 138, 141
Mirissa 7, 10, 139, 149, **188**,
  296, 305
Mitiyagoda 132, 133
Mondsteine 111, 113, 249,
  253, 259
Monsun 25, 27, 28, 189, 237,
  244, 277, 310
Mountainbiking 16, 305
Mudras 112, 231
Mulgirigalla 8, 11, 115
Munnesvaram Kovil 173
Musik **104**
Muthurajawela 173

N

Nachtleben 303
Naga-Schlange 106, 111, 113,
  242, 247, 248, 253, 287
Nainativu 287
Nalanda 114
Nalanda Gedige 230
Namal Uyana Conservation
  Forest 233
Nationalparks 135, **141**, 191,
  303, 306

Nebelwälder 28, 141, 204,
  306
Negombo 10, 11, 28, 98, 130,
  171, 290, 295, 301
Nelundeniya 196
Nilaveli **275**, 298, 306
Nilgala 71
Norden **281**, 298, 302
Notruf 311
Nuwara Eliya 10, 12, 13, 15,
  27, 28, 94, 101, 116, 149,
  212, 296, 302

O

Öffnungszeiten 299, 311
Okanda 277
Ökotourismus 135, 185, 306
Ola-Pergamente 227, 228,
  253, 313
Ostküste **273**, 290, 297, 302

P

Padaviya Wewa 29
Pali 37
Palk Strait 286
Parakrama Samudra 29, 40
Passekudah-Bucht 276
Peradeniya, Botanischer
  Garten 203
Pidurangala 267
Pidurutalagala (Mount
  Pedro) 27, 214
Pigeon Island National
  Park 141, 273, **275**
Pinnawela, Elefantenwaisen-
  haus 6, 135, 196, **203**
Point Pedro 286
Polhena 187, 188
Politik 307
Polonnaruwa 7, 32, 39, 57,
  76, 109, 110, 113, 114, 149,
  227, 229, 231, **251**
◆ Alahana Pirivena 255
◆ Archäologisches
  Museum 252
◆ Atadage (Haus der Acht
  Reliquien) 254
◆ Audienzhalle 252
◆ Buddha Sima Pasada
  (Versammlungshalle) 255
◆ Dalada Maluwa (Terrasse
  der Zahnreliquie) 253
◆ Demala Maha Seya 113,
  257
◆ Dipuyyana (Inselgarten)
  258
◆ Gal Potha (Buch aus
  Stein) 253, 256
◆ Gal Vihara 7, 112, 114
◆ Hatadage 253
◆ Jetavana, Kloster 257
◆ Kiri Vihara 256
◆ Kumara Pokuna (Königliches
  Bad) 253
◆ Lankatilaka 114

◆ Lankatilaka (Bilder-
  haus) 255, 256
◆ Lata Mandapaya 113
◆ Lata Mandapaya (Lotos-
  halle) 254
◆ Lotosbad 115, 257
◆ Menik Vihara 255
◆ Nissanka Mallas Palast 258
◆ Pabulu Vihara 255
◆ Parakrama Samudra (Topa
  Wewa) 255
◆ Pothgul Vihara 258
◆ Rankot Vihara 113, 255
◆ Sathmahal Pasada 113,
  251, 254
◆ Shiva Devale 1 254
◆ Shiva Devale 2 255
◆ Statue des Parakramabahu/
  Agastaya 258
◆ Thuparama (Bilder-
  haus) 113, 254
◆ Tivanka Patamaghara
  (Bilderhaus) 257
◆ Vatadage 7, 113
◆ Vejayanta Pasada,
  Palast 252
◆ Zitadelle 252
Popham Arboretum 233
Post 311
Punkudutivu 287
Pusselawa 211
Puttalam 28, 80, 174, 290

R

Rafting 16, 218, 305
Ragala 212
Ramayana 35, 94, 106, 214
Ramboda Falls 211
Ramboda-Pass 212
Ratnapura 133, 209, 219, **221**
Rawana Ella Falls 220
Regenwald 28, 185, 221, 222,
  306
Reisegepäck 311
Reisezeit 309
Rekawa 190, 306
Religion 78, **87**, 98
Restaurants 13, 124, **299**
Richmond Castle 175
Ridigama 228
Ridivihara 115
Rikillagaskada 212
Ritigala 28, 115, **234**

S

Sanghamitta 37
Sapugaskande 195
Sasseruwa 114, **234**
Schildkröten 135, **140**, 178,
  179, 190, 306
Schlepper 311
Sea Turtles Research
  Centre 179
Serendib 25, 41, 133
Sextourismus 311

Shopping siehe Einkaufen
Sigiriya 7, 32, 38, 113, 115,
  118, 119, 149, 227, 231,
  244, **261**, 297
◆ Felsengarten 263
◆ Höhle der Kobrahaube 263,
  264
◆ Königliche Gärten 263
◆ Löwenterrasse 266
◆ Predigerfelsen 264
◆ Sigiriya-Felsen 266
◆ Sigiriya Museum 263
◆ Sigiriya Wewa 263, **267**
◆ Spiegelmauer 265
◆ Terrassengarten 264
◆ Wolkenmädchen 7, 38, 115,
  118, 119
Single Tree Mountain 214
Sinharaja 8, 15, 28, 140, 141,
  185, 209, **221**, 306
Sita Eliya 215
Siyam Nikaya 75, 90
Sprache 314
Stelzenfischer 186, 187
Steuern 312
Strände 10, 28, 171, 179, 181,
  186
Südküste **183**, 295, 301, 310
Surfen 16, 181, 187, 276,
  303, 305
Swami Rock (Lover's
  Leap) 274, 275

T

Talaimannar 282
Tamil Eelam 41, 59
Tangalle **189**, 296
Tangamalai Nature
  Reserve 217
Tantrismus 242
Tanz 9, **104**
◆ Bali **106**, 130
◆ Kalageldi 107
◆ Kolam 104, **107**, 130
◆ Kulu 107
◆ Leekeli 107
◆ Naiyandi 105, **106**
◆ Pantheru 105, **106**, 107
◆ Raban 107
◆ Tovil **106**, 130
◆ Udekki 105, **106**
◆ Vannam 107
◆ Vannama 105, **106**
◆ Ves 104, **105**, 107
Taprobane Island 187
Taxis 292
Tee 29, 33, 53, 127, 202, 203,
  206, 209, 211, **216**, 304,
  312, 313
Telefon 312
Thalpe 186, 296, 301
Thiru Koneswaram Kovil 273,
  274
Thotupola 218
Tierwelt **135**, 141, 185, 221
Tischsitten 299

Tissamaharama **191**
Toiletten 312
Trincomalee 27, 50, 140, **273**, 290, 297, 302
Trinkgeld 312
Trishaws 158, 165, 292
Tsunami 33, 63, **64**, 163, 171, 174, 177, 181, 184, 188, 190, 273
Turtle Conservation Project (TCP) 140, 179, 190

U

Uda Walawe National Park 135, 141, 8
Udawattekele 28, 140, 141, 197, 202
Uddapuwa 174
Unabhängigkeit 33, 55, 57
Unawatuna 10, 141, **186**, 296, 301
Unterkunft 12, 293, 306
Uppuveli 10, **275**, 298

V

Vallipuram 286
Vanni 41, 282
Vavuniya 282
Velvettiturai 285, 286
Vereenigde Oostindische Compagnie (VOC) 45, 80, 117
Verhaltensregeln 313
Verkehrsmittel **290**
Victoria Reservoir 205
Vögel 8, 15, 135, **137**, 141, 185, 190, 191, 202, 213, 217, 221
Vogelbeobachtung 8, 15, 137

W

Wadduwa 175, 295
Waikkal 173
Walawe Ganga 218
Walbeobachtung 7, 174, 188, 275, 303, 305
Wale 7, 10, 135, **139**, 149, 188
Wandern 15, 16, 306
Wasgomuwa National Park 135
Wasserreservoirs (Wewa) 29, 36, 40, 141, 191, 255
Weherehena 114
Weligama 131, 187
Welimada 97
Westküste **171**, 294, 301
Wewelbeniya 312
Wewurukannala Vihara 114, 189
Wilpattu National Park 175
World's End 7, 218

Y

Yala East National Park 277
Yala National Park 8, 7, 135, 136, 141, 149, **191**
Yapahuwa 11, 41, 115, 200
Yoga 305
Yudaganawa Raja Maha Vihara 277

Z

Zahnreliquie 32, 88, **200**, 253, 254
Zeit 313
Zeitungen 313
Zimt 28, 43, 44, 47, 172, **173**
Zoll 313

Personenregister

A

Adam 9
Almeida, Dom Lourenço de 43
Alwis Gunatilaka, Catherine de 92
Anderson, Charles 139
Anula, Königin 38
Araber 41, 79, 97
Ashoka, König 36, 73, 92, 110, 246
Athulathmudali, Lalith 61
Austen, Sir Charles 274
Azavedo, Dom Jeronimo de 44

B

Baker, Samuel White 211, **212**, 213, 273
Bandara, Konappu 44
Bandaranaike Kumaratunga, Chandrika 33, 61, 62
Bandaranaike, Sirimavo 33, 57, 59, 61
Bandaranaike, Solomon West Ridgeway Dias 33, 57, 58, 61, 79, 93, 96
Barbosa, Duarte 25
Barnes, Sir Edward 157, 213, 214
Bawa, Bevis 177
Bawa, Geoffrey 81, 109, 116, **117**, 161, 165, 167, 177, 178, 12, 297, 301
Bhathika Abhaya, König 246
Bhuvanekabhu I., König 229
Briten 25, 29, 33, 43, 49, 50, 55, 96, 116, 123, 172, 196, 198, 200, 203, 206, 209, 212, 214, 273, 284
Buddha 9, 28, 32, 35, 36, 69, 73, 87, **88**, 99, 110, 112, 167, 198, 200, 201, 205, 220, 221, 227, 231, 247
Burgher 53, 69, **80**, 117

C

Cervantes, Miguel de 25
Chola 32, 39, 76, 92, 113, 241, 251
Christen 98
Clarke, Arthur Charles 171
Cleghorn, Hugh 50
Columbus, Christopher 43
Coward, Noël 160

D

Daniels, Emil 81
Davy, Dr. John 212
Defoe, Daniel 48, 275
Devanampiya Tissa, König 32, 73, 90, 102, 140, 240, 244, 245, 246, 248
Dharmapala, Anagarika 54
Dharmapala, Dom João 32, 44
Dhatusena, König 32, 38, 261, 262, **265**
Dôna Caterina 44, 45, 46
D'Oyly, Sir John 52
Draviden 36, 69
Dutugemunu (Dutthagamani), König 32, 37, 38, 93, 163, 229, 238, 239, 240, 244, 277

E

Eck, Lubbert Jan Baron van 188
Ehelepola 52
Elara, General 32, 37

F

Fa Hsien 238, 241, 243
Farrer, Reginald 160
Fellowes, Robert (Philalethes) 46
Fonseka, Sarath, General 33, 63
Friend, Donald 177

G

Gama, Vasco da 43
Gampola, König 41
Gandhi, Rajiv 60, 61
Goens, Rijkloff van, Gouverneur 47
Götter
◆ Brahma 268
◆ Ganesh 95, 98, 204
◆ Hanuman 94, 106, 214, 215, 234
◆ Kataragama (siehe Skanda)
◆ Kohomba 104
◆ Kuvera 261
◆ Lakshmi 103
◆ Natha (Maitreya-Buddha) 91, 231
◆ Parvati 91, 173
◆ Pattini 91, 95, 106, 201
◆ Ravana 275
◆ Saman 92, 204, 221
◆ Shiva 78, 87, 91, 95, 98, 173, 191, 204, 221, 274, 285, 286
◆ Skanda (Murugan, Kataragama) 78, 91, 95, 100, 102, 103, 159, 190, 191, 204, 231, 285
◆ Surya 103
◆ Vishnu (Upulvan) 87, 91, 94, 95, 114, 201, 204, 231, 286
Guhusiva, König 200

H

Hesse, Hermann 209
Hl. Thomas 9, 87, 96
Holländer 25, 28, 33, 43, 45, 46, 47, 49, 96, 97, 116, 123, 125, 129, 131, 155, 172, 184, 188, 195, 206, 273, 276, 284, 287
Horton, Sir Robert W. 218

I

Ibn Battuta, Abu Abdullah 25

J

Japaner 55, 273
Jayawardene, Junius Richard 59, 60, 61, 62

K

Kassapa (Kasyapa), König 32, 38, 39, 259, **261**
Kavantissa, König 163
Keyt, George 81, 233
Knox, Robert 39, **48**, 49, 70, 275, 310
Knox, Robert Senior 275
Kotelawala, John 58
Kularatne, Gamini 283
Kustaraja 187
Kuveni 70, 72

L

Lean, David 217
Leo X., Papst 136
Linschoten, Jan Huyghen van 28
Lipton, Sir Thomas 9, 10, 202
Ludowyk, Evelyn Frederick Charles 55

M

Magha, König 32, 40, 41
Mahasena, König 32, 110, 241, 242
Mahinda, Prinz 32, 36, 37, 73, 90, 92, 102, 140, 238, 246, 248

Mahinda V., König 39
Maitland, Sir Thomas 166
Malaien 50, 51, 79, 80, 97, 126
Manavamma, König 32
Mantell, James 234
Marikar, Arasi Marikar Wapchie 163
Mauny-Talvande, Comte Maurice de 187
May, Karl 158
Megasthenes 237
Mendis, Soliya 118, 167
Meuron, Pierre de 50
Milton, John 25
Mogallana I., König 32, 38, 39, 261, 262
Mohamed, Jezima 131
Molesworth, Percy Braybrooke 274
Moors 158, 191
Mountbatten, Lord Louis 55
Mudaliyar, Padikara 176
Muller, Carl 81
Muralidharan, Vinayagamoorthy (Oberst Karuna) 62
Muslime 69, **79**, 87, 97, 103, 176, 191, 221, 276
Muttusamy, König 51, 52

N

Naga (Stamm) 70
Nehru, Jawaharlal 57
Nissanka Malla, König 32, 40, 140, 231, 251, 253, 254, 255, 256, 258
North, Frederick 50, 51

O

Olivier, Laurence 160
Ondaatje, Michael 47, 59, 81, 310

P

Pallava 32, 39
Pamsukulika 235, 243
Pandukabhaya, König 238, 245
Panduvasudeva 72
Pandya 32, 38, 39, 72, 200, 229, 255, 257
Parakramabahu I., König 32, 40, 178, 196, 239, 251, 253, 255, 257, 258
Parakramabahu II., König 221
Parakramabahu III., König 200
Parakramabahu V., König 196
Paranavitana, Senarath 261
Peck, Gregory 160
Pieris, Harry 163
Pitt, William 50
Plesner, Ulrik 117
Plinius Secundus, Gaius 25, 172
Polo, Marco 25, 133
Popham, Sam 233
Portugiesen 32, 43, 44, 45, 46, 81, 96, 97, 131, 155, 172, 173, 174, 195, 200, 221, 273, 276
Prabhakaran, Velupillai 33, 60, 62, 63, 78, 283, 285, 286
Premadasa, Ranasinghe 33, 61, 198
Ptolemäus, Claudius 25

R

Rajapaksa, Mahinda 33, 63, 82, 83, 93, 190
Rajaraja I., König 39, 76, 255
Rajasinha I., König 44, 136
Rajasinha II., König 46, 275
Rajasinha, Kirti Sri, König 230, 232

Rajasinha, Sri Wikrama 33, 50, 52, 201
Rajendra I., König 39, 76
Rheede, Francina van 274

S

Sa, Constantine de 46
Saddha Tissa 277
Saliya, Prinz 244, 245
Sanghamitta 92, 238
Sansoni, Barbara 14, 81, 132, 310
Saram, Mudaliyar de 54
Sena I., König 32, 234
Senanayake, Don Stephen 33, 55, 57, 58, 158
Senanayake, Dudley 58, 59
Senerat, König 46
Silva, Dudley 131, 180
Silva, Ena de 81, 132
Singhalesen 25, 32, 33, 35, 36, 41, 53, 55, 60, 62, 69, 71, 76, 77, 87, 109, 204, 206, 246, 267, 281
Sinhabahu 35, 36, 72
Sinhasivali 35
Sirimeghavana, König 32
Somawathie, Königin 232
Souza, Pedro Lopez de 44
Spilbergen, Joris van, Admiral 45
Spowers, Rory 185, 306, 310
Stelzenfischer 149, 183
Subha, König 38

T

Tamilen 25, 32, 33, 36, 37, 41, 43, 53, 54, 55, 58, 62, 69, **76**, 87, 103, 149, 158, 199, 211, 276, 281, 282
Tamil Tigers (LTTE) 59, 60, 61, 62, 77, 78, 80, 157, 174, 197, 281, 283, 285

Taylor, James 202, 212, 222
Tennent, Sir Emerson 53
Tillakaratne, Hashan 306
Tissa (Devanampiya), König 36, 37, 163
Tissahami, Häuptling 69
Tschechow, Anton 158

V

Valagambahu I. (Valagamba, Vattagamani Abhaya), König 230, 231, 232, 241
Veddha 29, 35, 36, 69, **70**, 118, 130, 205, 233
Veden 268
Viharamahadevi, Königin 163
Vijayabahu I., König 32, 39, 40, 241, 251, 254
Vijayabahu II., König 40
Vijaya, Prinz 25, 32, 35, 36, 70, **71**
Vijaya VI., König 43, 44
Villiers, Sir Thomas 219
Vimala Dharma Suriya I., König 44, 45, 46

W

Weert, Sebald de 45
Wellesley, Arthur 274
Wendt, Lionel 81, 163
Wickramasinghe, Ranil 62, 63
Wickremesinghe, Martin 186
Woolf, Bella 158

Y

Yaksha 70, 72

Z

Zheng He, Admiral 41

BILDNACHWEIS

Aitken Spence Hotels 12, 16 oben
akg-images 37, 45, 50, 54, 269 oben rechts
Alamy 160, 268/269, 269 unten beide, 282, 286 unten
Amaya Resorts 297
Ammon, Roland 275 oben
Anderson, J.G. 258 oben
Anzenberger/eyevine 65
Apa Publications/David Henley 28, 35, 39, 71, 89, 90, 95, 107, 111, 112, 116, 122, 124, 125, 127, 136, 140, 154, 157, 166 oben, 175, 178 oben, 179, 180, 181, 188, 197 unten, 204 oben, 205, 215 beide, 219 unten, 222 oben, 244 oben, 245, 258 unten, 284 oben, 286 oben
Apa Publications/Sylvaine Poitau 1, 6 unten beide, 7 oben beide, 7 Mitte links, 7 Mitte rechts oben, 7 unten beide, 8 oben, 9 Mitte, 10 beide, 18/19, 20/21, 22/23, 25 beide, 26, 27, 29 links, 33 oben, 38, 66/67, 68, 70, 75, 76, 79, 82, 86, 87, 91, 92, 93, 94, 96, 97, 98 oben, 98 unten links, 98/99, 99 oben, 110, 117, 119 oben, 123, 128, 129, 130, 131, 133, 134, 139 links, 141, 144/145, 148, 149 beide, 162 beide, 163, 164 alle, 165 links, 168/169, 171, 174 unten, 177, 185 oben, 186, 194, 195, 199 beide, 200, 201 oben, 202 beide, 204 unten, 206 unten links, 206/207, 209, 211 unten, 212 oben, 216, 218 oben, 220, 222 unten, 223, 224/225, 226, 227, 229 oben, 231 unten, 232, 233 beide, 234, 237, 238 beide, 239, 240 unten, 242 unten, 243, 253 oben, 256 beide, 259, 260, 261, 263, 264 beide, 265, 266 oben, 268 unten links, 288, 289, 290, 302, 303, 307, 314
Apa Publications/Marcus Wilson Smith 5 links, 5 rechts, 24, 72, 88, 108, 110, 126, 132, 137, 138, 155, 183, 187 oben, 197

oben, 201 unten, 208, 212 unten, 213, 214, 217, 218 oben, 221, 229 oben, 230, 236, 241, 246, 248 unten, 253 unten, 254 unten, 266 unten, 267, 272, 273, 275 unten, 276 unten, 277, 280, 281, 283, 284 unten, 291, 292, 293, 296, 300, 306
Associated Newspapers of Ceylon, courtesy of Asiaweek Magazine 60
AWL Images 146/147
Axiom 101
Baldeus, Philip (aus: A True and Exact Description of Ceylon, 1703) 46
Bealby-Wright, Edmund 52, 262
Bevis Bawa Collection/Henry Sofeico 120/121
Capt. O.C. O'Brien (aus: Views in Ceylon, 1864) 32, 41, 51
Catch-the-Day/Manfred Braunger 15
Ceylonesische Fremdenverkehrsamt 14 unten, 16 unten
Corbis 4, 6 oben, 98 unten rechts, 99 oben, 118 unten rechts, 118/119, 119 unten links, 161 unten, 182, 198, 203, 249
Davies, Howard J. 61
Dreamstime 285
FLPA/imagebroker 159
Fotolia 8 unten, 9 oben, 113, 191, 268 links oben
FotoLibra/John Powell 3, 73, 165 rechts
Getty Images 56, 58, 63, 80, 84/85, 100, 103, 104, 142/143, 167, 206 unten rechts, 287
Höfer, Hans 34
Images of Sri Lanka 235
Imaginechina/Yan Minglei 9 unten, 102
Impact/Piers Cavendish 99 unten links
iStockphoto 33 oben, 114, 135, 139 rechts, 161 oben, 170, 173, 189, 207 unten rechts, 250, 276 oben, 299
Jetwing Hotels 11 unten, 298, 305
K.V.J. de Silva Collection 42, 44, 47

Knox, Robert (aus: An Historical Relation of Ceylon, 1681) 48, 49
laif/Dirk Eisermann 13 unten
Leo Haks Collection 156
Onasia.com/Jerry Redfern 29 rechts, 244 unten
P.R Anthonis Collection 30/31, 53
Panos Pictures 62, 74, 77, 78, 106, 172 oben
Photoshot 185 oben, 192/193, 270/271
Pictures Colour Library 83, 105, 251, 255, 257
Player, Lesley 115, 211 oben
Renkema, Louise 69
Rex Features/Digital Globe 64
Rex Features/Sipa Press 81
Robert Harding Picture Library 11 oben, 247 unten
Roberts, Erik 207 oben
Sansoni, Dominic 118 unten links, 119 unten rechts, 178 oben, 207 unten links, 219 oben
Schmid, Dorothea 14 oben
Senanayake Family Collection 57, 59
Still Pictures/Biosphoto/Gunther Michel 190
Still Pictures/Majority World/Abu Ala Russel 166 unten
Still Pictures/Jochen Tack 158, 268 unten rechts
Sri Lanka Ayurveda Garden 17
Sri Lanka Tourism/fotoseker 207 Mitte links
SuperStock 7 rechts unten
Taj Hotels Resorts and Palaces 294
TopFoto/The Image Works 55
Villa Rosa/Volker Bethke 13 oben
Wassman, Bill 40, 187 unten, 231 oben, 240 oben, 242 oben, 247 oben, 248 oben, 254 oben